ΙΣΤΟΡΙΑ
ΤΩΝ ΑΡΧΑΙΩΝ ΧΡΟΝΩΝ
ΩΣ ΤΟ 30 π. Χ.

ΥΠΟΥΡΓΕΙΟ ΕΘΝΙΚΗΣ ΠΑΙΔΕΙΑΣ ΚΑΙ ΘΡΗΣΚΕΥΜΑΤΩΝ
ΠΑΙΔΑΓΩΓΙΚΟ ΙΝΣΤΙΤΟΥΤΟ

ΛΑΜΠΡΟΥ ΤΣΑΚΤΣΙΡΑ - ΜΙΧΑΛΗ ΤΙΒΕΡΙΟΥ

ΙΣΤΟΡΙΑ
ΤΩΝ ΑΡΧΑΙΩΝ ΧΡΟΝΩΝ ΩΣ ΤΟ 30 π.Χ.

Για την Α΄ τάξη του Γυμνασίου

ΟΡΓΑΝΙΣΜΟΣ ΕΚΔΟΣΕΩΣ ΔΙΔΑΚΤΙΚΩΝ ΒΙΒΛΙΩΝ
ΑΘΗΝΑ

Η συγγραφή του βιβλίου

– Ο Μιχάλης Τιβέριος, επίκουρος καθηγητής της κλασικής αρχαιολογίας του φιλοσοφικού τμήματος του Α.Π.Θ., έγραψε τα κεφάλαια «Η εποχή του λίθου» και «Η εποχή του χαλκού στην Ελλάδα», καθώς και τις ενότητες που αναφέρονται στην τέχνη. Επιμελήθηκε επίσης και την εικονογράφηση του βιβλίου.

– Ο φιλόλογος καθηγητής Λάμπρος Τσακτσίρας έγραψε το υπόλοιπο βιβλίο.

– Όπου δεν αναφέρεται άλλος μεταφραστής, οι μεταφράσεις των κειμένων έχουν γίνει από το Λ. Τσακτσίρα.

Στο εξώφυλλο:
Άγαλμα της Ειρήνης που κρατά στα χέρια της τον μικρό Πλούτο.

Εισαγωγή

Αντικείμενο της ιστορικής επιστήμης είναι η μελέτη της ιστορίας του ανθρώπου, δηλαδή της εξελικτικής πορείας του από τη χρονική στιγμή που έχουμε τα πρώτα ίχνη της ζωής του στον πλανήτη μας ως σήμερα. Όλο αυτό το μακροχρόνιο διάστημα το διαιρούμε σε μεγάλα τμήματα κι αυτά πάλι σε μικρότερα, με σκοπό κυρίως να κάνουμε πιο εύκολη τη μελέτη του.

Η ιστορία ενός λαού αρχίζει από τότε που ο λαός αυτός γνωρίζει και χρησιμοποιεί τη γραφή. Η προηγούμενη χρονική περίοδος της ύπαρξής του είναι η προϊστορία του. Μια πρώτη λοιπόν διαίρεση της ιστορίας γενικά είναι η διαίρεση σε ***προϊστορία*** *και* ***ιστορία.*** *Κι επειδή η γραφή δεν έγινε γνωστή ταυτόχρονα σ' όλους τους λαούς, η ιστορία καθενός αρχίζει σε διαφορετική χρονική στιγμή.*

Με βάση τη χρησιμοποίηση ενός κύριου υλικού για την κατασκευή εργαλείων και όπλων υποδιαιρούμε την προϊστορία σε ***εποχή του λίθου*** *και* ***εποχή των μετάλλων.*** *Με βάση πάλι ορισμένα κύρια χαρακτηριστικά του τρόπου ζωής υποδιαιρούμε την ιστορία σε* ***αρχαία ιστορία, μεσαιωνική ιστορία*** *και* ***νεότερη ιστορία.*** *Σχηματίζεται έτσι το ακόλουθο γενικό διάγραμμα:*

Προϊστορία:
- *Εποχή του λίθου*
- *Εποχή των μετάλλων*

Ιστορία:
- *Αρχαία ιστορία*
- *Μεσαιωνική ιστορία*
- *Νεότερη ιστορία*

Η ιστορία αρχίζει, όπως είπαμε, σε διαφορετική χρονική στιγμή για κάθε λαό. Έτσι, για τους λαούς που πρώτοι επινόησαν τη γραφή, όπως οι Αιγύπτιοι και οι λαοί της Μεσοποταμίας, η αρχή της τοποθετείται μέσα στην 4η χιλιετία π.Χ.

Τα πρώτα ελληνικά φύλα υπολογίζεται ότι έφτασαν και εγκαταστάθηκαν στον ελληνικό χώρο γύρω στις αρχές της 2ης χιλιετίας π.Χ. Η πρώτη γραφή της ελληνικής γλώσσας είναι η γνωστή με την ονομασία «Γραμμική Β΄», που διαβάστηκε το 1952. Τα παλιότερα κείμενα της Γραμμικής Β΄ που έχουν βρεθεί ως τώρα χρονολογούνται στον 14ο αιώνα π.Χ., αλλά οι πληροφορίες που μας δίνουν δεν είναι ακόμη αρκετές και δε μας βοηθούν να σχηματίσουμε μια ολοκληρωμένη εικόνα για το μακρινό εκείνο παρελθόν.*

Σχετικά με το τέλος της αρχαίας ελληνικής ιστορίας υπάρχουν διάφορες απόψεις. Μια απ' αυτές, η επικρατέστερη, το τοποθετεί στο 330 μ.Χ., χρονολογία κτίσης της Κωνσταντινούπολης.

Στο βιβλίο αυτό εξετάζεται η ελληνική προϊστορία και, κυρίως η αρχαία ελληνική ιστορία ως το 30 π.Χ. Ακόμη, εξετάζεται συνοπτικά η αρχαιότερη ιστορία των «Ανατολικών Λαών» και δίνονται στοιχεία για το ρωμαϊκό κράτος.

---

* Τα ελληνικά φύλα που έφτασαν στην Ελλάδα ήταν τμήμα της ινδοευρωπαϊκής γλωσσικής οικογένειας, στην οποία ανήκαν και τα ιταλικά φύλα, οι Κέλτες, οι Γερμανοί, οι Σλάβοι, οι Μήδοι και οι Πέρσες, οι Ινδοί κ.ά.

ΚΕΦΑΛΑΙΟ 1

Η ΕΠΟΧΗ ΤΟΥ ΛΙΘΟΥ

Στον πλανήτη μας έχουν συμβεί μέχρι σήμερα πολύ μεγάλες κλιματολογικές αλλαγές. Οι ειδικοί πιστεύουν ότι η γη έχει περάσει τέσσερις παγετώνιες περιόδους. Στη διάρκειά τους η Βόρεια και ένα μέρος της Κεντρικής Ευρώπης είχαν σκεπαστεί από παχιά στρώματα πάγου. Ανάμεσα σ' αυτές μεσολάβησαν τρεις μεσοπαγετώνιες περίοδοι, κατά τη διάρκεια των οποίων έλιωσε ένα μεγάλο μέρος των πάγων. Η τελευταία παγετώνια περίοδος πιστεύουμε ότι έληξε γύρω στα 10.000 π.Χ. και δεν αποκλείεται σήμερα να διανύουμε την τέταρτη μεσοπαγετώνια περίοδο.

Ο άνθρωπος έχει μια συνεχή παρουσία πάνω στη γη για ένα μεγάλο χρονικό διάστημα. Οι γνώσεις μας όμως γι' αυτόν αρχίζουν από τη στιγμή που εντοπίζονται ανθρώπινοι σκελετοί και διαπιστώνονται υλικά λείψανα των δραστηριοτήτων του, κυρίως λίθινα εργαλεία. Τα παλιότερα απ' αυτά χρονολογούνται γύρω στα 2.000.000 π.Χ. Τη μεγάλη χρονική περίοδο των 2.000.000 περίπου χρόνων, που εκτείνεται ως την περίοδο γενίκευσης της χρήσης των μετάλλων (γεγονός που συντελείται γύρω στα 3000 π.Χ. στον ελλαδικό χώρο), την ονομάζουμε ***εποχή του λίθου.*** Κι αυτό γιατί τα εργαλεία που χρησιμοποιούν οι άνθρωποι κατά τη διάρκεια αυτής της περιόδου είναι βασικά κατασκευασμένα από πέτρα.

Ως βασικό υλικό για την κατασκευή εργαλείων χρησιμοποιήθηκε από τους παλιότερους ανθρώπους ο λίθος. Εδώ εικονίζονται δύο «λεπίδες» από πυριτόλιθο, που βρέθηκαν στις όχθες του ποταμού Πηνειού και χρονολογούνται στην παλαιολιθική εποχή.

λεία που χρησιμοποιούν οι άνθρωποι κατά τη διάρκεια αυτής της περιόδου είναι βασικά κατασκευασμένα από πέτρα.

Την εποχή του λίθου τη χωρίζουμε σε δύο περιόδους· στην ***παλαιολιθική,*** που είναι και η μεγαλύτερη σε διάρκεια (2.000.000 - 9.000 / 8.000 π.Χ.), και στη ***νεολιθική*** (για τον ελληνικό χώρο 6.000 - 3.000 π.Χ).

Η παλαιολιθική εποχή

Ο «άνθρωπος του Νεάντερταλ»

Σήμερα πιστεύουμε ότι τα παλιότερα κατάλοιπα ανθρώπινης παρουσίας στον ελληνικό χώρο χρονολογούνται γύρω στα 100.000 π.Χ. Από την εποχή αυτή μας σώθηκαν τα παλιότερα εργαλεία αλλά και το παλιότερο λείψανο ενός ανθρώπινου σκελετού. Πρόκειται για ένα κρανίο που βρέθηκε πριν μερικά χρόνια μέσα σ' ένα σπήλαιο της Χαλκιδικής, κοντά στο χωριό Πετράλωνα.* Το κρανίο ανήκει σ' ένα είδος ανθρώπου που οι επιστήμονες ονομάζουν «άνθρωπο του Νεάντερταλ», από την τοποθεσία της Δυτ. Γερμανίας, όπου για πρώτη φορά βρέθηκε ένας σκελετός τέτοιου ανθρώπου. Η κύρια δράση του τοποθετείται από το 120.000 π.Χ. ως το 40.000 π.Χ. περίπου.

Ο «σοφός άνθρωπος»

Γύρω στο 40.000 π.Χ. εμφανίζεται ένας νέος τύπος ανθρώπου, ο **«σοφός άνθρωπος» (homo sapiens), που ανατομικά μοιάζει με το** σημερινό. Ο «σοφός άνθρωπος» τελειοποιεί τα εργαλεία του και κατασκευάζει καινούρια όπλα, όπως π.χ. το τόξο, που τον διευκολύνουν περισσότερο στο κυνήγι. Αυτός δημιούργησε και τις πρώτες παραστά-

* Σχετικά με το κρανίο των Πετραλώνων έχουν διατυπωθεί διάφορες απόψεις. Μερικοί μελετητές το θεωρούν πολύ παλιότερο.

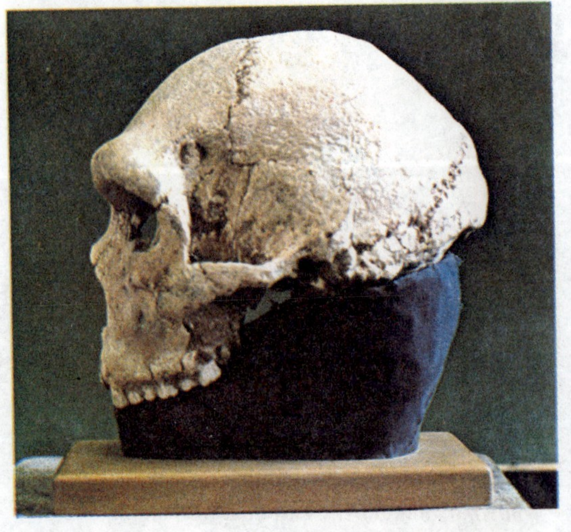

Το ανθρώπινο κρανίο της εικόνας, που βρέθηκε το 1960 κοντά στο χωριό Πετράλωνα της Χαλκιδικής, αποτελεί μέχρι σήμερα την αρχαιότερη άμεση μαρτυρία για την παρουσία ανθρώπου στον ελληνικό χώρο. Για τη χρονολόγησή του δεν υπάρχει ομοφωνία μεταξύ των ερευνητών.

Οι τοιχογραφίες που υπάρχουν σε ορισμένα σπήλαια, κυρίως της Δυτικής Ευρώπης, είναι αξιοθαύμαστα επιτεύγματα του παλαιολιθικού ανθρώπου και εντυπωσιάζουν με την εκφραστικότητα και το ρεαλισμό τους. Η εικονιζόμενη παράσταση των δύο ταράνδων βρίσκεται σ' ένα σπήλαιο των Πυρηναίων.

σεις που διακοσμούν ορισμένα αντικείμενα, π.χ. όπλα, εργαλεία, καθώς επίσης και τα πρώτα αγαλμάτια από διάφορα υλικά. Ιδιαίτερα εντυπωσιακές είναι οι ζωγραφιστές παραστάσεις ζώων κυρίως, που βρέθηκαν στο εσωτερικό σπηλαίων στη Γαλλία, στην Ισπανία κ.α. Πολύ πιθανό ο άνθρωπος αυτός να δημιούργησε και ένα είδος γλώσσας, όπως επίσης και κάποια μορφή θρησκείας.

Κύριο χαρακτηριστικό της ζωής στην παλαιολιθική εποχή είναι ότι οι άνθρωποι δεν έχουν μόνιμη εγκατάσταση αλλά συνεχώς μετακινούνται για να εξασφαλίσουν την τροφή τους, είτε μαζεύοντας καρπούς είτε κυνηγώντας ζώα (συλλεκτικό και θηρευτικό στάδιο). Μόνο κατά τη διάρκεια του χειμώνα καταφεύγουν σε σπήλαια.

Σημαντικά παλαιολιθικά λείψανα στον ελληνικό χώρο έχουν ανακαλυφθεί στην Ήπειρο, στην κοιλάδα του ποταμού Λούρου, και πολλά απ' αυτά μπορεί να τα δει κανείς στο Αρχαιολογικό Μουσείο Ιωαννίνων.

Η νεολιθική εποχή

Η αλλαγή στον τρόπο ζωής

Γύρω στο 8.000 π.Χ., στις περιοχές που βρίσκονται κοντά στους ποταμούς Τίγρη και Ευφράτη της Μεσοποταμίας, σημειώνεται μια πολύ σημαντική αλλαγή στη ζωή των ανθρώπων. Τη διατροφή τους δεν την

Παλαιολιθικά και νεολιθικά χρόνια στην Ελλάδα

εξασφαλίζουν πια με το κυνήγι ή τη συλλογή καρπών αλλά μαθαίνουν τον τρόπο να παράγουν οι ίδιοι την τροφή τους καλλιεργώντας τη γη ή εξημερώνοντας χρήσιμα ζώα (παραγωγικό στάδιο). Στην Ελλάδα η αλλαγή αυτή γίνεται κάπως αργότερα, γύρω στο 6.000 π.Χ.

Συνέπεια της τόσο σημαντικής αυτής μεταβολής είναι να δημιουργηθεί τώρα μόνιμη κατοικία, ενώ σιγά σιγά σχηματίζονται μικρά χωριά και αργότερα μικρές πόλεις. Η κυρία απασχόληση των κατοίκων τους είναι η καλλιέργεια της γης και η κτηνοτροφία. Οι άνθρωποι της νεολιθικής εποχής καλλιεργούν δημητριακά και όσπρια και τρέ-

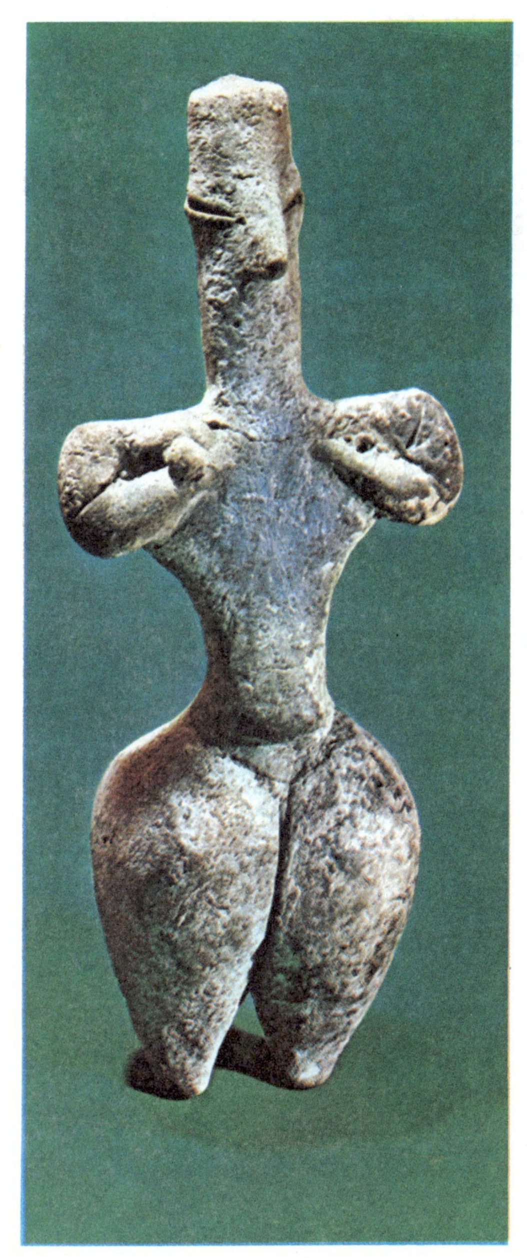

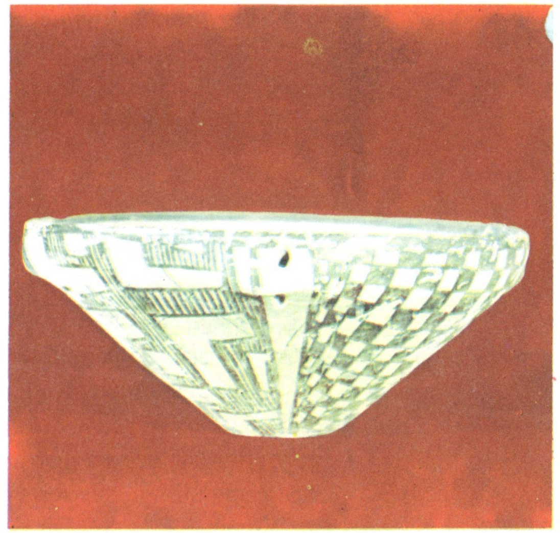

Επάνω:

Ιδιαίτερα αξιόλογες είναι οι δημιουργίες του νεολιθικού ανθρώπου και στην κεραμική. Το αγγείο της εικόνας, που χρονολογείται προς το τέλος της νεολιθικής εποχής, είναι διακοσμημένο με μαιανδροειδή και αβακωτά κοσμήματα. Προέρχεται από το Σέσκλο της Θεσσαλίας και βρίσκεται στο Αρχαιολογικό Μουσείο Βόλου.

Αριστερά:

Χαρακτηριστικό πήλινο νεολιθικό ειδώλιο, από τα παλιότερα αυτής της εποχής. Βρέθηκε στη Ν. Νικομήδεια του νομού Ημαθίας και φυλάγεται σήμερα στο Αρχαιολογικό Μουσείο της Βέροιας. Εικονίζει μια όρθια γυναικεία μορφή, που φέρνει τα χέρια κάτω από το στήθος της. Αποδίδεται με πολύ σχηματοποιημένο πρόσωπο, ψηλό λαιμό, λεπτή μέση και υπερβολικά τονισμένους γοφούς.

φουν αιγοπρόβατα, βόδια, γουρούνια. Στα είδη της διατροφής τους συχνά προσθέτουν και ψάρια.

Ο νεολιθικός πολιτισμός

Η μόνιμη εγκατάσταση και η αύξηση του πληθυσμού δημιουργούν νέους θεσμούς. Τώρα εμφανίζεται μια πρώτη μορφή εξουσίας, αρκετά περιορισμένη ακόμη. Σε μερικούς νεολιθικούς οικισμούς έχουμε μια

Απανθρακωμένοι κόκκοι σιτηρών που βρέθηκαν σε ανασκαφές της Θεσσαλίας. Η αρχή της καλλιέργειας της γης αποτελεί σταθμό στην εξέλιξη της ζωής του ανθρώπου, γιατί δημιούργησε τις προϋποθέσεις για την ανάπτυξη υψηλών πολιτισμών. Σημαδεύει το πέρασμα από την παλαιολιθική στην νεολιθική εποχή.

οικία χτισμένη σε εμφανές μέρος, που πιθανώς ανήκει σε κάποιον αρχηγό. Για την αντιμετώπιση εχθρικών επιδρομών σε ορισμένα μέρη χτίζουν και οχυρώσεις. Οι άνθρωποι μένουν σε μικρά σπίτια με έναν ή δύο χώρους. Διάφορες εκδηλώσεις της τέχνης γνωρίζουν ιδιαίτερη άνθηση, όπως η κατασκευή πήλινων κυρίως αγαλματίων ή η δημιουργία πήλινων αγγείων διάφορων σχημάτων, που είναι συχνά διακοσμημένα με γεωμετρικά μοτίβα. Υπάρχουν σαφείς ενδείξεις ότι οι άνθρωποι τώρα ειδικεύονται σε ορισμένες εργασίες, όπως π.χ. στην κεραμική. Ίσως αναπτύσσεται και η υφαντική, ενώ διαπιστώνεται και ένα είδος εμπορίου, με την ανταλλαγή π.χ. αγγείων.

Σημαντικά νεολιθικά κέντρα στον ελληνικό χώρο έχουν ανασκαφεί στη Ν. Νικομήδεια (κοντά στη Βέροια), στο Σέσκλο και το Διμήνι (κοντά στο Βόλο), στους Σιταγρούς (κοντά στη Δράμα), στο νησάκι Σάλιαγκο (κοντά στην Αντίπαρο των Κυκλάδων), στην Κνωσό της Κρήτης κ.α. Το Αρχαιολογικό Μουσείο του Βόλου περιέχει πολύ χαρακτηριστικά δείγματα της νεολιθικής εποχής από το χώρο της Θεσσαλίας.

ΕΡΩΤΗΣΕΙΣ – ΘΕΜΑΤΑ ΓΙΑ ΣΥΖΗΤΗΣΗ

— *Προσπαθήστε να αναλογιστείτε τις συνθήκες και τις δυσκολίες της ζωής του παλαιολιθικού ανθρώπου.*

— *Ποια μεταβολή σημειώνεται στη ζωή του ανθρώπου με το πέρασμα από την παλαιολιθική στη νεολιθική εποχή; Γιατί είναι σημαντική;*

– *Η σημασία της μόνιμης εγκατάστασης για την οργάνωση των ανθρώπινων κοινωνιών.*

ΚΕΦΑΛΑΙΟ 2
ΟΙ ΑΝΑΤΟΛΙΚΟΙ ΛΑΟΙ

Εισαγωγικό σημείωμα

Οι πρώτοι μεγάλοι πολιτισμοί στην ιστορία της ανθρωπότητας γεννήθηκαν και αναπτύχθηκαν στις περιοχές της Ανατολικής Μεσογείου, και συγκεκριμένα στην Αίγυπτο και στη Μεσοποταμία. Το γεγονός αυτό ευνόησαν οι φυσικές συνθήκες που επικρατούν στις χώρες αυτές, όπως το θερμό κλίμα, τα νερά των μεγάλων ποταμών Νείλου, Τίγρη και Ευφράτη και η εύφορη γη. Όπως γνωρίσαμε ήδη, η νεολιθική εποχή άρχισε στη Μεσοποταμία από πολύ νωρίς (8.000 π.Χ). Το ίδιο έγινε και με την εποχή των μετάλλων, που αρχίζει εδώ από το 5.000 περίπου π.Χ.

Οι λαοί που έζησαν στις περιοχές της Ανατολικής Μεσογείου, όπως οι Αιγύπτιοι, οι λαοί της Μεσοποταμίας, οι Φοίνικες, οι Εβραίοι, οι Χετταίοι, οι Μήδοι και οι Πέρσες, είναι γνωστοί στην ιστορία με τη γενική ονομασία «ανατολικοί λαοί». Πολλά πολιτιστικά στοιχεία πήραν απ' αυτούς και οι αρχαίοι Έλληνες, στην αρχή της δημιουργίας του δικού τους μεγάλου πολιτισμού.

Βέβαια, αξιόλογοι πολιτισμοί αναπτύχθηκαν κατά την αρχαιότητα και σε άλλες περιοχές του πλανήτη μας, όπως στην Κίνα και στις Ινδίες. Οι πολιτισμοί όμως αυτοί παρέμειναν απομονωμένοι και έγιναν γνωστοί κυρίως στα νεότερα χρόνια.

α. Η ΑΙΓΥΠΤΟΣ

Η χώρα

Η Αίγυπτος βρίσκεται στο βορειοανατολικό άκρο της Αφρικής, στο σημείο όπου η ήπειρος αυτή ενώνεται με την Ασία. Τη χώρα διασχίζει, από το νότο προς το βορρά, ο μεγαλύτερος σε μήκος ποταμός του κόσμου, ο Νείλος, που χύνεται στη Μεσόγειο θάλασσα σχηματίζοντας ένα πλατύ δέλτα. Δεξιά και αριστερά από το ποτάμι απλώνεται η ξερή και άγονη έρημος. Το νότιο τμήμα της Αιγύπτου, που είναι περισσότερο ορεινό, ονομάζεται Άνω Αίγυπτος και το βόρειο κάτω Αίγυπτος.

Κάθε χρόνο, από τον Ιούνιο ως τον Οκτώβριο, ο Νείλος πλημμυρίζει και τα νερά σκεπάζουν τις χαμηλές πεδινές εκτάσεις που βρίσκονται δεξιά κι αριστερά από τις όχθες του. Όταν τα νερά αποσύρονται, αφήνουν ένα παχύ στρώμα λάσπης, που είναι εξαιρετικό λίπασμα και κάνει το έδαφος πολύ εύφορο. Αυτή η πλατιά λουρίδα γης κατά μήκος του Νείλου είναι και η καλλιεργήσιμη γη της Αιγύπτου. Οι άλλες περιοχές είναι άγονες, γιατί στη χώρα αυτή βρέχει πολύ σπάνια. Η Αίγυπτος λοιπόν χρωστάει την ευφορία της στο Νείλο· γι' αυτό και ένας αρχαίος Έλληνας ιστορικός, ο Ηρόδοτος, την είχε ονομάσει «δώρο του Νείλου».

Στις όχθες του Νείλου εγκαταστάθηκαν από πολύ παλιά, πριν από το 4000 π.Χ., διάφορες φυλές, που ασχολούνταν με την καλλιέργεια της πλούσιας γης. Οι εκτάσεις που δέχονταν την ευεργετική επίδραση του ποταμού έγιναν σιγά σιγά μεγαλύτερες, με διώρυγες και άλλα αρδευτικά έργα.

Από έναν παλιό Αιγυπτιακό Ύμνο στο Νείλο

Δόξα σε σένα, Νείλε, που ξεπηδάς μακριά, από τη γη, κι έρχεσαι να θρέψεις την Αίγυπτο.
Απόκρυφο το είναι σου, σκοτάδι στην ημέρα.
Πότιζε τα λιβάδια, που δημιούργησε ο Ρα για να τρέφουν όλα τα κοπάδια.
Δίνε νερό στους εγκαταλειμμένους τόπους που είναι μακριά από νερό...
Κύριε των ψαριών, που κάνεις το θαλασσινό πουλί να πηγαίνει ενάντια στο ρέμα...
που κάνεις το κριθάρι και δημιουργείς το σιτάρι...

(Από την *«Ιστορία της Ανθρωπότητος»* της UNESCO).

Ο Νείλος κάνει εύφορη τη γη της Αιγύπτου

Οι Αιγύπτιοι δεν κουράζονται ν' ανοίγουν αυλάκια με το αλέτρι, ούτε τσαπίζουν ούτε δουλεύουν για την καλλιέργεια του σιταριού, όπως οι άλλοι άνθρωποι. Αλλά, όταν ο Νείλος πλημμυρίσει και ποτίσει μόνος του τη γη, και αφού τραβηχτούν τα νερά, τότε ο καθένας σπέρνει το χωράφι του και βάζει μέσα γουρούνια. Κι αφού τα γουρούνια πατήσουν το σπόρο (για να μη μείνει στην επιφάνεια), ο γεωργός δεν έχει τίποτα να κάνει παρά να περιμένει το θερισμό.

(Ηρόδοτος, Β, 14, 2. Μετάφραση)

Η αρχαία Αίγυπτος

Η ιστορία

Μερικές από τις φυλές που είχαν εγκατασταθεί στις όχθες του Νείλου άρχισαν να αποκτούν μεγαλύτερη δύναμη και να υποτάσσουν τις γειτονικές τους. Προς το τέλος της 4ης χιλιετίας π.Χ. είχαν σχηματιστεί δύο κράτη, της Άνω Αιγύπτου και της Κάτω Αιγύπτου, που συγκρούστηκαν μεταξύ τους. Τέλος, ο ηγεμόνας της Άνω Αιγύπτου Μήνης (Μενές) ένωσε όλη την Αίγυπτο κάτω από την εξουσία του. Η ιστορία του ενιαίου, τώρα πια, αιγυπτιακού κράτους χωρίζεται σε τρεις περιόδους:

α. Το αρχαίο βασίλειο (3100 - 2300 π.Χ. περίπου): Πρωτεύουσα του αιγυπτιακού κράτους την περίοδο αυτή ήταν η Μέμφιδα. Οι βασιλιάδες του (φαραώ) κατόρθωσαν να επεκτείνουν την κυριαρχία τους προς τα ανατολικά, στη χερσόνησο του Σινά, και προς τα νότια. Η δύναμη και ο πλούτος του βασιλείου φαίνονται και από τα μεγάλα έργα που κατασκευάστηκαν τότε, όπως είναι οι πυραμίδες (τάφοι των φαραώ) και οι μεγαλόπρεποι ναοί.

Προς το τέλος της περιόδου ξέσπασαν εσωτερικές ταραχές, που είχαν συνέπεια να εξασθενήσει η βασιλική εξουσία. Οι ταραχές κράτησαν περίπου δύο αιώνες και τέλος επικράτησαν οι ηγεμόνες της Άνω Αιγύπτου.

β. Το μέσο βασίλειο (2100 - 1600 περίπου π.Χ.): Την περίοδο αυτή πρωτεύουσα του κράτους ήταν η Θήβα, στην Άνω Αίγυπτο. Η Αίγυπτος έγινε και πάλι ισχυρό κράτος και οι φαραώ φρόντισαν ιδιαίτερα για την εσωτερική της οργάνωση· βελτιώθηκαν οι καλλιέργειες και σημειώθηκε σημαντική ανάπτυξη του πολιτισμού.

Το 1680 π.Χ. όμως ένας νομαδικός λαός που προερχόταν από την Ασία, οι Υκσώς, κατέλαβαν την χώρα και την κράτησαν εκατό περίπου χρόνια. Οι αρχηγοί τους έγιναν φαραώ.

γ. Το νέο βασίλειο (1580 - 1100 περίπου π.Χ.): Στα 1580 οι Αιγύπτιοι, με ηγέτες τους άρχοντες της Θήβας, κατόρθωσαν να διώξουν από τη χώρα τους Υκσώς. Πρωτεύουσα του κράτους και στην περίοδο αυτή ήταν η Θήβα. Η Αίγυπτος γνώρισε καινούρια ακμή και οι φαραώ της κατέκτησαν μεγάλες περιοχές της Ασίας (Παλαιστίνη, Φοινίκη, Συρία), φτάνοντας ως τον ποταμό Ευφράτη. Κατέκτησαν επίσης και την Κύπρο. Αυτή την περίοδο αναπτύχθηκε το εμπόριο και τα μεγάλα έργα (ναοί και ανάκτορα) φανερώνουν τον πλούτο και τη δύναμη της χώρας. Οι επιδρομές όμως των Χετταίων στη Συρία και άλλων λαών, που αναφέρονται ως «λαοί της θάλασσας*», το 12ο αιώνα π.Χ., ανάγκασαν τους Αιγύπτιους να εγκαταλείψουν τις ασιατικές τους κτήσεις.

Από τον 11ο αιώνα π.Χ. Αίγυπτος άρχισε να παρακμάζει. Η παρακμή οφείλεται σε επιδρομές εξωτερικών εχθρών αλλά και σε εσωτερικές ταραχές. Για ένα διάστημα κατέκτησαν τη χώρα οι Ασσύριοι και τέλος την υπέταξαν οι Πέρσες, το 525 π.Χ.

Θρησκεία – Κοινωνία – Οικονομία

Η θρησκεία

Πριν ακόμη η Αίγυπτος ενωθεί σ' ένα ενιαίο κράτος, κάθε περιοχή είχε κι ένα δικό της τοπικό θεό - προστάτη. Οι θεοί αυτοί εξακολουθούν να λατρεύονται και μετά την ενοποίηση της χώρας· έτσι η θρησκεία των αρχαίων Αιγυπτίων περιλάμβανε ένα μεγάλο πλήθος θεών, ήταν δηλαδή πολυθεϊστική.

Τους θεούς τους οι Αιγύπτιοι, όπως και οι περισσότεροι ανατολικοί λαοί, τους φαντάστηκαν τερατόμορφους. Συνήθως τους παράσταιναν

---

* **«Λαοί της Θάλασσας»:** Με την ονομασία αυτή αναφέρεται σε αιγυπτιακά κείμενα μια συμμαχία Μικρασιατικών λαών, που, στις αρχές του 12ου αιώνα π.Χ., μετακινήθηκαν προς τα νότια από την ξηρά και τη θάλασσα λεηλατώντας και καταστρέφοντας παραλιακές περιοχές της Συρίας και της Φοινίκης. Τους σταμάτησε ο φαραώ Ραμσής Γ΄, που κατόρθωσε να τους νικήσει, όταν ήταν έτοιμοι να εισβάλουν στην Αίγυπτο. Απ' αυτούς οι Φιλισταίοι εγκαταστάθηκαν στα παράλια της Παλαιστίνης.

Οι γραφείς στην αρχαία Αίγυπτο, τα μόνα άτομα που γνώριζαν την περίπλοκη ιερογλυφική γραφή, ήταν ιδιαίτερα σημαντικά πρόσωπα και είχαν σπουδαία θέση ακόμη και μέσα στις ανακτορικές υπηρεσίες. Στο εικονιζόμενο άγαλμα του αρχαιολογικού Μουσείου του Καΐρου έχουμε ένα γραφέα καθισμένο σταυροπόδι, που ξεδιπλώνει με τα δύο του χέρια έναν πάπυρο.

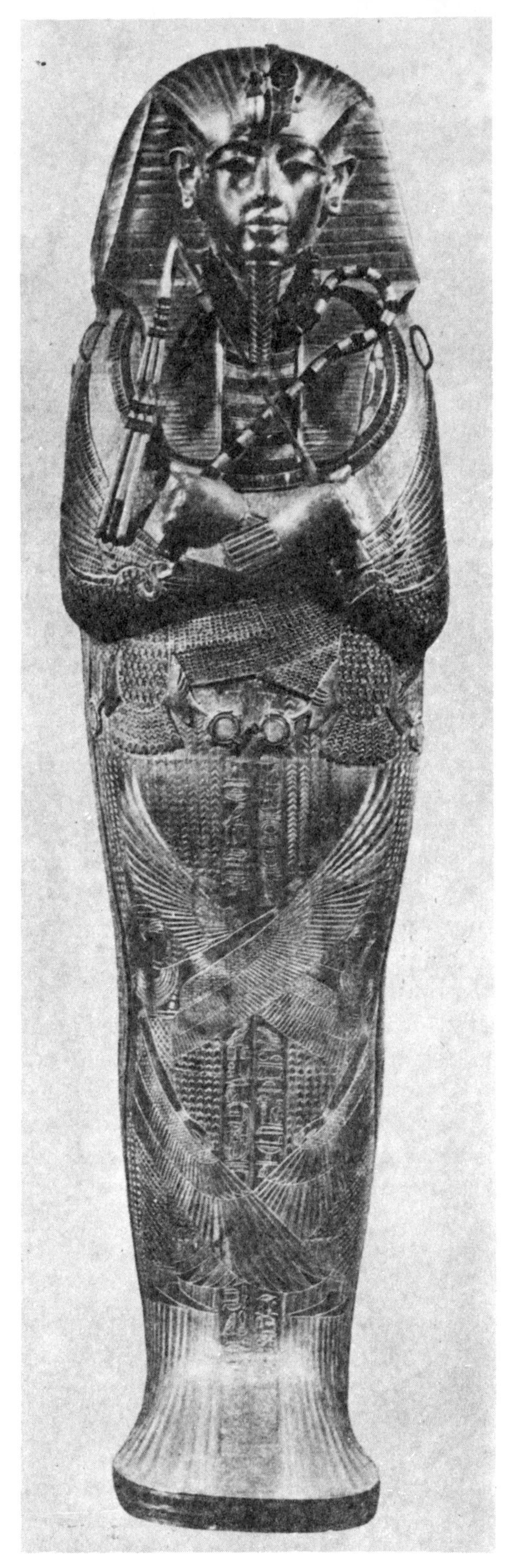

Τό πολύτιμο φέρετρο του φαραώ Τουταγχαμών, που βρίσκεται στο αρχαιολογικό Μουσείο του Καΐρου. Ο φαραώ κρατά στα σταυρωμένα χέρια του τα σύμβολα της βασιλικής εξουσίας.

με σώμα ανθρώπου και κεφάλι ζώου. Από τους πιο σημαντικούς ήταν ο Ρα, θεός - ήλιος, ο Όσιρις, θεός - κριτής των νεκρών, η Ίσις κ.ά.

Οι αρχαίοι Αιγύπτιοι πίστευαν ότι η ψυχή συνέχιζε να ζει και μετά το θάνατο του σώματος, αν αυτό δεν καταστρεφόταν. Γι' αυτό ανέπτυξαν πολύ την τέχνη της διατήρησης του νεκρού σώματος (ταρίχευση) και κατασκεύαζαν ασφαλείς τάφους για να το προφυλάξουν από τη φθορά.

Η κοινωνία

Ανώτατος άρχοντας και κυρίαρχος του αιγυπτιακού κράτους ήταν ο ***φαραώ*** (βασιλιάς). Τον θεωρούσαν ένα είδος επίγειου θεού και ασκούσε απόλυτη εξουσία. Το αξίωμα του φαραώ ήταν κληρονομικό.

Στις προνομιούχες τάξεις ανήκαν οι ***ευγενείς,*** που ήταν σύμβουλοι του φαραώ, αξιωματούχοι της διοίκησης του αιγυπτιακού κράτους ή αξιωματικοί του στρατού, και οι ***ιερείς,*** που είχαν μεγάλη δύναμη στην αρχαία Αίγυπτο. Ακόμη, στις προνομιούχες τάξεις μπορούμε να εντάξουμε και τους ***βασιλικούς υπαλλήλους,*** που κατείχαν διάφορες θέσεις στη διοίκηση. Ανάμεσά τους ξεχώριζαν οι ***γραφείς*** μια ειδικότητα περιζήτητη, γιατί η αρχαία αιγυπτιακή γραφή, τα ιερογλυφικά, ήταν πολύπλοκη και λίγοι ήξεραν να τη γράφουν.

Στις κατώτερες τάξεις, που αποτελούσαν και τη μεγάλη μάζα του αιγυπτιακού λαού, ανήκαν οι ***αγρότες,*** οι ***τεχνίτες*** και οι ***βιοτέχνες*** των πόλεων, καθώς και οι ***δούλοι,*** συνήθως ξένοι αιχμάλωτοι πολέμου. Οι συνθήκες ζωής όλων αυτών, και ιδιαίτερα των αγροτών και των δούλων, ήταν πολύ δύσκολες.

Η οικονομία

Η ίδια η φύση της χώρας, με το θερμό κλίμα και το άφθονο νερό από το Νείλο, ευνοούσε την ανάπτυξη των καλλιεργειών. Η γη έδινε πλούσιο καρπό. Έτσι, σ' ολόκληρη την αρχαιότητα, βάση της αιγυπτιακής οικονομίας ήταν η γεωργία. Παράλληλα αναπτύχθηκαν βέβαια η κτηνοτροφία και η βιοτεχνία στις πόλεις. Το εμπόριο, εσωτερικό και εξωτερικό, άνθησε ιδιαίτερα κατά την περίοδο του «Νέου Βασιλείου» (1580-1100 π.Χ.). Το εσωτερικό εμπόριο γινόταν κυρίως με πλοία, που ταξίδευαν στα ήρεμα και βαθιά νερά του Νείλου. Ήταν κι αυτό μια ακόμη προσφορά του ποταμού στην Αίγυπτο.

Ο πολιτισμός

α. Τα γράμματα: Οι αρχαίοι Αιγύπτιοι είχαν επινοήσει, από την 4η χιλιετία π.Χ. ακόμη, ένα είδος γραφής, τα ***ιερογλυφικά.*** Έγραφαν συνήθως πάνω σε πάπυρο* αλλά και οι τοίχοι των μνημείων (ναών, τάφων) είναι γεμάτοι από την τόσο διακοσμητική αυτή γραφή. Αργότερα

---

* **Πάπυρος:** Είδος χαρτιού που χρησιμοποιούσαν για να γράφουν στην αρχαία Αίγυπτο αλλά και σε άλλες χώρες, κατά την αρχαιότητα. Κατασκευαζόταν από το φυτό πάπυρος, που φύτρωνε άφθονο στις όχθες του Νείλου.

Ανάγλυφο από την αρχαία αιγυπτιακή πόλη Άβυδο (στην Άνω Αίγυπτο), χρονολογημένο γύρω στα 1300-1290 π.Χ. Ο φαραώ Σέθος Α΄ κάνει προσφορές στο θεό Ώρο, που έχει κεφάλι γερακιού. Η παράσταση συνοδεύεται από κείμενο ιερογλυφικής γραφής.

χρησιμοποιήθηκε και μία απλούστερη μορφή γραφής, η ***ιερατική***. Τα κείμενα που σώθηκαν από τη λογοτεχνική παραγωγή της αρχαίας Αιγύπτου είναι κυρίως θρησκευτικά αλλά και λαϊκές διηγήσεις, περιπέτειες, κείμενα με στοχασμούς και γνωμικά κ.ά.

β. Η τέχνη: Η αρχιτεκτονική των αρχαίων Αιγυπτίων επιδίωκε να προβάλει το μεγαλείο των θεών και να τονίσει τη δύναμη των φαραώ. Γι' αυτό το λόγο τα αιγυπτιακά οικοδομήματα είναι ογκώδη και επιβλητικά.

Τα πιο γνωστά μνημεία της Αρχαίας Αιγύπτου είναι οι πυραμίδες, μέσα στις οποίες είναι θαμμένοι οι φαραώ. Στην εικόνα, πρώτη στο βάθος φαίνεται η πυραμίδα του φαραώ Χέοπα με ύψος 146 μέτρα, η μεγαλύτερη της Αιγύπτου.

Ο μεγάλος ναός του Άμμωνα στο Λούξορ (Άνω Αίγυπτος). Ένα μέρος του χτίστηκε γύρω στα 1400 - 1360 π.Χ. και το υπόλοιπο στα χρόνια του φαραώ Ραμσή Β΄ (1290 - 1220 π.Χ.). Πολύ χαρακτηριστικοί είναι οι κίονές του, που έχουν μορφή δέσμης παπύρων.

Χαρακτηριστικά δημιουργήματα στον τομέα της αρχιτεκτονικής είναι οι περίφημες πυραμίδες, δηλαδή τάφοι των φαραώ και άλλων Αιγύπτιων αξιωματούχων. Ξεχωρίζουν για το μέγεθός τους οι πυραμίδες της Γκίζας, κοντά στο σημερινό Κάιρο. Μια απ' αυτές, η πυραμίδα του Χέοπα, έχει ύψος 146 μέτρα.

Ιδιαίτερα επιβλητικοί είναι οι ναοί. Αποτελούνται συνήθως από αλλεπάλληλες αυλές και αίθουσες και έχουν πυκνές σειρές κιόνων. Τα κιονόκρανα* έχουν σχήματα φύλλων παπύρου, άνθους λωτού κ.ά.

Οι ναοί, οι πυραμίδες και τα άλλα μνημεία της αρχαίας Αιγύπτου ήταν διακοσμημένα με αγάλματα, ανάγλυφα και τοιχογραφίες που παρίσταναν θεούς, βασιλιάδες, πολεμικές σκηνές αλλά και σκηνές από την καθημερινή ζωή.

γ. **Οι επιστήμες:** Ένα από τα πρώτα επιτεύγματα των Αιγυπτίων ήταν η επινόηση του ημερολογίου. Σαν φυσική βάση για τη μέτρηση του χρόνου είχαν τις πλημμύρες του Νείλου καθώς και την ανατολή ενός άστρου, του Σείριου, που γινόταν ταυτόχρονα με την αρχή της ετήσιας πλημμύρας του Νείλου. Έτσι, υπολόγισαν τη διάρκεια του έτους σε 365 μέρες και το χώρισαν σε τρεις εποχές, που καθεμιά είχε 4 **μήνες των 30 ημερών. Για να συμπληρώνουν το έτος, πρόσθεταν ακόμη 5 μέρες.**

Συγκεκριμένες ανάγκες συνέβαλαν στην ανάπτυξη ορισμένων κλάδων των θετικών επιστημών. Η ανάγκη π.χ. να ξαναβρίσκουν τα όρια των χωραφιών μετά τις πλημμύρες του Νείλου συντέλεσε στο να αναπτυχθεί η πρακτική γεωμετρία, ενώ οι κατασκευές μεγάλων οικοδομημάτων και η ανάγκη να γίνονται ακριβείς μετρήσεις είχαν σαν συνέπεια την ανάπτυξη των μαθηματικών.

Σημαντική πρόοδο, τέλος, είχε κάνει στην αρχαία Αίγυπτο και η ιατρική. Οι Αιγύπτιοι, με την ταρίχευση των πτωμάτων, είχαν γνωρίσει αρκετά καλά την ανατομία του ανθρώπινου σώματος. Υπήρχαν χωριστές ειδικότητες γιατρών και, όπως διαπιστώθηκε, γίνονταν λεπτές και δύσκολες χειρουργικές επεμβάσεις.

***κιονόκρανο:** το κορύφωμα του κίονα

Η ειδίκευση των Αιγύπτιων γιατρών

Η ιατρική είναι χωρισμένη με τον ακόλουθο τρόπο· κάθε γιατρός ασχολείται μ' ένα μόνο είδος ασθένειας κι όχι με περισσότερα. Παντού υπάρχει αφθονία γιατρών, γιατί άλλοι απ' αυτούς είναι οφθαλμίατροι, άλλοι ειδικοί για τις αρρώστιες του κεφαλιού, άλλοι για τα δόντια, άλλοι για την κοιλιά και άλλοι για τις αρρώστιες που δεν εντοπίζονται σ' ένα συγκεκριμένο σημείο του σώματος.

(*Ηρόδοτος, Β, 84*. Μετάφραση)

β. Η ΜΕΣΟΠΟΤΑΜΙΑ

Η χώρα

Μεσοποταμία ονόμασαν οι αρχαίοι Έλληνες ολόκληρη την πεδινή χώρα που βρίσκεται ανάμεσα στους δύο μεγάλους ασιατικούς ποταμούς, τον Τίγρη και τον Ευφράτη.

Το φυσικό περιβάλλον της Μεσοποταμίας παρουσιάζει πολλές ομοιότητες μ' εκείνο της Αιγύπτου. Το κλίμα είναι θερμό και ξερό και η ευφορία της γης εξαρτάται από τα νερά των δύο ποταμών, κυρίως του Ευφράτη. Όμως οι πλημμύρες εδώ δεν είναι τόσο κανονικές, όπως οι πλημμύρες του Νείλου στην Αίγυπτο, και χωρίς κατάλληλα αρδευτικά έργα μπορούν να γίνουν καταστροφικές. Γι' αυτό, από πολύ παλιά, δημιουργήθηκε ένα σύστημα καναλιών που διοχέτευε το νερό των ποταμών στα χωράφια, για να τα λιπάνει με το πλούσιο λασπόχωμά του και να τα ποτίσει.

Η ιστορία

Οι Σουμέριοι

Ο πρώτος γνωστός λαός με αναπτυγμένο πολιτισμό που έζησε στη Μεσοποταμία ήταν οι ***Σουμέριοι.*** Ήταν εγκαταστημένοι, από την 4η χιλιετία π.Χ., στη Νότια Μεσοποταμία (Χαλδαία) και είναι άγνωστο σε ποια φυλή ανήκαν ή από πού είχαν έρθει. Ο πολιτισμός τους θεωρείται από πολλούς μελετητές ως ο αρχαιότερος του κόσμου. Ανάμεσα στα άλλα, οι Σουμέριοι επινόησαν πρώτοι τον τροχό, το άροτρο και μεθόδους για την κατεργασία των μετάλλων. Δική τους επινόηση είναι και η σφηνοειδής γραφή.

Καθεμιά από τις σουμεριακές πόλεις αποτελούσε ένα χωριστό κράτος με δικό του βασιλιά. Ανάμεσά τους ξεσπούσαν συχνά πόλεμοι και κατά διαστήματα μια απ' αυτές τις πόλεις - βασίλεια κυριαρχούσε

Η ευφορία της γης στη Μεσοποταμία

Η χώρα των Βαβυλωνίων είναι πολύ ανώτερη, όσο ξέρουμε, από τις άλλές στην παραγωγή των δημητριακών καρπών. Γιατι, σ' ό,τι αφορά τα δένδρα, δε γίνεται καν προσπάθεια να καλλιεργηθούν· ούτε η συκιά ούτε το αμπέλι ούτε η ελιά. Όμως για την παραγωγή δημητριακών καρπών τόσο κατάλληλη είναι η γη, ώστε συνήθως το ένα στάχυ δίνει διακόσιους σπόρους, κι όταν το φέρει η χρονιά και ξεπεράσει η γης τον εαυτό της, φτάνει και στους τριακόσιους.

(Ηρόδοτος, Α, 193. Μετάφραση Δ. Μαρωνίτη)

Στην απέναντι σελίδα, επάνω:

Ένα χαρακτηριστικό δείγμα σουμεριακής τέχνης από την πόλη Ουρ, χρονολογημένο γύρω στα 2600-2400 π.Χ. Διακοσμούσε πιθανότατα κάποιο μουσικό όργανο και βρίσκεται σήμερα στο Βρετανικό Μουσείο του Λονδίνου. Στην επάνω ζώνη, ο βασιλιάς και οι αυλικοί του πίνουν καθισμένοι, ενώ ένας μουσικός παίζει έγχορδο όργανο. Στη μεσαία και στην κάτω ζώνη άνθρωποι οδηγούν διάφορα ζώα ή κουβαλούν φορτία στην πλάτης τους.

Στην απέναντι σελίδα, κάτω:

Η αρχαία Μεσοποταμία

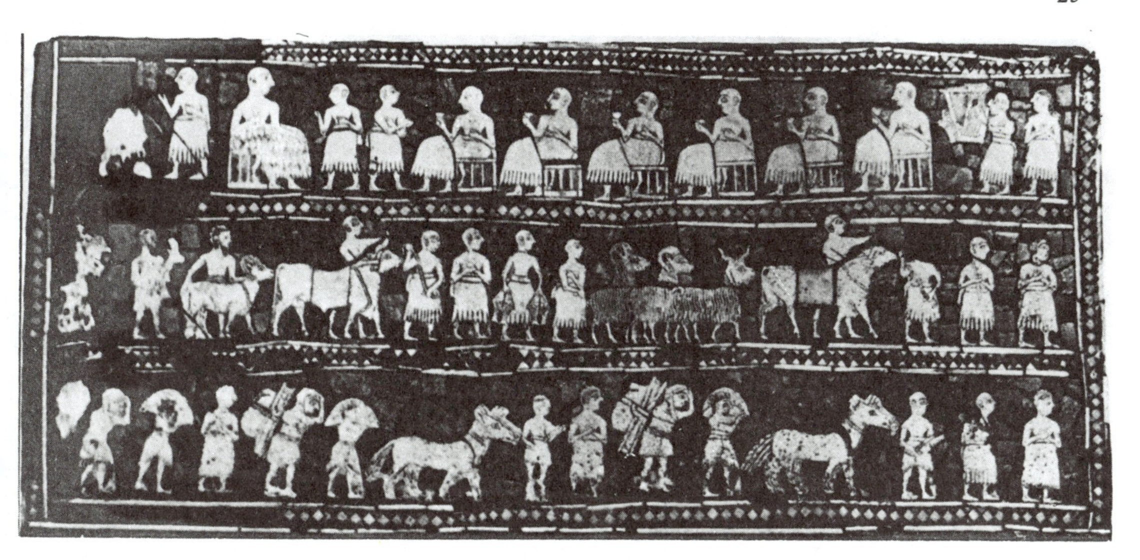

Μ. ΑΣΙΑ
ΑΡΜΕΝΙΑ
ΚΑΣΠΙΑ
ΘΑΛΑΣΣΑ
Νινευί
ΑΣΣΥΡΙΑ
ΜΗΔΟΙ
Ασσούρ
π. Τίγρης
ΜΕΣΟΓΕΙΟΣ ΘΑΛΑΣΣΑ
ΦΟΙΝΙΚΗ
π. Ευφράτης
ΣΥΡΙΑ
ΙΡΑΝ
Ακκάδ
Σούσα
Βαβυλώνα
ΧΑΛΔΑΙΑ
Ουρ
ΑΡΑΒΙΑ
ΠΕΡΣΙΚΟΣ ΚΟΛΠΟΣ
ΕΡΥΘΡΑ
ΘΑΛΑΣΣΑ

πάνω στις άλλες. Οι συχνοί αυτοί πόλεμοι είχαν σαν αποτέλεσμα να εξασθενήσουν οι Σουμέριοι και να μην μπορούν να αντιμετωπίσουν εξωτερικούς κινδύνους.

Οι Σημίτες

Η εύφορη γη και ο πλούτος της Μεσοποταμίας προκαλούσαν συχνές εισβολές σημιτικών λαών από τις περιοχές της Αραβίας. Τις εισβολές αυτές διευκόλυνε το γεγονός ότι η χώρα ήταν πεδινή, χωρίς φυσικά εμπόδια, καθώς και το ότι οι εξασθενημένοι Σουμέριοι δεν μπορούσαν να αντισταθούν. Τέλος, γύρω στα 2350 π.Χ., ο ηγεμόνας της σημιτικής πόλης Ακκάδ, Σαργόν ο Α΄, κατόρθωσε να υποτάξει τους Σουμέριους και να ιδρύσει το πρώτο μεγάλο κράτος στη Μεσοποταμία.

Οι Βαβυλώνιοι

Αργότερα, το 18ο αιώνα π.Χ., ο Χαμμουραμπί, σημίτης ηγεμόνας της πόλης Βαβυλώνας, υπέταξε ολόκληρη τη Μεσοποταμία και ίδρυσε το λεγόμενο ***Πρώτο Βαβυλωνιακό Κράτος.*** Η Βαβυλώνα έγινε μεγάλη και ισχυρή πόλη και ολόκληρη η Μεσοποταμία ονομάζεται συχνά, από το όνομα της πόλης αυτής, Βαβυλωνία.

Οι Ασσύριοι

Από το 16ο αιώνα αρχίζουν ταραχές και νέες εισβολές λαών. Προς το τέλος της 2ης χιλιετίας οι Ασσύριοι, που ζούσαν στα βόρεια της Μεσοποταμίας, κατόρθωσαν να δημιουργήσουν ένα ισχυρό πολεμικό

Ανάγλυφο από τη Νινευί, σήμερα στο Βρετανικό Μουσείο του Λονδίνου, χαρακτηριστικό της ασσυριακής τέχνης του 7ου αιώνα π.Χ. Παριστάνεται ο Ασσύριος βασιλιάς Ασσουρμπανιμπάλ έφιππος σε κυνήγι λενταριού.

κράτος με πρωτεύουσα τη Νινευί. Οι Ασσύριοι, σκληρός και πολεμικός λαός, κατέκτησαν τη Μεσοποταμία και άπλωσαν την κυριαρχία τους σε πολλές άλλες χώρες προς τα δυτικά. Προς το τέλος όμως του 7ου αιώνα π.Χ., και ενώ η δύναμη της Ασσυρίας είχε ήδη παρακμάσει, οι υποταγμένοι λαοί της Μεσοποταμίας επαναστάτησαν και οι Βαβυλώνιοι, με τη βοήθεια των Μήδων, κατέλαβαν και κατέστρεψαν την πρωτεύουσα των Ασσυρίων Νινευί. Αυτό ήταν και το τέλος του ασσυριακού κράτους.

Το νέο βαβυλωνιακό κράτος

Ακολούθησε μια δεύτερη ακμή της Βαβυλώνας, που έγινε και πάλι πρωτεύουσα ενός νέου κράτους στη Μεσοποταμία, του ***Νέου Βαβυλωνιακού Κράτους.*** Γρήγορα όμως και το κράτος αυτό άρχισε να παρακμάζει και τέλος, το 539 π.Χ., ο βασιλιάς των Περσών Κύρος ο Μέγας κατέλαβε τη Βαβυλώνα και υπέταξε οριστικά τη Μεσοποταμία.

Θρησκεία – Κοινωνία - Οικονομία

Η θρησκεία

Πολυθεϊστική ήταν η θρησκεία και στη Μεσοποταμία, όπως και στην Αίγυπτο. Κάθε πόλη είχε το δικό της προστάτη θεό, που προσπαθούσε να τον επιβάλει σε όσες περιοχές επικρατούσε. Έτσι, στην περίοδο που το κράτος της Βαβυλώνας κυριάρχησε σ' ολόκληρη τη Μεσοποταμία, επιβλήθηκε ως ανώτατος θεός ο θεός - προστάτης της Βαβυλώνας Μαρδούκ, ενώ στην περίοδο της κυριαρχίας των Ασσυρίων, ο θεός Ασσούρ. Για τη λατρεία των θεών χτίζονταν ναοί πάνω σε πολύ ψηλούς πύργους, που είναι γνωστοί με την ονομασία ***ζιγκουράτ.***

Η πίστη για ζωή μετά το θάνατο δεν ήταν πολύ διαδομένη στους λαούς της αρχαίας Μεσοποταμίας. Γι' αυτό και η λατρεία των νεκρών ήταν, σε αντίθεση με την Αίγυπτο, περιορισμένη. Υπήρχε όμως μεγάλη μοιρολατρία, πίστη στις διάφορες προφητείες, στην πρόγνωση του μέλλοντος και στη μαγεία. Η πρόγνωση του μέλλοντος ήταν αποκλειστικό προνόμιο των ιερέων κι αυτό τους έδινε μεγάλη δύναμη.

Η κοινωνία

Η διάρθρωση της κοινωνίας των κρατών της αρχαίας Μεσοποταμίας παρουσιάζει πολλές ομοιότητες με την αντίστοιχη της αρχαίας Αιγύπτου. Κι εδώ στην κορυφή της κοινωνικής ιεραρχίας και της εξουσίας βρισκόταν ο κληρονομικός ***βασιλιάς.*** Η δύναμή του ήταν απεριόριστη, ζούσε σε μεγαλόπρεπα ανάκτορα και ήταν περιστοιχισμένος από ένα πλήθος αυλικών. Την ***τάξη των προνομιούχων*** αποτελούσαν οι ευγενείς, οι αξιωματούχοι του κράτους και οι ιερείς. Τη μάζα του ***απλού λαού*** αποτελούσαν οι ελεύθεροι γεωργοί, οι τεχνίτες των πόλεων και όσοι ασχολούνταν με το εμπόριο. Τέλος, και στη Μεσοποταμία υπήρχαν πολλοί δούλοι, κυρίως αιχμάλωτοι πολέμου.

Η οικονομία

Η βάση της οικονομίας των αρχαίων κρατών της Μεσοποταμίας ήταν ***η γεωργία.*** Όπως αναφέραμε, η καλλιέργεια της γης ήταν πολύ αποδοτική. Από τους άλλους κλάδους της οικονομίας, σημαντική ανάπτυξη παρουσίασε το εμπόριο. Για να μεταφέρουν με ασφάλεια τα προϊόντα των ξένων χωρών, και ιδιαίτερα τα πολύτιμα προϊόντα των χωρών της μακρινής Ανατολής, οι έμποροι συγκεντρώνονταν και πραγματοποιούσαν τα δύσκολα ταξίδια τους πολλοί μαζί· σχημάτιζαν δηλαδή «καραβάνια».

Ο πολιτισμός

Η γραφή

α. Τα γράμματα: Πρώτοι οι Σουμέριοι και στη συνέχεια όλοι οι λαοί που έζησαν στη Μεσοποταμία χρησιμοποίησαν ένα είδος γραφής, που είναι γνωστή με την ονομασία ***σφηνοειδής γραφή.*** Έγραφαν συνήθως πιέζοντας πάνω σε πλάκες από μαλακό πηλό ένα ειδικό εργαλείο, που άφηνε αποτύπωμα σαν σφήνα. Ο συνδυασμός αυτών των αποτυπωμάτων σχημάτιζε τα γράμματα. Χιλιάδες τέτοιες πήλινες πλάκες με σφηνοειδή γραφή βρέθηκαν στις ανασκαφές των πόλεων της Μεσοποταμίας.

Η λογοτεχνία

Στη Μεσοποταμία αναπτύχθηκε, παράλληλα με τους ύμνους στους θεούς και τα άλλα θρησκευτικά κείμενα, και η επική ποίηση, δηλαδή μεγάλα σε έκταση ποιήματα, που έχουν σαν υπόθεση άθλους και περιπέτειες μυθικών ηρώων. Το πιο γνωστό, που είχε μεγάλη επίδραση και στις λογοτεχνίες άλλων λαών, είναι το «Έπος του Γκιλγκαμές». Άλλα γνωστά έργα της βαβυλωνιακής λογοτεχνίας είναι τα έπη του κατακλυσμού (μνήμες από καταστροφικές πλημμύρες) και το έπος της δημιουργίας του κόσμου (κοσμογονία) από θεϊκές δυνάμεις.

β. Η τέχνη: Στην πεδινή Μεσοποταμία η πέτρα ήταν ένα υλικό σπάνιο και δυσεύρετο. Γι' αυτό, στην οικοδόμηση των κτιρίων χρησιμοποιούνταν κυρίως πλιθιά ξεραμένα στον ήλιο, ένα υλικό δηλαδή που καταστρέφεται σχετικά εύκολα.

Από τα σημαντικότερα αρχιτεκτονικά μνημεία στην αρχαία Μεσοποταμία ήταν οι πύργοι - ναοί, τα γνωστά ζιγκουράτ. Κατασκευάζονταν με αλλεπάλληλα χτιστά επίπεδα, που όσο ανέβαιναν στένευαν και σχημάτιζαν έναν ψηλό πύργο με μορφή κλιμακωτής πυραμίδας. Στην κορφή αυτού του πύργου, όπου ανέβαινε κανείς με έναν περιφερειακό δρόμο, βρισκόταν ο ναός.

Η αρχή του «έπους του Γκιλγκαμές»

Αυτός που είδε τα πάντα, ως του κόσμου την άκρη,
που σε όλα τρύπωσε, που όλα τα κατόρθωσε.
Αυτός που όλες μαζί διάβασε τις γραφές,
το βάθος της σοφίας όλων των βιβλίων,
που είδε το κρυφό κι έμαθε το μυστικό,
αυτός μίλησε μέρες πριν απ' τον κατακλυσμό.
Πήρε δρόμο μακρινό, μα κουράστηκε και γύρισε
κι έγραψε πάνω σε πέτρα όλο του το έργο.

(Μετάφραση Α. Σαραντόπουλου)

Μεγαλόπρεπα ήταν και τα βασιλικά παλάτια, όπως διαπιστώνεται από τα λίγα ερείπια που έχουν βρεθεί.

Από τα έργα της πλαστικής ξεχωρίζουν ιδιαίτερα τα ανάγλυφα. Ένα από τα πιο γνωστά είναι η «στήλη του Ναραμσίν», από το 2300 περίπου π.Χ.

Αντίθετα με την Αίγυπτο, στη Μεσοποταμία δεν κατασκευάστηκαν μεγάλα ταφικά μνημεία. Ο λόγος είναι ότι εδώ δεν είχε αναπτυχθεί η λατρεία των νεκρών.

γ. Οι επιστήμες: Χαραγμένη πάνω σε μια πέτρινη στήλη βρέθηκε στην πόλη Σούσα η αρχαιότερη γραπτή νομοθεσία του κόσμου, ο πε-

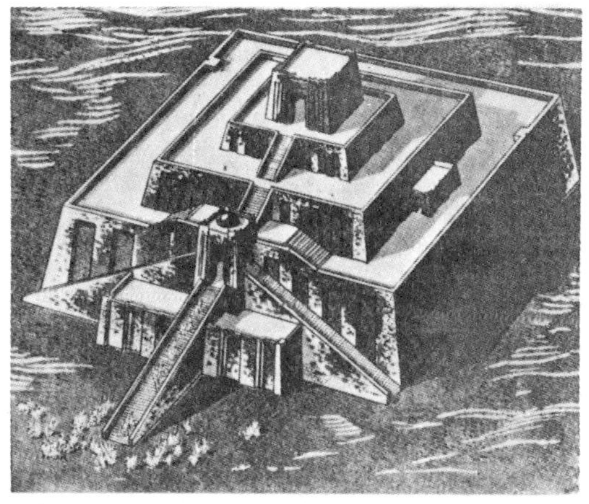

Επάνω :

Σχεδιαστική αναπαράσταση ενός ναού (ζιγκουράτ) στην πόλη Ουρ, στη νότια Μεσοποταμία. Αποτελείται από επάλληλες πυργοειδείς κατασκευές που στενεύουν προοδευτικά προς τα πάνω. Στο τελευταίο επίπεδο ήταν χτισμένος ο κυρίως ναός.

Αριστερά:

Ένα έξοχο έργο της ακκαδικής τέχνης είναι η στήλη του Ναραμσίν, βασιλιά της Ακκάδ. Βρίσκεται στο Μουσείο του Λούβρου στο Παρίσι και χρονολογείται γύρω στα 2300 π.Χ. Ο βασιλιάς προηγείται ανεβαίνοντας σ' ένα βραχώδες τοπίο κι ακολουθούν οι στρατιώτες του.

ρίφημος «κώδικας του Χαμμουραμπί» (τέλη 18ου αιώνα π.Χ.). Οι νόμοι του Χαμμουραμπί κρίνονται πολύ αυστηροί με τα σημερινά μέτρα· μας δίνουν όμως μια παραστατική και τεκμηριωμένη εικόνα των συνθηκών ζωής της εποχής καθώς και των ανθρώπινων σχέσεων.

Όπως στην αρχαία Αίγυπτο, έτσι κι εδώ η ανάγκη να ικανοποιούνται πρακτικές ανάγκες (μέτρηση χωραφιών, αρδευτικά έργα, οικοδομική) προώθησε τις γνώσεις των Βαβυλωνίων στην αριθμητική και στη γεωμετρία. Πρώτοι μάλιστα οι Βαβυλώνιοι διαίρεσαν τον κύκλο σε 360 μοίρες και την ώρα σε 60 λεπτά.

Επειδή πίστευαν ότι η μοίρα του ανθρώπου καθορίζεται από τη θέση των άστρων τη στιγμή της γέννησής του, μελέτησαν τις κινήσεις των άστρων και κατασκεύασαν ωροσκόπια. Προόδευσαν έτσι στην αστρονομία, αλλά ποτέ δεν την ξεχώρισαν από την αστρολογία.*

* **αστρολογία:** η παρατήρηση της θέσης και της κίνησης των άστρων με σκοπό την πρόβλεψη του μέλλοντος και της τύχης των ανθρώπων.

Οι νόμοι του Χαμμουραμπί είναι η παλιότερη νομοθεσία που μας έχει παραδοθεί γραπτά. Η επιγραφή είναι χαραγμένη με σφηνοειδή γραφή σε μια στήλη από βασάλτη (ηφαιστειογενές πέτρωμα). Στο επάνω μέρος απεικονίζεται ο ίδιος ο Χαμμουραμπί που στέκεται όρθιος μπροστά απ' τον καθιστό θεό Σαμάς. Η στήλη βρίσκεται στο Μουσείο του Λούβρου, στο Παρίσι, και χρονολογείται στα τέλη του 18ου αιώνα π.Χ.

Από τη νομοθεσία του Χαμουραμπί

– Αν γίνει μια κλοπή και ο κλέφτης δεν πιαστεί, τότε ο ιδιοκτήτης πρέπει να κάνει, με όρκο στους θεούς, καταγραφή των ζημιών του και η πόλη ή ο κυβερνήτης της περιοχής, όπου έγινε η κλοπή, πρέπει να τον αποζημιώσουν.
– Αν κάποιος βγάλει το μάτι ενός πολίτη, να του βγάλουν και το δικό του μάτι.
–Αν πέσει ένα σπίτι, που δε χτίστηκε γερό, και σκοτώσει τον ιδιοκτήτη του, να θανατωθεί ο αρχιτέκτονας που το έχτισε. Αν σκοτωθεί ο γιος του ιδιοκτήτη, να θανατωθεί ο γιος του αρχιτέκτονα.
– Αν κάποιος κλέψει κάτι που ανήκει στο ναό ή στο παλάτι, θα πληρώσει 30 φορές την αξία του. Αν αυτό που έκλεψε ανήκει σε ιδιώτη, θα πληρώσει 10 φορές την αξία του. Αν δεν έχει τίποτε να του πάρουν, θα θανατωθεί.

γ. ΟΙ ΦΟΙΝΙΚΕΣ

Χώρα – Οργάνωση – Ιστορία

Οι Φοίνικες, λαός σημιτικής καταγωγής, εγκαταστάθηκαν από την 3η χιλιετία π.Χ. στη στενή παραλιακή λουρίδα που βρίσκεται ανάμεσα στο βουνό Λίβανος και στις ακτές της Ανατολικής Μεσογείου. Η χώρα δεν έχει τις μεγάλες πεδιάδες της Αιγύπτου ή της Μεσοποταμίας, γι' αυτό οι Φοίνικες δεν έγιναν λαός γεωργικός. Έχτισαν τις πόλεις τους στις ακτές και επιδόθηκαν από πολύ νωρίς με επιτυχία στο εμπόριο, ιδιαίτερα το θαλάσσιο.

Οι Φοίνικες δεν αποτέλεσαν ποτέ ένα ενιαίο κράτος. Κάθε πόλη - λιμάνι ήταν και μια χωριστή κρατική ενότητα, που την κυβερνούσε ένας βασιλιάς με ένα συμβούλιο από τους πιο πλούσιους εμπόρους. Ακόμη, κάθε πόλη - κράτος είχε και το δικό της προστάτη θεό.

Από την τρίτη ακόμη χιλιετία ξεχώρισε η πόλη Βύβλος, που είχε πυκνές εμπορικές επαφές με την Αίγυπτο. Αργότερα, από τα μέσα περίπου της δεύτερης χιλιετίας, ηγετική θέση ανάμεσα στις φοινικικές πόλεις πήρε η Σιδώνα και στη συνέχεια, από το 1100 περίπου π.Χ., η Τύρος. Την περίοδο αυτή το φοινικικό εμπόριο απλώθηκε σ' ολόκληρη τη Μεσόγειο και ιδρύθηκαν πολλές αποικίες, όπως η Καρχηδόνα (814 π.Χ.), στις μεσογειακές ακτές της Αφρικής.

Τέλος, από τον 8ο αιώνα π.Χ., όταν άρχισε ο μεγάλος ελληνικός αποικισμός, το φοινικικό εμπόριο πέρασε σε δεύτερη μοίρα και οι Φοίνικες έχασαν τη θαλασσοκρατορία που είχαν ως τότε. Οι πόλεις τους έχασαν τον πλούτο και τη δύναμή τους.

Ναυτιλία – Εμπόριο

Χρησιμοποιώντας ξυλεία από τα δάση του Λιβάνου οι Φοίνικες κατασκεύασαν πλοία και επιδόθηκαν στα θαλάσσια ταξίδια με σκοπό το εμπόριο. Η απασχόλησή τους αυτή τους έκανε τολμηρούς θαλασσοπόρους.

Η θαλάσσια επικοινωνία των Φοινίκων με την Αίγυπτο είναι πολύ παλιά. Από την τρίτη χιλιετία ακόμη γίνονταν στη χώρα αυτή εξαγωγές ξυλείας από το Λίβανο. Φαίνεται όμως ότι η ναυτική τους επέκταση στη Μεσόγειο πραγματοποιήθηκε μετά την παρακμή των Μυκηναίων, δηλαδή προς το τέλος της 2ης χιλιετίας π.Χ. Από τότε οι Φοίνικες, χωρίς ανταγωνιστές, εμπορεύονταν με τα καράβια τους στην Ελλάδα και στις χώρες της Δυτικής Μεσογείου. Για να διευκολύνουν τα ταξίδια και το εμπόριό τους, ίδρυαν σε καίρια σημεία των ακτών αποικίες - εμπορικούς σταθμούς. Μια απ' αυτές, η Καρχηδόνα, εξελίχτηκε σε μεγάλη και ισχυρή πόλη.

Σημαντική ανάπτυξη σημείωσε στην αρχαία Φοινίκη και η βιοτεχνία. Οι Φοίνικες φρόντιζαν να κατασκευάζουν αντικείμενα χρήσιμα για το εμπόριό τους, τα οποία πουλούσαν σε ξένες χώρες. Γνωστά είναι τα ορειχάλκινα όπλα, τα υφάσματα, τα γυάλινα σκεύη (κατασκεύαζαν γυαλί από ψιλή άμμο), και τα πλοία (ναυπηγική). Με κατάλληλη επεξεργασία, που μόνο αυτοί ήξεραν, έβγαζαν από ένα κοχύλι ωραίο κόκκινο χρώμα για βαφή υφασμάτων, την πορφύρα. Παράλληλα, μαζί με τα δικά τους, εμπορεύονταν και προϊόντα άλλων χωρών.

Οι Φοίνικες δε δημιούργησαν δικό τους ξεχωριστό πολιτισμό. Στον τομέα αυτό επηρεάστηκαν από τους μεγάλους γειτονικούς πολιτισμούς των Αιγυπτίων και των λαών της Μεσοποταμίας. Σημαντική επινόησή τους όμως ήταν το ***αλφάβητο,*** που το αποτελούσαν 22 σύμβολα συμφώνων. Αυτό το αλφάβητο το πήραν, όπως θα δούμε, οι Έλληνες και, αφού το τροποποίησαν, το μετέδωσαν στην Ιταλία από όπου διαδόθηκε αργότερα σε άλλες χώρες της Ευρώπης.

Το ναυτικό ταξίδι των Φοινίκων γύρω από την Αφρική

Η Λιβύη (Αφρική) λοιπόν είναι φανερό ότι περιβρέχεται από θάλασσα, εκτός από το τμήμα της που είναι σύνορο με την Ασία, και πρώτος το απέδειξε, απ' όσο γνωρίζουμε, ο Αιγύπτιος βασιλιάς Νεκώ. Αυτός, όταν σταμάτησε το άνοιγμα της διώρυγας ανάμεσα στο Νείλο και τον Αραβικό κόλπο, έστειλε Φοίνικες με καράβια και με την εντολή να γυρίσουν πίσω στη βόρεια θάλασσα από τις Ηράκλειες Στήλες (Γιβραλτάρ) κι έτσι να φτάσουν στην Αίγυπτο. Ξεκίνησαν λοιπόν οι Φοίνικες από την Ερυθρά θάλασσα και έπλεαν προς το νότο. Κι όταν τους έβρισκε το φθινόπωρο, έπιαναν στεριά, σ' όποιο μέρος της Λιβύης (Αφρικής) κι αν βρίσκονταν, έσπερναν τη γη και περίμεναν να μεστώσει το σιτάρι. Κι αφού θέριζαν, συνέχιζαν το ταξίδι. Πέρασαν έτσι δύο χρόνια. Και τον τρίτο χρόνο, αφού πέρασαν τις Ηράκλειες Στήλες, έφτασαν στην Αίγυπτο. Κι έλεγαν κάτι που, δεν ξέρω οι άλλοι, αλλά εγώ τουλάχιστον δεν το πιστεύω· ότι δηλαδή πλέοντας γύρω από τη Λιβύη είχαν τον ήλιο στα δεξιά τους.

***(Ηρόδοτος, Δ, 42.* Μετάφραση)**

Φοινίκη - Παλαιστίνη

δ. ΟΙ ΕΒΡΑΙΟΙ

Οι Εβραίοι ήταν λαός σημιτικής καταγωγής. Σύμφωνα και με τις παραδόσεις που περιέχονται στη Βίβλο, αρχικά περιφέρονταν ως νομάδες κτηνοτρόφοι, οργανωμένοι σε φυλές. Στις περιπλανήσεις τους αυτές πέρασαν από τη «γη Χαναάν» (Παλαιστίνη) και έφτασαν ως την Αίγυπτο. Η παρουσία Εβραίων στην Αίγυπτο το 15ο με 14ο αιώνα π.Χ. επιβεβαιώνεται και από αιγυπτιακά κείμενα. Λίγο αργότερα, πιθανό μέσα στο 13ο αιώνα π.Χ., οι Εβραίοι έφυγαν από την Αίγυπτο με ηγέτη το Μωυσή και τελικά εγκαταστάθηκαν στην Παλαιστίνη, αφού επιβλήθηκαν στα άλλα σημιτικά φύλα που ζούσαν εκεί.

Οι πόλεμοι με τους Φιλισταίους, λαό εγκαταστημένο στα παράλια της Παλαιστίνης, υποχρέωσαν τις 12 φυλές των Εβραίων να συνενωθούν σε ένα ενιαίο κράτος, με πρώτο βασιλιά το Σαούλ. Τον διαδέχτηκε ο Δαβίδ, που έκανε πρωτεύουσα του κράτους του την Ιερουσαλήμ, κι αυτόν ο Σολομών, στην εποχή του οποίου (10ος αιώνας π.Χ.) το εβραϊκό κράτος έφτασε στη μεγαλύτερη ακμή του.

Μετά το θάνατο του Σολομών οι Εβραίοι διασπάστηκαν και σχημάτισαν δύο βασίλεια· το βασίλειο του Ισραήλ στο βορρά, με πρωτεύουσα τη Σαμάρεια, και το βασίλειο του Ιούδα στο νότο, με πρωτεύουσα την Ιερουσαλήμ. Η διάσπαση αυτή εξασθένησε τους Εβραίους. Έτσι, προς το τέλος του 8ου αιώνα π.Χ. οι Ασσύριοι κυρίεψαν το κράτος του Ισραήλ και το 587 οι Βαβυλώνιοι υπέταξαν το κράτος του Ιούδα και μετέφεραν τον εβραϊκό λαό αιχμάλωτο στη Βαβυλώνα. Όταν, τέλος, ο βασιλιάς των Περσών Κύρος υπέταξε τη Βαβυλώνα (538 π.Χ) επέτρεψε στους Εβραίους να ξαναγυρίσουν στη χώρα τους, που ήταν όμως τώρα πια περσική επαρχία.

Μία προσφορά των Εβραίων στον πολιτισμό ήταν η καθιέρωση της λατρείας ενός θεού (μονοθεϊσμός). Αξιόλογο έργο της Εβραϊκής Γραμματείας είναι η Βίβλος (Παλαιά Διαθήκη).

ε. ΟΙ ΧΕΤΤΑΙΟΙ

Στις αρχές της 2ης χιλιετίας π.Χ. έφτασαν και εγκαταστάθηκαν στην ανατολική Μ. Ασία οι Χετταίοι, ένας λαός ινδοευρωπαϊκής καταγωγής. Το πιθανότερο είναι ότι είχαν έρθει από την περιοχή του Καυκάσου.

Στην αρχή της εγκατάστασής τους οι Χετταίοι ήταν χωρισμένοι σε φυλές, που συγκρούονταν μεταξύ τους. Αργότερα ενώθηκαν και σχημάτισαν ένα ισχυρό κράτος με πρωτεύουσα τη Χαττούσα (στον ποταμό Άλη). Στο ανακτορικό αρχείο της Χαττούσα βρέθηκαν πάρα

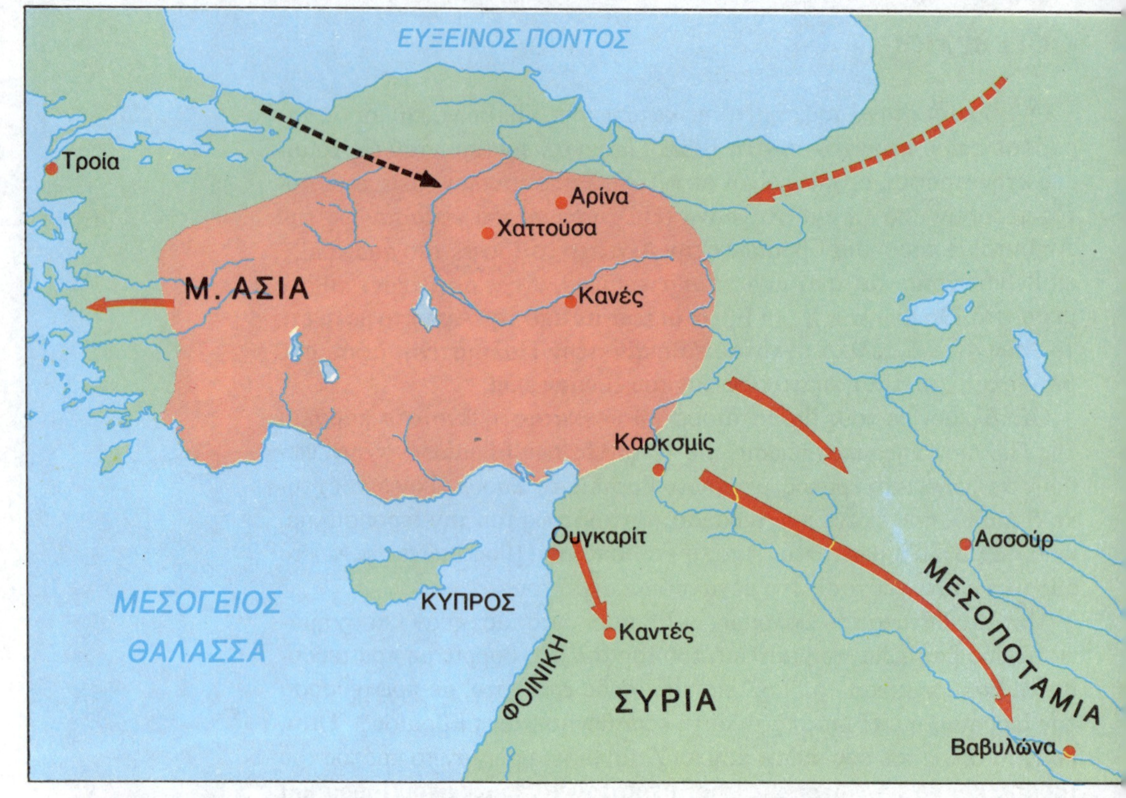

Οι Χετταίοι

πολλές πινακίδες με σφηνοειδή γραφή, που φωτίζουν την ιστορία των Χετταίων.

Γύρω στα μέσα της 2ης χιλιετίας οι Χετταίοι άπλωσαν την κυριαρχία τους σ' ολόκληρη σχεδόν τη Μ. Ασία καθώς και στη Βόρεια Μεσοποταμία και στη Συρία. Εδώ ήρθαν σε σύγκρουση με τους Αιγύπτιους, που διεκδικούσαν την ίδια περιοχή. Ο φαραώ Ραμσής Β΄ κατόρθωσε, με τη μάχη του Καντές (1312), να σταματήσει την επέκταση των Χετταίων προς το νότο και στη συνέχεια υπογράφτηκε συνθήκη ειρήνης ανάμεσα στις δύο χώρες. Από τότε η αυτοκρατορία των Χετταίων άρχισε να παρακμάζει και προς το τέλος του 13ου αιώνα π.Χ. καταρρέει από τις επιδρομές των «λαών της θάλασσας», που είχαν αναστατώσει την Ανατολή.

Οι Χετταίοι ήταν κυρίως γεωργοί και κτηνοτρόφοι. Παράλληλα

όμως επιδόθηκαν στη μεταλλουργία και ήξεραν να επεξεργάζονται πολύ καλά το σίδερο. Χρησιμοποίησαν τη σφηνοειδή γραφή, που τη δανείστηκαν από τη Μεσοποταμία και την προσάρμοσαν στη γλώσσα τους.

στ. ΟΙ ΜΗΔΟΙ ΚΑΙ ΟΙ ΠΕΡΣΕΣ

Οι Μήδοι και οι Πέρσες ήταν συγγενικά φύλα, ινδοευρωπαϊκής καταγωγής, εγκαταστημένα ανατολικά της Μεσοποταμίας, στην περιοχή του Ιράν· οι Μήδοι στο βόρειο και οι Πέρσες στο νότιο τμήμα του.

Οι Μήδοι αναφέρονται για πρώτη φορά σε ασσυριακά κείμενα του 9ου αιώνα π.Χ. Για ένα διάστημα υποτάχτηκαν στους Ασσύριους, αλλά τον 7ο αιώνα κατόρθωσαν να αποκτήσουν την ανεξαρτησία τους. Τότε ίδρυσαν κράτος με πρωτεύουσα τα Εκβάτανα και επέβαλαν την κυριαρχία τους και στους Πέρσες.

Προς το τέλος του 7ου αιώνα π.Χ. οι Μήδοι, με βασιλιά τόν Κυαξάρη, συμμάχησαν με τους Χαλδαίους της Νότιας Μεσοποταμίας και κατέλυσαν, όπως αναφέραμε σε προηγούμενο κεφάλαιο, το ασσυριακό κράτος. Τότε τα όρια του κράτους των Μήδων επεκτάθηκαν δυτικά ως τον ποταμό Άλη της Μ. Ασίας.

Στα μέσα του 6ου αιώνα π.Χ ο Πέρσης ηγεμόνας Κύρος επαναστάτησε και κατόρθωσε να νικήσει τους Μήδους και να καταλάβει τα Εκβάτανα. Έγινε έτσι κύριος του μηδικού κράτους και ανακηρύχτηκε βασιλιάς των Περσών. Στη συνέχεια, με μια σειρά κατακτητικών πολέμων, υπέταξε το μικρασιατικό κράτος της Λυδίας, τις ελληνικές πόλεις της Μ. Ασίας και το νέο βαβυλωνιακό κράτος. Ο διάδοχός του Καμβύσης υπέταξε την Αίγυπτο (525 π.Χ) και έτσι, προς το τέλος του 6ου αιώνα π.Χ., το περσικό κράτος έγινε μια μεγάλη σε έκταση και ισχυρή αυτοκρατορία.

Οι επεκτατικές τάσεις των Περσών βασιλιάδων απείλησαν σοβαρά και την ελευθερία των Ελλήνων. Γι' αυτό όμως θα μιλήσουμε αναλυτικά σε ένα από τα επόμενα κεφάλαια του βιβλίου.

ΕΡΩΤΗΣΕΙΣ – ΘΕΜΑΤΑ ΓΙΑ ΣΥΖΗΤΗΣΗ

– Είναι δικαιολογημένος ο χαρακτηρισμός της αρχαίας Αιγύπτου ως «δώρο του Νείλου»; Αν ναι, γιατί;

– Πώς φαίνεται η ακμή της Αιγύπτου στα χρόνια του Νέου Βασιλείου;

– Οι αρχαίοι Αιγύπτιοι πίστευαν ότι η ψυχή εξακολουθούσε να ζει μετά το θάνατο. Σε ποιες ενέργειες τους οδηγούσε η πίστη τους αυτή;

– Ποια τα κύρια χαρακτηριστικά της αιγυπτιακής αρχιτεκτονικής; Ποιες είναι οι σημαντικότερες κατασκευές;

– Τι γνωρίζετε για τους Σουμέριους;

– Περιγράψτε ένα Ζιγκουράτ.

– Σε ποιον τομέα της οικονομίας επιδόθηκαν οι Φοίνικες και τι συνέβαλε σ' αυτό;

– Η ακμή και η πτώση των Χετταίων.

– Ποια ήταν τα κοινά στοιχεία στο φυσικό περιβάλλον της Αιγύπτου και της Μεσοποταμίας; Ποια ήταν η διαφορά;

– Σύγκριση της κοινωνίας της αρχαίας Αιγύπτου και της κοινωνίας της αρχαίας Μεσοποταμίας.

– Ποιες συγκεκριμένες ανάγκες έγιναν αιτία να αναπτυχθούν ορισμένοι κλάδοι των θετικών επιστημών στην Αίγυπτο και στη Μεσοποταμία;

– Ποια είναι, κατά τη γνώμη σας, η προσφορά των Ανατολικών λαών στον πολιτισμό;

Ο μητροπολιτικός ελληνικός χώρος

Το κέντρο του αρχαίου ελληνικού κόσμου ήταν ο χώρος που απλώνεται γύρω από το Αιγαίο και, σε γενικές γραμμές, περιλαμβάνει τις ακτές της Δυτικής Μ. Ασίας, τα νησιά του Αιγαίου και την ηπειρωτική Ελλάδα. Σε αντίθεση με την Αίγυπτο και τη Μεσοποταμία, περιοχές όπου αναπτύχθηκαν οι πρώτοι μεγάλοι πολιτισμοί, ο ελληνικός χώρος είναι κυρίως ορεινός, οι πεδιάδες του είναι μικρές και κλεισμένες από βουνά και τα νερά λίγα. Το κλίμα όμως είναι εύκρατο και οι ακτές σχηματίζουν άπειρους φυσικούς κόλπους και όρμους, ενώ το πλήθος των νησιών του Αιγαίου διευκολύνει, σαν φυσική γέφυρα, την επικοινωνία ανάμεσα στις δύο ακτές του.
Η μορφή του εδάφους, που απαιτεί εντατική καλλιέργεια για να δώσει καρπό, αλλά και το εύκρατο κλίμα, επηρέασαν τους Έλληνες και τους έκαναν δραστήριους και επινοητικούς. Από την άλλη, η μορφή των ακτών και τα πολλά νησιά διευκόλυναν την ανάπτυξη της ναυτιλίας, με αποτέλεσμα οι Έλληνες να στραφούν από πολύ νωρίς προς τη θάλασσα και να διοχετεύσουν σ' αυτήν την ενεργητικότητά τους.

ΚΕΦΑΛΑΙΟ 3
Η ΕΠΟΧΗ ΤΟΥ ΧΑΛΚΟΥ ΣΤΗΝ ΕΛΛΑΔΑ

Εισαγωγικό σημείωμα

Γύρω στα 3000 π.Χ.** άρχισε να γίνεται γνωστή στην Ελλάδα η χρήση των μετάλλων και συγκεκριμένα του χαλκού. **Το μέταλλο αυτό, που πολλές φορές εισαγόταν από την Ανατολή και την Κύπρο, χρησιμοποιήθηκε** για την κατασκευή εργαλείων, όπλων και άλλων αντικειμένων καθημερινής χρήσης.* Γι' αυτό η περίοδος από το 3000 π.Χ. ως το 1100 π.Χ. ονομάζεται **εποχή του χαλκού.

Μέσα στην περίοδο αυτή παρουσιάζονται στον ελληνικό χώρο οι πρώτοι αξιόλογοι πολιτισμοί. Είναι ο κυκλαδικός πολιτισμός, ο πολιτισμός της Κρήτης ή μινωικός πολιτισμός και ο μυκηναϊκός πολιτισμός.

---

* Στην πραγματικότητα, τις περισσότερες φορές δε χρησιμοποιείται καθαρός χαλκός αλλά μπρούντζος, δηλαδή ένα μείγμα χαλκού με άλλα μέταλλα, κυρίως κασσίτερο. Αυτό ισχύει για όλη την αρχαιότητα αλλά και για τη σημερινή εποχή.

Ο κυκλαδικός πολιτισμός

Κατά την εποχή του χαλκού αναπτύχθηκε στα νησιά των Κυκλάδων ένας σημαντικός και ιδιότυπος πολιτισμός, που είναι γνωστός ως κυκλαδικός πολιτισμός. Ο πολιτισμός αυτός γνώρισε ιδιαίτερη άνθηση κατά την πρώιμη εποχή του χαλκού (3000 - 2000 περίπου π.Χ.).

Για τη δημιουργία του σημαντικό ρόλο έπαιξε η ίδια η θέση των νησιών αυτών, που αποτελούν κατά κάποιο τρόπο τη φυσική γέφυρα η οποία ενώνει τον κυρίως ελλαδικό χώρο με τη Μ. Ασία και την Κρήτη. Έτσι, από νωρίς οι Κυκλαδίτες έστρεψαν την προσοχή τους στο εμπόριο και στην ανάπτυξη της ναυτιλίας τους. Τα πλοία αποτελούσαν το μοναδικό μέσο που είχαν για την επικοινωνία με τον υπόλοιπο κόσμο και πολύ πιθανό μ' αυτά να έκαναν κι ένα είδος πειρατείας. Οι ανασκαφές επιβεβαιώνουν ότι είχαν εμπορικές σχέσεις με πολλά μέρη της ηπειρωτικής Ελλάδας, με την Κρήτη και με τις μικρασιατικές ακτές.

Στην οικονομική ανάπτυξη των Κυκλάδων θα συνέβαλαν ασφαλώς

Ο κυκλαδικός πολιτισμός

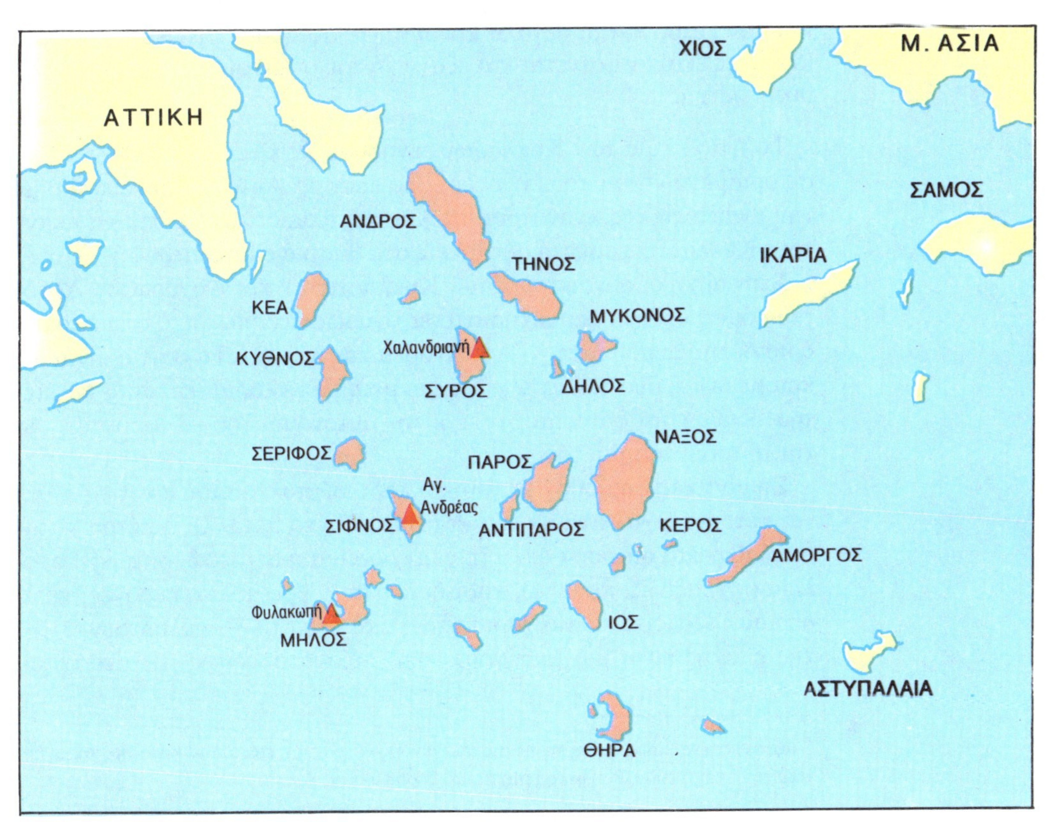

Από τις πιο χαρακτηριστικές δημιουργίες των Κυκλαδιτών της τρίτης χιλιετίας π.Χ. είναι τα τηγανόσχημα σκεύη, των οποίων η χρήση παραμένει άγνωστη. Στο εικονιζόμενο εδώ πήλινο σκεύος του Εθνικού Αρχαιολογικού Μουσείου της Αθήνας, ανάμεσα στα σπειροειδή μοτίβα με τα οποία συμβολίζεται πιθανόν η θάλασσα, έχουμε την παράσταση ενός πλοίου. Το πλοίο έπαιξε πολύ σημαντικό ρόλο στην ανάπτυξη των Κυκλάδων αυτή την εποχή.

και τα μικρά μεταλλεία χαλκού, μολύβδου, χρυσού και αργύρου, που υπήρχαν σε ορισμένα νησιά, τα μεγάλα λατομεία μαρμάρου στη Νάξο και την Πάρο και τα μεγάλα κοιτάσματα οψιανού* στη Μήλο. Οι Κυκλαδίτες έκαναν φαίνεται και εξαγωγή του οψιανού ήδη από τη νεολιθική εποχή.

Το ήπιο κλίμα των Κυκλάδων ευνοούσε τις καλλιέργειες, ιδιαίτερα σε ορισμένα νησιά που είχαν εύφορο έδαφος. Αυτό, σε συνδυασμό με την ανάπτυξη της κτηνοτροφίας και της αλιείας, θα πρέπει να έκανε τους Κυκλαδίτες αρκετά αυτάρκεις στα βασικά είδη διατροφής.

Στην αρχή οι συνοικισμοί των Κυκλαδιτών ήταν ανοχύρωτοι. Αργότερα όμως έχουμε χαρακτηριστικές οχυρώσεις, όπως π.χ. στη Χαλανδριανή της Σύρου ή στον ΄Αγ. Ανδρέα της Σίφνου. Τα σπίτια είναι μικρά με ένα ή δύο δωμάτια χτισμένα με πηλό, κλαδιά, καλάμια και πέτρα. Κάθε νησί φαίνεται ότι είχε την αυτονομία του και φρόντιζε για την αυτοσυντήρησή του.

Σημαντικές δημιουργίες του κυκλαδικού πολιτισμού είναι τα πήλινα, πέτρινα ή χάλκινα αγγεία και σκεύη. Από μέταλλο ή πέτρα κατασκεύαζαν και διάφορα όπλα (π.χ. εγχειρίδια ή αιχμές δοράτων), εργαλεία (π.χ. αξίνες, πριόνια), κοσμήματα (π.χ. βραχιόλια, περόνες, περιδέραια). Ωστόσο τα πιο χαρακτηριστικά έργα των Κυκλαδιτών αυτής της εποχής είναι μια κατηγορία από πήλινα συνήθως, τηγανόσχημα

---

* **οψιανός:** ένα είδος σκληρής ηφαιστειογενούς πέτρας, με την οποία κατασκεύαζαν ήδη από την εποχή του λίθου μικρά μαχαίρια, ξυράφια κ.ά.

Τα πιο αντιπροσωπευτικά δείγματα του κυκλαδικού πολιτισμού της τρίτης χιλιετίας π.Χ. είναι ασφαλώς τα πολύ γνωστά μαρμάρινα ειδώλια. Η ύπαρξη άφθονου μαρμάρου στα Κυκλαδονήσια συντέλεσε ώστε από πολύ νωρίς οι Κυκλαδίτες να δαμάσουν το σκληρό αυτό υλικό και να δημιουργήσουν εξαίρετα έργα. Δεξιά έχουμε μια όρθια γυναικεία μορφή και αριστερά μια ανδρική, που κάθεται σ' ένα περίτεχνο κάθισμα και παίζει άρπα. Και τα δύο έργα βρίσκονται σήμερα στο Εθνικό Αρχαιολογικό Μουσείο της Αθήνας.

σκεύη, που είχαν ίσως θρησκευτική ή μαγική σημασία, και κυρίως τα πολύ γνωστά μαρμάρινα αγαλμάτια (ειδώλια). Τα τελευταία, που το ύψος τους κυμαίνεται από 0,05 μ. ως 1,50 μ., προκαλούν ιδιαίτερο ενδιαφέρον σήμερα, γιατί αποδίδονται με μεγάλη σχηματοποίηση και παρουσιάζουν ομοιότητα με σύγχρονα δημιουργήματα της γλυπτικής. Εικονίζουν συνήθως γυναικείες μορφές, αλλά ο σκοπός της κατασκευής τους παραμένει άγνωστος. Πιθανό να είχαν κι αυτά κάποια θρησκευτική ή μαγική σημασία ή να σχετίζονταν με δοξασίες σχετικές με τους νεκρούς και το θάνατο.

Ο κυκλαδικός πολιτισμός μετά το 2000 π.Χ. μπορούμε να πούμε ότι χάνει, ως ένα βαθμό, την ιδιομορφία του. Ήδη από το τέλος της τρίτης χιλιετίας οι Κυκλαδίτες, που φαίνεται ότι ήταν ένας λαός μεσογειακός (ίσως είναι οι Κάρες και Λέλεγες των αρχαίων Ελλήνων), ήρθαν σε επαφή με τους Μινωίτες της Κρήτης. Ήταν φυσικό λοιπόν ο πολιτισμός τους να επηρεαστεί, κατά τη δεύτερη χιλιετία, από το μινωικό. Οι μινωικές επιδράσεις είναι ιδιαίτερα αισθητές κατά το χρονικό διάστημα από το 1700 ως το 1450 π.Χ., ενώ στη συνέχεια και μέχρι το τέλος της εποχής του χαλκού (1100 π.Χ.) τα κυκλαδονήσια βρίσκονται κάτω από την επίδραση του μυκηναϊκού πολιτισμού.

Σημαντικά λείψανα του κυκλαδικού πολιτισμού έχουν αποκαλυφθεί σε πολλά νησιά των Κυκλάδων, όπως π.χ. στη Σύρο, στη Νάξο, στην Πάρο, στην Αντίπαρο, στη Σίφνο, στην Αμοργό, στη Μήλο, στην Κέα, στην Κέρο, στη Θήρα κ.α. Μια σημαντική συλλογή από ευρήματα του πολιτισμού αυτού φυλάγεται σήμερα στο Εθνικό Αρχαιολογικό Μουσείο της Αθήνας.

Ο μινωικός πολιτισμός

Μινωικό πολιτισμό ονομάζουμε τον πολιτισμό που αναπτύχθηκε στην Κρήτη και άκμασε κυρίως στο πρώτο μισό της δεύτερης χιλιετίας π.Χ. Ο πολιτισμός αυτός έγινε γνωστός με τις συστηματικές ανα-

---

Οι Κυκλαδίτες κάτω από την κυριαρχία του Μίνωα

Παλιότερα (οι Κάρες), όντας υπήκοοι του Μίνωα και με το όνομα Λέλεγες, έμεναν στα νησιά δίχως όμως να του πληρώνουν κανένα φόρο, όσο μπορώ να το εξακριβώσω αυτό ακολουθώντας την παράδοση· σ' αντάλλαγμα, κάθε φορά που τους χρειαζόταν ο Μίνως, του έδιναν πληρώματα για τα καράβια του. Καθώς ο Μίνως εξουσίαζε πολύν κόσμο κι είχε επιτυχίες στον πόλεμο, μαζί του και οι Κάρες το διάστημα αυτό και για πολλά χρόνια ήταν ένας λαός πολύ ξεχωριστός ανάμεσα σε όλους τους άλλους... Ύστερα από πολλά χρόνια οι Δωριείς και οι Ίωνες ξεσήκωσαν τους Κάρες από τα νησιά, κι έτσι αυτοί έφτασαν στη στεριά. Έτσι λένε οι Κρήτες πως έχουν τα πράγματα σχετικά με τους Κάρες.

(Ηρόδοτος, Α, 171. Μετάφραση Δ. Μαρωνίτη)

σκαφές που άρχισαν στη μεγαλόνησο από τις αρχές του αιώνα μας. Ο Άγγλος αρχαιολόγος Αρθούρος Έβανς ανέσκαψε στην Κνωσό το παλάτι του μυθικού βασιλιά Μίνωα, από τον οποίο ο πολιτισμός ονομάστηκε μινωικός.

Πολλοί λόγοι συντέλεσαν ώστε να αναπτυχθεί στο νησί ο πρώτος σημαντικός πολιτισμός της Ευρώπης. Πρώτα πρώτα η σπουδαία γεωγραφική θέση της Κρήτης, που βρίσκεται κοντά σε τρεις ηπείρους και επιπλέον κοντά σε περιοχές, όπου από πολύ παλιά είχαν αναπτυχθεί σπουδαίοι πολιτισμοί (π.χ. ο αιγυπτιακός). Έπειτα το εύφορο έδαφος, οι καλές κλιματολογικές συνθήκες του νησιού και η επικράτηση μιας μακροχρόνιας ειρήνης, είναι οι βασικοί λόγοι που οδήγησαν στη μεγάλη ανάπτυξη της μινωικής Κρήτης.

Η σπουδαία γεωγραφική θέση της Κρήτης στην Ανατολική Μεσόγειο

Αεροφωτογραφία του ανακτορικού συγκροτήματος της Κνωσού, που μας δίνει μια εικόνα για τη μεγάλη του έκταση.

Οι αρχές της ανάπτυξης

Η ιστορία: Οι πρώτες βεβαιωμένες ανθρώπινες εγκαταστάσεις στην Κρήτη ανάγονται στη νεολιθική εποχή, γύρω στα 6000 π.Χ. Κατά την τρίτη χιλιετία οι Μινωίτες αναπτύσσουν τη ναυτιλία τους και δημιουργούν σχέσεις με τις γύρω περιοχές, όπως π.χ. με την Αίγυπτο, τη Συρία, και, μέσω αυτής, με τη Μεσοποταμία. Δημιουργείται έτσι ο μινωικός πολιτισμός, που από το 1900 π.Χ γνωρίζει ιδιαίτερη άνθηση. Τότε για πρώτη φορά χτίζονται ανάκτορα, π.χ. στην Κνωσό και στη Φαιστό. Αυτό σημαίνει ότι στην Κρήτη έχουμε βασιλιάδες, που συγκεντρώνουν στα χέρια τους την εξουσία.

Ακόμη μπορούμε να πούμε ότι τώρα αρχίζει η μινωική θαλασσοκρατία, για την οποία μιλούσαν αργότερα οι αρχαίοι Έλληνες, με τη δημιουργία αποικιών ή εμπορικών σταθμών, όπως π.χ. στα Κύθηρα (όπου ήδη από το τέλος της τρίτης χιλιετίας είχαν εγκατασταθεί Μινωίτες) και στη Μήλο. Οι εμπορικές σχέσεις με την Αίγυπτο, Συρία, Κύπρο και με άλλα μέρη πυκνώνουν.

Η έλλειψη οχυρώσεων στη μινωική Κρήτη δείχνει ότι οι Μινωίτες

Μερική άποψη του ανακτόρου της Φαιστού. Δεξιά, φαίνονται τμήματα από το παλιό ανάκτορο του 1900 π.Χ.; ενώ αριστερά, χτισμένα σ' ένα υψηλότερο επίπεδο, διακρίνουμε ορισμένα μέρη από το νεότερο τμήμα, που χτίστηκε μετά το 1700 π.Χ. Το ανάκτορο της Φαιστού, χτισμένο πάνω σ' ένα χαμηλό λόφο, δεσπόζει στην πεδιάδα της Μεσαράς, την πιο εύφορη πεδιάδα της Κρήτης.

Μεγάλα ανακτορικά κέντρα
Οικισμοί
Σπήλαια με ευρήματα

Η μινωική Κρήτη

δεν είχαν να αντιμετωπίσουν μεγάλους εξωτερικούς κινδύνους. Αλλά και μεταξύ τους δεν πρέπει να είχαν προβλήματα, πράγμα που πιθανότατα σημαίνει ότι η υπεροχή του βασιλιά της Κνωσού αναγνωριζόταν από όλους τους Μινωίτες.

Η περίοδος 1700-1450

Γύρω στα 1700 π.Χ. μια μεγάλη συμφορά, που οφείλεται πιθανό σ' έναν ισχυρό σεισμό, βρίσκει τη μινωική Κρήτη. Ωστόσο οι Μινωίτες γρήγορα συνέρχονται και χτίζουν πάλι ανάκτορα (στην Κνωσό, στη Φαιστό, στη Ζάκρο και στα Μάλια) και τα σπίτια τους, με περισσότερη μάλιστα φροντίδα και πολυτέλεια. Τώρα εμφανίζονται σε διάφορα μέρη, για πρώτη φορά, και μικρά ανάκτορα ή μεγάλες επαύλεις, που ασφαλώς ανήκουν σε διάφορους αξιωματούχους. Μια νέα περίοδος αρχίζει για το μινωικό πολιτισμό, που θα είναι και η πιο λαμπρή απ' όλες. Η ειρήνη που επικρατούσε κατά την προηγούμενη περίοδο εξακολουθεί και τώρα. Η θαλασσοκρατία των Μινωιτών γίνεται την εποχή αυτή περισσότερο αισθητή και νέοι εμπορικοί σταθμοί δημιουργούνται, όπως π.χ. στη Θήρα, στην Κέα, στη Ρόδο και στη Μίλητο. Η μινωική Κρήτη ελέγχει τώρα πολλά κέντρα της νησιωτικής και ηπειρωτικής Ελλάδας.

Και ενώ η Κρήτη είχε φτάσει στο κορύφωμα της δύναμής της, δέχεται γύρω στα 1450 π.Χ. ένα νέο πλήγμα, αυτή τη φορά πολύ πιο καταστροφικό. Πιθανότατα οφείλεται στην τρομακτική έκρηξη του ηφαιστείου της Θήρας, που έγινε αιτία να καταποντιστεί και ένα μεγάλο μέρος αυτού του νησιού. Η έκρηξη πρέπει να προκάλεσε τεράστια παλιρροϊκά κύματα, που θα έφτασαν μέχρι την Κρήτη, ενώ δηλητηριώδη αέρια θα προκάλεσαν πολλούς θανάτους και ασθένειες.

Μετά το 1450

Τη δύσκολη κατάσταση στην οποία βρέθηκαν τότε οι Μινωίτες την εκμεταλλεύτηκαν Αχαιοί (Μυκηναίοι Έλληνες), που εισέβαλαν στην Κρήτη, κατέλαβαν την Κνωσό και επέβαλαν την κυριαρχία τους. Από τα ανάκτορα του νησιού οι νέοι κυρίαρχοι εγκαταστάθηκαν μόνο σ' αυτό της Κνωσού, που έγινε προφανώς η έδρα του νέου ηγεμόνα. Την παρουσία του νέου φυλετικού στοιχείου στην Κνωσό επιβεβαιώνουν κυρίως τα εξής στοιχεία: τώρα εμφανίζεται μια καινούρια γλώσσα, η μυκηναϊκή (ελληνική) και γράφεται με μια νέα γραφή, που ονομάζεται «Γραμμική Β» (βλ. σχετικά παρακάτω). Οι νεκροί θάβονται με όλο τον οπλισμό τους, πράγμα που δείχνει ότι στην Κνωσό έχουμε τους φιλοπόλεμους Αχαιούς.

Ωστόσο το ανάκτορο της Κνωσού δεν πρόκειται να μείνει για πολύ καιρό ακόμη όρθιο. Λίγο μετά το 1400 π.Χ. έχουμε την τελική καταστροφή του, που οφείλεται ίσως σε μια σύγκρουση ανάμεσα στους Αχαιούς της Κρήτης και στους Αχαιούς της ηπειρωτικής Ελλάδας, από την οποία βγήκαν νικητές οι δεύτεροι. Μετά απ' αυτά ο πολιτισμός συνεχίζεται στην Κρήτη, μόνο που τώρα δεν είναι σημαντικός και περιορίζεται στα όρια του νησιού. Θα συνεχιστεί έτσι για πολλά χρόνια και μετά την κατάληψη του νησιού από τους Δωριείς (1100 - 1000 π.Χ.).

Ο πληθυσμός. Η διοικητική και κοινωνική οργάνωση: Οι Μινωίτες ανήκαν στη λεγόμενη μεσογειακή φυλή. Είχαν μέτριο ανάστημα και ήταν λεπτοί και μελαχρινοί.

Το γεγονός ότι υπήρχαν περισσότερα από ένα ανάκτορα (Κνωσός, Φαιστός, Ζάκρος, Μάλια) μας δείχνει ότι η μινωική Κρήτη ήταν χωρισμένη διοικητικά σε αρκετά τμήματα, το καθένα με ξεχωριστό άρχο-

---

Η θαλασσοκρατορία του Μίνωα

Ο Μίνωας, όσο ξέρουμε από την προφορική παράδοση ήταν ο πρώτος που απόχτησε ναυτικό και κυριάρχησέ στο μεγαλύτερο μέρος της λεγόμενης σήμερα ελληνικής θάλασσας· κυρίεψε επίσης τις Κυκλάδες και ίδρυσε τις πρώτες αποικίες στα περισσότερα νησιά.

(Θουκυδίδης, Α, 4. Μετάφραση Α. Γεωργοπαπαδάκου)

Ο Όμηρος για την Κρήτη - μιλάει ο Οδυσσέας

Στο πέλαγο τ' αστραφτερό είναι μια χώρα, η Κρήτη,
πανέμορφη και καρπερή και θαλασσοζωσμένη.
Κατοίκους έχει αρίθμητους και πόλεις ενενήντα.
Πολλές οι γλώσσες που μιλούν· έχει Αχαιούς η χώρα
και Κρήτες μεγαλόκαρδους, έχει και Κυδωνιάτες,
και Δωριέων τρεις φυλές και Πελασγούς λεβέντες.

(Οδύσσεια, τ, στίχοι 172-180. Μετάφραση)

Η αίθουσα του θρόνου είναι από τα πιο εντυπωσιακά δωμάτια του ανακτόρου της Κνωσού. Ο τοίχος, μπροστά στον οποίο είναι τοποθετημένος ο αλαβάστρινος θρόνος, είναι διακοσμημένος με γρύπες ανάμεσα σε παπυροειδή φυτά. Η διαμόρφωση του χώρου αυτού οφείλεται στους Μυκηναίους κατακτητές της Κνωσού και χρονολογείται μετά το 1450 π.Χ.

ντα. Μέσα στα ανάκτορα είχαν δημιουργηθεί διάφορα εργαστήρια με ειδικευμένο προσωπικό (π.χ. οπλουργούς, χρυσοχόους, κεραμείς κτλ). Πλάι στους άρχοντες υπηρετούσαν διάφοροι αξιωματούχοι κι ακόμη ένα οργανωμένο υπαλληλικό σώμα. Ασφαλώς θα υπήρχαν και ελεύθεροι επαγγελματίες.

Η εκμετάλλευση της γης κατά ένα μεγάλο μέρος ήταν προνόμιο των βασιλικών οικογενειών ή άλλων ευγενών. Ωστόσο ορισμένες εκτάσεις θα ανήκαν και σε απλούς πολίτες, που φρόντιζαν μόνοι τους για την καλλιέργειά τους. Η χρησιμοποίηση δούλων, σε περιορισμένη όμως κλίμακα, είναι σίγουρη.

Η γυναίκα στη μινωική Κρήτη κατείχε σημαντική θέση. Μ' αυτό δεν είναι άσχετο το γεγονός ότι η κύρια λατρεία των Μινωιτών απευθυνόταν σε γυναικείο πάνθεο. Οι Μινωίτισσες έπαιρναν μέρος με εντυπωσιακές ενδυμασίες και με ωραία χτενίσματα σε δημόσιες τελετές και συγκεντρώσεις και σε διάφορες θρησκευτικές τελετουργίες.

Το εμπόριο: Το εμπόριο της Κρήτης διεξαγόταν, κατά ένα μεγάλο μέρος, από τους βασιλιάδες. Έτσι μόνο μπορούν να δικαιολογηθούν ο μεγάλος αριθμός και το μέγεθος των αποθηκευτικών χώρων που υπάρχουν στα ανάκτορα.

Είναι διαπιστωμένο ότι οι Μινωίτες διατηρούσαν εμπορικές σχέσεις με πολλά μέρη, όπως π.χ. με τα γειτονικά νησιά του Αιγαίου και την Αίγυπτο. Προϊόντα εξαγωγής ήταν η ξυλεία, το λάδι, το κρασί, τα αγγεία (πήλινα, μεταλλικά, πέτρινα), τα μεταλλικά σκεύη, κοσμήματα από διάφορα πολύτιμα υλικά, ίσως ακόμη μάλλινα υφάσματα, μέλι, ρητίνη, αρωματικά έλαια. Προϊόντα εισαγωγής ήταν χαλκός από την Κύπρο, ελεφαντοκόκαλο από τη Συρία, αλάβαστρο, φαγεντιανή,* πάπυρος και λινάρι από την Αίγυπτο, κασσίτερος, χρυσός, άργυρος διάφορα μάρμαρα κ.ά.

Οι Μινωίτες δημιούργησαν μεγάλο ναυτικό, κατάλληλο τόσο για τη μεταφορά των προϊόντων όσο και για την προστασία τους από την πειρατεία. Για την ανάπτυξη του εμπορίου πολύ χρήσιμοι ήταν και οι εμπορικοί σταθμοί που, όπως είπαμε και πιο πάνω, είχαν ιδρύσει σε διάφορα μέρη του Αιγαίου. Για εμπορικούς ασφαλώς λόγους θα επιλέχτηκε η θέση όπου χτίστηκε το ανάκτορο της Ζάκρου. Βρίσκεται στο ανατολικό άκρο της Κρήτης, σ' ένα σημείο δηλαδή που απέχει λιγότερο από οποιοδήποτε άλλο μέρος του νησιού από τη Συρία, Παλαιστί-

---

* **Φαγεντιανή:** μείγμα άμμου και άλλων υλικών με το οποίο κατασκεύαζαν, συνήθως σε καλούπια, αγαλματίδια, κοσμήματα κ.ά. Αφού τα επάλειφαν με διάφορα υλικά, όπως π.χ. ποτάσα ή σόδα, τα έψηναν στη φωτιά, με αποτέλεσμα να σχηματίζεται στην επιφάνειά τους μια πράσινη ή γαλάζια υάλωση.

Από τη ζωή στα ανάκτορα της Κνωσού

Το ανάκτορο της Κνωσού έσφυζε κυριολεκτικά από ζωή· η κίνηση ήταν αδιάκοπη επάνω στους πλακόστρωτους δρόμους που έφταναν από το λιμάνι στη βόρεια είσοδο ή από το νότο ως τις κλιμακωτές στοές και τις ράμπες που κατέληγαν στη δυτική αυλή...

Σε ημέρες ιερών τελετουργιών οι αυλές του ανακτόρου, η δυτική και η κεντρική, ήταν πλημμυρισμένες από κόσμο. Στις βεράντες και τους εξώστες έκαναν την εμφάνισή τους οι αυλικές κυρίες με τις πολύχρωμες και περίτεχνες αμφιέσεις και κομμώσεις. Οι θρησκευτικές γιορτές αποτελούσαν ευκαιρίες για κοσμικές συγκεντρώσεις...

Περνώντας κανείς σήμερα στα ανασυγκροτημένα διαμερίσματα του μεγάλου κλιμακοστασίου, των διαμερισμάτων των κύριων βασιλικών προσώπων με τους φωταγωγούς, τα πολύθυρα, τις εσωτερικές και εξωτερικές στοές, αισθάνεται την παρουσία του αυλικού εκείνου κόσμου... Φαντάζεται τότε τις ευκίνητες και ζωηρές εκείνες μορφές, τις γυναίκες με τα περίτεχνα και πολύχρωμα φορέματα, τους λυγερόκορμους άντρες με τα λεπτά περιζώματα, να ανεβοκατεβαίνουν τις σκάλες, να διασχίζουν τους μισοσκότεινους διαδρόμους, να συναντιούνται στις άνετες αίθουσες, να ζουν την ελεύθερη ζωή τους, στενά δεμένη με τη μητέρα φύση...

(Ν. Πλάτων, από την *«Ιστορία του Ελληνικού Έθνους»* τ. Α΄, σελ. 176-179: επιλογή και γλωσσική διασκευή)

Ένα από τα υλικά που χρησιμοποίησαν οι Μινωίτες για την κατασκευή έργων τέχνης ήταν και η φαγεντιανή. Από φαγεντιανή έχει κατασκευαστεί και αυτό το αγαλμάτιο από την Κνωσό, σήμερα στο Αρχαιολογικό Μουσείο Ηρακλείου. Εικονίζει μια γυναικεία θεότητα που πιθανότατα σχετίζεται με την ευφορία και τη βλάστηση. Η θεά κρατά στα δυο της χέρια φίδια, ενώ πάνω στο κεφάλι της κάθεται ένα αιλουροειδές. Φορά ένα μακρύ ένδυμα με ζώνη και «ποδιά», ανοιχτό στο πάνω μέρος, ώστε να αφήνει ακάλυπτα τα στήθη της. Παρόμοιο θα ήταν και το επίσημο ένδυμα που φορούσαν οι Μινωίτισσες.

Οι ανασκαφές στη μινωική Κρήτη μας έδωσαν πολλά στοιχεία σχετικά με τη γεωργική ενασχόληση των κατοίκων της. Αριστερά ένα πατητήρι σταφυλιών που βρέθηκε σε μια αγροικία της Κεντρικής Κρήτης. Τα σταφύλια τα πατούσαν στη μεσαία λεκάνη και το υγρό περνούσε μέσα από την προχοή και χυνόταν στο μεγάλο δοχείο αριστερά. Στη δεξιά εικόνα έχουμε απανθρακωμένες ελιές, που βρέθηκαν στις ανασκαφές του ανακτόρου της Ζάκρου.

νη, Κύπρο, Αίγυπτο. Φαίνεται ότι εδώ δημιουργήθηκε ένα ναυτικό κέντρο που προωθούσε την ανάπτυξη του εμπορίου με τις παραπάνω χώρες.

Οι θεότητες

Η θρησκεία: Η βασική λατρεία των Μινωιτών φαίνεται ότι απευθυνόταν σε μια ή περισσότερες γυναικείες θεότητες που σχετίζονταν κυρίως με τη φύση, και μάλιστα με την ευφορία, τη βλάστηση και τη γονιμότητα. Μικρότερη σημασία είχαν μια ή περισσότερες ανδρικές θεότητες, που συχνά έπαιξαν το ρόλο του γιου ή του συζύγου της μεγάλης θεάς. Ο θάνατος και η ανάσταση του θεού, που προφανώς συμβολίζει τον ετήσιο μαρασμό και το ξανάνιωμα της φύσης, κατείχε ασφαλώς πολύ σημαντική θέση στη μινωική θρησκεία.

Η λατρεία

Τους θεούς τους οι Μινωίτες τους λάτρευαν συχνά μέσα σε ιερούς χώρους, ειδικά διαμορφωμένους για το σκοπό αυτό. Υπήρχαν ιερά αυτοτελή με έναν ή περισσότερους χώρους και ιερά ενταγμένα μέσα σε μεγάλα σπίτια ή ανάκτορα, όπως π.χ. στο παλάτι της Κνωσού. Τα διπλά κέρατα, ο διπλός πέλεκυς, το περιστέρι, το φίδι, ο ταύρος κ.ά. αποτελούν τα βασικά ιερά σύμβολα και τα ιερά ζώα της μινωικής θρησκείας. Συχνά οι θεότητες λατρεύονταν και σε σπήλαια ή σε υπαίθριους χώρους, ακόμη και σε κορυφές βουνών ή λόφων.

Το ιερατείο

Το ιερατείο το αποτελούσαν συχνά γυναίκες αλλά υπήρχαν και

Το πιο ιδιόρρυθμο και ταυτόχρονα το πιο επικίνδυνο αγώνισμα της μινωικής Κρήτης ήταν ένα είδος ταυρομαχίας, που σχετιζόταν με ιερές τελετουργίες. Ο αθλητής έπιανε τα κέρατα του ταύρου καθώς αυτός ορμούσε καταπάνω του και στη συνέχεια τιναζόταν με άλμα πάνω από το ζώο. Στην τοιχογραφία αυτή από το ανάκτορο της Κνωσού βλέπουμε τον αθλητή-ακροβάτη πάνω από τον ταύρο. Η μορφή του αποδίδεται με κόκκινο χρώμα, ενώ οι δύο γυναικείες μορφές που πλαισιώνουν δεξιά και αριστερά τη σκηνή αποδίδονται με λευκό χρώμα.

άντρες ιερείς, ντυμένοι κι αυτοί μερικές φορές με γυναικεία ρούχα. Οι ιερείς βρίσκονταν κάτω από τον άμεσο έλεγχο των ανακτόρων κι ο βασιλιάς θα ήταν συγχρόνως και ο μεγάλος αρχιερέας. Το ιερατείο πρωτοστατούσε σε διάφορες θυσίες και λατρευτικές τελετές, που ήταν φαίνεται πολλές και λαμπρές. Τα αγωνίσματα με τον ταύρο (ταυροκαθάψια) αποτελούσαν μέρος αυτών των τελετών.

Η γραφή: Μια από τις μεγάλες κατακτήσεις του μινωικού πολιτισμού είναι ασφαλώς η χρήση της γραφής. Δεν πρέπει να ξεχνούμε ότι σ' έναν τόπο το πέρασμα από την προϊστορία στην ιστορία γίνεται από τη στιγμή που υιοθετείται ο γραπτός λόγος.

Οι πρώτες γραφές

Στην αρχή η μινωική γραφή έχει στενές ομοιότητες με την ιερογλυφική γραφή της Αιγύπτου. Το κάθε «γράμμα» δηλαδή συμβολίζεται με ένα αντικείμενο ή ζώο, π.χ. με ένα ψάρι, ένα πουλί, έναν άνθρωπο, ένα πλοίο κτλ. Ακολουθεί ένα άλλο είδος γραφής, που ονομάζεται «Γραμμική Α». Σ' αυτήν τα «γράμματα» αποδίδονται με σχήματα πιο απλοποιημένα και δεν μπορούν με βεβαιότητα να αναγνωριστούν ως παραστάσεις διαφόρων αντικειμένων. Τα δυο αυτά είδη γραφής δεν έχουν διαβαστεί.

Το πιο σημαντικό μινωικό κείμενο που έχουμε είναι γραμμένο σε ιερογλυφική γραφή πάνω σ' ένα πήλινο δίσκο από τη Φαιστό, σήμερα στο Αρχαιολογικό Μουσείο Ηρακλείου. Τα σύμβολα στις δύο όψεις του δίσκου, που έχουν γραφτεί το καθένα χωριστά με τη βοήθεια σφραγίδων, έχουν μορφή ανθρώπων, εργαλείων, όπλων, ζώων κτλ.

Πήλινη πινακίδα από το ανάκτορο της Κνωσού, σήμερα στο Αρχαιολογικό Μουσείο Ηρακλείου, με χαρακτή επιγραφή γραμμένη στη «Γραμμική Β'». Η γραφή αυτή εμφανίζεται στην Κνωσό μετά το 1450 π.Χ. και η αποκρυπτογράφησή της έδειξε ότι στις πινακίδες της «Γραμμικής Β'» ήταν γραμμένη μια παλιά ελληνική διάλεκτος

Η «Γραμμική Β»

Μετά το 1450 π.Χ., με την επικράτηση των Αχαιών (Μυκηναίων) στην Κνωσό, καθιερώνεται μια άλλη γραφή που μοιάζει με τη «Γραμμική Α». Είναι φανερό ότι τη γραφή αυτή τη δημιούργησαν οι νέοι κύριοι του νησιού, οι Αχαιοί, έχοντας βέβαια υπόψη τους τη μινωική «Γραμμική Α». Η νέα γραφή ονομάζεται «Γραμμική Β» και η αποκρυπτογράφησή της το 1952 από τους Βρετανούς Βέντρις (M. Ventris) και Τσάντγουικ (J. Chadwick) έδειξε ότι την εποχή αυτή μιλούσαν στην Κνωσό την ίδια (ελληνική) γλώσσα, που μιλούσαν και οι Αχαιοί (Μυκηναίοι). Η γραφή αυτή, η «Γραμμική Β», μεταφέρθηκε από την Κρήτη και στην ηπειρωτική Ελλάδα.

Η μινωική τέχνη: Δεν υπάρχει περιοχή της τέχνης στην οποία οι Μινωίτες να μην έβαλαν την προσωπική τους σφραγίδα. Πολλές φορές μπορεί να επηρεάστηκαν από την τέχνη των γειτονικών τους πολιτισμών, αλλά σε καμιά περίπτωση δε μιμήθηκαν πιστά ξένες δημιουργίες. Τα έργα τους διακρίνονται πάντα από πρωτοτυπία και κομψότητα και τα θέματα που τα διακοσμούν είναι παρμένα από τη ζωή και τη φύση.

Τα ανάκτορα

Πρωτεύουσα θέση στη μινωική αρχιτεκτονική καταλαμβάνουν χωρίς αμφιβολία τα τέσσερα εκτεταμένα και πολυώροφα ανάκτορα που έχουν μέχρι σήμερα ανακαλυφτεί στην Κρήτη, δηλαδή τα ανάκτορα της Κνωσού, που είναι το μεγαλύτερο,της Φαιστού, της Ζάκρου και των Μαλίων. Σε όλα υπάρχει βασικά ένα κοινό αρχιτεκτονικό σχέδιο: γύρω από μια μεγάλη υπαίθρια αυλή αναπτύσσονται δαιδαλώδη συγκροτήματα, που περιλαμβάνουν ιερά, επίσημους χώρους, τα διαμερίσματα της βασιλικής οικογένειας, καταλύματα διάφορων αξιωματού-

Η κάτοψη του ανακτόρου της Κνωσού μας δίνει μια σαφή εικόνα για τον τρόπο με τον οποίο αναπτύσσονται οι διάφοροι χώροι και τα διαμερίσματα ενός μινωικού ανακτόρου γύρω από μια μεγάλη κεντρική αυλή (αριθ. 8). Στο χώρο αριθ. 9 έχουμε την αίθουσα του θρόνου, στο χώρο αριθ. 10 ένα ιερό, ενώ στους χώρους αριθ. 7 και 13 κλιμακοστάσια.

χων, κουζίνες, τραπεζαρίες, λουτρά, αποθήκες για αγαθά κάθε λογής, εργαστήρια, ευρύχωρες σκάλες κ.ά. Παντού προκαλεί εντύπωση το εξαίρετο αποχετευτικό και υδρευτικό δίκτυο. Για το χτίσιμο των ανακτόρων έχουν χρησιμοποιηθεί διάφορα είδη πέτρας, ενώ οι λιθόχτιστοι τοίχοι δένονται με ξύλινα δοκάρια.

Οι κατοικίες

Τα κοινά σπίτια των Μινωιτών είναι σχετικά μικρά, μονώροφα, με πέντε ή έξι δωμάτια, αλλά μετά το χτίσιμο των ανακτόρων συναντούμε και μεγαλύτερα σπίτια. Τα κύρια υλικά από τα οποία κατασκευάζονται είναι η πέτρα, το ξύλο και ο πηλός.

Οι τοιχογραφίες

Εντύπωση προκαλούν οι τοιχογραφίες, με τις οποίες διακοσμούνται πολλές φορές οι τοίχοι, ιδιαίτερα των ανακτόρων, όπως της Κνωσού. Μετά το 1700 π.Χ., όταν ξαναχτίζονται τα ανάκτορα, γίνονται συχνές οι τοιχογραφίες με παραστάσεις ανθρώπινων μορφών, κήπων, τοπίων, θαλασσινών ζώων κ.ά. Συναντούμε ακόμη σκηνές από τη θρησκευτική ζωή, όπως διάφορες πομπές, αγωνίσματα με ταύρους κ.ά., ή σκηνές της καθημερινής ζωής. Μερικά τμήματα από τις παραστάσεις αυτές γίνονται όχι ζωγραφιστά αλλά ανάγλυφα, με τη χρησιμοποίηση γύψου. Τα ανδρικά σώματα αποδίδονται με καστανό χρώμα, ενώ τα γυναικεία με λευκό. Χρησιμοποιούνται στις παραστάσεις και άλλα χρώματα, όπως το κόκκινο, το κίτρινο, το μαύρο, το γαλάζιο, το πράσινο.

Εξαιρετικής ποιότητας τοιχογραφίες, με έντονη μινωική επίδραση, ανακαλύφτηκαν πρόσφατα και στη Θήρα. Απεικονίζουν διάφορα θέματα, ανάμεσα στα οποία ξεχωρίζουν μια ναυμαχία, ένα βραχώδες το-

Οι Μινωίτες χρυσοχόοι έφτιαχναν κοσμήματα χρησιμοποιώντας τεχνικές εφάμιλλες με τις σημερινές. Εδώ εικονίζεται ένα χρυσό περίαπτο περιδεραίου με μορφή δύο σφηκών (ή μελισσών). Προέρχεται από την περιοχή του ανακτόρου των Μαλίων και σήμερα βρίσκεται στο Αρχαιολογικό Μουσείο Ηρακλείου.

Τελετουργικό πέτρινο αγγείο με μορφή κεφαλής ταύρου στο Αρχαιολογικό Μουσείο Ηρακλείου. Όπως είναι γνωστό, ο ταύρος ήταν ένα από τα ιερά ζώα της μινωικής θρησκείας. Τα μάτια και το ρύγχος του ζώου είναι από άλλα υλικά. Τα κέρατα δε μας σώθηκαν, ήταν όμως ξύλινα καλυμμένα με φύλλα χρυσού, όπως έχουν συμπληρωθεί σήμερα.

Κύριο γνώρισμα των καμαραϊκών αγγείων είναι η πολυχρωμία, όπως φαίνεται πολύ καλά και στο αγγείο αυτό του Αρχαιολογικού Μουσείου Ηρακλείου. Εδώ έχουμε επιπλέον και διακόσμηση με ολόγλυφα άνθη. Μερικά καμαραϊκά αγγεία έχουν τόσο λεπτά τοιχώματα, ώστε ορισμένοι τα ονομάζουν «ωοκέλυφα». Μας βεβαιώνουν ότι οι Μινωίτες κεραμείς χρησιμοποιούσαν τον ταχυκίνητο κεραμικό τροχό και ήξεραν όλα τα μυστικά της κεραμικής τέχνης.

πίο με αγρίμια και ένας αγώνας πυγμαχίας ανάμεσα σε δυο παιδιά.

Άλλα δημιουργήματα της μινωικής τέχνης

Αλλά και στον τομέα της κεραμικής οι Μινωίτες δούλεψαν με ιδιαίτερη επιτυχία. Περίφημα είναι τα καμαραϊκά αγγεία* με τα έντονα χρώματά τους και με τα σπειροειδή ή καμπυλόγραμμα μοτίβα τους. Θαυμασμό προκαλούν και τα πέτρινα αγγεία, όπως επίσης και τα διάφορα έργα χρυσοχοΐας (σκουλαρίκια, καρφίτσες, περιδέραια, περόνες, δαχτυλίδια) από πολύτιμα υλικά. Δε θα ήταν υπερβολή αν λέγαμε ότι

***καμαραϊκά αγγεία:** ονομάστηκαν έτσι από το σπήλαιο των Καμαρών της Κεντρικής Κρήτης, όπου για πρώτη φορά βρέθηκαν τέτοια αγγεία.

οι Μινωίτες γνώριζαν όλες τις τεχνικές που χρησιμοποιούν σήμερα οι χρυσοχόοι. Ορισμένα αγαλμάτια από φαγεντιανή ή από ελεφαντοκόκαλο ή ορισμένα λίθινα αγγεία που έχουν μορφή κεφαλής ζώου ή άλλα με ανάγλυφες παραστάσεις, είναι πραγματικά αριστουργήματα. Περίφημα είναι και τα έργα της μινωικής σφραγιδογλυφίας και της μινωικής μεταλλοτεχνίας, όπως διάφορα αγγεία, σκεύη, εργαλεία, εγχειρίδια, ξίφη κ.ά. Το αρχαιολογικό Μουσείο Ηρακλείου είναι το μοναδικό στον κόσμο που περιέχει τους ανεκτίμητους αυτούς θησαυρούς του μινωικού πολιτισμού.

Ο μυκηναϊκός πολιτισμός

Ο πολιτισμός που άκμασε στον ελληνικό χώρο κατά την ύστερη εποχή του χαλκού (1600–1100 π.Χ.), πήρε το όνομά του από τις Μυκήνες για δύο βασικά λόγους: πρώτα επειδή η πόλη αυτή υπήρξε το σπουδαιότερο κέντρο του και ύστερα επειδή οι Μυκήνες ήταν η πρώτη πόλη του μυκηναϊκού κόσμου που ήρθε στο φως με τις ανασκαφές του Γερμανού Ερρίκου Σλήμαν, το 1876.

Η ιστορία: Την εποχή που στις Κυκλάδες ο κυκλαδικός πολιτισμός βρίσκεται στην ακμή του, δηλαδή την περίοδο 3000-2000 π.Χ., στην ηπειρωτική Ελλάδα έχουμε έναν αντίστοιχο πολιτισμό. Οι ανασκαφές στη Λέρνα της Αργολίδας έδειξαν ότι εδώ υπήρχε ένα σημαντικό οχυρωμένο κέντρο της εποχής αυτής. Η ανακάλυψη ενός οικήματος μεγαλύτερων διαστάσεων από τα υπόλοιπα του οικισμού και με σημαντικούς αποθηκευτικούς χώρους, μαρτυρεί την παρουσία ενός ηγεμόνα. Οι κάτοικοι γνωρίζουν τη χρήση του χαλκού και η κύρια απασχόλησή τους είναι η γεωργία.

Οι πρώτοι Έλληνες

Από το τέλος της τρίτης χιλιετίας μαρτυρείται στη νότια ηπειρωτική Ελλάδα η άφιξη νέων φύλων, που προκαλούν μια αναστάτωση. Τα φύλα αυτά φαίνεται ότι αποτελούν τους ***πρώτους ελληνικούς πληθυσμούς*** στο χώρο αυτό και η κάθοδός τους πρέπει να είχε ολοκληρωθεί ως το 1900 π.Χ.

Οι νέοι κάτοικοι ήταν φτωχοί και ο πολιτισμός τους πολύ κατώτερος σε σχέση με τους σύγχρονους πολιτισμούς των Κυκλάδων και κυρίως της μινωικής Κρήτης. Ωστόσο γρήγορα αφομοίωσαν τα επιτεύγματα και τις κατακτήσεις των υψηλών αυτών πολιτισμών με τους

Στην απέναντι σελίδα:

Τα ευρήματα από τους βασιλικούς τάφους των Μυκηνών, που ανέσκαψε ο Σλήμαν το 1876, μαρτυρούν πλούτο και υψηλή καλλιτεχνική ανάπτυξη. Οι νεκροί, που είχαν ταφεί μέσα σε λακκοειδείς τάφους, συνοδεύονταν από πλούσια κτερίσματα, όπως το χρυσό διάδημα της εικόνας, που βρίσκεται στο Εθνικό Αρχαιολογικό Μουσείο της Αθήνας.

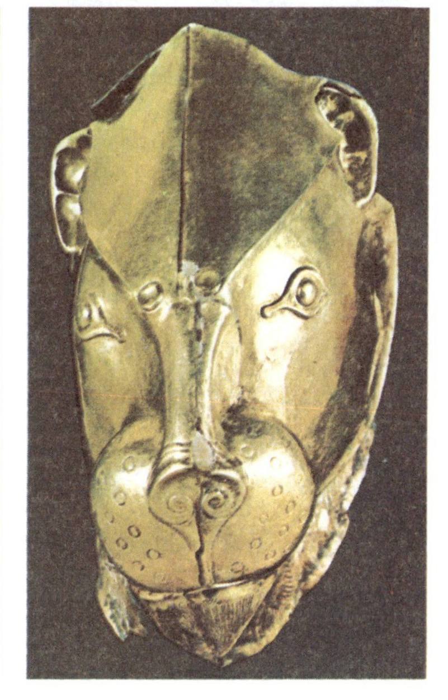

οποίους ήρθαν σε επαφή. Έτσι πολύ σύντομα, πριν από το 1600 π.Χ., δημιούργησαν οι ίδιοι έναν πολύ αναπτυγμένο πολιτισμό, αυτόν που ονομάζουμε ***μυκηναϊκό.***

Η αρχή της ανάπτυξης

Τα ευρήματα των βασιλικών τάφων στις Μυκήνες βεβαιώνουν ότι ήδη στα 1600 π.Χ. οι Μυκηναίοι είναι πλούσιοι, ισχυροί και έχουν συνάψει σχέσεις με πολλά μέρη, όπως π.χ. με την Ανατολή, με περιοχές της Αδριατικής θάλασσας, με την Ιταλία, τη Βόρεια Ευρώπη, με νησιά του Αιγαίου και τη μινωική Κρήτη. Δυστυχώς όμως δε μας έχουν σωθεί μυκηναϊκά ανάκτορα που να χρονολογούνται στους δύο πρώτους αιώνες του μυκηναϊκού πολιτισμού (1600–1400 π.Χ.). Οι γνώσεις μας για την εποχή αυτή είναι περιορισμένες. Ορισμένες πόλεις, όπως η Ιωλκός, οι Μυκήνες ή η Τίρυνθα, ή ορισμένες περιοχές, όπως η Μεσσηνία ή η Λακωνία, φαίνεται ότι αποτελούν σημαντικά κέντρα αυτής της περιόδου. Οπωσδήποτε όμως, όσο η μινωική Κρήτη παραμένει η κύρια δύναμη, οι δραστηριότητες των Μυκηναίων* είναι περιορισμένες.

Η περίοδος της ακμής

Χωρίς αμφιβολία, οι Μυκηναίοι γίνονται πρώτη δύναμη στον ελληνικό χώρο μετά την κατάληψη της Κνωσού, το 1450 π.Χ. Τότε μαθαίνουν από τους Μινωίτες και τη χρήση της γραφής και γνωρίζουν την αναπτυγμένη γραφειοκρατική οργάνωση που υπήρχε στην Κνωσό γύρω από το παλάτι. Το 14ο και 13ο αιώνα π.Χ. τα μυκηναϊκά πλοία διασχίζουν ανενόχλητα τις θάλασσες. Δημιουργούνται εμπορικοί σταθμοί των Μυκηναίων σε πολλά μέρη, π.χ. στην Κύπρο ή στη Μίλητο, ενώ στη Ρόδο αναπτύσσεται μια ανεξάρτητη ισχυρή μυκηναϊκή δύναμη, που με τη σειρά της θα ιδρύσει έναν εμπορικό σταθμό στον Τάραντα της Νότιας Ιταλίας.

---

*Μυκηναίους δεν ονομάζουμε μόνο τους κατοίκους των Μυκηνών αλλά και όλο τον πληθυσμό που μιλά ελληνική γλώσσα και κατοικεί στον ελληνικό χώρο ως την παρακμή του μυκηναϊκού πολιτισμού (1100 π.Χ.).

Η χερσαία και ναυτική δύναμη των Μυκηνών

Αφού παρέλαβε την κληρονομιά αυτή (των προηγούμενων βασιλιάδων) ο Αγαμέμνονας και ταυτόχρονα απόχτησε ναυτικό ισχυρότερο από οποιουδήποτε άλλου, μπόρεσε, κατά τη γνώμη μου, να κάνει την εκστρατεία στην Τροία, κι όσοι τον ακολούθησαν, το 'καμαν περισσότερο από φόβο παρά από φιλοφροσύνη. Είναι, εξάλλου, φανερό πως αυτός πήρε μέρος στην εκστρατεία έχοντας τα πιο πολλά καράβια κι ότι έδωσε και στους Αρκάδες, όπως αναφέρει ο Όμηρος, αν μπορεί κανείς να βασιστεί στη μαρτυρία του. Και στους στίχους του για το πώς έφτασε στον Αγαμέμνονα το σκήπτρο αναφέρει ότι αυτός «βασιλεύει σε πολλά νησιά και σ' ολόκληρο το Άργος». Αν λοιπόν ο Αγαμέμνονας δεν είχε κάποιο αξιόλογο ναυτικό, δε θα μπορούσε, μια και ήταν στεριανός, να εξουσιάζει νησιά, εκτός από τα κοντινά του, που δεν είναι πολλά.

(Θουκυδίδης, Α, 9. Μετάφραση Α. Γεωργοπαπαδάκου)

Από το 14ο αιώνα π.Χ. έχουμε και τις πρώτες οχυρώσεις στην Τίρυνθα και στις Μυκήνες, αλλά η κύρια οικοδομική δραστηριότητα σημειώνεται το 13ο αιώνα π.Χ. Στην εποχή αυτή ανήκουν τα λαμπρότερα μυκηναϊκά ανάκτορα που μας έχουν σωθεί, όπως των Μυκηνών, της Πύλου και της Τίρυνθας, ενώ στον ίδιο αιώνα χτίζονται και οι ισχυρές μυκηναϊκές οχυρώσεις, που ακόμη και σήμερα εντυπωσιάζουν με τον όγκο τους.

Τα πολλά μυκηναϊκά ανάκτορα μαρτυρούν την ύπαρξη πολλών κρατιδίων. Ωστόσο, από μια ορισμένη εποχή και μετά, πρωτεύοντα ρόλο ανάμεσα στους Μυκηναίους ηγεμόνες διαδραματίζει ο βασιλιάς των

Η μυκηναϊκή Ελλάδα

Μυκηνών. Ενδεικτικό είναι και το γεγονός ότι στην εκστρατεία των Αχαιών (Μυκηναίων) εναντίον της Τροίας στο β΄ μισό του 13ου αι. π.Χ. αρχηγός τους, όπως μαθαίνουμε από τα ομηρικά έπη, είναι ο Αγαμέμνονας, ο βασιλιάς των Μυκηνών.

Η παρακμή

Λίγο μετά την καταστροφή της Τροίας, γύρω στα 1200 π.Χ., μπορούμε να πούμε ότι αρχίζει και το τέλος των ίδιων των Μυκηναίων. Πολλά μυκηναϊκά κέντρα καταστρέφονται χωρίς να ξαναχτιστούν, ενώ όσα ξανακατοικούνται είναι φανερό ότι δεν έχουν την παλιά τους αίγλη.

Πολλοί φαίνεται ότι είναι οι λόγοι που οδήγησαν στην καταστροφή του μυκηναϊκού πολιτισμού. Ένας από τους πιο σημαντικούς είναι οι εσωτερικές έριδες ανάμεσα στα μέλη των βασιλικών οικογενειών, όπως επίσης και οι πόλεμοι που άρχισαν μεταξύ τους τα διάφορα μυκηναϊκά κράτη. Ακόμη κάποιο ρόλο πρέπει να έπαιξαν και οι βίαιες μετακινήσεις των «λαών της θάλασσας», που είχαν αρχίσει λίγο πριν από το 1200 π.Χ. Οι λαοί αυτοί φαίνεται ότι προκάλεσαν μεγάλη αναστάτωση στην Ανατολική Μεσόγειο. Κάποια επίθεση εναντίον των μηκηναϊκών πόλεων της ηπειρωτικής Ελλάδας δε μαρτυρείται. Όμως το θαλασσινό εμπόριο, στο οποίο στηριζόταν κατά ένα μεγάλο μέρος η ευημερία των Μυκηναίων, δέχτηκε ανεπανόρθωτο πλήγμα.

Έτσι, όταν σε λίγο φτάνουν νέα ελληνικά φύλα, οι Δωριείς, που από την Πίνδο κατεβαίνουν στη Νότια Ελλάδα μέσω της Θεσσαλίας και της Λοκρίδας, δε χρειάζεται να καταβάλουν μεγάλες προσπάθειες για να επικρατήσουν (1100 π.Χ.).

Ο πληθυσμός

Πληθυσμός – Διοικητική, κοινωνική και στρατιωτική οργάνωση: Οι Μυκηναίοι ανήκουν στα ινδοευρωπαϊκά φύλα, που με αφετηρία τα Ουράλια όρη εξαπλώθηκαν από την Ευρώπη μέχρι τις Ινδίες. Από τα στοιχεία που μας έδωσαν οι τάφοι των Μυκηνών προκύπτει ότι ήταν ιδιαίτερα ψηλοί, με μέσο ύψος στους άνδρες γύρω στο 1,70 μ., ενώ υπάρχουν και σκελετοί που ξεπερνούν το 1,80 μ. Οι γυναίκες ήταν λίγο κοντύτερες, με μέσο ύψος γύρω στο 1,50 μ.

Διοικητική και κοινωνική οργάνωση

Κάθε μυκηναϊκό κέντρο είχε το δικό του ηγεμόνα. Τα μυκηναϊκά ανάκτορα ήταν χωρίς αμφιβολία το κέντρο, γύρω από το οποίο ήταν συγκεντρωμένη η διοικητική, στρατιωτική και οικονομική ζωή. Γύρω από το βασιλιά, όπως γνωρίζουμε μετά την αποκρυπτογράφηση των πινακίδων της «Γραμμικής Β» που βρέθηκαν στα μυκηναϊκά ανάκτορα, υπήρχαν ανώτατοι, και ανώτεροι αξιωματούχοι και ένας αριθμός από δημόσιους υπαλλήλους, που σχετίζονταν με την οργάνωση του κράτους. Όπως στα μινωικά ανάκτορα, έτσι και στα μυκηναϊκά εργαζόταν ένας μεγάλος αριθμός από υπηρέτες, γεωργούς, βοσκούς και διάφορους ειδικευμένους τεχνίτες (ξυλουργούς, κεραμείς, οπλουρ-

Σχεδιαστική αναπαράσταση της κύριας αίθουσας του μεγάρου στο ανάκτορο της Πύλου. Στο κέντρο δεσπόζει η μεγάλη εστία, ενώ στο μέσο του τοίχου αριστερά έχει τοποθετηθεί ο βασιλικός θρόνος. Το χώρο ζωντανεύει η πλούσια χρωματική διακόσμηση.

Η εξουσία των βασιλιάδων των Μηκηνών

Οι βασιλιάδες που έδωσαν εντολή να χτιστούν τα επιβλητικά εκείνα οικοδομήματα (θολωτοί τάφοι, κυκλώπεια τείχη) δεν μπορεί να ήταν **«πρώτοι μεταξύ ίσων»**, όπως οι βασιλιάδες της παλιότερης εποχής, αλλά θα ασκούσαν την εξουσία σαν απολυταρχικοί ηγεμόνες, περίπου κατά παρόμοιο τρόπο όπως οι δεσπότες της Ανατολής· γιατί τα γιγαντιαία εκείνα οικοδομήματα, όπως και οι πυραμίδες της Αιγύπτου, μπορούν να χτιστούν μόνο από ηγεμόνες που διέθεταν όπως ήθελαν το εργατικό δυναμικό του λαού τους.

U. WILCKEN, *«Αρχαία Ελληνική Ιστορία»*, μετ. Ι. Τουλουμάκου. Γλωσσική προσαρμογή

γούς, χτίστες, αρτοποιούς, μαγείρους κ.ά.). Υπήρχαν επίσης και καλλιτέχνες, όπως ραψωδοί.

Στην κορυφή της μυκηναϊκής κοινωνίας βρισκόταν ο βασιλιάς. Ακολουθούσε η τάξη των ανώτατων αξιωματούχων, των τοπαρχών και μεγαλοκτηματιών, που ήταν συχνά συγγενείς των βασιλικών οικογενειών. Ο λαός δούλευε είτε στην υπηρεσία του βασιλιά ή άλλων αξιωματούχων είτε εξασκούσε ελεύθερα κάποιο από τα επαγγέλματα που αναφέρθηκαν παραπάνω. Οι μεγαλύτερες εκτάσεις γης ανήκαν στη βασιλική οικογένεια και σ' αλλους αξιωματούχους. Υπήρχαν ωστόσο και μικρότερες ιδιοκτησίες. Ξέρουμε επίσης ότι σε ορισμένες περιπτώσεις τμήματα γης ήταν αφιερωμένα στους θεούς και, επομένως, η εκμετάλλευσή τους γινόταν με τον έλεγχο του ιερατείου. Βεβαιωμένη είναι και η παρουσία δούλων, μερικοί από τους οποίους ήταν αφιερωμένοι στη υπηρεσία κάποιας θεότητας.

Τα σπίτια των Μυκηναίων αποτελούνταν τις περισσότερες φορές από μικρά δωμάτια, που συνδέονταν το ένα με το άλλο. Το μέγεθος και η πολυτέλειά τους ήταν φυσικά ανάλογα με την οικονομική δυνατότητα του ιδιοκτήτη τους.

Στρατιωτική οργάνωση

Οι Μυκηναίοι ήταν ένας λαός πολεμικός και είχαν αναπτύξει στρατιωτική οργάνωση τόσο στην ξηρά όσο και στη θάλασσα. Εντύπωση προκαλούν τα οχυρωματικά τους έργα με τα οποία προστάτευαν τις ακροπόλεις τους. Μεγάλος επίσης είναι ο αριθμός των όπλων που έχουν βρεθεί στους μυκηναϊκούς τάφους, ενώ για μεγάλες ποσότητες όπλων, όπως και για πλοία, γίνεται λόγος και στις πήλινες πινακίδες της «Γραμμικής Β». Τα όπλα των Μυκηναίων ήταν αμυντικά, π.χ. θώρακες, κράνη, ασπίδες, και επιθετικά, π.χ. ξίφη, δόρατα, τόξα και βέλη. Σημαντικό γεγονός είναι, τέλος η εμφάνιση του άρματος τόσο για πολεμικούς όσο και για ειρηνικούς σκοπούς, που μεταφέρει δύο άτομα και σύρεται συνήθως από δύο άλογα. Τα άλογα πρέπει να ήρθαν στον ελληνικό χώρο μαζί με τα πρώτα ινδοευρωπαϊκά φύλα, γύρω στο 2000 π.χ. Χρήση του άρματος όμως έχουμε από το 1600 περίπου π.Χ.

Το εμπόριο: Η οργάνωση και η διεξαγωγή του εμπορίου στα μυκηναϊκά κράτη ήταν εξαρτημένη, κατά κύριο λόγο, από τα ανάκτορα. Παράλληλα θα πρέπει να υπήρχε και ελεύθερο εμπόριο των κατοίκων. Η μεταφορά των διαφόρων προϊόντων γινόταν τις περισσότερες φορές από τη θάλασσα, υπήρχαν όμως και περιπτώσεις που η διακίνησή τους γινόταν από την ξηρά, όταν π.χ. αυτά προέρχονταν από το βόρειο χώρο.

Εισαγωγικό εμπόριο

Στα βασικά είδη διατροφής (δημητριακά, κρέας, λάδι, όσπρια) οι Μυκηναίοι ήταν κατά ένα μεγάλο μέρος αυτάρκεις. Η έλλειψη όμως πρώτων υλών τους ανάγκασε να τις αναζητήσουν ακόμη και σε πολύ μακρινά μέρη. Έτσι, εισάγουν χαλκό από την Κύπρο και τη νοτιανα-

Υψηλής στάθμης ήταν η επίδοση των Μυκηναίων και στην κατασκευή όπλων. Σ' ένα μυκηναϊκό τάφο, στα Δεντρά της Αργολίδας, οι ανασκαφές έφεραν στο φως μια χάλκινη μυκηναϊκή πανοπλία, που βρίσκεται σήμερα στο Αρχαιολογικό Μουσείο του Ναυπλίου. Ο θώρακας αποτελείται από πλατιές χάλκινες ζώνες. Την εξωτερική επένδυση του μυκηναϊκού κράνους την αποτελούσαν συχνά σειρές από χαυλιόδοντες κάπρου.

τολική Μ. Ασία. Χαλκό μαζί με άργυρο και κασσίτερο προμηθεύονται και από περιοχές της Αδριατικής, της Ιταλίας και της Σαρδηνίας. Ελεφαντοκόκαλο αναζητούν στη Συρία, ήλεκτρο (κεχριμπάρι) στη Βόρεια Ευρώπη, ενώ διάφορα έργα τέχνης, π.χ. αγγεία από διάφορα υλικά ή κοσμήματα, προμηθεύονται από τη μινωική Κρήτη. Όσο οι Μινωίτες ελέγχουν τη Μήλο με τα πλούσια κοιτάσματα του οψιανού, οι Μυκηναίοι αναζητούν το υλικό αυτό στα νησιά Λιπάρες, βόρεια από τη Σικελία. Διάφορα μεταλλεύματα έβρισκαν και στον ελληνικό χώρο, π.χ. στα μεταλλεία του Λαυρίου.

Εξαγωγικό εμπόριο

Οι Μυκηναίοι εξάγουν λάδι, κρασί, μέλι, διάφορους καρπούς, αρωματικά έλαια, όπλα, υφαντά, ξυλεία και αγγεία, κυρίως πήλινα. Σε πάρα πολύ μεγάλο αριθμό θέσεων της Μεσογείου έχουν βρεθεί μυκηναϊκά αγγεία, όπως στο Βόρειο Αιγαίο, στα παράλια της Μ. Ασίας, Συρίας, Λιβάνου, Παλαιστίνης, Αιγύπτου, Αλβανίας, στην Κύπρο, στη Σικελία, στα νησιά Λιπάρες, στη Μάλτα, στην Κάτω Ιταλία, στην Ετρουρία. Η εμπορική δραστηριότητα των Μυκηναίων, που ενισχύεται και με την ίδρυση εμπορικών σταθμών στα νησιά του Αιγαίου και αλλού, φτάνει στην πιο μεγάλη της ακμή κατά τον 14ο και 13ο αιώνα π.Χ., αμέσως δηλαδή μετά την καταστροφή της Κνωσού.

Οι θεότητες

Η θρησκεία: Η αποκρυπτογράφηση των πήλινων πινακίδων της «Γραμμικής Β» μας βοηθά να αποκτήσουμε μια πιο σωστή εικόνα για τη μυκηναϊκή θρησκεία. Σήμερα είμαστε βέβαιοι ότι οι Μυκηναίοι είχαν πολλούς θεούς, όπως το Δία, την Ήρα, τον Ποσειδώνα, την Αθηνά, τον Ερμή, το Διόνυσο, τον Άρη κ.ά. Λάτρευαν δηλαδή τους ίδιους θεούς που ξέρουμε από τον Όμηρο και που λατρεύονταν και από τους κατοπινούς Έλληνες. Στις επαφές που είχαν οι Μυκηναίοι με τους Μινωίτες, γνώρισαν την ασφαλώς πιο εξελιγμένη μινωική θρησκεία με το πλούσιο τελετουργικό τυπικό της. Έτσι επηρεάστηκαν απ' αυτήν και υιοθέτησαν πολλά από τα στοιχεία της.

Η λατρεία

Οι Μυκηναίοι δε λάτρευαν τους θεούς τους σε μεγάλους ναούς αλλά σε υπαίθριους χώρους ή σε μικρά δωμάτια, που ήταν ενσωματωμένα πολλές φορές μέσα στα σπίτια τους. Στα ανάκτορα η κύρια λατρεία θα τελούνταν στην αίθουσα του θρόνου, γύρω από τη μεγάλη εστία που υπήρχε στη μέση.

Από τις πήλινες πινακίδες της «Γραμμικής Β» μαθαίνουμε ότι κάθε θεός δεχόταν ιδιαίτερες προσφορές. Τέτοιες προσφορές αποτελούσαν διάφορα γεωργικά προϊόντα, αρωματικά έλαια, μέλι, βότανα, διάφορα σκεύη κ.ά. Στο προσωπικό ενός ιερού συγκαταλέγονταν, εκτός από το ιερατείο, και διάφοροι τεχνίτες, υπηρέτες και δούλοι. Οι θρησκευτικές τελετουργίες θα είχαν πολλές ομοιότητες μ' αυτές της μινωικής θρησκείας, ήταν όμως απλές και πιο περιορισμένες. Ορισμένα σύμβολα της μινωικής θρησκείας, όπως π.χ. τα διπλά κέρατα, πέρασαν και στη μυκηναϊκή.

Η μυκηναϊκή τέχνη: Δεν υπάρχει αμφιβολία ότι σ' ένα μεγάλο βαθμό η μυκηναϊκή τέχνη διαμορφώθηκε κάτω από την άμεση επίδραση του μινωικού πολιτισμού. Μόνο από τις αρχές του 14ου αιώνα π.Χ., μετά το τέλος δηλαδή της μινωικής Κρήτης, μπορούμε να διακρίνουμε στη μυκηναϊκή τέχνη μια ιδιαίτερη φυσιογνωμία.

Τα μεγάλα επιτεύγματα της μυκηναϊκής αρχιτεκτονικής αντικατοπτρίζονται βασικά σε τρεις κατηγορίες κτισμάτων: στα ανάκτορα, στις οχυρώσεις και στους θολωτούς τάφους.

Τα ανάκτορα

Τα μυκηναϊκά ανάκτορα διαφέρουν ουσιαστικά από τα μινωικά, όχι μόνο επειδή είναι πιο περιορισμένα σε έκταση αλλά, κυρίως, επειδή έχουν ένα εντελώς διαφορετικό σχέδιο. Βασικό στοιχείο ενός μυκη-

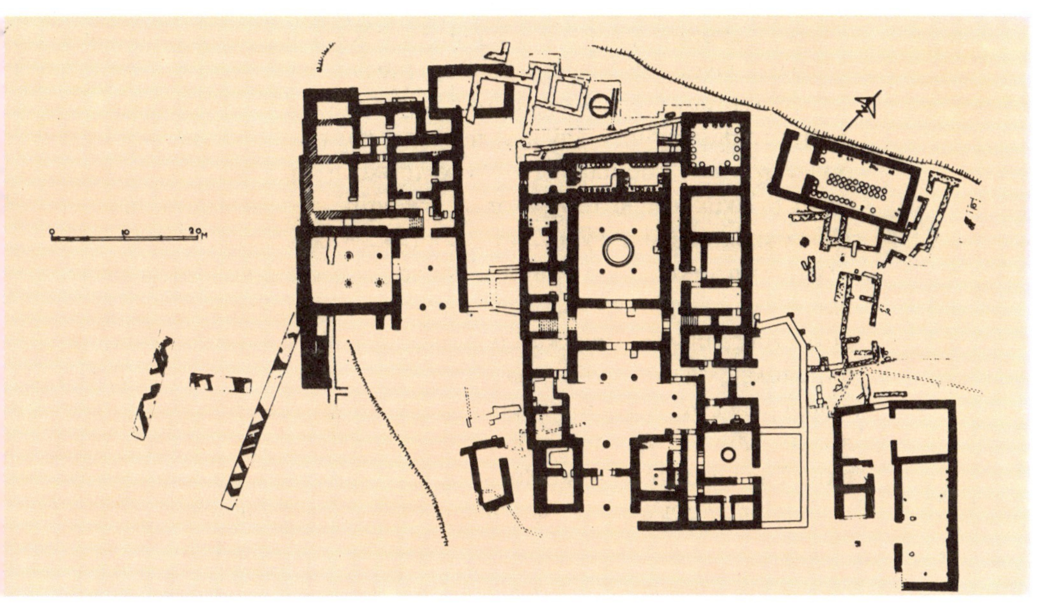

Κάτοψη του μυκηναϊκού ανακτόρου στην Πύλο. Ο πιο σημαντικός χώρος του συγκροτήματος είναι το μέγαρο, που αποτελείται από τρία μέρη. Στην κύρια αίθουσα που βρίσκεται στο βάθος υπάρχει στη μέση μια μεγάλη στρογγυλή εστία. Οι τέσσέρις κίονες που περιβάλλουν την εστία βοηθούν στη στέγαση του χώρου.

Η μεγάλη κυκλική εστία του μυκηναϊκού ανακτόρου της Πύλου, όπως σώζεται

ναϊκού ανακτόρου είναι το ***μέγαρο.*** Πρόκειται για τον επίσημο χώρο του συγκροτήματος, μπροστά από τον οποίο υπάρχει ένας προθάλαμος. Στο εσωτερικό του μεγάρου είναι τοποθετημένος ο βασιλικός θρόνος και στο μέσο υπάρχει μια μεγάλη στρογγυλή εστία. Το μέγαρο περιβάλλεται από διαδρόμους και μικρότερα δωμάτια, ενώ σκάλες οδηγούν στο δεύτερο όροφο. Μέσα στα ανάκτορα έχουμε ιδιαίτερα διαμερίσματα για το βασιλιά, τη βασίλισσα και τα άλλα μέλη της βασιλικής οικογένειας. Υπάρχουν επίσης λουτρά, αίθουσες συμποσίων, ξενώνες, αποθήκες και εργαστήρια. Το καλύτερα σωζόμενο μυκηναϊκό παλάτι είναι αυτό που έχει βρεθεί στην Πύλο.

Οι οχυρώσεις

Τα τείχη των μυκηναϊκών ακροπόλεων, που προκαλούν και σήμερα ακόμη το θαυμασμό, είχαν εντυπωσιάσει και τους αρχαίους των ιστορικών χρόνων, που απέδιδαν την κατασκευή τους στους Κύκλωπες. Αυτά τα «κυκλώπεια τείχη», όπως λέγονται, είναι χτισμένα με μεγάλους ογκόλιθους και έχουν μεγάλο πάχος. Μέσα στο χώρο που περικλείουν κατοικούσαν ο βασιλιάς και τα μέλη της οικογένειάς του, το υπηρετικό προσωπικό τους, όπως επίσης και ένας αριθμός από αξιωματούχους, υπαλλήλους και τεχνίτες. Ο λαός ζούσε κάτω από τις ακροπόλεις σε ατείχιστους οικισμούς. Ίσως σε περιπτώσεις εχθρικών επιδρομών ένα μέρος του πληθυσμού αυτού να κατέφευγε στις ακροπόλεις. Μυκηναϊκά τείχη που σώζονται καλά έχουμε στις Μυκήνες, στην Τίρυνθα, στο Γλα της Βοιωτίας κ.α.

Οι τάφοι

Οι Μυκηναίοι έθαβαν τους νεκρούς τους και οι μορφές των τάφων

Από τα πιο σημαντικά δημιουργήματα της μυκηναϊκής αρχιτεκτονικής είναι τα τείχη που περιβάλλουν τις ακροπόλεις. Στην εικόνα τμήμα από την οχύρωση της ακρόπολης των Μυκηνών μαζί με την κύρια είσοδό της. Πάνω από το υπέρθυρο της πύλης βρίσκεται το γνωστό ανάγλυφο «των λεόντων». Τα τείχη των Μυκηνών είχαν ύψος πάνω από 8 μέτρα και πλάτος κατά μέσο όρο γύρω στα 5 μέτρα.

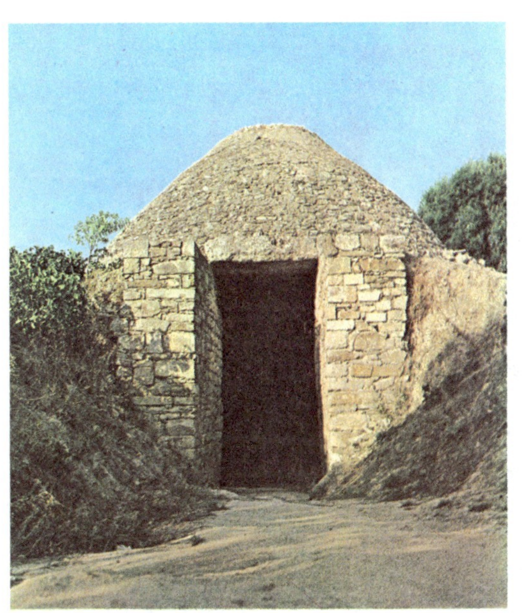

Αναστηλωμένος θολωτός τάφος που βρέθηκε κοντά στο ανάκτορο της Πύλου και χρονολογείται το 15ο αιώνα π.Χ. Μετά την ταφή η είσοδος του τάφου έκλεινε συνήθως μ' έναν τοίχο.

Ο πιο επιβλητικός θολωτός τάφος είναι ο γνωστός ως «θησαυρός» ή «τάφος του Ατρέα». Βρίσκεται στις Μυκήνες και χρονολογείται γύρω στα μέσα του 13ου αιώνα π.Χ. Ένας μνημειακός δρόμος, μήκους περίπου 35 μέτρων και πλάτους 6 μέτρων, οδηγεί σε μια μεγαλόπρεπη πρόσοψη. Την είσοδο, που έχει ύψος 5,40 μέτρων, όπως και το τριγωνικό άνοιγμα πάνω απ' αυτήν, πλαισίωνε πολύχρωμη μαρμάρινη επένδυση με πλαστική διακόσμηση.

που χρησιμοποιούσαν είναι διάφορες. Οι βασιλιάδες και τα μέλη των βασιλικών και άλλων ευγενών οικογενειών ενταφιάζονταν κυρίως σε ***θολωτούς τάφους.*** Πρόκειται για μεγάλα κτίσματα κατασκευασμένα από πέτρα, με κυκλικό σχήμα και θολωτή στέγη. Στους τάφους αυτούς οδηγούσαν διάδρομοι με χτισμένες και τις δύο πλευρές τους. Μετά την ταφή ο θολωτός τάφος και ο διάδρομος σκεπάζονταν με χώμα, έτσι ώστε να δημιουργείται ένας τεχνητός λόφος. Δυστυχώς όλοι σχεδόν οι τάφοι αυτοί είχαν παραβιαστεί ήδη από την αρχαιότητα και έτσι τα πλούσια αντικείμενα που συνόδευαν τους νεκρούς έχουν χαθεί.

Οι τοιχογραφίες που βρέθηκαν στα μυκηναϊκά κέντρα δείχνουν ότι οι Μυκηναίοι ζωγράφοι ήταν σαφώς επηρεασμένοι από τη μινωική παράδοση. Η τοιχογραφία αυτή από τις Μυκήνες, που εικονίζει μια γυναίκα, μας πληροφορεί για την ενδυμασία και τα κοσμήματα της Μυκηναίας. Τα δυο της χέρια κοσμούν βραχιόλια και ένα μεγάλο περιδέραιο είναι περασμένο γύρω από το λαιμό της. Τέλος, η πλούσια κόμμωσή της δένεται κατά διαστήματα με πολύχρωμες ταινίες.

Οι τοιχογραφίες

Όπως στη μινωική τέχνη, έτσι και στη μυκηναϊκή εντυπωσιάζουν οι ωραίες τοιχογραφίες που διακοσμούσαν κυρίως τα ανάκτορα αλλά και τα ιερά ή τα σπίτια. Έχουμε και εδώ πομπές γυναικών με πλούσια ενδύματα και κοσμήματα και με εντυπωσιακά χτενίσματα. Εμφανίζονται επίσης θέματα σχετικά με κυνήγια και μάχες αλλά εικονίζονται και θεότητες, ιέρειες και μουσικοί.

Η μεταλλοτεχνία

Εξαιρετική ήταν η επίδοση των Μυκηναίων τεχνητών και στη χαλκουργία. Κάτω από την έντονη μινωική επίδραση κατασκεύασαν θαυμάσια ξίφη, εγχειρίδια, διάφορα αγγεία και σκεύη τόσο από χαλκό όσο και από άλλα μέταλλα. Η τύχη μάς διέσωσε και χάλκινες μυκηναϊκές πανοπλίες. Ιδιαίτερη εντύπωση προκαλούν τα χρυσά προσωπεία που κάλυπταν τα πρόσωπα των νεκρών στους βασιλικούς τάφους των Μυκηνών.

Η μικροτεχνία

Μεγάλη δεξιοτεχνία έχουν να επιδείξουν οι Μυκηναίοι και στην επεξεργασία του ελεφαντοκόκαλου. Πραγματικά κομψοτεχνήματα είναι ορισμένα αγαλματίδια ή ανάγλυφα που κατασκευάστηκαν από το

Ένας από τους λίγους μυκηναϊκούς τάφους του οποίου τα πολύτιμα κτερίσματα δεν είχαν συλληθεί είναι ο θολωτός τάφος του Βαφειού στη Λακωνία. Απ' αυτόν προέρχεται και το ολόχρυσο κύπελλο της εικόνας που διακοσμείται με παραστάσεις σχετικές με κυνήγι ταύρων και μαρτυρεί τις υψηλές επιδόσεις των Μυκηναίων στη μεταλλοτεχνία. Το αγγείο φυλάγεται σήμερα στο Εθνικό Αρχαιολογικό Μουσείο της Αθήνας.

υλικό αυτό και εικονίζουν θεότητες, διάφορες ανθρώπινες μορφές, ζώα ή τέρατα. Έξοχα είναι και τα μυκηναϊκά κοσμήματα π.χ. περιδέραια, δαχτυλίδια, κ.ά. από χρυσό και άλλα πολύτιμα υλικά. Άνθη, αφηρημένα σχέδια κ.ά. είναι ορισμένα από τα διακοσμητικά τους μοτίβα.

Αγγεία-ανάγλυφα

Η παραγωγή πήλινων μυκηναϊκών αγγείων γίνεται σε μεγάλες ποσότητες, που διοχετεύονται και στο εξωτερικό, και τα βρίσκουμε, όπως αναφέρθηκε, ακόμη και σε πολύ μακρινές περιοχές. Μυκηναϊκά αγγεία σε διάφορα σχήματα, διακοσμημένα με φυτικά, ζωικά ή αφηρημένα μοτίβα, κατασκευάζονται σε πολλά κέντρα του μυκηναϊκού κόσμου. Σε αρκετές περιπτώσεις διακοσμούνταν και με ανθρώπινες μορφές. Από πηλό πλάθονταν και διάφορα αγαλμάτια, που σε ορισμένες περιπτώσεις έχουν σχετικά μεγάλο ύψος. Τέλος, θα πρέπει να αναφερθεί η επίδοση των Μυκηναίων και στην επεξεργασία της πέτρας. Από το υλικό αυτό έφτιαχναν διάφορα αγγεία, ενώ λίθινο είναι και το γνωστό ανάγλυφο των «λεόντων», που διακοσμεί την κύρια πύλη της ακρόπολης των Μυκηνών και αποτελεί την πρώτη ελληνική δημιουργία στη μνημειακή πλαστική.

Πολύ σημαντική για τη μελέτη των μυκηναϊκών εθίμων ταφής ήταν η ανακάλυψη (στους βασιλικούς τάφους των Μυκηνών) των χρυσών προσωπείων που κάλυπταν τα πρόσωπα των νεκρών. Η εικονιζόμενη νεκρική μάσκα, που βρίσκεται στο Εθνικό Αρχαιολογικό Μουσείο της Αθήνας, είναι η πιο γνωστή απ' αυτές και ο Σλήμαν πίστεψε ότι κάλυπτε το πρόσωπο του νεκρού Αγαμέμνονα. Σήμερα όμως δεν υπάρχει αμφιβολία ότι η μάσκα αυτή ανήκε σ' ένα βασιλιά που έζησε πολλά χρόνια πριν από την εποχή του Αγαμέμνονα.

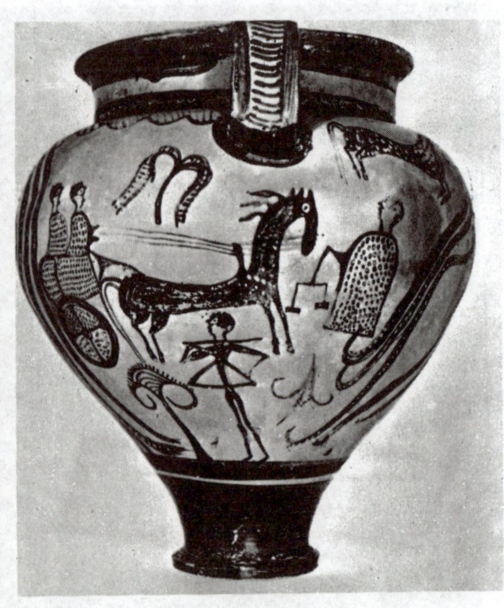

Αρκετά συχνά τα μυκηναϊκά αγγεία διακοσμούνται με ανθρώπινες μορφές. Πολύ πιθανό ορισμένες από τις παραστάσεις αυτές να αναφέρονται σε συγκεκριμένους μύθους, που είναι ωστόσο πολύ δύσκολο να αναγνωριστούν σήμερα με βεβαιότητα. Στο αγγείο της εικόνας έχουμε ένα άρμα με δύο αναβάτες, ενώ μπροστά απ' αυτό εικονίζεται μια άλλη μορφή που κρατά στο χέρι της μια ζυγαριά. Στο κάτω μέρος της παράστασης έχουμε και μια τέταρτη μορφή. Το αγγείο έχει βρεθεί στην Έγκωμη της Κύπρου και φυλάγεται σήμερα στο Αρχαιολογικό Μουσείο της Λευκωσίας.

Οι θησαυροί της μυκηναϊκής τέχνης φυλάγονται κυρίως στο Εθνικό Αρχαιολογικό Μουσείο της Αθήνας.

Ο ελληνικός χαρακτήρας του μυκηναϊκού πολιτισμού: Μετά την αποκρυπτογράφηση της «Γραμμικής Β», δε μένει καμιά αμφιβολία ότι ο μυκηναϊκός πολιτισμός είναι ο πρώτος μεγάλος ελληνικός πολιτισμός. Οι φορείς του πολιτισμού αυτού, οι Μυκηναίοι, μιλούσαν, όπως αποδείχτηκε, ελληνική γλώσσα και λάτρευαν τους ίδιους θεούς που λατρεύουν κατόπιν και οι Έλληνες της ιστορικής εποχής. Επίσης ορισμένες μορφές της πρώιμης ελληνικής τέχνης των ιστορικών χρόνων, όπως π.χ. η αγγειογραφία, έχουν χωρίς αμφιβολία τις αρχές τους στη μυκηναϊκή εποχή. Γενικότερα πιστεύουμε σήμερα ότι το πέρασμα από το μυκηναϊκό στο μετέπειτα ελληνικό πολιτισμό δεν είναι τόσο απότομο, αντίθετα με ό,τι πίστευαν πολλοί μέχρι σήμερα.

ΕΡΩΤΗΣΕΙΣ – ΘΕΜΑΤΑ ΓΙΑ ΣΥΖΗΤΗΣΗ

– Η δραστηριότητα των Κυκλαδιτών στη θάλασσα

– Τα κυκλαδίτικα ειδώλια

– Ποιοι ήταν οι βασικοί λόγοι που οδήγησαν στην ανάπτυξη της μινωικής Κρήτης;

– Ενδείξεις για την παρουσία των Αχαιών στην Κρήτη μετά το 1450 π.Χ.

– Πώς οργάνωσαν το ναυτικό εμπόριο οι Κρήτες;

– Η μινωική λατρεία

– Τι γνωρίζετε για τη γραφή «Γραμμική Β΄;

– Περιγράψτε ένα μινωικό ανάκτορο

– Τι εννοούμε όταν λέμε «μυκηναϊκός πολιτισμός» και «Μυκηναίοι»;

– Γιατί δόθηκαν οι ονομασίες αυτές;

– Χαρακτηριστικά της περιόδου της ακμής των Μυκηναίων (14ος-13ος αι. π.Χ.)

– Ποια ήταν τα αίτια της παρακμής του μυκηναϊκού πολιτισμού;

– Περιγράψτε ένα μυκηναϊκό ανάκτορο. Κάνετε σύγκριση με ένα μινωικό.

– Οι μυκηναϊκές ακροπόλεις ήταν οχυρωμένες, ενώ οι μινωικοί οικισμοί ήταν ανοχύρωτοι. Σε ποια συμπεράσματα μπορεί να μας οδηγήσει το στοιχείο αυτό;

ΚΕΦΑΛΑΙΟ 4

ΤΑ ΓΕΩΜΕΤΡΙΚΑ ΧΡΟΝΙΑ

Εισαγωγικό σημείωμα

Η περίοδος της αρχαίας ελληνικής ιστορίας που αρχίζει από τον 11ο αιώνα π.Χ. και διαρκεί ως τον 8ο αίωνα π.Χ. είναι γνωστή με την ονομασία «Γεωμετρικά χρόνια». Η ονομασία αυτή προέρχεται από τη διακόσμηση των αγγείων της περιόδου, για την οποία χρησιμοποιούνται γεωμετρικά σχήματα.

Η αρχή της περιόδου σημειώνεται με τη μετακίνηση των δωρικών φύλων μέσα στον ελληνικό χώρο, που την ακολουθεί μια πολιτιστική πτώση. Το 10ο αιώνα π.Χ. μεγάλες ομάδες ελληνικού πληθυσμού μεταναστεύουν προς τα ανατολικά και δημιουργούν αποικίες στις ακτές της Μ. Ασίας (Α΄ ελληνικός αποικισμός). Προς το τέλος της περιόδου ο ελληνικός κόσμος αρχίζει μια αργή αλλά σταθερή εξελικτική πορεία σ' όλους τους τομείς, που θα τον οδηγήσει αργότερα στο κορύφωμα των «Κλασικών Χρόνων». Πρώιμο δείγμα της εξελικτικής αυτής πορείας, που ξεκινάει από τις μικρασιατικές ελληνικές πόλεις, είναι, στον πολιτιστικό τομέα, τα «ομηρικά έπη».

Οι τελευταίες μεγάλες μετακινήσεις στον ελληνικό χώρο

Προς το τέλος της μυκηναϊκής εποχής έγιναν μεγάλες μετακινήσεις λαών στη Νοτιοανατολική Ευρώπη και στο χώρο της Ανατολής. Στον ελλαδικό χώρο σημειώθηκε την ίδια εποχή η μετακίνηση των δωρικών φύλων, που είναι γνωστή ως «κάθοδος των Δωριέων».*

Οι Δωριείς ήταν ελληνικά φύλα εγκαταστημένα στη Βορειοδυτική Ελλάδα, στην ορεινή περιοχή της Πίνδου. Στα τέλη του 12ου αιώνα , και κάτω από την πίεση άλλων λαών από τα βόρεια (των Ιλλυρίων κυρίως), μετακινήθηκαν από τις ορεινές περιοχές τους προς το νότο σε ομάδες. Τη μετακίνηση αυτή έκανε πιο εύκολη το γεγονός ότι τα μυκηναϊκά κράτη ήταν ήδη εξασθενημένα και δεν μπορούσαν να αντιτάξουν αποτελεσματική αντίσταση.

Τα μεταναστευτικά κύματα των Δωριέων κατευθύνθηκαν κυρίως προς την Πελοπόννησο. Σταδιακά οι νέοι μετανάστες κατόρθωσαν να κυριαρχήσουν σε μεγάλα τμήματα της Πελοποννήσου, κυρίως στη νότια και ανατολική περιοχή της, και να εγκατασταθούν εκεί. Μια ομάδα Δωριέων έμεινε στη Στερεά Ελλάδα, στην περιοχή που ονομάστηκε Δωρίδα. Άλλα όμως τμήματα του νότιου ελληνικού χώρου, όπως η Αττική στη Στερεά Ελλάδα, η Αρκαδία στην Πελοπόννησο, έμειναν στα χέρια των παλιών τους κατοίκων.

Σχετικός με τη δωρική εγκατάσταση στην Πελοπόννησο είναι ο μεταγενέστερος μύθος της «επιστροφής των Ηρακλειδών». Σύμφωνα μ' αυτόν, οι Δωριείς ήταν οι απόγονοι του Ηρακλή, που είχαν διωχτεί παλιότερα από την Πελοπόννησο. Έτσι, η δωρική κατάκτηση παρουσιάστηκε σαν επιστροφή των διωγμένων στη αρχική τους πατρίδα.

---

* Την εποχή αυτή μετακινήθηκαν και άλλα από τα ονομαζόμενα βορειοδυτικά ελληνικά φύλα, όπως οι Ηπειρώτες, οι Θεσσαλοί, οι Μακεδόνες, οι Βοιωτοί, οι Λοκροί, οι Φωκείς, οι Αιτωλοί, οι Ακαρνάνες. Τα φύλα αυτά εγκαταστάθηκαν σε περιοχές του ελληνικού χώρου που πήραν το όνομά τους.

Μετακινήσεις και αναστατώσεις στον ελληνικό χώρο

Γιατί ακόμη και μετά τα Τρωικά συνεχίστηκαν στην Ελλάδα οι μεταναστεύσεις και οι εγκαταστάσεις, έτσι που η έλλειψη ησυχίας την εμπόδισε να αναπτυχθεί...... Εξήντα λοιπόν χρόνια μετά την άλωση της Τροίας οι Θεσσαλοί έδιωξαν από την Άρνη τους σημερινούς Βοιωτούς, οι οποίοι ήρθαν και εγκαταστάθηκαν στη χώρα που λέγεται σήμερα Βοιωτία, ενώ άλλοτε ονομαζόταν Γη του Κάδμου.... Κι οι Δωριείς με τους Ηρακλείδες, ογδόντα χρόνια μετά την άλωση της Τροίας, κατάχτησαν την Πελοπόννησο. Με δυσκολία, κι ύστερα από πολλά χρόνια, η Ελλάδα ησύχασε οριστικά, σταμάτησαν οι αναγκαστικές μετακινήσεις και μπόρεσε έτσι να ιδρύσει αποικίες.

(*Θουκυδίδης, Α, 12,* μετάφραση Α. Γεωργοπαπαδάκου)

Γενικές συνέπειες της δωρικής μετανάστευσης

Οι συνέπειες της δωρικής μετανάστευσης ήταν πολύ σημαντικές:

- Σ' ολόκληρο σχεδόν τον ελληνικό χώρο έγιναν αναγκαστικές μετακινήσεις ελληνικών πληθυσμών. Οι νέες εγκαταστάσεις θα είναι και οι οριστικές.
- Το θαλάσσιο εμπόριο, που είχε αρχίσει να παρακμάζει από το τέλος των μυκηναϊκών χρόνων, σταμάτησε σχεδόν τελείως. Δόθηκε έτσι η ευκαιρία στους Φοίνικες να κυριαρχήσουν ανενόχλητοι στις θάλασσες.
- Οι διάφορες περιοχές της Ελλάδας απομονώθηκαν και επικράτησε η κλειστή γεωργοκτηνοτροφική οικονομία.
- Η πολύπλοκη γραφή Γραμμική Β, που κατά τη μυκηναϊκή εποχή τη γνώριζαν σχετικά λίγοι, έπαψε να χρησιμοποιείται και στην πολιτιστική εξέλιξη σημειώθηκε κάμψη.

Ο πρώτος ελληνικός αποικισμός

Παλιότερες προσπάθειες

Πριν ακόμη γίνει η «κάθοδος των Δωριέων», οι Μυκηναίοι είχαν επιδιώξει να εγκατασταθούν στις εύφορες περιοχές των δυτικών παραλίων της Μ. Ασίας. Αυτό δεν ήταν εύκολο, όσο στη Μ. Ασία υπήρχαν ισχυρά κράτη, όπως η αυτοκρατορία των Χετταίων. Όταν όμως το 12ο αιώνα, με τις μεγάλες μετακινήσεις και την αναστάτωση που προκάλεσαν στην Ανατολή, καταστράφηκε το κράτος των Χετταίων, η περιοχή της Μ. Ασίας έγινε έδαφος ελεύθερο για μετανάστευση.

Αίτια του Α΄ αποικισμού

Παράλληλα, στον κυρίως ελλαδικό χώρο η πίεση των Δωριέων και των άλλων ομάδων που μετακινήθηκαν στο τέλος της 2ης χιλιετίας, η γενική στενότητα χώρου, η κλειστή γεωργοκτηνοτροφική οικονομία που επικράτησε και δεν άφηνε περιθώρια για ανάπτυξη, ήταν τα αίτια

που υποχρέωσαν μεγάλες ομάδες Ελλήνων να μεταναστεύσουν προς την ανατολή, στα νησιά του Αιγαίου και τις δυτικές ακτές της Μ. Ασίας.

Τρόπος μετακίνησης

Η μετακίνηση έγινε σε διαδοχικά κύματα και κατά φυλετικές ομάδες. Με τον ίδιο τρόπο έγινε και η εγκατάσταση στις νέες πατρίδες. Το 10ο αιώνα π.Χ. η μετανάστευση αυτή πήρε το χαρακτήρα εκτεταμένου αποικισμού, που ονομάστηκε ***Α΄ ελληνικός αποικισμός.*** Οι μεγάλες φυλετικές ομάδες που μετακινήθηκαν ήταν οι ακόλουθες:

α) Οι Αιολείς: Ξεκινώντας από τις περιοχές της Θεσσαλίας και της Βοιωτίας κυρίως, αποίκισαν αρχικά τα νησιά Λέσβο και Τένεδο. Στη συνέχεια ίδρυσαν αποικίες στο βόρειο τμήμα της μικρασιατικής παραλίας, από την Τρωάδα ως τον κόλπο της Σμύρνης. Ολόκληρη αυτή η περιοχή της Μ. Ασίας ονομάστηκε ***Αιολίδα.***

β) Οι Ίωνες: Με αφετηρία κυρίως την Αττική, την Εύβοια και τη Βορειοανατολική Πελοπόννησο (Αργολίδα - Κορινθία), οι Ίωνες αποίκισαν τη Χίο*, τη Σάμο και το κεντρικό τμήμα των παραλίων της Μ. Ασίας. Στις νέες τους πατρίδες οι Ίωνες διατήρησαν τη φυλετική τους ενότητα. Κέντρο της ενότητας αυτής ήταν ο ναός του Ποσειδώνα στο ακρωτήριο της Μυκάλης, όπου κάθε χρόνο συγκεντρώνονταν για να γιορτάσουν μαζί τα ***Πανιώνια,*** τη θρησκευτική γιορτή των Ιώνων.

Η περιοχή όπου εγκαταστάθηκαν οι Ίωνες ονομάστηκε ***Ιωνία.*** Επειδή όμως οι ιωνικές πόλεις αναπτύχθηκαν περισσότερο και απέκτησαν ηγετική θέση ανάμεσα στις άλλες ελληνικές πόλεις της Μ. Ασίας, με τον όρο ***Ιωνία*** εννοούσαν αργότερα ολόκληρη τη δυτική

---

* Τη Χίο, όπως και την περιοχή της Σμύρνης, απέσπασαν οι Ίωνες από τους Αιολείς.

Στην απέναντι σελίδα

Οι προσπάθειες των Ελλήνων να ιδρύσουν αποικίες συναντούσαν συχνά ορισμένες δυσκολίες. Στο γεωμετρικό αγγείο του 8ου αιώνα π.Χ., που βρίσκεται στο Αρχαιολογικό Μουσείο της Ελευσίνας, εικονίζεται ένα πλοίο να προσεγγίζει σ' έναν εχθρικό, προφανώς, τόπο.

Το Πανιώνιο, κέντρο των Ιώνων στη Μ. Ασία

Το Πανιώνιον είναι ένας χώρος ιερός στη Μυκάλη, στραμμένος προς βορρά, που από κοινού οι Έλληνες τον αφιέρωσαν στον Ελικώνιο* Ποσειδώνα. Η Μυκάλη είναι ένα ακρωτήριο της στεριάς που απλώνεται προς τη μεριά όπου φυσά ο Ζέφυρος,* κατάντικρυ στη Σάμο· εκεί μαζεύονταν από τις πόλεις τους οι Ίωνες και έκαναν γιορτή που την ονόμασαν Πανιώνια.

(*Ηρόδοτος, Α, 148*, μετάφραση Δ. Μαρωνίτη)

Ελικώνιος: Επωνυμία του Ποσειδώνα από την πόλη Ελίκη της Αχαΐας (κοντά στο σημερινό Αίγιο), όπου ήταν το παλιό κοινό ιερό όλων των Ιώνων.
Ζέφυρος: Δυτικός άνεμος

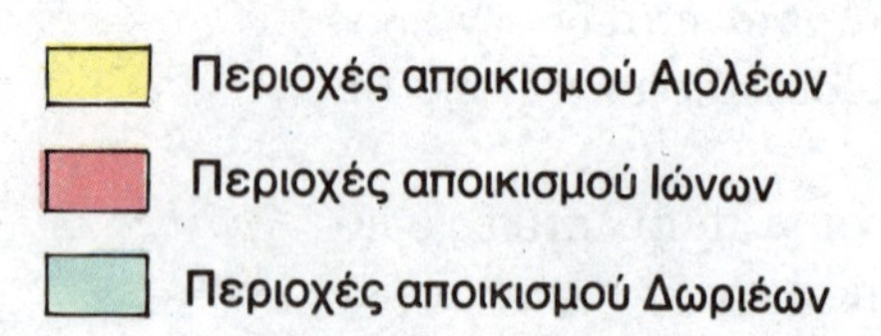

Ο ελληνικός κόσμος στα γεωμετρικά χρόνια.

ΘΡΑΚΗ
ΑΚΕΔΟΝΙΑ
π. Αξιός
π. Στρυμόνας
π. Νέστος
π. Έβρος
ΠΡΟΠΟΝΤΙΔΑ
Ν. ΘΑΣΟΣ
Ν. ΙΜΒΡΟΣ
Ν. ΛΗΜΝΟΣ
Ν. ΤΕΝΕΔΟΣ
ΤΡΩΑΔΑ
Λάρισα
ΑΛΙΑ
Άσσος
Αδραμύττιο
ΑΙΓΑΙΟ ΠΕΛΑΓΟΣ
Μύθημνα
Μυτιλήνη
π. Κάικος
Ν. ΛΕΣΒΟΣ
Μ. ΑΣΙΑ
Ν. ΣΚΥΡΟΣ
ΕΥΒΟΙΑ
Κύμη
Φώκαια
π. Έρμος
Ερέτρια
Ν. ΧΙΟΣ
Χίος
Σμύρνη
ΒΟΙΩΤΙΑ
Κλαζομεναί
Εμποριό
ΑΤΤΙΚΗ
Τέως
Αθήνα
ΚΟΡΙΝΘΙΑ
Ν. ΑΝΔΡΟΣ
Εφεσος
π. Μαίανδρος
Ν. ΣΑΜΟΣ
Ζαγορά
ΑΡΓΟΛΙΔΑ
Ακ. Μυκάλη
Μίλητος
π. Ευρώτας
ΚΥΚΛΑΔΕΣ
Ν. ΝΑΞΟΣ
Αλικαρνασσός
ΛΑΚΩΝΙΑ
Ν. ΚΩΣ
Κνίδος
Ν. ΜΗΛΟΣ
Ακ. Τριόπιο
Ιαλυσός
Ν. ΘΗΡΑ
Ν. ΚΥΘΗΡΑ
Λίνδος
Ν. ΡΟΔΟΣ
Ν. ΚΡΗΤΗ
Ν. ΚΑΡΠΑΘΟΣ
Κνωσός

παραλία της Μ. Ασίας, που είχε αποικιστεί από τους Έλληνες.

γ) **Οι Δωριείς:** Με τη σειρά τους οι Δωριείς, κυρίως οι πρώτοι Δωριείς που εγκαταστάθηκαν στην Πελοπόννησο, ακολούθησαν το γενικό μεταναστευτικό ρεύμα. Αποίκισαν αρχικά τα νησιά Μήλο, Θήρα, Κρήτη Ρόδο και Κω και στη συνέχεια το νότιο τμήμα των ακτών της Μ. Ασίας. Φυλετικό κέντρο των Δωριέων της Μ. Ασίας έγινε ο ναός του Απόλλωνα, στο ακρωτήριο Τριόπιο.

Η ανάπτυξη των αποικιών

Οι πρώτοι Έλληνες άποικοι που εγκαταστάθηκαν στις μικρασιατικές ακτές ασχολήθηκαν με την καλλιέργεια της εύφορης γης. Έτσι οι αποικίες είχαν στην αρχή γεωργικό χαρακτήρα. Οι περισσότερες όμως είχαν ιδρυθεί σε θέσεις που ευνοούσαν την ανάπτυξη του εμπορίου γιατί ως εκεί έφταναν, μέσα από τις κοιλάδες των ποταμών, οι εμπορικοί δρόμοι από το εσωτερικό της Μ. Ασίας. Αυτό έγινε αιτία να εξελιχθούν οι περισσότερες, ιδιαίτερα οι ιωνικές, σε σημαντικά εμπορικά κέντρα.

Παράλληλα, πρώτες αυτές από όλες τις ελληνικές πόλεις, αναπτύχθηκαν πολιτιστικά. Στην πολιτιστική τους ανάπτυξη σημαντικό ρόλο έπαιξε και η επικοινωνία τους με τους προηγμένους λαούς της Ανατολής.

Η οργάνωση των ελληνικών κρατών

Όπως είδαμε, η μετακίνηση των δωρικών φύλων μέσα στον ελληνικό χώρο προκάλεσε μεγάλες αναστατώσεις. Όταν οι μετακινήσεις σταμάτησαν και οι εγκαταστάσεις έγιναν οριστικές, ο λαμπρός μυκηναϊκός πολιτισμός δεν υπήρχε πια. Οι περισσότερες από τις μεγάλες μυκηναϊκές ακροπόλεις είχαν καταστραφεί ή είχαν εγκαταλειφθεί.

Οι πληροφορίες που έχουμε για την περίοδο αυτή προέρχονται και από τα ευρήματα των ανασκαφών αλλά και από τα ομηρικά έπη.

Η οικονομία

Η οικονομική ζωή στον ελληνικό χώρο σημείωσε σημαντική οπισθοδρόμηση. Η κύρια απασχόληση του πληθυσμού είναι τώρα η γεωργία και η κτηνοτροφία. Όσα χρειαζόταν η γεωργική οικογένεια παράγονταν από τα μέλη της μέσα στο οικιακό περιβάλον. Κάθε νοικοκυριό προσπαθούσε να έχει ***αυτάρκεια*** και οι ανταλλαγές προϊόντων ήταν πολύ περιορισμένες. Μόνο για ορισμένες κατασκευές, που χρειάζονταν κάποια ειδίκευση, εξακολουθούσαν να υπάρχουν ειδικοί τεχνίτες, γνωστοί από τα έπη με την ονομασία ***δημιουργοί.***

Αυτή η επιδίωξη της αυτάρκειας και ο περιορισμός της πολυτέλειας και των αναγκών, είχαν σαν αποτέλεσμα να περιοριστεί πολύ και το εσωτερικό εμπόριο, δηλαδή το εμπόριο μεταξύ των ελληνικών κρατών. Σαν μέσα για την απόκτηση άλλων αγαθών αναφέρονται συχνά στα έπη η ανταλλαγή δώρων ανάμεσα στους ευγενείς, καθώς και οι

Στις επαφές των Ελλήνων με τους λαούς της Ανατολής κατά τους γεωμετρικούς χρόνους πρέπει να οφείλονται οι έντονες ανατολικές επιδράσεις, φανερές σε έργα της εποχής, όπως στο χάλκινο τύμπανο του Αρχαιολογικού Μουσείου Ηρακλείου, που χρονολογείται προς το τέλος του 8ου αιώνα π.Χ. Εδώ εικονίζεται στο κέντρο μια θεϊκή μορφή που πατά με το αριστερό της πόδι έναν ταύρο, ενώ με τα δυο χέρια σηκώνει ένα λεοντάρι. Δεξιά και αριστερά έχουμε φτερωτούς δαίμονες που χτυπούν τύμπανα.

Η ανταλλαγή δώρων,τρόπος απόκτησης αγαθών

Τότε έτσι πάλε ο συνετός Τηλέμαχος της είπε·
«Ναι ξένε,αυτά τα μίλησες με την καλή σου γνώμη.
καθώς πατέρας σε παιδί και δε θα τα ξεχάσω.
Μα στάσου ακόμα μια στιγμή, κι ας βιάζεσαι να φύγεις,
αφού λουστείς και την καρδιά στα στήθη αναγαλλιάσεις,
να πας για το καράβι σου χαρούμενος με δώρο

πόλεμοι, οι επιδρομές και η πειρατεία, που έφερναν δούλους και υλικά αγαθά στις οικογένειες των ευγενών.

Επίσης περιορίστηκε σημαντικά και το εξωτερικό (ναυτικό) εμπόριο, που είχε ακμάσει στα μυκηναϊκά χρόνια. Το εμπόριο αυτό πέρασε στα χέρια των Φοινίκων που κυριαρχούν στη Μεσόγειο, ιδιαίτερα τον 9ο αιώνα.

Γενικά η μορφή της οικονομίας που επικράτησε την περίοδο αυτή στον ελληνικό χώρο μπορεί να χαρακτηριστεί ως «κλειστή γεωργική οικονομία».

Η μορφή των κρατών

Τα ελληνικά κράτη της περιόδου αυτής ήταν συγκροτημένα με βάση τη φυλετική ενότητα. Κάθε φύλο δηλαδή αποτελούσε κι ένα ξεχωριστό κράτος. Σε ορισμένες περιπτώσεις, ξεχωριστό κράτος μπορούσε να αποτελέσει και τμήμα ενός φύλου. Αυτά τα ***φυλετικά κράτη,*** όπως ονομάστηκαν, διατηρήθηκαν ως τον 8ο αιώνα π.Χ. οπότε αντικαταστάθηκαν από μια άλλη κρατική μορφή, την πόλη - κράτος.

Η κοινωνία

Ο ελεύθερος πληθυσμός των κρατών της εποχής αυτής ήταν χωρισμένος σε δύο τάξεις, που διακρίνονταν καθαρά η μία από την άλλη: στους ***ευγενείς*** και στον ***απλό λαό.*** Μια άλλη κατηγορία, εκτός από τους ελεύθερους πολίτες, αποτελούσαν οι ***δούλοι.***

Οι ευγενείς, γνωστοί από τα ομηρικά έπη ως «άριστοι», ήταν τα μέλη των πλούσιων οικογενειών, που είχαν στην κατοχή τους εκτάσεις γης και μεγάλα κοπάδια ζώων, καθώς και δούλους. Είχαν τη δυνατότητα και το χρόνο να ασκούνται με τα πολεμικά έργα και αυτοί ήταν οι ικανοί πολεμιστές της φυλής. Ακόμη, έπαιρναν μέρος στη διακυβέρνηση του κράτους. Η τάξη των ευγενών ήταν «κλειστή», δηλαδή δεν επιτρεπόταν να περάσει σ' αυτή κάποιος από τους απλούς ανθρώπους του λαού.

Το λαό, που στα έπη χαρακτηρίζεται με τις ονομασίες «λαός», «δήμος», «πολλοί», αποτελούσαν: οι ***μικροί καλλιεργητές,*** που είχαν στην κατοχή τους και καλλιεργούσαν μικρές εκτάσεις γης, οι

πολύτιμο, πεντάμορφο, να το 'χεις για κειμήλιο,
δώρο που οι φίλοι συνηθούν στους φίλους να χαρίζουν.»

Οδύσσεια, Α, 306-313, μετάφραση Ζ. Σιδέρη

Ο Οδυσσέας μαζεύει τους Αχαιούς για συνέλευση στρατού. Διάκριση ανάμεσα στους ευγενείς και τον απλό λαό

Κι αν συναντούσε βασιλιά ή ποιον άρχοντα άλλο,
ζύγωνε και με φιλικά τον σταματούσε λόγια.

. . . .

Μ' αν κάποιον από το λαό έβλεπε να φωνάζει,
τούδινε μια με το ραβδί και άγρια του μιλούσε·
«Βούλωστο, κακομοίρη μου, κι άκου τι λένε οι άλλοι
που είν' από σένα πιο καλοί. Εσύ 'σαι τιποτένιος,
και δε σε λογαριάζουνε στη σύναξη ή στη μάχη.»

(Ιλιάδα, Β, 188-189 και *198-202,* μετάφραση)

δημιουργοί, δηλαδή οι λίγοι ειδικοί τεχνίτες (ξυλουργοί, μεταλλουργοί), και οι ***θήτες,*** μια κατηγορία ελεύθερων πολιτών που δεν είχαν ιδιοκτησία σε γη ή σε ζώα ούτε ήταν τεχνίτες. Οι θήτες εργάζονταν όπου έβρισκαν δουλειά και κυρίως απασχολούνταν σε γεωργικές εργασίες σαν εργάτες γης ή βοσκοί.

Μια ξεχωριστή κατηγορία του πληθυσμού ήταν οι ***δούλοι.*** Αιχμάλωτοι πολέμου ή επιδρομών ή ακόμη αγορασμένοι από δουλεμπόρους, αποτελούσαν ένα μέρος της περιουσίας των πλούσιων οικογενειών των ευγενών. Καλλιεργούσαν τα χωράφια των κυρίων τους, έβοσκαν τα ζώα ή εργάζονταν μέσα στα σπίτια σαν υπηρέτες (οικιακοί δούλοι). Οι συνθήκες ζωής των τελευταίων ήταν καλύτερες. Ιδιαίτερη αξία είχαν όσοι γνώριζαν κάποια τέχνη (π.χ. οι υφάντρες).

Η εξουσία

Επικεφαλής του κράτους ήταν ο ***βασιλιάς.*** Το αξίωμά του ήταν κληρονομικό και γύρω από τη βασιλική οικογένεια πλέκονταν διάφοροι μύθοι, που παρουσίαζαν τους μακρινούς προγόνους της ως θεούς ή ημίθεους. Σύμφωνα με τα ομηρικά έπη, η εξουσία στους βασιλιάδες ήταν δοσμένη από το Δία. Ο βασιλιάς ήταν αρχηγός του στρατού στον πόλεμο, ανώτερος δικαστής, θρησκευτικός άρχοντας και κυβερνούσε γενικά το κράτος, χωρίς, ωστόσο, η εξουσία του να είναι απεριόριστη. Στα καθήκοντά του αυτά τον βοηθούσε ένα ***συμβούλιο ευγενών,*** η «βουλή των γερόντων».

Με τη «βουλή των γερόντων» οι ευγενείς, οι «άριστοι», έπαιρναν μέρος στην εξουσία και μπορούσαν να έχουν γνώμη πάνω στα θέματα τα σχετικά με τη διακυβέρνηση του κράτους. Η συμμετοχή των ευγενών στην εξουσία γινόταν σιγά σιγά πιο ουσιαστική, ενώ περιοριζόταν αντίστοιχα η δύναμη του βασιλιά. Αυτή η εξέλιξη θα οδηγήσει αργότερα στην κατάργηση του θεσμού της βασιλείας και στην ανάληψη της εξουσίας μόνο από τους ευγενείς.

Λειτουργούσε ακόμη από την εποχή αυτή η γενική συνέλευση του λαού («αγορά»), που τη συγκαλούσε ο βασιλιάς για να ανακοινώσει κάποιες αποφάσεις ή να ακούσει και άλλες γνώμες. Οι απόψεις όμως που διατυπώνονταν στην «αγορά», όπου το λόγο μπορούσαν να πάρουν μόνο οι «άριστοι», δεν ήταν δεσμευτικές για το βασιλιά. Δηλαδή η συνέλευση των πολιτών δεν έπαιρνε αποφάσεις.

Τέλος, σημαντικό ρόλο έπαιζε σε καιρό πολέμου η συνέλευση του στρατού, όπου όμως ακούγονταν και πάλι μόνο οι γνώμες των ευγενών. Άλλωστε, όπως αναφέραμε, αυτοί ήταν οι εκπαιδευμένοι πολεμιστές και σ' αυτούς βασιζόταν η πολεμική αξία του στρατού.

Προς το τέλος των γεωμετρικών χρόνων, δηλαδή μέσα στον 8ο αιώνα π.Χ., αρχίζουν να σημειώνονται μεταβολές στην οικονομία, στην κρατική οργάνωση και στον τρόπο ζωής γενικά. Οι μεταβολές αυτές, που θα ολοκληρωθούν μέσα στους αιώνες που ακολουθούν και θα αλλάξουν την όψη του ελληνικού κόσμου, ξεκίνησαν από τις πόλεις της Μ. Ασίας.

Η διαμόρφωση της αρχαίας ελληνικής θρησκείας

Ο ρόλος των επικών ποιητών

Στα γεωμετρικά χρόνια η αρχαία ελληνική θρησκεία πήρε την οριστική μορφή, που διατήρησε σ' ολόκληρη την αρχαιότητα. Μεγάλο ρόλο σ' αυτό διαδραμάτισαν οι επικοί ποιητές Όμηρος και Ησίοδος. Πραγματικά, αυτοί ξεχώρισαν μέσα στο έργο τους την ομάδα των ανώτερων θεών, των «Ολυμπίων», παρουσίασαν την προέλευσή τους (θεογονία), έδωσαν στον καθένα ξεχωριστές ιδιότητες και περιέγραψαν τη μορφή και τον τρόπο της ζωής τους.

Οι «ολύμπιοι» και οι άλλοι θεοί

Κυρίαρχοι και εξουσιαστές του κόσμου ήταν οι θεοί του Ολύμπου*. Για να κερδίσουν την εξουσία χρειάστηκε να αγωνιστούν εναντίον άλλων, παλιότερων θεών, τους οποίους εξόντωσαν ή υπέταξαν. Όπως φανερώνει και το όνομά τους, κατοικούσαν στον Όλυμπο. Ανώτερος από όλους ήταν ο Δίας, «πατέρας των θεών και των ανθρώπων», και κανείς δεν μπορούσε να αντιταχθεί στη δύναμή του.

Εκτός από την ομάδα των Ολυμπίων, υπήρχε ένα μεγάλο πλήθος δευτερότερων θεών στην ελληνική μυθολογία. Παράλληλα, εξακολουθούσαν να λατρεύονται σε κάθε περιοχή παλιότερες τοπικές θεότητες, ή και τοπικοί μυθικοί ήρωες, που τους διατήρησε η λαϊκή λατρεία.

Ο ανθρωπομορφισμός

Οι αρχαίοι Έλληνες έπλασαν τους θεούς τους όμοιους με τους ανθρώπους (ανθρωπομορφισμός), αντίθετα με τους θεούς των ανατολικών λαών, που ήταν συνήθως τερατόμορφοι. Εκτός όμως από τη μορφή, και η ζωή τους ήταν σχεδόν όμοια με των ανθρώπων· έτρωγαν (αμβροσία), έπιναν (νέκταρ) και δεν ήταν απαλλαγμένοι από τα ανθρώπινα

---

* Συνήθως αναφέρονται 12 ολύμπιοι θεοί: ο Δίας, η Ήρα, ο Ποσειδώνας, ο Πλούτωνας, η Δήμητρα, ο Ήφαιστος, η Αθηνά, ο Άρης, η Άρτεμη, ο Απόλλωνας, ο Ερμής, η Αφροδίτη. Στους ολύμπιους θεούς λογαριάζεται πολλές φορές και ο Διόνυσος.

Οι θεοί μοιράζονται την κυριαρχία του κόσμου.

(Μιλάει ο Ποσειδώνας)

Τρεις αδερφοί απ' τον Κρόνο που 'μαστε, παιδιά της Ρέας κι οι τρεις μας,
πρώτος ο Δίας, κι εγώ, και των νεκρών ο ρήγας, ο Άδης, τρίτος,
σε τρία τον κόσμο μοιράσαμε, καθένας το δικό του·
και κλήρο ως ρίξαμε, στη θάλασσα την αφρισμένη πέφτει
να μένω εγώ για πάντα, κι έλαχε στον Άδη το σκοτάδι
και πήρε ο Δίας τα ουράνια τ' άσωστα με σύγνεφα κι αιθέρα·
όμως η γη κι ο μέγας Όλυμπος είναι μαζί ολονώ μας.

(Ιλιάδα, Ο, 187-193, μετάφραση Ν. Καζαντζάκη-Ι. Κακριδή)

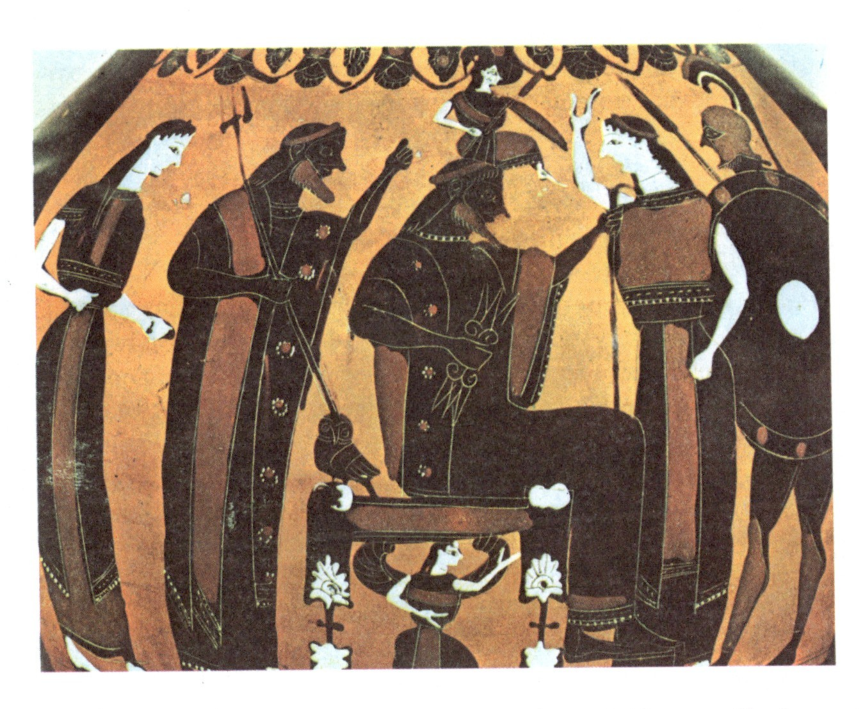

Στο αττικό αυτό αγγείο, που βρίσκεται στο Μουσείο του Λούβρου στο Παρίσι, εικονίζεται η γέννηση της Αθηνάς. Το θέμα αυτό έδωσε την ευκαιρία στον αγγειογράφο να απεικονίσει ορισμένους από τους πιο σημαντικούς θεούς του ελληνικού πανθέου. Στη μέση έχουμε τον καθιστό Δία, που κρατά με το δεξί του χέρι τον κεραυνό και με το αριστερό ένα σκήπτρο, ενώ πάνω από το κεφάλι του ξεπηδά η κόρη του η Αθηνά οπλισμένη με κράνος, ασπίδα και δόρυ. Πίσω από το Δία βρίσκεται ο αδερφός του ο Ποσειδώνας, που κρατά με το δεξί του χέρι την τρίαινα. Ο πάνοπλος θεός που εικονίζεται στα δεξιά μας πρέπει να είναι ο θεός του πολέμου, ο Άρης. Το αγγείο χρονολογείται γύρω στο 540 π.Χ.

πάθη. Ξεχώριζαν κυρίως γιατί ήταν πιο ωραίοι, πιο δυνατοί, αθάνατοι και αγέραστοι.

Θεϊκή και ανθρώπινη κοινωνία

Η κοινωνία των θεών, όπως παρουσιάστηκε στα ομηρικά έπη, είχε πολλές ομοιότητες με τον κόσμο των ευγενών. Ο Δίας είχε ανάμεσα στους θεούς τη θέση που είχε ο βασιλιάς στην ανθρώπινη κοινωνία και οι θεοί– συγγενείς του θυμίζουν μια βασιλική οικογένεια. Οι άλλοι θεοί ήταν κάτι ανάλογο με τους ευγενείς. Έτσι, η βασιλική εξουσία και η ανώτερη θέση των ευγενών στην κοινωνία είχαν στήριγμα και δικαιολογία τον κόσμο των θεών.

Η επίδραση της θρησκείας

Η αρχαία ελληνική θρησκεία, όπως διαμορφώθηκε από τα χρόνια αυτά, δεν είχε καθορισμένο θεολογικό δόγμα, δηλαδή κανόνες που έπρεπε όλοι να τους ακολουθούν. Ακόμη, οι ιερείς δεν αποτέλεσαν ιδιαίτερη τάξη ούτε απέκτησαν ποτέ ξεχωριστή δύναμη, όπως στα κράτη της Ανατολής. Γενικά, η επίδραση της αρχαίας θρησκείας στη διαμόρφωση της ζωής και στην πνευματική εξέλιξη της ελληνικής αρχαιότητας ήταν πολύ περιορισμένη.

Ο ΠΟΛΙΤΙΣΜΟΣ

Τα γράμματα

Η γραφή

Η πρώτη μορφή γραφής της ελληνικής γλώσσας, η γραμμική γραφή Β΄, έπαψε να γράφεται μετά τη δωρική μετανάστευση και σιγά σιγά ξεχάστηκε. Αργότερα, μέσα στον 9ο αιώνα π.Χ.,οι Έλληνες πήραν το αλφάβητο που χρησιμοποιούσαν οι Φοίνικες και το προσάρμοσαν στην ελληνική γλώσσα. Επειδή, δηλαδή, οι Φοίνικες είχαν σύμβολα μόνο για τα σύμφωνα, οι Έλληνες χρησιμοποίησαν μερικά απ' αυτά ή επινόησαν άλλα για να δηλώσουν τα φωνήεντα. Έτσι από το φοινικικό αλφάβητο, με τις απαραίτητες μεταβολές για την απόδοση της ελληνικής γλώσσας, προήλθε το ελληνικό αλφάβητο. Η παραλαβή και η τροποποίηση του φοινικικού αλφαβήτου θα πρέπει να έγινε πρώτα σε κάποια αναπτυγμένη ελληνική περιοχή, που είχε συχνή επικοινωνία με τους Φοίνικες (π.χ. Ιωνία, Ρόδο).

Το αλφάβητο θεωρείται το πιο σημαντικό πολιτιστικό στοιχείο που πήραν οι Έλληνες από την Ανατολή.

Τα έπη

Στα γεωμετρικά χρόνια δημιουργούνται και τα πρώτα μεγάλα έργα της αρχαίας ελληνικής λογοτεχνίας. Είναι τα ***έπη,*** δηλαδή αφηγηματικά ποιήματα που ιστορούν κατορθώματα και περιπέτειες ηρώων. Τα μεγάλα αυτά ποιητικά έργα δημιουργήθηκαν στην Ιωνία, στην περιοχή από όπου ξεκίνησε η πολιτιστική ανάπτυξη των αρχαίων Ελλήνων.

Οι Έλληνες που έφυγαν από την κυρίως Ελλάδα για να αποικίσουν τις μικρασιατικές ακτές πήραν μαζί τους τις παραδόσεις και τους θρύλους για παλιότερα κατορθώματα ηρώων, όπως των ηρώων του τρωικού πολέμου. Τις αφηγήσεις για τα κατορθώματα αυτά, που έγιναν μικρά ποιήματα, τις τραγουδούσαν στις αυλές των βασιλιάδων προικι-

Λεπτομέρεια από ένα γεωμετρικό αγγείο (οινοχόη) που βρέθηκε στον Κεραμεικό, το πιο σημαντικό νεκροταφείο της αρχαίας Αθήνας, και φυλάγεται σήμερα στο Εθνικό Αρχαιολογικό Μουσείο της Αθήνας. Πάνω στον ώμο του αγγείου είναι χαραγμένη η αρχαιότερη ελληνική επιγραφή που μας έχει σωθεί μέχρι σήμερα. Σύμφωνα μ' αυτή, το αγγείο πρέπει να είχε δοθεί ως βραβείο στον καλύτερο χορευτή ενός χορού. Η οινοχόη χρονολογείται στο τρίτο τέταρτο του 8ου αιώνα π.Χ.

σμένοι τραγουδιστές, οι ***αοιδοί,*** και αργότερα τις απάγγελναν σε γιορτές και πανηγύρια οι ***ραψωδοί.***

Σιγά σιγά τα σύντομα στην αρχή τραγούδια τα ένωσαν σε μεγαλύτερες ενότητες κι αυτές σε πιο μεγάλες. Έτσι δημιουργήθηκαν τα μεγάλα αφηγηματικά ποιήματα, τα έπη.

Δύο μεγάλα έπη, τα πιο αξιόλογα, ίσως, διασώθηκαν ολόκληρα από

Λεπτομέρεια από ένα μαρμάρινο ανάγλυφο που βρίσκεται στο Λονδίνο, στο Βρετανικό Μουσείο, και χρονολογείται στο τρίτο τέταρτο του 2ου αιώνα π.Χ. Εικονίζεται καθισμένος ο Όμηρος, ο μεγάλος επικός ποιητής, κρατώντας στο αριστερό του χέρι ένα σκήπτρο και στο δεξί έναν κύλινδρο. Πίσω του στέκονται οι προσωποποιήσεις του Χρόνου και της Οικουμένης, η οποία τον στεφανώνει. Δεξιά κι αριστερά από τον ποιητή έχουμε τις προσωποποιήσεις της Ιλιάδας και της Οδύσσειας, των πιο σημαντικών δηλαδή επικών έργων που μας έχουν σωθεί.

Παραλαβή του αλφαβήτου από τους Φοίνικες

Αυτοί (οι Ίωνες), αφού διδάχτηκαν τα γράμματα από τους Φοίνικες, τα άλλαξαν λίγο και τα χρησιμοποίησαν. Και έκριναν σωστό να τα ονομάζουν «φοινικικά», όπως βέβαια ήταν δίκαιο, αφού οι Φοίνικες τα είχαν φέρει στην Ελλάδα.

(*Ηρόδοτος, Ε, 58, 2,* μετάφραση)

την αρχαιότητα· είναι η «Ιλιάδα» και η «Οδύσσεια». Οι αρχαίοι πίστευαν ότι συνθέτης των δύο αυτών επών ήταν ένας μεγάλος ποιητής, ο Όμηρος. Για το λόγο αυτό η «Ιλιάδα» και η «Οδύσσεια» ονομάζονται και «ομηρικά έπη» και τα γεωμετρικά χρόνια ή η κοινωνία της γεωμετρικής εποχής, που παρουσιάζονται μέσα στα έπη, ονομάζονται «ομηρικά χρόνια» και «ομηρική κοινωνία». Οι νεότεροι μελετητές όμως έχουν καταλήξει στο συμπέρασμα ότι η «Οδύσσεια» είναι νεότερη από την «Ιλιάδα» και δε θεωρούν πιθανόν να έχει συνθέσει και τα δύο έπη ο ίδιος ποιητής. Ανεξάρτητα πάντως απ' αυτό, τα «ομηρικά έπη» θεωρούνται ως αριστουργήματα της παγκόσμιας λογοτεχνίας και οι αιώνες που πέρασαν από τότε δε μείωσαν καθόλου την αξία και την ομορφιά τους.

Η ιστορική αξία των επών

Εκτός από τη λογοτεχνική τους αξία, τα ομηρικά έπη έχουν και ιστορική αξία, γιατί μας δίνουν πολλές πληροφορίες για την κοινωνία

Η Ιλιάδα και η Οδύσσεια συχνά αποτέλεσαν πηγή έμπνευσης για τους καλλιτέχνες. Στο αττικό αυτό αγγείο των αρχών του 5ου αιώνα π.Χ. που βρίσκεται στη Βιέννη, στο Μουσείο Ιστορίας της Τέχνης, απεικονίζεται ένα επεισόδιο από την Ιλιάδα.. Στη μέση εικονίζεται ο σπουδαιότερος ήρωας της Ιλιάδας, ο Αχιλλέας, ξαπλωμένος σ' ένα πολυτελές κρεβάτι, κάτω από το οποίο βρίσκεται το πτώμα του μεγάλου αντιπάλου του, του Έκτορα. Αριστερά διακρίνεται ο βασιλιάς των Τρώων Πρίαμος που καταφτάνει στη σκηνή του Αχιλλέα για να τον παρακαλέσει να του δώσει πίσω το νεκρό παιδί του. Δεξιά εικονίζεται ένας μικρός υπηρέτης του Αχιλλέα, ενώ πίσω κρέμονται τα όπλα του ήρωα.

και τη ζωή της εποχής. Η μορφή όμως της κοινωνίας που παρουσιάζουν είναι σύνθεση στοιχείων από τα μυκηναϊκά χρόνια, τα παλιότερα γεωμετρικά και την εποχή του ποιητή, που πρέπει να έζησε τον 8ο αιώνα π.Χ. Γι' αυτό, όταν χρησιμοποιούμε τα ομηρικά έπη σαν ιστορική πηγή, προχωρούμε με πολλή προσοχή, για να διακρίνουμε σε ποια ακριβώς περίοδο ανήκει καθένα από τα στοιχεία που αναφέρονται.

Η επίδραση των επών

Ιδιαίτερα σημαντική στάθηκε η επίδραση των ομηρικών επών σ' ολόκληρη την ελληνική αρχαιότητα. Διαμόρφωσαν, όπως είδαμε, την αρχαία ελληνική θρησκεία, χρησιμοποιήθηκαν σαν βασικό κείμενο για τη μόρφωση των παιδιών στα σχολεία, ήταν πλούσια πηγή έμπνευσης για την τέχνη και τη λογοτεχνία. Μεγάλη είναι ακόμη η συμβολή τους στη διαμόρφωση κοινής εθνικής συνείδησης στον πολιτικά διασπασμένο αρχαίο ελληνικό κόσμο.

Η τέχνη

α) Αρχιτεκτονική: Σε αντίθεση με τη σύνθετη κρητομυκηναϊκή αρχιτεκτονική, η αρχιτεκτονική αυτής της περιόδου, και κυρίως του 10ου και του 9ου αιώνα π.Χ., χαρακτηρίζεται, με ελάχιστες εξαιρέσεις, από κτίρια απλής μορφής και μικρών συνήθως διαστάσεων, που εξυπηρετούν τις στοιχειώδεις ανάγκες των ανθρώπων. Στην κάτοψή τους τα κτίσματα διακρίνονται βασικά σε καμπυλόγραμμα (με καμπύλες μια ή περισσότερες πλευρές τους) και σε ευθύγραμμα, που είναι και τα πιο αξιόλογα. Τα θεμέλια και το κατώτερο μέρος των τοίχων κατασκευάζονται από μικρές πέτρες, ενώ πιο ψηλά χρησιμοποιούνται ωμά πλιθιά, ανάμεσα στα οποία παρεμβάλλονται ξύλινα δοκάρια. Η στέγη είναι επίπεδη ή σαμαρωτή και κατασκευάζεται από ξύλα και καλάμια, πάνω στα οποία στρώνεται πηλόχωμα.

Από τον 8ο αιώνα π.Χ., όταν οι συνθήκες της ζωής αρχίζουν να καλυτερεύουν, χτίζονται ναοί με μεγάλες διαστάσεις, όπως π.χ. ο πρώτος ναός της Ήρας στη Σάμο. Το μέγεθός τους είναι εκείνο που τους ξεχωρίζει από τα ιδιωτικά σπίτια. Σημαντικοί ναοί της εποχής έχουν βρεθεί στο Θέρμο της Αιτωλίας, στην Ερέτρια και αλλού, ενώ στο Εμποριό της Χίου και στη Ζαγορά της Άνδρου έχουν ανασκαφεί χαρακτηριστικές πόλεις αυτής της εποχής.

β) Πλαστική: Αγάλματα μεγάλου μεγέθους δε μας έχουν σωθεί από τη γεωμετρική εποχή. Ήταν φαίνεται φτιαγμένα από ξύλο και το φθαρτό υλικό τους δεν επέτρεψε τη διατήρησή τους. Σώθηκαν όμως έργα μικρού μεγέθους, που ήταν κατασκευασμένα από πηλό, ή, ορισμένα, από μπρούντζο. Στον 8ο αιώνα π.Χ. η χρήση του χαλκού φαίνεται συχνότερη, ενώ κάνουν την εμφάνισή τους και άλλα πολύτιμα υλικά από την Ανατολή, όπως π.χ. το ελεφαντοκόκαλο. Τα αγαλμάτια (ειδώλια) που κατασκευάζονται από τα υλικά αυτά παριστάνουν συνήθως διάφορα

Πήλινο ομοίωμα ενός μικρού οικοδομήματος του 8ου αιώνα π.Χ. Βρέθηκε στο ιερό της Ήρας, κοντά στο Άργος, και φυλάγεται σήμερα στο Εθνικό Αρχαιολογικό Μουσείο της Αθήνας. Είναι ένα ευθύγραμμο κτίριο με αμφικλινή στέγη, ενώ μπροστά διαμορφώνεται ένα είδος υπόστεγου, που βαστάζεται από δύο κίονες. Ψηλά στους πλαϊνούς τοίχους υπάρχουν μικρά τριγωνικά παράθυρα, ενώ ένα μεγάλο ορθογώνιο άνοιγμα έχουμε και στη στενή πλευρά της στέγης, πάνω από την πόρτα.

ζώα (άλογα, βόδια κ.ά.) αλλά και μορφές θεών και θνητών.

Τα έργα της πλαστικής των γεωμετρικών χρόνων, που από τον 8ο αιώνα π.Χ. έχουν υψηλότερη καλλιτεχνική ποιότητα, χαρακτηρίζονται από τα εξής γνωρίσματα: οι μορφές αποδίδονται πολύ γενικά και αποτελούνται από τμήματα που ξεχωρίζουν με σαφήνεια μεταξύ τους (π.χ. πόδια, κεφάλι, λαιμός κτλ.), χωρίς να δίνεται προσοχή σε ιδιαίτερες ανατομικές λεπτομέρειες. Υποδηλώνονται μόνο τα πιο βασικά χαρακτηριστικά, π.χ. τα μάτια ή το στόμα.

Στη γεωμετρική πλαστική φαίνεται ότι είχαν ιδιαίτερη επίδοση τα πελοποννησιακά εργαστήρια. Εξαίρετα δείγματα της δουλειάς τους μας έχουν δώσει οι ανασκαφές στο ιερό του Δία στην Ολυμπία.

γ) Κεραμική: Τα πήλινα αγγεία αποτελούν την πιο πλούσια και συνάμα την πιο αντιπροσωπευτική έκφραση της γεωμετρικής εποχής. Συγχρόνως αποτελούν και τις πρώτες σημαντικές δημιουργίες της ελληνι-

Αγγείο στο Αρχαιολογικό Μουσείο του Κεραμεικού, που διακοσμείται με τυπικά γεωμετρικά μοτίβα: αβακωτό κόσμημα ανάμεσα σε ομόκεντρους κύκλους σχεδιασμένους με διαβήτη. Χρονολογείται στο 10ο αιώνα π.Χ.

Επάνω δεξιά:

Χάλκινο σύμπλεγμα της γεωμετρικής εποχής από την αρχαία Ολυμπία, σήμερα στο Μητροπολιτικό Μουσείο της Νέας Υόρκης. Απεικονίζει την πάλη ενός θεού ή ήρωα μ' ένα τέρας. Στο μικρό αυτό έργο του 8ου αιώνα π.Χ., που το ύψος του δεν ξεπερνά τα 0,11 μ., μπορούμε να διακρίνουμε όλα τα χαρακτηριστικά της γεωμετρικής πλαστικής: τα μέρη που απαρτίζουν τις δύο μορφές αποδίδονται με σαφείς φόρμες και ξεχωρίζουν πολύ καθαρά μεταξύ τους, ενώ η δήλωση λεπτομερειών είναι πολύ φειδωλή.

Κάτω δεξιά:

Επιτάφιος κρατήρας στο Εθνικό Αρχαιολογικό Μουσείο της Αθήνας. Έχει ύψος 1,23 μ. και χρονολογείται στις τελευταίες δεκαετίες του 8ου αιώνα π.Χ. Την κύρια διακοσμητική του ζώνη καταλαμβάνει η εκφορά ενός νεκρού. Ο νεκρός, τοποθετημένος στο νεκρικό κρεβάτι, μεταφέρεται για ταφή με μια άμαξα, που τη σέρνουν δύο άλογα. Τη σκηνή πλαισιώνουν διάφορες μορφές. Χαμηλότερα έχουμε μια άλλη διακοσμητική ζώνη με άρματα, που κατευθύνονται προς τα δεξιά. Πάνω σε κάθε άρμα, που σύρεται από δύο άλογα, στέκεται ένας πολεμιστής κρατώντας οκτάσχημη ασπίδα.

κής τέχνης. Τα παλιότερα αγγεία αυτής της εποχής συνεχίζουν την παράδοση των μυκηναϊκών αγγείων. Συνηθισμένα μοτίβα διακόσμησής τους είναι οι ομόκεντροι κύκλοι και τα ομόκεντρα ημικύκλια, που γίνονται με διαβήτη. Αργότερα εμφανίζονται και νέα μοτίβα, όπως π.χ. τρίγωνα, ρόμβοι και κυρίως ο μαίανδρος.

Ο πιο σημαντικός όμως σταθμός της γεωμετρικής κεραμικής είναι ο 8ος αιώνας π.Χ. Αυτή την εποχή εικονίζονται συχνά και ανθρώπινες μορφές σε παραστάσεις με σκηνές μαχών, κυνηγιών, ναυμαχιών κ.ά. Οι μορφές, όπως και όλη γενικά η διακόσμηση, αποδίδονται με μαύρο χρώμα.

Μια ιδιαίτερη κατηγορία γεωμετρικών αγγείων, που το μέγεθός τους συχνά φτάνει το 1,50 μ., τοποθετούνταν ως «σήματα» πάνω σε τάφους (επιτάφια αγγεία) και γι' αυτό είναι διακοσμημένα με θέματα σχετικά με την πρόθεση και την εκφορά του νεκρού. Τόσο οι ανθρώπινες μορφές όσο και τα διάφορα ζώα αποδίδονται με γεωμετρικά σχήματα. Τα ίδια τα αγγεία χαρακτηρίζονται από πολύ καθαρή άρθρωση. Τα διάφορα μέλη τους δηλαδή τονίζονται και διακρίνονται με σαφήνεια (π.χ. ο λαιμός, το σώμα, οι λαβές). Τα καλύτερα αγγεία της εποχής αυτής κατασκευάστηκαν στην Αττική και πολλά απ' αυτά βρίσκονται σήμερα στο Εθνικό Αρχαιολογικό Μουσείο της Αθήνας.

ΕΡΩΤΗΣΕΙΣ – ΘΕΜΑΤΑ ΓΙΑ ΣΥΖΗΤΗΣΗ

– Από ποιες περιοχές μετακινήθηκαν οι Δωριείς, πού εγκαταστάθηκαν και τι διευκόλυνε τη μετακίνησή τους;

– Ποιες οι συνέπειες της δωρικής μετανάστευσης;

–Ποιο γεγονός διευκόλυνε τον Α΄ αποικισμό;

– Ποια τα αίτια του Α΄ αποικισμού;

– Πού οφείλεται η ανάπτυξη των ιωνικών πόλεων;

– Ποια είναι η σχέση ανάμεσα στην επιδίωξη της αυτάρκειας και στην παρακμή του εμπορίου;

– Προσπαθήστε να εξηγήσετε τον όρο «κλειστή γεωργική οικονομία».

– Ποιοι αποτελούν τα κατώτερα κοινωνικά στρώματα στα κράτη των γεωμετρικών χρόνων και με τι ασχολούνται;

– Με ποιο τρόπο συμμετείχαν στη διακυβέρνηση του κράτους οι ευγενείς; Από πού αντλούσαν τη δύναμή τους;

– Ο ανθρωπομορφισμός των αρχαίων ελληνικών θεών.

– Η κοινωνία των θεών και ο κόσμος της αριστοκρατίας.

– Ποια η ιστορική αξία των ομηρικών επών; Ποια είναι η δυσκολία στην ιστορική τους προσέγγιση;

– Η επίδραση των επών στην αρχαιότητα.

– Ποια είναι τα κύρια γνωρίσματα της γεωμετρικής πλαστικής και της γεωμετρικής κεραμικής;

ΚΕΦΑΛΑΙΟ 5
ΤΑ ΑΡΧΑΪΚΑ ΧΡΟΝΙΑ

Εισαγωγικό σημείωμα

Η περίοδος της αρχαίας ελληνικής ιστορίας που ακολουθεί τα γεωμετρικά χρόνια και απλώνεται ως τις αρχές του 5ου αιώνα π.Χ. καθιερώθηκε να ονομάζεται «Αρχαϊκή Εποχή» ή «Αρχαϊκά Χρόνια». Η ονομασία προέρχεται κι εδώ από την τέχνη.

Μέσα στους αιώνες αυτούς σημειώνεται μια γρήγορη ανάπτυξη του ελληνικού κόσμου σ' όλους τους τομείς. Από τα σημαντικότερα γεγονότα και εξελίξεις που σημαδεύουν την περίοδο των αρχαϊκών χρόνων είναι: ο δεύτερος ή μεγάλος αποικισμός, οι εσωτερικές κοινωνικές και πολιτικές αλλαγές, η οικονομική και πολιτιστική ανάπτυξη των ελληνικών πόλεων, και, ξεχωριστά, η ανάπτυξη της Σπάρτης και της Αθήνας, πόλεων που διαδραμάτισαν πρωταρχικό ρόλο στη διαμόρφωση των ελληνικών πραγμάτων, στα χρόνια που ακολούθησαν.

α. Ο Β΄ ΕΛΛΗΝΙΚΟΣ ΑΠΟΙΚΙΣΜΟΣ

Τα αίτια

Ο δεύτερος ελληνικός αποικισμός άρχισε από τα μέσα του 8ου αιώνα π.Χ. και συνεχίστηκε ως το τέλος περίπου του 6ου αιώνα π.Χ. Τα αίτια που ώθησαν τους Έλληνες να αρχίσουν την αποικιακή τους έξοδο ήταν οικονομικά και πολιτικά.

Ένα από τα βασικότερα αίτια ήταν η ανεπάρκεια της καλλιεργήσιμης γης. Ο πληθυσμός των πόλεων είχε αυξηθεί, ενώ τα μεγαλύτερα και γονιμότερα τμήματα γης εξακολουθούσαν να βρίσκονται στα χέρια των ευγενών γαιοκτημόνων. Έτσι, μεγάλες ομάδες πληθυσμού έφευγαν για να αναζητήσουν ελεύθερη γόνιμη γη, χωράφια για καλλιέργεια.

Άλλο αίτιο ήταν πολιτικοί ανταγωνισμοί που ξέσπασαν στις ελληνικές πόλεις από τον 8ο ακόμη αιώνα π.Χ. Οι νικημένοι των πολιτικών αυτών αγώνων και εκείνοι που ήταν δυσαρεστημένοι από την πολιτική κατάσταση στην πατρίδα τους έφευγαν για να αναζητήσουν νέα πατρίδα, μακριά από τους πολιτικούς ανταγωνιστές τους.

Τέλος, η ανάπτυξη του εμπορίου και της βιοτεχνίας δημιούργησε με τη σειρά της πρόσθετους λόγους αποικισμού. Οι Έλληνες εμπορευόμενοι κυρίως αναζητούν νέες αγορές για τα προϊόντα της βιοτεχνίας και φροντίζουν να δημιουργούν εγκαταστάσεις σε περιοχές όπου υπάρχουν πρώτες ύλες, και ιδιαίτερα μέταλλα. Οι αποικίες που δημιουργούνται απ' αυτή την αιτία ήταν, στην αρχή τους τουλάχιστον, εμπορικοί σταθμοί.

Η οργάνωση του αποικισμού. Σχέσεις αποικίας–μητρόπολης.

Ο αποικισμός κρατική υπόθεση

Ανεξάρτητα από τα αίτια, η αποστολή αποικιών ήταν για την πόλη που τις έστελνε, τη ***μητρόπολη,*** ένας τρόπος να ανακουφιστεί από την αύξηση του πληθυσμού, που όσο πήγαινε γινόταν και περισσότερος. Ήταν ακόμη και ένας τρόπος για να αποκτήσει εμπορικές βάσεις και να βρει καινούριες αγορές για τα προϊόντα της. Γι' αυτό η μητρόπολη αναλάμβανε να οργανώσει η ίδια τις αποστολές των αποίκων και καθιέρωσε μια τελετουργική διαδικασία, που είχε σκοπό να διατηρήσει στενούς δεσμούς ανάμεσα στους αποίκους και στην πόλη που τους έστελνε.

Η εκλογή του τόπου

Σημαντικό ρόλο για την επιτυχία του αποικισμού έπαιζε η σωστή εκλογή του τόπου όπου θα ιδρυόταν η αποικία. Τα στοιχεία που καθόριζαν την εκλογή αυτού του τόπου ήταν να έχει εύφορη γη για καλλιέργεια και να επικοινωνεί εύκολα από τη θάλασσα με τη μητρόπολη. Γι' αυτό οι περισσότερες ελληνικές αποικίες ιδρύθηκαν σε περιοχές που είχαν πλούσια καλλιεργήσιμη γη και βρίσκονταν κοντά στη θάλασσα. Συνήθως, πριν να ιδρυθεί μια αποικία, ζητούσαν από κάποιο μαντείο να υποδείξει τον πιο κατάλληλο τόπο για αποικισμό. Τα μαντεία, έχοντας συγκεντρώσει πληροφορίες από προηγούμενες αποικίες και από ναυτικούς που ταξίδευαν, έκαναν, τις περισσότερες φορές, σωστές υποδείξεις.

Η τελετή της αναχώρησης

Η αναχώρηση των αποίκων έπαιρνε το χαρακτήρα επίσημης τελετής. Η μητρόπολη όριζε έναν αρχηγό της αποστολής, τον ***οικιστή,*** που ανήκε συνήθως σε κάποιο αριστοκρατικό γένος. Οι άποικοι έπαιρναν από το βωμό της μητρόπολης το ***ιερό πυρ,*** που συμβόλιζε το δεσμό της αποικίας με τη μητρόπολη. Μετά από τις τελετές, οι άποικοι έμπαιναν στα πλοία και έφευγαν για τη νέα τους πατρίδα.

Σχέσεις αποικίας – μητρόπολης

Η αποικία διατηρούσε στενούς δεσμούς με τη μητρόπολη. Οι άποικοι εξακολουθούσαν να έχουν τον ίδιο τρόπο ζωής και την ίδια, συνήθως, πολιτική και κοινωνική οργάνωση. Ακόμη, έστελναν πάντα αντιπρόσωπους στις μεγάλες θρησκευτικές γιορτές της μητρόπολης, γεγονός που ανανέωνε τους δεσμούς που υπήρχαν. Όταν μια από τις δύο πόλεις βρισκόταν σε κίνδυνο, η άλλη θεωρούσε υποχρέωσή της να βοηθήσει μ' όποιον τρόπο μπορούσε. Πολιτικά όμως η αποικία ήταν

Αποτυχία αποικίας που στην ίδρυσή της δεν τηρήθηκαν οι καθιερωμένες διαδικασίες

(Ο Δωριέας), επειδή δεν ανεχόταν να είναι βασιλιάς στη Σπάρτη ο Κλεομένης,* ζήτησε Σπαρτιάτες να τον ακολουθήσουν και ξεκίνησε για να ιδρύσει αποικία, χωρίς να ρωτήσει το μαντείο των Δελφών σε ποιο μέρος να πάει να τη χτίσει και χωρίς να κάνει τίποτε άλλο από τα καθιερωμένα. Έφυγε λοιπόν οργισμένος και, με οδηγούς από τη Θήρα, έπλευσε με τα καράβια στη Λιβύη. Και αφού έφτασε στην Κίνυπα, εγκαταστάθηκε σε μια πολύ καλή περιοχή της Λιβύης, κοντά σε ποτάμι. Όμως, τον τρίτο χρόνο διώχτηκε από τους Μάκες και τους Λίβιους και τους Καρχηδόνιους και αναγκάστηκε να επιστρέψει στην Πελοπόννησο.

(Ηρόδοτος, Ε,42. Μετάφραση)

* Ο Δωριέας και ο Κλεομένης ήταν παιδιά του βασιλιά της Σπάρτης Αναξανδρίδη, από διαφορετικές μητέρες. Πρώτος είχε γεννηθεί ο Κλεομένης

Μια μητρόπολη βοηθά την αποικία της που βρίσκεται σε κίνδυνο

Στο μεταξύ οι Κορίνθιοι, επειδή η Ποτίδαια** είχε αποστατήσει από την Αθηναϊκή συμμαχία και ο αθηναϊκός στόλος βρισκόταν στα μακεδονικά παράλια, φοβήθηκαν για την τύχη της πόλης. Κι επειδή θεώρησαν τον κίνδυνο της Ποτίδαιας δικό τους κίνδυνο, στέλνουν Κορίνθιους εθελοντές και άλλους Πελοποννήσιους μισθοφόρους, συνολικά χίλιους εξακόσιους οπλίτες και τετρακόσιους ελαφρά οπλισμένους.

(Θουκιδίδης, Α, 60. Μετάφραση)

** Η Ποτίδαια ήταν αποικία των Κορινθίων στη Χαλκιδική. Μετά την αποστασία της, υπήρχε κίνδυνος να θελήσουν να την επαναφέρουν στη συμμαχία οι Αθηναίοι με τη βία.

Ο β΄ ελληνικός αποικισμός

τελείως ανεξάρτητη, ένα ανεξάρτητο κράτος, που ακολουθούσε τη δική του πορεία.

Περιοχές του β΄ ελληνικού αποικισμού.

Οι γενικές κατευθύνσεις που ακολούθησε ο δεύτερος ελληνικός αποικισμός ήταν οι ακόλουθες:

α. Προς τα βόρεια και βορειοανατολικά: Χαλκιδική, παράλια της Θράκης, Ελλήσποντος, Προποντίδα, Βόσπορος και όλα τα παράλια του Εύξεινου Πόντου.

β. Προς τα δυτικά: Κέρκυρα, ιλλυρικές ακτές, Σικελία και Κάτω Ιταλία, παράλια της σημερινής Γαλλίας και τμήμα των παραλίων της σημερινής Ισπανίας.

γ. Προς τα νότια: Περιοχή της Κυρηναϊκής (σημερινή Λιβύη).

Δεν ιδρύθηκαν ελληνικές αποικίες στις ανατολικές ακτές της Μεσογείου, όπου κυριαρχούσαν, στα χρόνια του αποικισμού, οι Ασσύριοι, και στο δυτικό τμήμα των βορειοαφρικανικών παραλίων, όπου κυριαρχούσε η φοινικική αποικία Καρχηδόνα. Οι Καρχηδόνιοι είχαν κρατήσει ακόμη το νότιο τμήμα των παραλίων της Ισπανίας, τα νησιά Σαρδηνία και Κορσική καθώς και το ΒΔ τμήμα της Σικελίας.

Χαλκιδική – Θράκη

α. Προς το βορρά, στη Χαλκιδική, πρώτοι ίδρυσαν πολλές αποικίες οι Χαλκιδείς, που έδωσαν στη χερσόνησο και το όνομά της. Σημαντικότερη αποικία τους ήταν η Όλυνθος. Σε αξιόλογη πόλη εξελίχτηκε και η Ποτίδαια, αποικία της Κορίνθου. Τα κυριότερα προϊόντα της Χαλκιδικής ήταν η ξυλεία και τα μεταλλεύματα. Πιο ανατολικά, τα παράλια της Θράκης έδιναν τα ίδια προϊόντα και, επιπλέον, χρυσό από την περιοχή του Παγγαίου.

«Στενά»
Εύξεινος Πόντος

Οι Έλληνες είχαν αντιληφθεί από τότε πόσο μεγάλη σημασία είχαν τα «Στενά» (Ελλήσποντος, Προποντίδα, Βόσπορος) για την επικοινωνία με τον Εύξεινο Πόντο και δημιούργησαν αποικίες στις ακτές τους από τον 8ο ακόμη αιώνα. Προηγήθηκαν εδώ η Μίλητος και τα Μέγαρα*. Στη συνέχεια οι Μιλήσιοι αποίκισαν όλες σχεδόν τις ακτές του Εύξεινου Πόντου. Με τις αποικίες αυτές οι Μιλήσιοι μονοπώλησαν σχεδόν το εμπόριο της περιοχής. Έπαιρναν από τους λαούς του εσωτερικού δημητριακά, ξυλεία, δέρματα, δούλους και τους προμήθευαν λάδι, κρασί, και προϊόντα βιοτεχνίας (αγγεία, όπλα, κοσμήματα κ.ά.).

«Μεγάλη Ελλάδα»

β. Μεγάλη έκταση πήρε η ελληνική αποικιακή εξάπλωση και προς τα δυτικά. Ιδιαίτερα πυκνός ήταν ο αποικισμός της Νότιας (Κάτω) Ιταλίας και της Σικελίας. Ήταν τόσες οι ελληνικές αποικίες, ώστε η περιοχή ονομάστηκε «Μεγάλη Ελλάδα». Πολλές απ' αυτές έγιναν μεγάλες και πλούσιες πόλεις, όπως ο Τάρας, αποικία της Σπάρτης, ο Κρότωνας και η Σύβαρη, αποικίες των Αχαιών της Πελοποννήσου, η Κύμη, αποικία των Ευβοέων, και οι Συρακούσες, αποικία των Κορινθίων στη Σικελία. Ο πλούτος και η ανάπτυξη των αποικιών της Νότιας Ιταλίας και της Σικελίας στηρίχτηκε στην πλούσια γη και στο εμπόριο γεωργικών κυρίως προϊόντων.

Γαλλία–Ισπανία

Πιο δυτικά ακόμη οι Φωκαείς, από τη Φώκαια της Μ. Ασίας, ίδρυσαν στα παράλια της σημερινής Γαλλίας τη Μασσαλία, που με τη σειρά της ίδρυσε αποικίες στις ακτές της σημερινής Ισπανίας. Η Μασσαλία πλούτισε από το εμπόριο του κρασιού και του λαδιού.

Αίγυπτος – Κυρηναϊκή

γ. Στα νότια, στην Αίγυπτο, ιδρύθηκε στο δέλτα του Νείλου η εμπορική αποικία Ναύκρατη, σε έδαφος που παραχώρησε ο ίδιος ο φαραώ. Δυτικότερα, τέλος στην περιοχή της Κυρηναϊκής (σημερινή Λιβύη), άποικοι από τη δωρική Θήρα ίδρυσαν την Κυρήνη και άλλες πόλεις. Η

---

* Σημαντική αποικία των Μεγαρέων στην ευρωπαϊκή ακτή του Βοσπόρου ήταν το Βυζάντιο.

Η ίδρυση των πρώτων αποικιών στη Σικελία

Από τους Έλληνες πάλι πρώτοι οι Χαλκιδείς της Εύβοιας αρμένισαν, με αρχηγό της αποικίας το Θουκλή, και ίδρυσαν τη Νάξο (της Σικελίας) κι έχτισαν βωμό στον Απόλλωνα Αρχηγέτη· ο βωμός αυτός είναι τώρα έξω από την πολιτεία και, όταν ξεκινούν από τη Σικελία αντιπρόσωποι στις θρησκευτικές τελετές της Ελλάδας, θυσιάζουν πρώτα σ' αυτόν. Τις Συρακούσες τις ίδρυσε τον άλλο χρόνο ο Αρχίας από την Κόρινθο, ένας από τους απογόνους του Ηρακλή, αφού πρώτα έδιωξε τους Σικελούς από το νησί* που πάνω του είναι χτισμένη η μέσα πολιτεία και που δεν περιβρέχεται πια από τη θάλασσα · ύστερα από καιρό χτίστηκε τείχος που περίκλεισε και την έξω πολιτεία κι έγινε πολυάνθρωπη. Πέντε χρόνια μετά το χτίσιμο των Συρακουσών ο Θουκλής και οι Χαλκιδείς ξεκινώντας από τη Νάξο, αφού έδιωξαν τους Σικελούς με πόλεμο, ίδρυσαν τους Λεοντίνους και ύστερα απ' αυτό την Κατάνη.

(*Θουκυδίδης, ΣΤ, 3.* Μετάφραση Έλ. Λαμπρίδη)

* Πρόκειται για το νησί Ορτυγία

Κυρήνη πλούτισε από το εμπόριο των γεωργικών προϊόντων. Ένα ειδικό προϊόν της περιοχής ήταν το αρωματικό φυτό σίλφιο.

Αποτελέσματα του αποικισμού

Η «ανακούφιση» των μητροπόλεων

Ένα από τα άμεσα αποτελέσματα του δεύτερου αποικισμού ήταν η ανακούφιση των πόλεων της κυρίως Ελλάδας από τα κοινωνικά και πολιτικά προβλήματα που είχαν αρχίσει να γίνονται πιεστικά προς το τέλος των γεωμετρικών χρόνων.
Οι πολίτες που βρίσκονταν σε δύσκολη οικονομική κατάσταση και αποτελούσαν κοινωνικό πρόβλημα, καθώς και οι δυσαρεστημένοι από την πολιτική κατάσταση, που αποτελούσαν πολιτικό πρόβλημα, έφευγαν για τις αποικίες, όπως είδαμε, και οι πόλεις απαλλάχτηκαν για ένα διάστημα από πιθανές ταραχές.

Αποτελέσματα στην οικονομία – κοινωνία

Ιδιαίτερα σημαντικά ήταν τα αποτελέσματα του αποικισμού στον τομέα της οικονομίας. Η ανταλλαγή προϊόντων ανάμεσα στις ελληνικές πόλεις ή μεταξύ των ελληνικών πόλεων και των άλλων λαών, που ζούσαν στο χώρο των αποικιών, σ' όλη την έκταση της Μεσογείου και του Εύξεινου Πόντου, έφερε τη μεγάλη ***ανάπτυξη του εμπορίου.*** Γεωργικά προϊόντα από τις αποικίες ανταλλάσσονταν με βιοτεχνικά

Σχετική με το εμπόριο της αρχαϊκής εποχής είναι και η διακόσμηση αυτού του αττικού αγγείου, που βρίσκεται στο Μητροπολιτικό Μουσείο της Νέας Υόρκης και χρονολογείται στο τρίτο τέταρτο του 6ου αιώνα π.Χ. Εικονίζονται τρία άτομα που ζυγίζουν διάφορα εμπορεύματα.

Προς το τέλος του 7ου αιώνα π.Χ. εμφανίζονται τα πρώτα ελληνικά νομίσματα, που διευκόλυναν περισσότερο την ανάπτυξη του εμπορίου. Εδώ εικονίζονται τρία από τα παλιότερα ελληνικά νομίσματα που μας έχουν σωθεί. Το μεσαίο, που έχει έμβλημά του μια χελώνα, έχει κοπεί στην Αίγινα.

προϊόντα από τη μητροπολιτική Ελλάδα ή και από άλλες αποικίες. Με τη σειρά τους οι ανταλλαγές αυτές είχαν σαν συνέπεια τη μεγάλη ***ανάπτυξη της βιοτεχνίας*** και την όλο και μεγαλύτερη ***χρησιμοποίηση δούλων*** στα βιοτεχνικά εργαστήρια.

Για την εξυπηρέτηση του ναυτικού εμπορίου κατασκευάστηκαν τελειότεροι τύποι εμπορικών πλοίων, με κατάστρωμα και μεγάλο αμπάρι. Άρχισαν, τέλος, να κόβονται τα πρώτα ***νομίσματα*** και να καθιερώνονται κοινά μέτρα για τον υπολογισμό της ποσότητας και του βάρους των εμπορευμάτων.

Επακολούθημα της ανάπτυξης της βιοτεχνίας και του εμπορίου ήταν να δημιουργηθεί μέσα στις ελληνικές πόλεις μια νέα, οικονομικά ισχυρή τάξη πολιτών (έμποροι, βιοτέχνες, πλοιοκτήτες), που γρήγορα άρχισε να διεκδικεί πολιτικά δικαιώματα από τους ευγενείς και έπαιξε πρωταρχικό ρόλο στις πολιτικές μεταβολές που ακολούθησαν.

Αποτελέσματα στον πολιτιστικό τομέα

Αξιόλογα ήταν τα αποτελέσματα της αποικιακής εξάπλωσης στον πολιτιστικό τομέα. Οι Έλληνες ήρθαν σε κατευθείαν επαφή με άλλους λαούς και τους μετέδωσαν το δικό τους τρόπο ζωής, τη σκέψη και τα πολιτιστικά τους επιτεύγματα. Το ελληνικό αλφάβητο π.χ. μεταδόθηκε από την αποικία Κύμη στους λαούς της Ιταλίας. Αντίστροφα και οι Έλληνες δέχτηκαν ορισμένες επιδράσεις από τους λαούς που γνώρισαν με τον αποικισμό.

Τέλος, τα μακρινά θαλασσινά ταξίδια και η αντιμετώπιση κάθε λογής κινδύνων έπλασαν το χαρακτήρα των Ελλήνων τολμηρό και ανεξάρτητο και τους διαπότισαν με μια βαθιά αγάπη για την ελευθερία.

β. ΠΟΛΙΤΙΚΕΣ ΕΞΕΛΙΞΕΙΣ

Η «πόλη – κράτος»

Μέσα στον 8ο κιόλας αιώνα π.Χ. ολοκληρώνεται μια σημαντική μεταβολή στη μορφή και τη συγκρότηση των αρχαίων ελληνικών κρατών. Αντί για τα παλιότερα φυλετικά κράτη, σχηματίζονται τώρα οι «πόλεις - κράτη». Αυτή τη μορφή, που εμφανίζεται αρχικά στις ελληνικές πόλεις της Μικρασίας, θα διατηρήσουν τα ελληνικά κράτη, με λίγες εξαιρέσεις, ως το τέλος της αρχαιότητας.

Την πόλη-κράτος αποτελούσε μια πόλη, που έδινε και το όνομά της σ' ολόκληρο το κράτος, και μια περιορισμένη σε έκταση αγροτική περιοχή. Μέσα στα όρια αυτής της περιοχής μπορούσαν να υπάρχουν και άλλοι οικισμοί (χωριά). Όλοι οι κάτοικοι της πόλης και της καθορισμένης αυτής περιοχής αποτελούσαν τον πληθυσμό του κράτους.

Η πόλη ήταν το πολιτικό και διοικητικό κέντρο του κράτους. Πυρήνας της ήταν η ακρόπολη, που βρισκόταν στο πιο υψηλό σημείο και είχε χωριστή οχύρωση. Γύρω απ' αυτή βρίσκονταν η αγορά, οι ναοί, οι χώροι όπου γίνονταν οι συνελεύσεις των πολιτών και τα σπίτια. Ολόκληρη η πόλη περιβαλλόταν με τείχος και μέσα σ' αυτό κατέφευγε ο πληθυσμός της υπαίθρου, όταν κάποιος εχθρός απειλούσε το κράτος. Μέσα στην πόλη είχαν την έδρα τους οι άρχοντες που διοικούσαν το κράτος και σ' αυτή γίνονταν, στα δημοκρατικά πολιτεύματα, οι συνελεύσεις των πολιτών και παίρνονταν οι αποφάσεις που αφορούσαν ολόκληρο το κράτος.

Κάθε πόλη-κράτος επιδίωκε να είναι ***ελεύθερη,*** δηλαδή να είναι ανεξάρτητη από άλλα κράτη, να είναι ***αυτόνομη,*** δηλαδή να την κυβερνούν οι ίδιοι οι πολίτες της, και να έχει ***αυτάρκεια,*** δηλαδή να μπορεί να τρέφει τους πολίτες της και να ικανοποιεί τις ανάγκες τους σε υλικά αγαθά.

Από τη μεριά τους οι πολίτες έπαιρναν μέρος στη διακυβέρνηση άμεσα, ιδιαίτερα όπου τα πολιτεύματα ήταν δημοκρατικά, και ήταν υποχρεωμένοι να υπερασπίζονται το κράτος από εξωτερικούς κινδύνους. Αυτή η πολιτική οργάνωση, το ότι δηλαδή οι πολίτες έπαιρναν άμεσα μέρος στη διοίκηση και συγκεντρώνονταν όλοι μαζί για να πάρουν αποφάσεις, είναι ένας από τους λόγους που οι αρχαίοι Έλληνες δεν κατόρθωσαν να ενωθούν πολιτικά και να δημιουργήσουν ένα ενιαίο κράτος. Γιατί η άμεση συμμετοχή των πολιτών στη διοίκηση είναι δυνατή μόνο σε κράτη που έχουν πολύ μικρή έκταση.

Η εξέλιξη των πολιτευμάτων στην αρχαία Ελλάδα

Από τον 8ο αιώνα π.Χ. και κατά τη διάρκεια των αρχαϊκών χρόνων τα πολιτεύματα των περισσότερων ελληνικών κρατών μεταβλήθηκαν. Οι μεταβολές δεν έγιναν παντού με όμοιο τρόπο ούτε με την ίδια σειρά. Η γενική όμως εξέλιξη των πολιτευμάτων ήταν η ακόλουθη:

Η βασιλεία

Το αρχαιότερο πολίτευμα ήταν η ***βασιλεία.*** Ο βασιλιάς ήταν ο ανώτατος άρχοντας και το αξίωμά του ήταν κληρονομικό. Όπως είδαμε, γύρω από το βασιλιά υπήρχε και ένα συμβούλιο, που βοηθούσε στη διακυβέρνηση του κράτους. Αυτό το συμβούλιο το συγκροτούσαν οι πλούσιοι γαιοκτήμονες, οι ευγενείς, που είναι γνωστοί από τα έπη με την ονομασία «άριστοι».

Τον 8ο αιώνα όμως, προς το τέλος των γεωμετρικών χρόνων, η δύναμη του βασιλιά μειώνεται όλο και περισσότερο, ενώ παράλληλα μεγαλώνει η δύναμη των ευγενών. Σ' αυτό συντελεί ο σχηματισμός των πόλεων-κρατών, οι μεταβολές στον τρόπο ζωής, οι οικονομικές και κοινωνικές αλλαγές κι ακόμη η αυθαιρεσία των βασιλιάδων ή η ανικανότητα πολλών απ' αυτούς. Έτσι η βασιλεία καταργείται στα περισσότερα ελληνικά κράτη και, όταν αρχίζει ο δεύτερος αποικισμός, το πολίτευμα αυτό δεν υπάρχει πια παρά μόνο σε ορισμένες περιοχές (π.χ. Μακεδονία, Ήπειρος). Στα άλλα κράτη την εξουσία πήραν ολοκληρωτικά στα χέρια τους οι ευγενείς (άριστοι) και το νέο πολίτευμα ονομάστηκε αριστοκρατία.

Η κατάργηση της βασιλείας έγινε στα περισσότερα κράτη με ειρηνικό τρόπο. Το ίδιο το αξίωμα του βασιλιά δεν καταργήθηκε αλλά έπαψε να είναι το πρώτο σε εξουσία και ο βασιλιάς έγινε ένας από τους άρχοντες. Η μεταβολή από το πολίτευμα της βασιλείας στο πολίτευμα της αριστοκρατίας έγινε πρώτα στις ελληνικές πόλεις-κράτη της Μ. Ασίας.

Η αριστοκρατία

Στο πολίτευμα της ***αριστοκρατίας*** η κρατική εξουσία πέρασε στα χέρια μιας ομάδας ευγενών. Η τάξη τους ήταν «κλειστή», γιατί τα μεγάλα κτήματά τους κληρονομούσαν τα μέλη των οικογενειών τους. Έτσι δεν υπήρχε δυνατότητα να πάρουν μέρος στη διοίκηση του κράτους άλλες τάξεις πολιτών. Οι ευγενείς στήριζαν τη δύναμή τους στον πλούτο που τους έδινε η μεγάλη ιδιοκτησία γης και κυβερνούσαν με τρόπο που εξυπηρετούσε τα δικά τους συμφέροντα. Γι' αυτό οι άλλοι

Μια κριτική της μοναρχίας·
μιλάει ο Πέρσης αξιωματούχος Οτάνης

Πώς μπορεί, αλήθεια, η μοναρχία να είναι σωστό πολίτευμα, όταν σ' αυτό ένας άνθρωπος έχει τη δυνατότητα να κάνει ό,τι θέλει, χωρίς να δίνει λόγο σε κανένα; Και ο πιο έντιμος άνθρωπος, αν αποκτήσει μοναρχική εξουσία, ξεφεύγει από τη συνηθισμένη του αρετή · γιατί, από τη μεγάλη δύναμη που έχει, γίνεται αλαζόνας, ενώ ταυτόχρονα έχει και το φθόνο, που είναι έμφυτος στον καθένα. Έχοντας λοιπόν αυτά τα δύο έχει κάθε κακία. Και κάνει πολλά αδικήματα παρακινημένος είτε από την υπερβολική του αλαζονεία είτε από το φθόνο.

(Ηρόδοτος, Γ, 80. Μετάφραση)

Η ανάπτυξη του θαλάσσιου εμπορίου κατά την αρχαϊκή εποχή είχε ως αποτέλεσμα να ναυπηγηθούν μεγαλύτερα και ασφαλέστερα σκάφη. Ένα ιστιοφόρο εμπορικό πλοίο διακοσμεί το αττικό αυτό αγγείο της αρχαϊκής εποχής, που βρίσκεται στο Βρετανικό Μουσείο του Λονδίνου.

πολίτες αντιπαθούσαν το αριστοκρατικό καθεστώς και άρχισαν να αντιδρούν.

Η αντίδραση εναντίον του αριστοκρατικού πολιτεύματος και της αυθαιρεσίας των ευγενών έγινε ακόμη πιο έντονη με την ανάπτυξη του εμπορίου και της βιοτεχνίας. Η ανάπτυξη αυτή είχε σαν συνέπεια, όπως είδαμε, να πλουτίσουν και άλλες ομάδες πολιτών, που δεν ανήκαν στην τάξη των ευγενών. Αυτοί ήταν κυρίως οι έμποροι, οι πλοιοκτήτες και οι βιοτέχνες, δηλαδή η αστική τάξη. Οι νέοι πλούσιοι ζητούσαν να πάρουν κι αυτοί μέρος στη διοίκηση του κράτους και τα συμφέροντά τους έρχονταν σε σύγκρουση με τα συμφέροντα των ευγενών.

Η ολιγαρχία

Τελικά οι ευγενείς αναγκάστηκαν να μοιραστούν την εξουσία με τη νέα αστική τάξη των πλούσιων. Έτσι στη διακυβέρνηση του κράτους έπαιρναν τώρα μέρος και πολίτες που δεν κατάγονταν από αριστοκρατικά γένη και που ο πλούτος τους δεν προερχόταν από την ιδιοκτησία της γης. Η μορφή του πολιτεύματος που δημιουργήθηκε απ' αυτή τη συμμετοχή των πλουσίων αστών ονομάστηκε ***ολιγαρχία,*** γιατί το κράτος κυβερνούσαν πάλι οι λίγοι. Η αλλαγή όμως έχει ιδιαίτερη σημασία, γιατί τώρα πια η εξουσία δεν ήταν προνόμιο μιας ορισμένης κατηγορίας πολιτών, δηλαδή των ευγενών, αλλά όσοι είχαν υψηλό εισόδημα είχαν και περισσότερα πολιτικά δικαιώματα και μπορούσαν να παίρνουν μέρος στη διακυβέρνηση του κράτους. Αυτό ήταν μια βασική διαφορά ανάμεσα στην αριστοκρατία και στην ολιγαρχία.

Με τις νέες οικονομικές και πολιτικές συνθήκες ζωής που διαμορφώθηκαν οι πολίτες κατατάχθηκαν σε κατηγορίες ανάλογα με τα εισοδήματά τους, απ' όπου κι αν προέρχονταν αυτά. Όσοι είχαν υψηλά εισοδήματα, αυτοί μπορούσαν να παίρνουν μέρος και στην εξουσία, είχαν δηλαδή περισσότερα πολιτικά προνόμια. Αυτό το σύστημα κατάταξης των πολιτών σε κατηγορίες ανάλογα με το εισόδημά τους ονομάστηκε «τιμοκρατικό σύστημα» ή «τιμοκρατία».

Η τυραννίδα

Οι ταραχές μέσα στις πόλεις δε σταμάτησαν. Οι αντιθέσεις ανάμεσα στους πλούσιους και τις φτωχότερες τάξεις δεν έπαψαν να υπάρχουν. Αντίθετα μεγάλωναν και πολλές φορές εξελίχτηκαν σε ανοιχτές συγκρούσεις. Σε μερικές πόλεις φιλόδοξοι και δυναμικοί πολίτες, που συνήθως προέρχονταν από την τάξη των ευγενών, επωφελήθηκαν από την αναταραχή, κατόρθωσαν να πάρουν με το μέρος τους το «δήμο» και κατέλαβαν με τη βία την εξουσία, καταργώντας όλες τις άλλες αρχές. Έγιναν δηλαδή ***τύραννοι*** και το καθεστώς που επέβαλαν ονομάστηκε ***τυραννίδα.*** Οι τύραννοι κυβέρνησαν τις πόλεις-κράτη σαν από-

---

Μια ιστορία για τη συμπεριφορά των τυράννων: Κύψελος και Περίανδρος, τύραννοι της Κορίνθου

Όταν έγινε τύραννος ο Κύψελος, πολλούς Κορίνθιους εξόρισε, από πολλούς πήρε την περιουσία και πολύ περισσότερους σκότωσε. Αφού κυβέρνησε τριάντα χρόνια πέθανε και τον διαδέχτηκε στο αξίωμα του τυράννου ο γιος του Περίανδρος.

Ο Περίανδρος λοιπόν ήταν στην αρχή πιο ήπιος από τον πατέρα του. Από τότε όμως που επικοινώνησε με το Θρασύβουλο, τον τύραννο της Μιλήτου, έγινε ακόμη πιο αιμοχαρής κι από τον πατέρα του.

Συγκεκριμένα, ο Περίανδρος έστειλε ένα δικό του άνθρωπο στο Θρασύβουλο, για να τον ρωτήσει με ποιο τρόπο έπρεπε να οργανώσει την εξουσία του, ώστε να μπορεί να ελέγχει καλύτερα την Κόρινθο. Ο Θρασύβουλος πήρε τον απεσταλμένο του Περίανδρου και τον οδήγησε έξω από την πόλη. Κι αφού έφτασε σε σπαρμένη γη προχωρούσε μέσα από το σιτάρι, που ήταν έτοιμο για θερισμό, και ρωτούσε και ξαναρωτούσε τον απεσταλμένο για ποιο σκοπό είχε έρθει από την Κόρινθο. Ταυτόχρονα, όποιο στάχυ έβλεπε να ξεπερνάει στο ύψος τα άλλα, το έκοβε και το πετούσε, ώσπου κατέστρεψε έτσι τα πιο γερά και τα πιο ψηλά στάχια. Πέρασε λοιπόν απ' όλο το σπαρμένο μέρος κι έδιωξε ύστερα τον απεσταλμένο, χωρίς να του πει τίποτα.

Όταν γύρισε ο απεσταλμένος στην Κόρινθο, ο Περίανδρος τον ρώτησε ανυπόμονα να μάθει ποια ήταν η συμβουλή. Εκείνος όμως απάντησε ότι ο Θρασύβουλος δεν του είχε πει τίποτα κ απορούσε γιατί ο Περίανδρος τον είχε στείλει σ' έναν παράλογο, που κατέστρεφε την ίδια του την περιουσία· και διηγήθηκε στον Περίανδρο όλα όσα είχαν γίνει με το Θρασύβουλο. Ο Περίανδρος όμως κατάλαβε τι είχε γίνει και αποφάσισε, όπως έμμεσα τον είχε συμβουλέψει ο Θρασύβουλος, να εξοντώσει τους πιο ικανούς πολίτες. Γι' αυτό έγινε πολύ σκληρός και, όσα δεν έκανε ο Κύψελος από εξορίες και φόνους τα έκανε ο Περίανδρος.

(Ηρόδοτος, Ε, 92, ε–ζ. Μετάφραση)

λυτοι μονάρχες. Παρά το ότι ορισμένοι απ' αυτούς έκαναν πολλά έργα, οι τύραννοι γενικά έγιναν μισητοί στους πολίτες γιατί η εξουσία τους στηριζόταν στη βία.

Η δημοκρατία

Έτσι, μετά το θάνατο των τυράννων, ή των παιδιών τους που είχαν γίνει και αυτά τύραννοι, οι πόλεις είτε ξαναγύρισαν στα παλιά ολιγαρχικά πολιτεύματα είτε προχώρησαν στο πολίτευμα της ***δημοκρατίας.*** Στο τελευταίο αυτό πολίτευμα οι πολίτες είχαν ίσα δικαιώματα και συμμετείχαν σχεδόν όλοι στα διάφορα αξιώματα της πολιτείας. Η γενική συνέλευση όλων των ελεύθερων πολιτών, η «εκκλησία του δήμου», είχε την ανώτατη εξουσία στην πόλη-κράτος.

γ. Η ΙΩΝΙΑ ΚΑΙ Η ΗΠΕΙΡΩΤΙΚΗ ΕΛΛΑΔΑ ΣΤΑ ΑΡΧΑΪΚΑ ΧΡΟΝΙΑ

Με το δεύτερο αποικισμό ο ελληνισμός επεκτάθηκε σ' ένα μεγάλο μέρος των ακτών της Μεσογείου και στον Εύξεινο Πόντο. Σ' όλη αυτή την έκταση οι ελληνικές πόλεις-κράτη αναπτύχθηκαν και εξελίχτηκαν σε ακμαίες οικονομικές και πολιτιστικές μονάδες. ***Το κέντρο όμως του ελληνικού κόσμου ήταν, και εξακολούθησε να είναι σ' ολόκληρη σχεδόν την αρχαιότητα, ο χώρος που απλώνεται γύρω στο Αιγαίο και περιλαμβάνει τις μικρασιατικές ακτές (Ιωνία), τα νησιά του Αιγαίου και την ηπειρωτική Ελλάδα.***

α. Η Ιωνία: Η μικρασιατική παραλία του Αιγαίου, γνωστή από την αρχαιότητα με τη γενική ονομασία Ιωνία, ήταν η περιοχή του ελληνικού κόσμου που πρώτη αναπτύχθηκε οικονομικά και πολιτιστικά. Οι ελληνικές πόλεις που ιδρύθηκαν εδώ με τον πρώτο αποικισμό βρίσκονταν σε σημεία όπου το Αιγαίο συναντάει την Ανατολή και από όπου οι θαλάσσιοι δρόμοι συνεχίζονται από τη στεριά ως το εσωτερικό της Ασίας. Αυτή η καίρια για τις ανταλλαγές θέση, καθώς και η εύφορη γη τους ήταν οι βασικοί λόγοι που ευνόησαν την ανάπτυξη των μικρασιατικών πόλεων.

Παράλληλα με την οικονομική τους ακμή, οι ελληνικές πόλεις της Ιωνίας ανέπτυξαν από πολύ νωρίς ιδιαίτερα αξιόλογο πολιτισμό. Εδώ δημιουργήθηκαν σημαντικά ελληνικά έργα της τέχνης και του λόγου και εδώ έζησαν πολλοί σοφοί άνδρες.

Ανάμεσα στις πολλές και σπουδαίες πόλεις της Μικρασίας και των νησιών, που βρίσκονται κοντά στις μικρασιατικές ακτές και εντάσσονται κι αυτά στην Ιωνία, ξεχώρισαν η Μίλητος, η Έφεσος, η Σμύρνη, η Χίος, η Σάμος και η Φώκαια. Όπως αναφέραμε ήδη, η Μίλητος είχε ιδρύσει αποικίες σ' ολόκληρο σχεδόν τον Εύξεινο Πόντο, ενώ αποικία

Η αρχαϊκή Ελλάδα

της Φώκαιας ήταν η Μασσαλία, στις μεσογειακές ακτές της σημερινής Γαλλίας.

β. Η ηπειρωτική Ελλάδα: Στην ηπειρωτική Ελλάδα διαμορφώθηκαν, μέσα στα αρχαϊκά χρόνια, δύο ισχυρές πόλεις-κράτη, που θα διαδραμάτιζαν πρωταγωνιστικό ρόλο στις κατοπινές ιστορικές εξελίξεις· η Σπάρτη και η Αθήνα. Γι' αυτές θα μιλήσουμε σε ξεχωριστά κεφάλαια. Εκτός, λοιπόν, από τις δύο αυτές πόλεις, η εικόνα που παρουσίαζε ο ηπειρωτικός ελληνικός χώρος ήταν σε γενικές γραμμές η ακόλουθη:

Στην **Πελοπόννησο**, εκτός από τη Σπάρτη, ιδιαίτερη ανάπτυξη είχαν αυτή την εποχή το Άργος, η Σικυώνα και, κυρίως, η Κόρινθος.

Το ***Αργος*** έφτασε σε μεγάλη ακμή τον 7ο αιώνα π.Χ., όταν το κυβερνούσε ο τύραννος Φείδων, που είχε κατορθώσει να απλώσει την κυριαρχία του σε μεγάλο μέρος της Πελοποννήσου. Αργότερα όμως η πόλη εξαντλήθηκε από τους συνεχείς πολέμους με τη Σπάρτη και έπεσε σε παρακμή. Η ***Σικυώνα,*** στην παραλία του Κορινθιακού κόλπου, έφτασε στη μεγαλύτερη ακμή της στο πρώτο μισό του 6ου αιώνα π.Χ.

Η ***Κόρινθος*** άρχισε να αναπτύσσεται από τον 7ο αιώνα π.Χ. και η μεγάλη ακμή της, που σημειώθηκε στα αμέσως επόμενα χρόνια, οφείλεται κυρίως στο εμπόριο. Η επίκαιρη θέση που είχε της έδινε τη δυνατότητα να ελέγχει το πέρασμα από τη Στερεά Ελλάδα στην Πελοπόννησο και αντίστροφα και διέθετε δύο λιμάνια· το Λέχαιο στον Κορινθιακό κόλπο, για την επικοινωνία με τη Δύση, και τις Κεγχρεές στο Σαρωνικό, για την επικοινωνία με την Ανατολή. Η διώρυγα που υπάρχει σήμερα κατασκευάστηκε στα νεότερα χρόνια. Τότε τα πλοία περνούσαν τον ισθμό από το «δίολκο», έναν ειδικά κατασκευασμένο δρόμο.

Οι ανασκαφές στην περιοχή του Ισθμού της Κορίνθου αποκάλυψαν ένα σημαντικό τμήμα του «διόλκου», που επέτρεπε τη σύντομη μεταφορά των πλοίων από το Σαρωνικό στον Κορινθιακό κόλπο.

Στα τέλη του 7ου και στις αρχές του 6ου αιώνα π.Χ. η Κόρινθος ήταν μια από τις πιο πλούσιες ελληνικές πόλεις και το εμπόριό της γνώριζε μεγάλη άνθηση. Είχε δημιουργήσει αξιόλογο ναυτικό και ίδρυσε πολλές αποικίες στην Κέρκυρα και τις ακτές του Ιονίου πελάγους και στη Δύση (Συρακούσες). Από τα μέσα όμως του 6ου αιώνα το κορινθιακό εμπόριο άρχισε να υποσκελίζεται από το εμπόριο άλλων πόλεων, όπως της Αθήνας. Ωστόσο η Κόρινθος εξακολούθησε να είναι πλούσια και ισχυρή πόλη και το ναυτικό της ήταν το δεύτερο σε δύναμη στην Ελλάδα, μετά το αθηναϊκό.

Βορειότερα, στη Στερεά Ελλάδα, η ***Βοιωτία*** ήταν μια περιοχή με οικονομία αποκλειστικά σχεδόν γεωργική. Οι πόλεις-κράτη της είχαν συγκροτήσει μια μορφή ομοσπονδίας, το «κοινό των Βοιωτών», που το διοικούσαν αντιπρόσωποι απ' όλες τις πόλεις, οι «βοιωτάρχες». Πολύ γρήγορα όμως η Θήβα, που ήταν η ισχυρότερη πόλη της Βοιωτίας, απέκτησε ηγετική θέση στο κοινό των Βοιωτών.

Στην Εύβοια ξεχώρισαν δύο κυρίως πόλεις· η ***Χαλκίδα*** και η ***Ερέτρια.*** Απόδειξη της ακμής τους είναι και η μεγάλη αποικιστική δραστηριότητα που ανέπτυξαν, ιδιαίτερα στις αρχές του δεύτερου αποικισμού. Τον 7ο αιώνα π.Χ. άρχισαν μακροχρόνιες συγκρούσεις μεταξύ τους, που είναι γνωστές με την ονομασία «ληλάντιος πόλεμος»* και στις οποίες πήραν μέρος και άλλοι Έλληνες. Ο πόλεμος αυτός εξάντλησε τις δύο πόλεις, που έχασαν έτσι την παλιά τους δύναμη.

Στη ***Θεσσαλία*** είχαν σχηματιστεί τέσσερα κράτη, που διατήρησαν την παλιότερη μορφή του φυλετικού κράτους και, προς το τέλος του 7ου αιώνα π.Χ. συνδέθηκαν μ' ένα είδος μόνιμης συμμαχίας. Σε περί-

* **Ληλάντιος πόλεμος:** ονομάστηκε έτσι από το «Ληλάντιον πεδίον», μια εύφορη πεδιάδα ανάμεσα στη Χαλκίδα και την Ερέτρια, που διεκδικούσαν οι δύο αυτές πόλεις.

Μια μαρτυρία για τη δύναμη και τον πλούτο της Κορίνθου

Λέγεται ότι πρώτοι οι Κορίνθιοι χρησιμοποίησαν σχεδόν το σημερινό τρόπο κατασκευής των καραβιών κι οργάνωσης του ναυτικού κι ότι στην Κόρινθο, για πρώτη φορά στην Ελλάδα, ναυπηγήθηκαν τριήρεις...

Με την πόλη τους χτισμένη στον Ισθμό οι Κορίνθιοι την είχαν πάντα ένα εμπορικό κέντρο, γιατί οι Έλληνες, τα παλιά τα χρόνια, επικοινωνούσαν περισσότερο από στεριά παρά από θάλασσα και τόσο αυτοί που έμεναν στην Πελοπόννησο όσο και εκείνοι που κατοικούσαν έξω απ' αυτή ήταν υποχρεωμένοι να έρχονται σε επικοινωνία μεταξύ τους διαμέσου της χώρας των Κορινθίων. Έτσι οι Κορίνθιοι έγιναν πολύ πλούσιοι, όπως το αποδείχνουν κι οι παλιοί ποιητές που επονόμασαν την πόλη πλούσια («αφνειόν»). Όταν οι Έλληνες ανάπτυξαν πιο πολύ τις θαλασσινές συγκοινωνίες, οι Κορίνθιοι, επειδή είχαν στόλο, ξεπάστρεψαν τους πειρατές κι η πόλη τους, κέντρο εμπορίου από στεριά και από θάλασσα, έγινε πολύ δυνατή με τα πλούσια έσοδά της.

(*Θουκυδίδης, Α, 13, 2* και *5*. Μετάφραση Α. Γεωργοπαπαδάκου)

πτωση πολέμου εκλεγόταν ένας γενικός αρχηγός, ο «ταγός», που μπορούσε να διατηρήσει αυτό το αξίωμα και σε καιρό ειρήνης, αν είχε τις ικανότητες.

Η οικονομία της Θεσσαλίας, χώρας πεδινής, στηριζόταν βασικά στην καλλιέργεια της γης και στην κτηνοτροφία. Φημισμένο ήταν στην αρχαιότητα το θεσσαλικό ιππικό.

Ο πυρήνας του κράτους της ***Μακεδονίας,*** που ήταν το βορειότερο ελληνικό κράτος, σχηματίστηκε από τις αρχές του 7ου αιώνα π.Χ. στην περιοχή της Ορεστίδας, στη Δυτική Μακεδονία. Από κει απλώθηκε ανατολικά ως την Πιερία και το Στρυμόνα. Το πολίτευμά του ήταν η βασιλεία.

Τα κυριότερα σημεία των μακεδονικών παραλίων είχαν καταληφθεί από τις αποικίες των νοτιότερων Ελλήνων. Έτσι το εμπόριο του μακεδονικού κράτους δεν αναπτύχθηκε ιδιαίτερα και η οικονομία του παρέμεινε για μεγάλο διάστημα γεωργική. Επειδή, όπως είπαμε, η Μακεδονία ήταν το βορειότερο ελληνικό κράτος, στάθηκε προκάλυμμα ασφάλειας για τα κράτη της υπόλοιπης Ελλάδας, γιατί αντιμετώπιζε και σταματούσε τις επιδρομές άλλων λαών από τα βόρεια και τα βορειοδυτικά, όπως των Ιλλυριών και των Παιόνων.

Η Ἤπειρος: Τα ελληνικὰ φύλα που εγκαταστάθηκαν στην περιοχή της Ηπείρου ἡταν οι Αμφιλόχιοι, Κασωπαίοι, Θεσπρωτοί, Αθαμάνες, Μολοσσοί κ.ά.

Οι Μολοσσοί ἡταν οι ισχυρότεροι και γρήγορα επέβαλαν την κυριαρχία τους και στους ἀλλους. Οι μέχρι τότε κάτοικοι της περιοχής, την ελληνικότητα των οποίων μαρτυρούν το ιερό μαντείο της Δωδώνης και η λατρεία του Δία, φαίνεται ὀτι αναγκάστηκαν να μετακινηθούν.

Η ελληνικότητα των Μολοσσών, εξάλλου, πιστοποιείται από α. τη δωρική διάλεκτο που χρησιμοποιούσαν β. τα ελληνικὰ τοπωνύμιά τους γ. τα ελληνικὰ ονόματα των θεών τους δ. το γεγονός ὀτι: ὀταν ο τύρρανος Κλεισθένης κάλεσε στη Σικυώνα όσους Ἕλληνες ἡθελαν, προκειμένου να εκλέξει σύζυγο για την κόρη του, μεταξύ των ἀλλων πήγε και ο Μολοσσός Ἄλκων και ε. τον ισχυρισμό τους ότι οι βασιλιάδες τους ήταν απόγονοι του Αχιλλέα.

— Οι Κορίνθιοι κατὰ το β΄ ελληνικό αποικισμό, αφού αποίκισαν την Κέρκυρα, προχώρησαν στην περιοχή της Ηπείρου κα ίδρυσαν την Αμβρακία, την Απολλωνία και την Επίδαμνο (σημερινό Δυρράχιο).

δ. ΤΟ ΚΡΑΤΟΣ ΤΗΣ ΣΠΑΡΤΗΣ

Η χώρα. Άφιξη και εξάπλωση των Δωριέων.

Όταν έγινε η «κάθοδος των Δωριέων», μια ομάδα απ' αυτούς που είχαν εισβάλει στην Πελοπόννησο εγκαταστάθηκε στη Λακωνική και ίδρυσε το δωρικό κράτος της Σπάρτης.

Το κέντρο της περιοχής όπου εγκαταστάθηκαν οι ιδρυτές του σπαρτιατικού κράτους είναι η εύφορη αλλά περιορισμένη σε έκταση κοιλάδα του ποταμού Ευρώτα. Την τριγυρίζουν ψηλά βουνά, ο Ταΰγετος από τα δυτικά και ο Πάρνωνας από τα ανατολικά, ενώ η θάλασσα, στη νότια απόληξη της κοιλάδας, δεν έχει φυσικά λιμάνια και δεν προσφέρεται για τη ναυσιπλοΐα. Αυτή η μορφή του εδάφους της Λακωνικής καθόρισε και τη μορφή της οικονομίας του σπαρτιατικού κράτους, που ήταν αποκλειστικά γεωργική.

Αρχικά οι Δωριείς εγκαταστάθηκαν σε μια μικρή περιοχή, γύρω από την πόλη της Σπάρτης. Σιγά σιγά, με κατακτητικούς πολέμους, άπλωσαν την κυριαρχία τους σ' ολόκληρη την κοιλάδα του Ευρώτα, στη σημερινή χερσόνησο της Μάνης και σε τμήματα της γειτονικής Μεσσηνίας, προς τα δυτικά. Ως τον 8ο αιώνα π.Χ. είχαν κατορθώσει να σχηματίσουν στη Νότια Πελοπόννησο ένα κράτος ισχυρό και σε έκταση και σε στρατιωτική δύναμη. Απέναντι στους κατοίκους των περιοχών που κατακτούσαν οι Σπαρτιάτες εφάρμοζαν την ίδια τακτική, μετατρέποντάς τους σε δούλους του σπαρτιατικού κράτους. Έτσι, όσο μεγάλωνε το κράτος, τόσο μεγάλωνε κι ο αριθμός των υποταγμένων σ' αυτό πληθυσμών.

Οι κοινωνικές τάξεις στο σπαρτιατικό κράτος

Από την ίδρυση του δωρικού σπαρτιατικού κράτους οι κάτοικοί του διαιρέθηκαν σε τρεις κοινωνικές τάξεις, που ξεχώριζαν αυστηρά η μια από την άλλη και ήταν οι ακόλουθες:

α. Οι Σπαρτιάτες: Ήταν οι Δωριείς οι εγκαταστημένοι στις 5 κωμοπόλεις (ωβές), που αποτελούσαν μαζί την πόλη της Σπάρτης, και είχαν πλήρη πολιτικά δικαιώματα. Αυτοί οι γνήσιοι Σπαρτιάτες ονομάζονται και «ομοίοι».

Το κράτος παραχωρούσε σε κάθε Σπαρτιάτη ένα κλήρο γης, από τα πιο εύφορα μέρη. Ο κλήρος αυτός όμως δεν ανήκε στον ίδιο το Σπαρ-

---

Ο Λυκούργος μοιράζει τη σπαρτιατική γη σε ίσους κλήρους

Δεύτερο και τολμηρότερο πολιτικό μέτρο του Λυκούργου ήταν ο αναδασμός της γης. Γιατί επικρατούσε φοβερή κοινωνική ανωμαλία και πολλοί ακτήμονες και άποροι τριγύριζαν μέσα στην πόλη, ενώ ο πλούτος είχε συγκεντρωθεί στα χέρια λίγων. Ο Λυκούργος λοιπόν,για να σταματήσει το φθόνο, την αυθαιρεσία, την εγκληματικότητα,την πολυτέλεια και τα πιο σοβαρά νοσήματα της πολιτείας, τον πλούτο και τη φτώχεια, έπεισε τους πολίτες να βάλουν κάτω όλα τα κτήματα και να τα μοιράσουν πάλι από την αρχή, για να ζήσουν όλοι μαζί με περιουσία ίσης αξίας και να επιδιώκουν τα πρωτεία μόνο με την αρετή.

(Πλούταρχου, *Λυκούργος, 8.* Μετάφραση Α. Πουρνάρα)

τιάτη αλλά στο κράτος και τον καλλιεργούσαν δούλοι, είλωτες. Έτσι, οι Σπαρτιάτες δεν ήταν υποχρεωμένοι να ασκούν κάποιο επάγγελμα για να ζήσουν και είχαν όλο τον καιρό να ασχολούνται συνέχεια με τη στρατιωτική άσκηση και με τα πολιτικά ζητήματα. Αυτή ήταν η κύρια και μοναδική απασχόλησή τους.

β. Οι περίοικοι: Η προέλευση της τάξης αυτής δεν είναι απόλυτα εξακριβωμένη. Πιθανό να ήταν Δωριείς, που δεν εγκαταστάθηκαν στην πόλη της Σπάρτης αλλά στις άλλες κωμοπόλεις και χωριά της Λακωνικής, ή ακόμη και παλιότεροι πληθυσμοί, που υποτάχθηκαν στους κατακτητές Δωριείς χωρίς να προβάλουν αντίσταση.

Εγκαταστημένοι σε διάφορες κοινότητες της Λακωνικής, κυρίως στις πλαγιές των βουνών και προς τη θάλασσα, ήταν ελεύθεροι σαν άτομα και είχαν κάποια αυτοδιοίκηση στις κοινότητές τους. Μπορούσαν ακόμη να έχουν και δική τους, ιδιόκτητη γη. Δεν είχαν όμως πολιτικά δικαιώματα στο σπαρτιατικό κράτος, αν και ήταν υποχρεωμένοι να στρατεύονται και να ακολουθούν τους Σπαρτιάτες στις εκστρατείες.

Οι περίοικοι ασχολούνταν με τη γεωργία και την κτηνοτροφία. Παράλληλα όμως ασκούσαν και τη βιοτεχνία καθώς και το περιορισμένο εμπόριο που υπήρχε στο σπαρτιατικό κράτος και ήταν τόσο μόνο, όσο χρειαζόταν για να εξασφαλίσει στους Σπαρτιάτες επάρκεια αγαθών.

Οι περίοικοι, μαζί με τους καθαυτό Σπαρτιάτες, ονομάζονταν «Λακεδαιμόνιοι».

γ. Οι είλωτες: Είλωτες ήταν οι παλιότεροι πληθυσμοί των περιοχών που είχαν υποτάξει οι Δωριείς και είχαν μεταπέσει στην κατηγορία του δούλου. Ξεχώριζαν όμως από τους δούλους που υπήρχαν στα άλλα ελληνικά κράτη· ενώ εκείνοι ανήκαν ο καθένας σε κάποιο πολίτη, οι είλωτες ήταν δούλοι που ανήκαν στο σπαρτιατικό κράτος (κρατικοί δούλοι) και όχι στους ίδιους τους Σπαρτιάτες, τους οποίους ήταν ταγμένοι να υπηρετούν. Επειδή ακριβώς ήταν ιδιοκτησία του κράτους, δεν μπορούσαν να πουληθούν.

Οι είλωτες ήταν εγκαταστημένοι, μαζί με τις οικογένειές τους, στους κλήρους τους οποίους καλλιεργούσαν. Είχαν την υποχρέωση να παραδίνουν στο Σπαρτιάτη κύριο του κλήρου ένα μέρος της σοδειάς και με το υπόλοιπο τρέφονταν αυτοί και οι οικογένειές τους. Δεν είχαν κανένα πολιτικό δικαίωμα, αλλά ήταν υποχρεωμένοι να ακολουθούν τους Σπαρτιάτες στον πόλεμο, είτε για να μεταφέρουν τα όπλα είτε σαν ελαφρά οπλισμένοι («ψιλοί»).

Υπήρχαν και άλλες μικρές ομάδες κατοίκων στο σπαρτιατικό κράτος. Η πιο γνωστή ήταν οι ***νεοδαμώδεις,*** δηλαδή είλωτες που τους είχε δοθεί η ελευθερία, γιατί είχαν δείξει εξαιρετική ανδρεία στη μάχη.

Το πολιτικό καθεστώς της Σπάρτης

Σύμφωνα με παράδοση που είχε διαμορφωθεί αργότερα, η πολιτειακή οργάνωση της Σπάρτης οφείλεται σε ένα νομοθέτη, το Λυκούργο. Σύμφωνα πάλι με την παράδοση, ο Λυκούργος είχε πάρει τους βασικούς κανόνες της νομοθεσίας του από το μαντείο των Δελφών με χρησμό, που ονομάστηκε «μεγάλη ρήτρα». Αυτό έδινε στη νομοθεσία του περισσότερο κύρος, γιατί είχε θεϊκή προέλευση.

Δεν είναι εξακριβωμένο αν ο Λυκούργος ήταν ιστορικό πρόσωπο ή όχι. Πάντως φαίνεται ότι η πολιτειακή οργάνωση της Σπάρτης και η νομοθεσία της διαμορφώθηκαν σταδιακά και ανάλογα με τις συγκεκριμένες ανάγκες που υπήρχαν.

Τα βασικά διοικητικά όργανα του σπαρτιατικού κράτους ήταν τα ακόλουθα:

α. Οι 2 βασιλιάδες: Προέρχονταν από τις δύο βασιλικές οικογένειες[*] της Σπάρτης και το αξίωμα τους ήταν κληρονομικό. Ήταν ανώτατοι θρησκευτικοί άρχοντες και, όταν γινόταν κάποια εκστρατεία, ο ένας απ' αυτούς έπαιρνε μέρος ως αρχηγός του στρατού. Είχαν ακόμη ορισμένα προνόμια, όχι πολύ σημαντικά, σε σχέση με τους άλλους Σπαρτιάτες: διπλή μερίδα στα λάφυρα του πολέμου, καλύτερη μερίδα στα συσσίτια και μεγαλύτερο κλήρο. Η εξουσία τους περιορίστηκε αργότερα σημαντικά από τις επεμβάσεις μιας άλλης σπαρτιατικής αρχής, των πέντε εφόρων.

β. Η γερουσία: Τη συγκροτούσαν 28 ισόβια μέλη, που είχαν ηλικία άνω των 60 χρόνων. Η γερουσία ετοίμαζε τα θέματα για τα οποία θα έπαιρνε αποφάσεις η γενική συνέλευση των Σπαρτιατών, η Απέλλα. Λειτουργούσε ακόμη και σαν ανώτατο δικαστήριο για σοβαρές υποθέσεις, που τιμωρούνταν με τις ποινές του θανάτου, της εξορίας ή της στέρησης των πολιτικών δικαιωμάτων. Μέλη της γερουσίας, ήταν και οι δύο βασιλιάδες (συνολικά 30 μέλη).

γ. Η Απέλλα: Ήταν η γενική συνέλευση των Σπαρτιατών που είχαν πλήρη πολιτικά δικαιώματα και ηλικία άνω των 30 ετών. Τυπικά ήταν το ανώτατο όργανο εξουσίας στην αρχαία Σπάρτη.

Η Απέλλα συνεδρίαζε σε τακτές ημερομηνίες αλλά και σε έκτακτες συνεδριάσεις, αν υπήρχε κάποιο σοβαρό θέμα. Εξέλεγε τους εφόρους και τα μέλη της γερουσίας και αποφάσιζε, σε ορισμένες περιπτώσεις,

---

[*] Οι δύο βασιλικές οικογένειες της Σπάρτης, μέλη των οποίων έπρεπε να είναι οι βασιλιάδες, ήταν οι Αγιάδες και οι Ευρυπωντίδες.

για τη βασιλική διαδοχή. Ακόμη αποφάσιζε για κήρυξη πολέμου, για σύναψη ειρήνης και επικύρωνε τους νόμους.

΄Ομως στην Απέλλα δε γίνονταν συζητήσεις. Οι Σπαρτιάτες δεν είχαν δικαίωμα να πουν τη γνώμη τους ούτε να κάνουν προτάσεις. Περιορίζονταν να εγκρίνουν ή να απορρίπτουν «δια βοής» τις προτάσεις της γερουσίας. Στην πραγματικότητα, ο ρόλος της στη διοίκηση του σπαρτιατικού κράτους ήταν περιορισμένος.

δ. Οι 5 έφοροι: Στο αξίωμα αυτό μπορούσε να εκλεγεί κάθε Σπαρτιάτης πολίτης. Έτσι, οι έφοροι ήταν εκείνοι που αντιπροσώπευαν κυρίως τους «ομοίους». Εκλέγονταν από την Απέλλα και η θητεία τους κρατούσε ένα χρόνο.

Σιγά σιγά οι έφοροι απέκτησαν μεγάλη δύναμη και από τον 5ο αιώνα π.Χ.αυτοί κυβερνούσαν ουσιαστικά το κράτος της Σπάρτης. Ανάμεσα στα άλλα, διαμόρφωναν την εξωτερική πολιτική και επόπτευαν για την εφαρμογή των νόμων, καθώς και των αποφάσεων της Απέλλας, και των άλλων αρχών.

Είχαν το δικαίωμα να ακυρώνουν τις αποφάσεις των βασιλιάδων και να τους τιμωρούν ακόμη, αν δεν έκριναν σωστή κάποια ενέργειά τους. Για τις δικές τους ενέργειες λογοδοτούσαν μόνο στους επόμενους εφόρους.

Σύμφωνα με όλα αυτά, το πολίτευμα της Σπάρτης παρουσιάζει μια ιδιομορφία, που δεν τη συναντούμε σε κανένα άλλο κράτος της αρχαιότητας. Εδώ, οι νεότεροι θεσμοί που δημιουργήθηκαν, όπως π.χ. οι 5 έφοροι, δε συνοδεύτηκαν με κατάργηση των παλιών. Έτσι, διατηρήθηκε ο πανάρχαιος θεσμός της βασιλείας, ενώ η γερουσία θυμίζει το συμβούλιο των ευγενών που περιστοίχιζε τους ομηρικούς βασιλιάδες. Από την άλλη, η Απέλλα αντιστοιχεί με τις γενικές συνελεύσεις των πολιτών, τις «εκκλησίες του δήμου», που λειτουργούσαν στα δημοκρατικά πολιτεύματα, αλλά με περιορισμένες δικαιοδοσίες, και οι 5 έφοροι με τους εκλεγόμενους άρχοντες των δημοκρατιών.

Παρ' όλες όμως αυτές τις εξωτερικές ομοιότητες με άλλα πολιτεύματα, το πολίτευμα της Σπάρτης ήταν και έμεινε σ' ολόκληρη την αρχαιότητα ολιγαρχικό, γιατί λίγοι κυβερνούσαν τους πολλούς, και ανελεύθερο, γιατί οι απόψεις των πολιτών δεν μπορούσαν να ακουστούν και οι αποφάσεις των αρχόντων δεν μπορούσαν να συζητηθούν.

Η ζωή στην αρχαία Σπάρτη

Σκοπός της σπαρτιατικής αγωγής

Η ανάγκη να επιβάλλονται οι λίγοι Σπαρτιάτες πάνω στο μεγάλο πλήθος των ειλώτων, που σε κάθε στιγμή ήταν έτοιμοι να επαναστατήσουν, αλλά και οι πόλεμοι για την απόκτηση νέων εδαφών, έπαιξαν ουσιαστικό ρόλο στη διαμόρφωση του σπαρτιατικού κράτους. Η

Σπάρτη έπρεπε να γίνει μια ισχυρή στρατιωτική δύναμη, για να μπορεί να αντιμετωπίζει κάθε κίνδυνο με το στρατό της. Ο πρώτος και κύριος στόχος, λοιπόν, της λειτουργίας του κράτους ήταν να κάνει τους πολίτες του αξιόμαχους και ικανούς στρατιώτες. Και το πέτυχε επιβάλλοντας μια ορισμένη αγωγή στους νέους και έναν ιδιαίτερο τρόπο ζωής στους μεγαλύτερους. Ο πολίτης της Σπάρτης ήταν ένας στρατιώτης, που υπηρετούσε θητεία σ' όλη σχεδόν τη ζωή του.

Η αγωγή των αγοριών

Τα αρσενικά παιδιά, τους μελλοντικούς στρατιώτες της Σπάρτης, τα ανέτρεφαν οι γονείς τους στα σπίτια ώσπου να γίνουν 7 χρόνων. Στη συνέχεια τα αναλάμβανε η πολιτεία.

Από τα 7 χρόνια τους τα παιδιά προετοιμάζονταν για να γίνουν οι στρατιώτες της Σπάρτης. Ζούσαν σε ομάδες, τις ***αγέλες,*** που είχαν επικεφαλής τον ***παιδονόμο.*** Τα μάθαιναν να υπομένουν χωρίς διαμαρτυρία τη σκληρή ζωή και τις κακουχίες και να κρατούν αυστηρή πειθαρχία. Η μόρφωση που έπαιρναν στις αγέλες ήταν πολύ απλή· διδάσκονταν ανάγνωση, γραφή, μουσική και χορό. Μαζί μ' αυτά διαποτίζονταν με ορισμένες ιδέες και αρχές, όπως το αίσθημα της τιμής, η τυφλή υπακοή στους νόμους, η μεγάλη αγάπη για την πατρίδα, ο θαυμασμός για την αντρεία και η περιφρόνηση για το θάνατο, ο σεβασμός στους μεγαλύτερους. Ακόμη, μάθαιναν να εκφράζονται με λίγα λόγια και με συντομία (λακωνισμός). Από τα 18 ως τα 20 χρόνια τους, οι νέοι που είχαν κιόλας περάσει το πρώτο στάδιο της αγωγής, άρχιζαν να παίρνουν μέρος σε εκστρατείες.

Η ζωή των ανδρών

Από τα 20 ως τα 60 χρόνια τους οι Σπαρτιάτες ήταν πια κανονικοί στρατιώτες του σπαρτιατικού κράτους. Ως τα 30 χρόνια τους όμως ζούσαν περισσότερο σε σκηνές (ανά 15 άτομα) με στρατιωτική πειθαρχία, έτρωγαν στα κοινά συσσίτια και συνέχιζαν τη στρατιωτική τους εκπαίδευση με συνεχή γυμνάσια.

Μετά τα 30 χρόνια οι Σπαρτιάτες αποκτούσαν πλήρη πολιτικά δικαιώματα, έπαιρναν κρατικό κλήρο και έδιναν ένα μέρος από την παραγωγή τους στα κοινά συσσίτια, στα οποία συνέχιζαν να τρώνε. Από την ηλικία αυτή μπορούσαν να παντρευτούν και να δημιουργήσουν οι-

---

Από την αγωγή των παιδιών στην αρχαία Σπάρτη

Όσο προχωρούσε η ηλικία τους, τόσο εντατικότερη γινόταν η εξάσκησή τους· τα κούρευαν σύρριζα και τα συνήθιζαν να περπατούν ξυπόλητα και να παίζουν, συνήθως, γυμνά. Όταν γίνονταν δώδεκα χρονών, δε φορούσαν χιτώνα, αλλά τους έδιναν ένα ιμάτιο το χρόνο· τα σώματά τους ήταν ακάθαρτα και δε χρησιμοποιούσαν ούτε λουτρά ούτε αλοιφές· μόνο λίγες μέρες το χρόνο δοκίμαζαν αυτές τις περιποιήσεις. Κοιμούνταν όλα μαζί, χωρισμένα σε ίλες και αγέλες, πάνω σε καλαμένια στρώματα που τάφτιαχναν τα ίδια κόβοντας μόνα τους και με τα χέρια, χωρίς μαχαίρι, τις κορφές από τα καλάμια που φύτρωναν στις όχθες του Ευρώτα.

(Πλούταρχου, *Λυκούργος, 16.* Μετάφραση Α. Πουρνάρα)

κογένεια, χωρίς να πάψουν να είναι παράλληλα και στρατιώτες.

Στους γνήσιους Σπαρτιάτες απαγορευόταν, όπως είδαμε, να εργάζονται. Γενικά απαγορευόταν να ασχολούνται με οτιδήποτε άλλο εκτός από τα στρατιωτικά και τα θέματα της πολιτείας. Η πολυτέλεια, η σπατάλη και η αγάπη για το χρήμα ήταν ατιμωτικά πράγματα. Για να μην υπάρχει μάλιστα καμιά δυνατότητα να συσσωρεύει κανείς χρήματα, το νόμισμα της Σπάρτης ήταν βαρύ, σιδερένιο, με μικρή αξία. Άλλωστε δεν είχε νόημα να συγκεντρώνει ένας Σπαρτιάτης χρήματα, γιατι δεν μπορούσε να τα ξοδέψει.

Οι γυναίκες στην αρχαία Σπάρτη

Ανάλογη ήταν και η αγωγή των κοριτσιών, που στην αρχαία Σπάρτη δεν έμεναν κλεισμένα μέσα στο σπίτι τους, όπως στις άλλες ελληνικές πόλεις. Πριν από το γάμο τους ασκούνταν κι αυτά στα γυμναστήρια, για να κάνουν γερό σώμα. Η εκπαίδευσή τους είχε σκοπό να τα κάνει καλές συζύγους και μητέρες, που θα γεννούσαν γερά παιδιά. Γενικά στην αρχαία Σπάρτη υπήρχε μεγάλος σεβασμός στις γυναίκες και ιδιαίτερα στις μητέρες.

Η «ξενηλασία»

Αν συγκριθεί με τη ζωή στις άλλες ελληνικές πόλεις, η ζωή των Σπαρτιατών ήταν υπερβολικά σκληρή και μονότονη. Υπήρχε λοιπόν πάντα ο φόβος να προτιμήσουν άλλο τρόπο ζωής, πιο ευχάριστο και πιο ανθρώπινο. Για να το αποφύγει αυτό η πολιτεία απαγόρευε στους Σπαρτιάτες να ταξιδεύουν σε άλλες πόλεις. Ακόμη, δεν επέτρεπε σε ξένους να μένουν στη Σπάρτη, για να μη διαφθείρουν τους πολίτες της, και φρόντιζε να τους απομακρύνει. Αυτή η απομάκρυνση των ξένων από τη Σπάρτη ονομαζόταν «ξενηλασία». Κατα κάποιο τρόπο οι Σπαρτιάτες είχαν υποχρεωθεί να ζουν, μέσα στα γεωγραφικά πλαίσια του κράτους τους, σαν αιχμάλωτοι ενός στρατοπέδου, που είχαν δημιουργήσει μόνοι τους.

Το αποτέλεσμα της σπαρτιατικής αγωγής

Αποτέλεσμα αυτής της αγωγής κι αυτού του τρόπου ζωής ήταν να αποκτήσει η Σπάρτη έναν πολύ ισχυρό στρατό, που στηριζόταν στο πεζικό των οπλιτών, τη φάλαγγα. Οι στρατιώτες ήταν πολύ καλά ασκημένοι στην πολεμική τέχνη και στους ελιγμούς, αφού αυτά μάθαιναν σ' όλη τους τη ζωή. Μέσα στην παράταξη της φάλαγγας ο καθένας είχε τη θέση του και μεταξύ τους οι στρατιώτες των μικρότερων μονάδων, των ενωμοτιών, συνδέονταν με στενή φιλία. Ο σπαρτιατικός στρατός ήταν ο ισχυρότερος στρατός της αρχαιότητας και τον θεωρούσαν ανίκητο, παρά το μικρό του αριθμό.

Η επίδοση όμως των Σπαρτιατών στην τέχνη και στα γράμματα ήταν πολύ περιορισμένη. Έτσι σήμερα εκείνο που μας θυμίζει το όνομα της Σπάρτης είναι ο ισχυρός στρατός της και η απόλυτη ομαδικότητα της ζωής, που καταπνίγει και εξουδετερώνει το άτομο και το εξαφανίζει μέσα στο ανώνυμο σύνολο.

Η εξωτερική πολιτική της Σπάρτης

Η Σπάρτη οργανώθηκε από την αρχή σε γεωργικό κράτος και η οικονομική της ζωή στηρίχτηκε αποκλειστικά στην καλλιέργεια της γης. Γρήγορα όμως η κοιλάδα του Ευρώτα αποδείχτηκε πολύ μικρή. Για να αποκτήσει λοιπόν περισσότερη καλλιεργήσιμη γη, που την είχε ανάγκη για να δώσει κλήρο στους πολίτες της, η Σπάρτη υποχρεώθηκε να αρχίσει κατακτητικούς πολέμους εναντίον των γειτόνων της.

Οι κατακτητικοί πόλεμοι

Μετά την υποταγή ολόκληρης της Λακωνικής, οι Σπαρτιάτες στράφηκαν κατά των Μεσσηνίων. Οι συγκρούσεις κράτησαν πολλά χρόνια και αναφέρονται δύο «μεσσηνιακοί πόλεμοι»· ο πρώτος τον 8ο και ο δεύτερος τον 7ο αιώνα π.Χ. Τελικά, μετά από πεισματική αντίσταση, η Μεσσήνιοι υποτάχθηκαν. Η γη τους μοιράστηκε σε σπαρτιατικούς κλήρους και όσοι από τους Μεσσήνιους δεν εγκατέλειψαν τη χώρα τους, πέρασαν στην κατηγορία των ειλώτων.

Μακροχρόνιοι ήταν και οι αγώνες των Σπαρτιατών, τον 6ο αιώνα, με το Άργος, του οποίου κατόρθωσαν να περιορίσουν τη δύναμη. Παράλληλα, επιχείρησαν να επεκταθούν προς το βορρά, στις περιοχές της Αρκαδίας.

Η «πελοποννησιακή συμμαχία»

Στο τέλος όμως έγινε φανερό ότι οι Σπαρτιάτες δε θα μπορούσαν να κατακτούν συνέχεια νέες περιοχές, που θα έπρεπε να τις κρατούν με στρατιωτικές δυνάμεις. Ο στρατός, παρά την πολεμική του αξία, ήταν περιορισμένος σε αριθμό και, επιπλέον, έπρεπε να επιτηρεί και τους είλωτες. Έτσι η Σπάρτη υποχρεώθηκε να αλλάξει πολιτική και προσανατολίστηκε στη συγκρότηση μιας συμμαχίας των κρατών της Πελοποννήσου.

Στην πρόσκληση της Σπάρτης για συμμαχία ανταποκρίθηκαν όλα τα άλλα κράτη της Πελοποννήσου, εκτός από το Άργος και την Αχαΐα. Ζήτησαν ακόμη να γίνουν μέλη και κράτη εκτός Πελοποννήσου, όπως τα Μέγαρα και η Αίγινα. Έτσι, στα μέσα του 6ου αιώνα π.Χ., ιδρύθηκε η «πελοποννησιακή συμμαχία», στην οποία βέβαια η Σπάρτη είχε ηγετική θέση. Με πυρήνα το σπαρτιατικό στρατό, η πελοποννησιακή συμμαχία διέθετε την ισχυρότερη χερσαία στρατιωτική δύναμη στον ελληνικό χώρο και έπαιξε αποφασιστικό ρόλο στην αντιμετώπιση της περσικής επιδρομής εναντίον της Ελλάδας, που έγινε στις αρχές του 5ου αιώνα π.Χ.

ε. ΤΟ ΚΡΑΤΟΣ ΤΗΣ ΑΘΗΝΑΣ

Το πολίτευμα της Σπάρτης έμεινε αναλλοίωτο σ' όλη τη διάρκεια της αρχαιότητας. Αντίθετα, το πολίτευμα της Αθήνας, της άλλης μεγάλης ελληνικής πόλης, εξελίχτηκε σταδιακά και από τη βασιλεία έφτασε, μέσα στην περίοδο των αρχαϊκών χρόνων, στη δημοκρατία.

Η χώρα και οι κάτοικοι. Ο «συνοικισμός»

Η Αττική

Το έδαφος του αρχαίου αθηναϊκού κράτους ήταν η Αττική. Χώρα περισσότερο ορεινή, με μικρές και φτωχές πεδιάδες, μπορούσε να δώσει αρκετά προϊόντα μόνο με εντατική και συστηματική καλλιέργεια. Ήταν δηλαδή λιγότερο εύφορη από την πλούσια κοιλάδα του Ευρώτα. Στα παράλια όμως υπήρχαν πολλοί φυσικοί όρμοι, γεγονός που ευνοούσε την ανάπτυξη της ναυτιλίας. Έτσι, οι κάτοικοι της Αττικής γρήγορα βρήκαν διέξοδο στο θαλάσσιο εμπόριο και αντιστάθμισαν την ανεπάρκεια της γεωργικής παραγωγής.

Η καταγωγή των Αθηναίων

Οι αρχαίοι Αθηναίοι το είχαν καύχημα ότι ήταν «αυτόχθονες», δηλαδή ότι ζούσαν ανέκαθεν σ' αυτή τη χώρα και δεν είχαν έρθει από αλλού. Η αλήθεια είναι ότι στην Αττική, που ήταν κατοικημένη από τα νεολιθικά χρόνια, εγκαταστάθηκε ένα από τα πρώτα ινδοευρωπαϊκά φύλα που έφτασαν στον ελληνικό χώρο, οι Ίωνες.

Ο «συνοικισμός»

Οι Ίωνες της Αττικής διακρίνονταν σε 4 φυλές και κατοικούσαν σε αυτόνομες γεωργικές κοινότητες. Μετά τον Α΄ αποικισμό άρχισε η συνένωση πολλών κοινοτήτων, που ολοκληρώθηκε μέσα στον 8ο αιώνα. Ένα μεγάλο μέρος του πληθυσμού συγκεντρώθηκε στην Αθήνα, που έγινε έτσι το κέντρο του αθηναϊκού κράτους. Η συγκέντρωση και η πολιτική ενοποίηση των κατοίκων της Αττικής ονομάστηκε «συνοικισμός».

Σύμφωνα με την παράδοση, εκείνος που επέβαλε το «συνοικισμό» ήταν ο μυθικός βασιλιάς - ήρωας Θησέας. Φαίνεται όμως πως αυτή η ενοποίηση έγινε σιγά σιγά και οι διάφορες, αυτόνομες ως τότε, περιοχές της Αττικής, προσχώρησαν σταδιακά στο ενιαίο κράτος και όχι όλες μαζί.

Η κατάργηση της βασιλείας

Την ίδια περίοδο, δηλαδή μέσα στον 8ο αιώνα π.Χ., πρέπει να καταργήθηκε στο αθηναϊκό κράτος το πολίτευμα της κληρονομικής βασιλείας. Το αξίωμα του βασιλιά παρέμεινε, αλλά δεν ήταν κληρονομικό προνόμιο μιας (βασιλικής) οικογένειας, όπως γινόταν ως τότε. Ο βασιλιάς έγινε απλώς ένας από τους άρχοντες, και μάλιστα με περιορισμένες εξουσίες.

Η οικονομία και η κοινωνία του αθηναϊκού κράτους ως τον 7ο αιώνα π.Χ.

Τον 8ο και τον 7ο αιώνα π.Χ. το εμπόριο και η βιοτεχνία του αθηναϊκού κράτους δεν είχαν ακόμη την ανάπτυξη που παρουσίασαν λίγο αργότερα. Η οικονομία εξακολούθησε να είναι, όπως και παλιότερα, γεωργική και η βάση του πλούτου ήταν η ιδιοκτησία της γης. Οι κοινωνικές τάξεις την περίοδο αυτή ήταν οι ακόλουθες:

α. Οι πλούσιοι γαιοκτήμονες της Αττικής («ευπατρίδες»). Από την τάξη αυτή προέρχονταν και οι άρχοντες του κράτους.

β. Οι αγρότες που είχαν μικρά κτήματα.

γ. Οι έμποροι και οι βιοτέχνες.

δ. Οι φτωχοί ελεύθεροι κάτοικοι της Αττικής. Απ' αυτούς οι «θήτες» δεν είχαν σταθερό εισόδημα και εργάζονταν κατά διαστήματα στα κτήματα των γαιοκτημόνων με ημερομίσθιο. Άλλοι, οι «εκτήμοροι», καλλιεργούσαν μόνιμα ξένα κτήματα, με την υποχρέωση να δίνουν στον ιδιοκτήτη το 1/6 της σοδειάς*. Αν δεν εκπλήρωναν αυτή την υποχρέωση, πουλιόνταν ως δούλοι οι ίδιοι και οι οικογένειές τους. Επειδή μάλιστα το έδαφος της Αττικής ήταν φτωχό, συχνά οι εκτήμοροι δεν μπορούσαν να πληρώσουν τα χρέη τους και πολλοί απ' αυτούς είχαν μεταπέσει στην κατηγορία του δούλου, όπως και άλλοι φτωχοί Αθηναίοι πολίτες.

Η πολιτική κατάσταση ως το 7ο αιώνα π.Χ. Το πολίτευμα της αριστοκρατίας

Μετά την κατάργηση της κληρονομικής βασιλείας, την εξουσία πήραν οι οικογένειες των μεγάλων γαιοκτημόνων της Αττικής, οι ευπατρίδες. Καθιερώθηκε δηλαδή στην Αθήνα από τον 8ο αιώνα ***αριστοκρατικό πολίτευμα.*** Τα σπουδαιότερα όργανα εξουσίας στο πολίτευμα αυτό ήταν τα ακόλουθα:

α. Οι 9 άρχοντες: Αποτελούσαν την κυβέρνηση του αθηναϊκού κράτους, ήταν αιρετοί και ανάλογα με τα καθήκοντα που ασκούσαν είχαν διάφορες ονομασίες. Έτσι ο ***άρχων επώνυμος*** είχε πολιτικά καθήκοντα και συγκαλούσε την εκκλησία του δήμου, ο ***άρχων πολέμαρχος*** είχε στρατιωτικά καθήκοντα και ο ***άρχων βασιλεύς,*** κατάλοιπο του θεσμού της βασιλείας, είχε περιοριστεί στην άσκηση θρησκευτικών κυρίως καθηκόντων. Σ' αυτούς προστέθηκαν αργότερα και οι ***6 θεσμοθέτες,*** που είχαν δικαστικά καθήκοντα. Έτσι συγκροτήθηκε το σώμα των ***εννέα αρχόντων,*** που από το 683 π.Χ. άλλαζαν κάθε χρόνο.

β. Ο Άρειος Πάγος: Προερχόταν από το παλιότερο «συμβούλιο των γερόντων» (ευγενών), τα μέλη του ήταν ισόβια και, στο πολίτευμα της αριστοκρατίας, είχε σημαντικές δικαιοδοσίες. Λειτουργούσε ως ανώτατο δικαστήριο και επέβλεπε στην τήρηση των νόμων. Μέλη του γίνονταν οι άρχοντες, μετά τη θητεία τους. Έτσι ο Άρειος Πάγος είχε

---

* Σύμφωνα με άλλη άποψη λιγότερο πιθανή,έδιναν στον ιδιοκτήτη τα 5/6 της σοδειάς.

χαρακτήρα αριστοκρατικό, αφού όλα τα μέλη του ήταν ευγενείς.

γ. Η εκκλησία του δήμου: Ήταν η γενική συνέλευση όλων των κατοίκων της Αττικής που είχαν το δικαίωμα του πολίτη. Όμως αυτή την εποχή, την περίοδο της αριστοκρατίας δηλαδή, οι δικαιοδοσίες της ήταν περιορισμένες.

Όπως φαίνεται από τα παραπάνω, κατά την περίοδο της αριστοκρατίας η εξουσία ήταν συγκεντρωμένη στα χέρια των ευγενών, που συγκροτούσαν τα δύο κύρια όργανα της πολιτείας· το σώμα των 9 αρχόντων και τον Άρειο Πάγο.

Η δυσαρέσκεια κατά των ευγενών μεγαλώνει. Η εξέγερση του Κύλωνα.

Μέσα στον 7ο αιώνα π.Χ. σημαντικές αλλαγές σημειώθηκαν στην οικονομία του αθηναϊκού κράτους και η κυριαρχία των ευγενών άρχισε να κλονίζεται.

Μια νέα κατηγορία πλουσίων

Ένα μέρος των Αθηναίων στράφηκε προς το θαλάσσιο εμπόριο και πλούτισε απ' αυτό. Παράλληλα, αναπτύχθηκε και η βιοτεχνία, που τροφοδοτούσε με προϊόντα το εμπόριο. Έτσι, βάση του πλούτου δεν ήταν τώρα πια μόνο η γη, που βρισκόταν στα χέρια των ευπατριδών, αλλά δημιουργήθηκε μια νέα κατηγορία πλούσιων πολιτών, που στήριζε την οικονομική της δύναμη στον κινητό πλούτο, το χρήμα. Η τάξη αυτή επιδίωκε να πάρει μέρος στην εξουσία και ήρθε έτσι σε σύγκρουση με τους ευγενείς.

Τα αιτήματα του «δήμου»

Η δυσαρέσκεια όμως κατά των ευγενών, που είχαν μονοπωλήσει την εξουσία και την ασκούσαν κατά τα συμφέροντά τους, προερχόταν από όλες τις τάξεις των Αθηναίων. Ένα ειδικό αίτημα των εκτημόρων και των μικρών γεωργών, ήταν να ξαναμοιραστεί η γη της Αττικής, να γίνει δηλαδή ***αναδασμός,*** και να δοθούν κτήματα στους ακτήμονες. Γενικό, τέλος, αίτημα ήταν να γραφούν οι νόμοι, για να είναι γνωστοί σ' όλους τους πολίτες και να πάψουν οι ευγενείς να δικάζουν αυθαίρετα.

Η εξέγερση του Κύλωνα

Από την αναταραχή που υπήρχε στο αθηναϊκό κράτος θέλησε να επωφεληθεί ένας ευγενής, ο Κύλων, και να γίνει τύραννος*. Το 632 π.Χ., με μια ομάδα οπαδών του και με τη βοήθεια του τυράννου των Μεγάρων Θεαγένη, κατέλαβε την ακρόπολη της Αθήνας. Η εξέγερσή του όμως απέτυχε, γιατί εναντίον του κινήθηκαν όλοι οι Αθηναίοι. Ο

---

* Η λέξη τύραννος είχε αρχικά τη σημασία του απόλυτου άρχοντα, που κυβερνούσε μόνος του ένα κράτος. Αργότερα όμως, εξαιτίας του καταπιεστικού τρόπου με τον οποίο κυβέρνησαν οι τύραννοι, η λέξη πήρε κακή σημασία και δήλωνε σκληρό και απάνθρωπο κυρίαρχο.

ίδιος ο Κύλων κατόρθωσε να ξεφύγει αλλά οι οπαδοί του, που πολιορκήθηκαν στην ακρόπολη, αναγκάστηκαν να παραδοθούν και σφάχτηκαν, παρόλο που είχαν ζητήσει την προστασία των θεών, ήταν δηλαδή «ικέτες». Η σφαγή των ικετών θεωρήθηκε μεγάλη ιεροσυλία και είναι γνωστή ως «κυλώνειο άγος». Από το γεγονός αυτό επωφελήθηκαν οι Μεγαρείς και, με την πρόφαση ότι ήθελαν να εκδικηθούν τη σφαγή, κατέλαβαν τη Σαλαμίνα, που κατείχαν ως τότε οι Αθηναίοι.

Η νομοθεσία του Δράκοντα

Και μετά την καταστολή της εξέγερσης του Κύλωνα, οι ταραχές από την αντίδραση του λαού κατά των ευγενών συνεχίζονταν και έπαιρναν όλο και μεγαλύτερη έκταση. Τέλος, οι ευγενείς υποχρεώθηκαν από την κατάσταση να κάνουν μια παραχώρηση, ικανοποιώντας ένα από τα αιτήματα του δήμου· δέχτηκαν να καταγραφεί η νομοθεσία. Ανέθεσαν, λοιπόν, σ' έναν άνθρωπο από τη δική τους τάξη, το Δράκοντα, να γράψει νόμους (624 π.Χ.).

Η νομοθεσία του Δράκοντα φαίνεται πως ήταν περισσότερο μια προσπάθεια να κατοχυρωθούν και να εξασφαλιστούν τα συμφέροντα των ευγενών. Οι νόμοι του θεωρήθηκαν πολύ αυστηροί, ιδιαίτερα εκείνοι που επέβαλλαν βαριές ποινές στο αδίκημα της κλοπής και είχαν σκοπό να διαφυλάξουν τη μεγάλη ιδιοκτησία. Παρόλα αυτά, η ίδια η καταγραφή των νόμων ήταν μια υποχώρηση των ευγενών και μια πρώτη νίκη του δήμου της Αθήνας.

Η νομοθεσία του Σόλωνα

Όπως ήταν φυσικό, η νομοθεσία του Δράκοντα δεν έλυσε τα μεγάλα κοινωνικά και πολιτικά προβλήματα που υπήρχαν στην Αθήνα και που γίνονταν όλο και οξύτερα. Τελικά, κάτω από την πίεση όλων

Η κατάσταση στην Αθήνα μετά την εξέγερση του Κύλωνα

Και μετά απ' αυτά (την εξέγερση του Κύλωνα και την καταστολή της) ξέσπασαν ταραχές ανάμεσα στους ευγενείς και το λαό, που κράτησαν πολύ καιρό. Γιατί και το πολίτευμα ήταν ολιγαρχικό σε όλα κι ακόμη γιατί οι φτωχοί ήταν δούλοι των πλουσίων, και οι ίδιοι και τα παιδιά τους και οι γυναίκες τους. Και ονομάζονταν «πελάτες» και «εκτήμοροι», γιατί δούλευαν στα κτήματα των πλουσίων πληρώνοντας κάθε χρόνο το 1/6 της σοδειάς. Η γη όλη βρισκόταν στα χέρια λίγων και αν οι φτωχοί δεν έδιναν την κανονισμένη εισφορά μπορούσαν να πουληθούν σαν δούλοι αυτοί και τα παιδιά τους. Και για όλα τα δάνεια έβαζαν υποθήκη τον εαυτό τους· αυτό ως την εποχή του Σόλωνα, που έγινε ο πρώτος υπερασπιστής των δικαιωμάτων του λαού. Ήταν σκληρό και πικρό για τους πιο πολλούς πολίτες να είναι δούλοι. Υπήρχαν όμως κι άλλοι λόγοι δυσαρέσκειας· δηλαδή, σε κανένα αξίωμα της πολιτείας δεν είχαν δικαίωμα να πάρουν μέρος.

(Αριστοτέλη, «Αθηναίων Πολιτεία», 2. Μετάφραση)

των άλλων τάξεων, οι ευγενείς αναγκάστηκαν να υποχωρήσουν και πάλι. Με κοινή συμφωνία αυτή τη φορά ανατέθηκε στον Αθηναίο πολίτη Σόλωνα να κάνει γενικές μεταρρυθμίσεις.

Ο Σόλων προερχόταν από παλιά οικογένεια ευγενών. Οικονομικά και κοινωνικά όμως ανήκε στη μεσαία τάξη των εμπόρων. Η πολιτική του θέση βρισκόταν κάπου στη «μέση οδό». Ήταν επίσης γνωστός ποιητής και είχε γίνει δημοφιλής στους Αθηναίους, γιατί με τα ποιήματά του τους είχε ξεσηκώσει και ξαναπήραν από τους Μεγαρείς τη Σαλαμίνα. Γενικά, ήταν «πρόσωπο κοινής εμπιστοσύνης». Το 594 π.Χ. λοιπόν οι Αθηναίοι τον εξέλεξαν επώνυμο άρχοντα και του παραχώρησαν έκτακτες νομοθετικές δικαιοδοσίες. Οι σημαντικότεροι από τους νόμους - μεταρρυθμίσεις του Σόλωνα ήταν οι ακόλουθοι:

Η «σεισάχθεια»

- Ένα από τα κρίσιμα προβλήματα της εποχής ήταν εκείνο των αγροτικών χρεών. Όπως αναφέραμε πιο πάνω, μεγάλος αριθμός φτωχών Αθηναίων είχε περάσει στην κατάσταση του δούλου, από χρέη προς τους ευγενείς.

Ο Σόλων αντιμετώπισε το πρόβλημα αυτό αποφασιστικά. Με μια σειρά νόμων, που είναι γνωστοί με την ονομασία ***σεισάχθεια,***** διέγραψε τα χρέη, ελευθέρωσε όσους είχαν γίνει δούλοι για χρέη, επέστρεψε στους μικρούς γεωργούς όσα χωράφια τους ήταν υποθηκευμένα για χρέη και απαγόρεψε να δανείζεται κανείς με εγγύηση την προσωπική του ελευθερία.

Έτσι ο Σόλων ξαναέδωσε την ελευθερία σε πολλούς Αθηναίους και απομάκρυνε τον κίνδυνο που υπήρχε να μετατραπούν οι μικροί γεωργοί σε δουλοπάροικους. Ακόμη, για να σταματήσει την υπερβολική αύξηση της κτηματικής περιουσίας των μεγάλων γαιοκτημόνων, όρισε ένα ανώτατο όριο εδαφικής ιδιοκτησίας που θα μπορούσε να κατέχει κανείς. Δεν προχώρησε όμως σε αναδασμό της γης, όπως ζητούσαν οι μικροί γεωργοί και οι ακτήμονες.

Το τιμοκρατικό σύστημα

- Ο Σόλων διατήρησε και οριστικοποίησε το ***τιμοκρατικό σύστημα,*** δηλαδή τη διάκριση των Αθηναίων σε τάξεις, ανάλογα με την περιουσιακή τους κατάσταση. Μέτρο για την κατάταξη ορίστηκε το ετήσιο εισόδημα σε μεδίμνους** γεωργικών προϊόντων ή σε χρήμα ανάλογης αξίας.

Οι δύο πρώτες τάξεις ήταν οι ***πεντακοσιομέδιμνοι*** και οι ***τριακοσιομέδιμνοι*** ή ***ιππείς,*** δηλαδή αυτοί που είχαν ετήσιο εισόδημα πάνω από πεντακόσιους ή τριακόσιους μεδίμνους αντίστοιχα. Από τις τάξεις

***Σεισάχθεια:** Η λέξη σημαίνει την απαλλαγή από τα βάρη, δηλαδή τα χρέη.

** **Μέδιμνος:** μέτρο χωρητικότητας ξερών γεωργικών προϊόντων και κυρίως σιταριού. Υπολογίζεται γύρω στα 80 κιλά.

αυτές εκλέγονταν οι 9 άρχοντες και τα μέλη του Άρειου Πάγου αλλά και αυτές βάραιναν οι μεγαλύτερες οικονομικές υποχρεώσεις προς την πολιτεία (εισφορές κ.ά.).

Την τρίτη τάξη αποτελούσαν οι ***διακοσιομέδιμνοι*** ή ***ζευγίτες.*** Μπορούσαν να γίνουν μέλη της βουλής (βλ. πιο κάτω) ή να εκλεγούν σε άλλα κατώτερα αξιώματα. Απ' αυτούς προέρχονται και οι οπλίτες που συγκροτούσαν το κύριο σώμα του πεζικού στρατού, τη «φάλαγγα».

Τέταρτη και τελευταία τάξη ήταν οι ***θήτες,*** δηλαδή οι πολίτες που δεν είχαν καθόλου ιδιοκτησία ούτε σταθερό εισόδημα. Δεν είχαν δικαίωμα να εκλεγούν σε κανένα αξίωμα. Ήταν όμως μέλη της εκκλησίας του δήμου με δικαίωμα ψήφου, και μπορούσαν να είναι μέλη του λαϊκού δικαστηρίου της Ηλιαίας. Οι θήτες ήταν απαλλαγμένοι από κάθε εισφορά προς την πολιτεία και στο στρατό υπηρετούσαν ως ελαφρά οπλισμένοι (ψιλοί).

Η εκκλησία του δήμου

- Ένα σημαντικό μέτρο ήταν η ενίσχυση των εξουσιών της ***εκκλησίας του δήμου.*** Τη συγκροτούσαν οι Αθηναίοι πολίτες και από τις τέσσερις τάξεις, εφόσον είχαν συμπληρώσει το 20ο έτος της ηλικίας τους, που συνεδρίαζαν σε τακτές ημερομηνίες.

Η βουλή των τετρακοσίων

- Ο Σόλων πρέπει να είναι ο ιδρυτής της ***βουλής των τετρακοσίων,*** που τη συγκροτούσαν 100 βουλευτές από καθεμιά από τις παλιότερες 4 φυλές. Το έργο της ήταν «προβουλευτικό», ετοίμαζε δηλαδή τα θέματα που θα εισάγονταν για συζήτηση στην εκκλησία του δήμου. Βουλευτές μπορούσαν να γίνουν οι πολίτες που ανήκαν στις τρεις πρώτες τάξεις, εφόσον είχαν συμπληρώσει το 30ο έτος της ηλικίας τους. Η θητεία τους κρατούσε ένα χρόνο.

Η Ηλιαία

- Από το Σόλωνα επίσης ιδρύθηκε το μεγάλο λαϊκό δικαστήριο της ***Ηλιαίας.*** Τα μέλη της Ηλιαίας, οι ***ηλιαστές,*** που ήταν συνολικά 6.000, προέρχονταν με κλήρωση και από τις τέσσερις τάξεις των πολιτών και χωρίζονταν σε 10 τμήματα των 500 μελών. Τα 1.000 ήταν αναπληρωματικά. Στην Ηλιαία μπορούσε κανείς να καταγγείλει και τις αποφάσεις των αρχόντων, αν τις θεωρούσε άδικες.

Άλλοι θεσμοί και νόμοι

- Ο θεσμός των εννέα αρχόντων διατηρήθηκε. Διατηρήθηκε και ο Άρειος Πάγος, αλλά ορισμένες από τις δικαιοδοσίες του μεταβιβάστηκαν στην εκκλησία του δήμου, στη βουλή των τετρακοσίων και στην Ηλιαία.

- Από την υπόλοιπη νομοθεσία του Σόλωνα ξεχωρίζουν οι νόμοι που έκαναν υποχρεωτική τη συμμετοχή των πολιτών στα κοινά, οι νόμοι που προστάτευαν το γάμο και την οικογένεια και οι νόμοι που ρύθμιζαν τις εξαγωγές και τις εισαγωγές γεωργικών προϊόντων.

Ο χαρακτήρας της νομοθεσίας του Σόλωνα

Γενικά, ο Σόλων προσπάθησε να συμβιβάσει με τη νομοθεσία του τις μεγάλες αντιθέσεις που υπήρχαν ανάμεσα στις κοινωνικές τάξεις της Αθήνας. Οι μεταρρυθμίσεις που έκανε δεν ήταν ριζικές, αν και ορισμένοι νόμοι του ήταν πραγματικά ριζοσπαστικοί. Κύριος σκοπός του ήταν να κάνει τους Αθηναίους ενεργούς και υπεύθυνους πολίτες και να δημιουργήσει ένα κράτος όπου η ελευθερία και η αξιοπρέπεια του κάθε πολίτη θα ήταν σεβαστή.

Ο Πεισίστρατος. Η τυραννίδα

Η αναταραχή συνεχίζεται

Η νομοθεσία του Σόλωνα είχε σκοπό, όπως είπαμε, να συμβιβάσει τα συγκρουόμενα συμφέροντα. Από τον ίδιο το συμβιβαστικό της χαρακτήρα ήταν φυσικό να δημιουργήσει δυσαρέσκειες, είτε σ' εκείνους που θίχτηκαν τα συμφέροντά τους είτε σ' εκείνους που δεν ικανοποιήθηκαν τα αιτήματά τους. Συγκεκριμένα, οι ευγενείς ήταν δυσαρεστημένοι γιατί καταργήθηκαν πολλά από τα προνόμιά τους, ενώ οι φτωχότερες τάξεις κυρίως επειδή δεν ικανοποιήθηκε το αίτημά τους για αναδασμό της γης.

Αφού ολοκλήρωσε τη νομοθεσία του ο Σόλων όρκισε τους Αθηναίους να τη διατηρήσουν τουλάχιστον 10 χρόνια και έφυγε από την

Ένας νόμος του Σόλωνα για τους αδιάφορους πολίτες

Από τους άλλους νόμους του Σόλωνα ιδιαίτερα χαρακτηριστικός και παράξενος είναι εκείνος που ορίζει ότι χάνει τα πολιτικά του δικαιώματα όποιος μένει ουδέτερος σε περίπτωση που θα ξεσπούσε εμφύλια διαμάχη στην πόλη. Ήθελε, όπως φαίνεται, ο Σόλων κανένας πολίτης να μη μένει αδιάφορος και ασυγκίνητος για τα δημόσια ζητήματα κοιτάζοντας μόνο πώς να εξασφαλίσει τα δικά του συμφέροντα, ούτε να καυχιέται πως δεν πονά κι αυτός και δεν πάσχει με τα δεινά της πατρίδας του. Αντίθετα, έπρεπε ο πολίτης από την αρχή να παίρνει θέση πλάι σ' αυτούς που ενεργούν πιο σωστά και πιο δίκαια και να κινδυνεύει μαζί τους και να τους βοηθά, αντί να περιμένει ακίνδυνα να δει ποιος θα νικήσει.

(*Πλούταρχος, Σόλων, 20.* Μετάφραση Β. Τσακατίκα)

Ο Σόλων μιλάει σ' ένα ποίημά του για το νομοθετικό του έργο

Σαν ποιο άφησα στη μέση απ' όσα μ' έκαναν
να συγκαλέσω το λαό σε σύναξη;
Μπρος στου Καιρού το δικαστήριο μάρτυρα
άριστον έχω την τρανή μητέρα εγώ
των θεών του Ολύμπου, τούτη δω τη μαύρη Γη,
που πάνωθέ της πέτρες σήκωσα πολλές,
χρεών σημάδια· σκλάβα πρώτη αυτή 'τανε
και τώρα λεύτερη είναι. Κι Αθηναίους πολλούς
που δίκαια ή άδικα είχαν πουληθεί μακριά,
στη θεόχτιστη πατρίδα τους ξανάφερα·
άλλοι, που χρέη αβάσταχτα τους πιέζανε,
μόνοι είχαν φύγει και, γυρνώντας δω και κει,
την αττική τους γλώσσα είχαν ξεχάσει πια,
κι απ' της σκλαβιάς άλλοι υποφέραν την ντροπή
εδώ στον τόπο, μπρος στο αγρίεμα τρέμοντας
των αφεντάδων. Όλους τους λευτέρωσα.
Και βία μαζί και δίκιο συνταιριάζοντας
τα 'φερα τούτα εγώ ως την άκρη, δυνατά,
έτσι όπως είχα τάξει. Νόμους όρισα
ίδιους για τους μεγάλους και για τους μικρούς
το δίκιο δρόμο στον καθένα δείχνοντας.

(Μετάφραση Θρ. Σταύρου)

πόλη. Οι εμφύλιες διαμάχες όμως συνεχίστηκαν και σχηματίστηκαν στην Αθήνα τρεις πολιτικές παρατάξεις, οι ακόλουθες:

– **Οι πεδιακοί:** Στην ομάδα αυτή ανήκαν οι μεγαλογαιοκτήμονες ευπατρίδες, που είχαν μεγάλα κτήματα στα πεδινά μέρη της Αττικής. Επιδίωκαν την επαναφορά του παλιού αριστοκρατικού καθεστώτος, που είχε καταργήσει ο Σόλων. Αρχηγός τους ήταν ο Λυκούργος.

– **Οι παράλιοι:** Σ' αυτούς ανήκαν οι κάτοικοι των περιοχών που βρίσκονταν κοντά στα παράλια της Αττικής και ήταν κυρίως έμποροι και βιοτέχνες. Αυτοί ήταν οι περισσότεροι ευνοημένοι από τη νομοθεσία του Σόλωνα. Αρχηγός τους ήταν ο Μεγακλής.

– **Οι διάκριοι:** Ήταν οι πιο φτωχοί Αθηναίοι, μικροκαλλιεργητές, που ζούσαν κυρίως στο βορειοανατολικό ορεινό τμήμα της Αττικής (Διακρία), και θήτες. Οι διάκριοι επιδίωκαν ριζικότερες μεταρρυθμίσεις, όπως αναδασμό της γης. Αρχηγός τους ήταν ο Πεισίστρατος.

Ο Πεισίστρατος γίνεται τύραννος

Ο ηγέτης των διακρίων Πεισίστρατος ήταν ευπατρίδης και είχε αποκτήσει φήμη στον πόλεμο κατά των Μεγαρέων για τη Σαλαμίνα. Κατόρθωσε να πείσει τους Αθηναίους να του επιτρέψουν να διατηρεί προσωπική φρουρά για την ασφάλειά του τάχα και το 561 π.Χ. κατέλαβε την εξουσία. Διώχτηκε μια φορά από την Αθήνα, αλλά στο τέλος επικράτησε και διατήρησε την εξουσία ως το θάνατό του (527 π.Χ.). Έτσι επιβλήθηκε στην Αθήνα το καθεστώς της ***τυραννίδας.***

Η διακυβέρνηση του Πεισίστρατου

Ο Πεισίστρατος, αν και ήταν τύραννος, κυβέρνησε με τρόπο συμβιβαστικό. Επιδίωξε φιλία με όλους, ακόμη και με τους ευγενείς, που ήταν στην αρχή οι κυριότεροι αντίπαλοί του. Τυπικά διατήρησε το καθεστώς που καθιερώθηκε με τη νομοθεσία του Σόλωνα, αλλά φρόντισε να εκλέγονται στα αξιώματα συγγενείς του ή πιστοί οπαδοί του. Υποστήριξε τους φτωχούς αγρότες δίνοντάς τους καλλιεργητικά δάνεια, κατασκεύασε πολλά δημόσια έργα δίνοντας έτσι δουλειά στους άνεργους και ενίσχυσε το εμπόριο και τη βιοτεχνία. Παράλληλα όμως επέβαλε φόρο (5 ή 10%) στην ιδιοκτησία γης.

Στην εποχή του Πεισίστρατου οργανώθηκαν συστηματικά οι μεγάλες γιορτές της Αθήνας, όπως τα Παναθήναια, τα Ελευσίνια, τα Διονύσια κ.ά. Τα ίδια χρόνια καταγράφηκαν και τα ομηρικά έπη για πρώτη φορά στην Αθήνα.

Ακόμη, οι Πεισίστρατος κατέλαβε το Σίγειο, πόλη στην είσοδο του Ελλησπόντου, αφαιρώντας την από τους Μυτιληναίους. Έδωσε έτσι στην Αθήνα μια σημαντική ναυτική βάση για το εμπόριο με τον Εύξεινο Πόντο. Πολλοί υποστηρίζουν ότι στα χρόνια του Πεισίστρατου θεμελιώθηκε η κατοπινή ναυτική και εμπορική ανάπτυξη της Αθήνας.

Η πτώση της τυραννίδας

Μετά το θάνατο του Πεισίστρατου (527 π.Χ.) τον διαδέχτηκαν τα παιδιά του Ιππίας, Ίππαρχος και Θεσσαλός. Την εξουσία είχε κυρίως ο πρώτος, χωρίς όμως να έχει και τις ικανότητες του πατέρα του, ενώ

Πώς ο Πεισίστρατος έγινε τύραννος

Ο Πεισίστρατος λοιπόν, που ήταν πολύ δημοφιλής και είχε αποκτήσει δόξα στον πόλεμο εναντίον των Μεγαρέων, τραυματίστηκε μόνος του και έπεισε το δήμο να του επιτρέψει να έχει σωματοφύλακες για προστασία, επειδή τάχα τον είχαν τραυματίσει οι πολιτικοί του αντίπαλοι. Την πρόταση την έκανε ο Αριστίονας. Και αφού σχημάτισε σωματοφυλακή, τους ονομαζόμενους «κορυνηφόρους» (ροπαλοφόρους), έκανε μ' αυτούς κίνημα και κατέλαβε την ακρόπολη, τριαντατέσσερα χρόνια μετά τη νομοθεσία του Σόλωνα, όταν ήταν επώνυμος άρχοντας ο Κωμέος. Και λένε πως, όταν ο Πεισίστρατος ζητούσε σωματοφυλακή, ο Σόλων αντιτάχθηκε και είπε ότι από άλλους Αθηναίους είναι πιο σοφός κι από άλλους πιο γενναίος· δηλαδή πιο σοφός από κείνους που δεν καταλαβαίνουν ότι ο Πεισίστρατος έχει σκοπό να γίνει τύραννος και πιο γενναίος από κείνους που το ξέρουν και δε μιλούν.

(*Αριστοτέλη, «Αθηναίων Πολιτεία», 14.* Μετάφραση)

Η διοίκηση του Πεισίστρατου

Ο Πεισίστρατος κυβερνούσε την πόλη με μετριοπάθεια και περισσότερο σαν εκλεγμένος άρχοντας παρά σαν τύραννος. Κοντά στα άλλα, ήταν φιλάνθρωπος και ήρεμος και γεμάτος κατανόηση γι' αυτούς που έκαναν αδικήματα. Ακόμη, δάνειζε χρήματα στους φτωχούς για ν' αρχίσουν τη δουλειά τους, ώστε να έχουν να ζήσουν όταν καλλιεργούσαν τη γη. Αυτό το έκανε για δύο λόγους· και για να μη χάνουν τον καιρό τους τριγυρνώντας μέσα στην πόλη αλλά να είναι διασκορπισμένοι στην ύπαιθρο, και για να μην έχουν ούτε την επιθυμία ούτε το χρόνο να ασχοληθούν με τα πολιτικά πράγματα, αφού δε θα τους έλειπαν τα απαραίτητα και θα ήταν απασχολημένοι με τις δουλειές τους.

(Αριστοτέλη, *«Αθηναίων Πολιτεία», 16,2-3.* Μετάφραση)

Αγάλματα της ρωμαϊκής εποχής που παριστάνουν τον Αρμόδιο και τον Αριστογείτονα, τους δύο Αθηναίους που το 514 π.Χ. σκότωσαν το γιο του Πεισίστρατου Ίππαρχο. Οι Αθηναίοι τίμησαν ιδιαίτερα τους τυραννοκτόνους στήνοντας αγάλματά τους στην Αγορά.

οι Αθηναίοι είχαν κουραστεί πια από την τυραννίδα. Όταν, μετά τη δολοφονία του Ίππαρχου, ο Ιππίας άρχισε να κυβερνάει με σκληρότητα, οι Αθηναίοι εξεγέρθηκαν και κατόρθωσαν, με τη βοήθεια των Σπαρτιατών, να τον διώξουν από την πόλη (510 π.Χ.).

Ο Κλεισθένης. Η δημοκρατία

Οι δημοκρατικοί στην εξουσία

Την πτώση της τυραννίδας ακολούθησε μια σύντομη πάλη ανάμεσα στους ολιγαρχικούς (ευγενείς και πλούσιους) και τους δημοκρατικούς (μεσαίες και κατώτερες τάξεις) που, με αρχηγό τον Κλεισθένη, ήθελαν να προχωρήσουν περισσότερο στον εκδημοκρατισμό της αθηναϊκής πολιτείας. Τελικά επικράτησαν οι δημοκρατικοί και ο Κλεισθένης πρότεινε πολύ σημαντικές μεταρρυθμίσεις, που εγκρίθηκαν το 508 π.Χ. από την εκκλησία του δήμου.

Η οργάνωση των Αθηναίων σε 10 φυλές

Μια από τις πρώτες φροντίδες του Κλεισθένη ήταν να μειώσει την τοπική δύναμη που είχαν και ασκούσαν οι μεγάλες οικογένειες των πλούσιων ευγενών στην περιοχή τους. Για να το πετύχει αυτό χώρισε την Αττική σε τρεις περιοχές· α) την πόλη (άστυ) της Αθήνας με τους γύρω συνοικισμούς, β) τα παράλια και γ) το εσωτερικό. Καθεμιά απ' αυτές τις τρεις περιοχές τη χώρισε σε 10 τμήματα, που ονομάστηκαν «τριττύες». Στη συνέχεια πήρε ένα τμήμα από κάθε περιοχή και σχημάτισε μια φυλή. Έτσι οι πολίτες του αθηναϊκού κράτους οργανώθηκαν σε 10 φυλές, που στην καθεμιά ανήκαν κάτοικοι και των τριών

ΑΣΤΥ		ΠΑΡΑΛΙΑ		ΕΣΩΤΕΡΙΚΟ (ΜΕΣΟΓΑΙΑ)		
Τριττύς	+	Τριττύς	+	Τριττύς	=	ΦΥΛΗ
Τριττύς	+	Τριττύς	+	Τριττύς	=	ΦΥΛΗ
Τριττύς	+	Τριττύς	+	Τριττύς	=	ΦΥΛΗ
Τριττύς	+	Τριττύς	+	Τριττύς	=	ΦΥΛΗ
Τριττύς	+	Τριττύς	+	Τριττύς	=	ΦΥΛΗ
Τριττύς	+	Τριττύς	+	Τριττύς	=	ΦΥΛΗ
Τριττύς	+	Τριττύς	+	Τριττύς	=	ΦΥΛΗ
Τριττύς	+	Τριττύς	+	Τριττύς	=	ΦΥΛΗ
Τριττύς	+	Τριττύς	+	Τριττύς	=	ΦΥΛΗ
Τριττύς	+	Τριττύς	+	Τριττύς	=	ΦΥΛΗ

Σχηματική παράσταση του τρόπου σχηματισμού των 10 φυλών των Αθηναίων από τον Κλεισθένη.

περιοχών της Αττικής. Η οργάνωση αυτή σε 10 φυλές έγινε από δω και πέρα η βασική οργάνωση του αθηναϊκού κράτους.

Η οργάνωση σε δήμους

Κάθε οικισμός της Αττικής αποτέλεσε και ένα δήμο. Ο δήμος είχε τα δικά του εδαφικά όρια, δικό του δήμαρχο, και κρατούσε κατάλογο των δημοτών που ανήκαν σ' αυτόν, μητρώο, δηλαδή, του δήμου. Η εγγραφή ενός κατοίκου της Αττικής στο μητρώο του δήμου του, του έδινε την ιδιότητα του Αθηναίου πολίτη. Έτσι κάθε Αθηναίος, εκτός από τη φυλή, ανήκε και στο δήμο που κατοικούσε.*

Η βουλή των πεντακοσίων

Πάνω στη βάση της οργάνωσης των Αθηναίων σε 10 φυλές, οργανώθηκε αντίστοιχα και η βουλή, που, από βουλή των τετρακοσίων (με βάση τις 4 παλιότερες φυλές), έγινε τώρα ***βουλή των πεντακοσίων.*** Τη συγκροτούσαν 50 βουλευτές από κάθε φυλή (συνολικά 500), που προέρχονταν από τις τρεις ανώτερες οικονομικά τάξεις, και έπρεπε να έχουν συμπληρώσει την ηλικία των 30 χρόνων. Η θητεία τους κρατούσε ένα χρόνο.

Η βουλή των πεντακοσίων χειριζόταν τα θέματα της εξωτερικής πολιτικής, τα οικονομικά θέματα και είχε ορισμένες δικαστικές αρμοδιότητες. Ακόμη, επεξεργαζόταν και παρουσίαζε στην εκκλησία του δήμου τα θέματα που έπρεπε να συζητηθούν και για τα οποία έπρεπε να παρθεί κάποια σοβαρή απόφαση.**

Για να οργανωθούν καλύτερα οι εργασίες της βουλής, ο χρόνος διαιρέθηκε σε δέκα περιόδους (πρυτανείες) των 35-36 ημερών. Κάθε περίοδο ήταν επικεφαλής της βουλής οι 50 βουλευτές μιας φυλής. Η φυλή αυτή ονομαζόταν, για την περίοδο των 35 ημερών, ***πρυτανεύουσα*** και οι βουλευτές της ***πρυτάνεις.*** Τέλος, για κάθε 24ωρο εκλεγόταν με κλήρο ένας από τους πρυτάνεις ως πρόεδρος και ονομαζόταν ***επιστάτης των πρυτάνεων.***

Οι 10 στρατηγοί

Πάνω στη βάση της οργάνωσης σε 10 φυλές στηρίχτηκε και η νέα οργάνωση του αθηναϊκού στρατού. Συγκεκριμένα ο στρατός χωρίστηκε σε 10 μεγάλες μονάδες, που καθεμιά τους αντιστοιχούσε σε μια φυλή. Τις μονάδες αυτές διοικούσαν ***10 στρατηγοί,*** ένας από κάθε φυλή, που εκλέγονταν κάθε χρόνο. Επικεφαλής όλου του στρατού ήταν ο ***πολέμαρχος.*** Οι 10 στρατηγοί είχαν στην αρχή μόνο στρατιωτικά καθήκοντα. Αργότερα όμως (από το 487 π.Χ.) απέκτησαν και πολιτικές αρμοδιότητες και έγιναν οι σπουδαιότεροι άρχοντες του αθηναϊκού κράτους.

---

* Οι δήμοι ήταν οι μικρότερες ληξιαρχικές και στρατολογικές μονάδες. Κάθε Αθηναίος είχε το μικρό του όνομα, το όνομα του πατέρα του και το όνομα του δήμου, π.χ. Θουκυδίδης, Ολόρου Αλιμούσιος.

** Οι επίσημες αποφάσεις της αθηναϊκής πολιτείας άρχιζαν με τη φράση: «Ἔδοξεν τῇ βουλῇ καί τῷ δήμῳ...», δηλαδή «Αποφάσισαν η βουλή και ο δήμος...». Ο δήμος είναι εδώ η εκκλησία του δήμου.

Η εκκλησία του δήμου κυρίαρχο όργανο του κράτους

Το αποφασιστικό βήμα προς τη δημοκρατία ο Κλεισθένης το πραγματοποίησε κάνοντας την ***εκκλησία του δήμου,*** δηλαδή τη γενική συνέλευση όλων των Αθηναίων πολιτών, κυρίαρχο σώμα του αθηναϊκού κράτους. Αυτή έπαιρνε τις τελικές αποφάσεις για όλα τα σοβαρά θέματα που απασχολούσαν την πολιτεία, όπως ήταν η κήρυξη πολέμου ή η σύναψη ειρήνης ή συμμαχίας. Αυτή ψήφιζε τους νόμους για τη διοίκηση της πόλης και ενέκρινε ή απέρριπτε τις προτάσεις της βουλής και των άλλων αρχών. Έτσι, η συμμετοχή όλων των πολιτών του αθηναϊκού κράτους στη διακυβέρνησή του ήταν άμεση. Η εκκλησία του δήμου ήταν το ανώτατο νομοθετικό όργανο και μ' αυτήν εκφραζόταν η λαϊκή βούληση.

Ο «οστρακισμός»

Για να προστατέψει το κράτος από τον κίνδυνο της επιβολής νέας τυραννίας, ο Κλεισθένης καθιέρωσε το μέτρο του ***οστρακισμού,**** δηλαδή της προληπτικής απομάκρυνσης από την Αθήνα όσων θεωρούνταν επικίνδυνοι για το δημοκρατικό πολίτευμα, επειδή είχαν αποκτήσει μεγάλη δύναμη. Ο οστρακισμός γινόταν μετά από απόφαση της εκκλησίας του δήμου και η ψηφοφορία ήταν μυστική.

Ο Κλεισθένης θεμελιωτής της αθηναϊκής δημοκρατίας

Ο μετασχηματισμός της αθηναϊκής πολιτείας σε δημοκρατία ολοκληρώθηκε με τις μεταρρυθμίσεις του Κλεισθένη. Αν και οι διακρίσεις με βάση την οικονομική κατάσταση δεν εξαλείφτηκαν, ωστόσο όλοι οι πολίτες είχαν το δικαίωμα να συμμετέχουν στη διακυβέρνηση του κράτους. Δικαιολογημένα λοιπόν ο Κλεισθένης θεωρήθηκε ο θεμελιωτής της αθηναϊκής δημοκρατίας.

---

* Κάθε πολίτης έγραφε πάνω σ' ένα όστρακο, κομμάτι από σπασμένο αγγείο, το όνομα του Αθηναίου που θεωρούσε επικίνδυνο για το δημοκρατικό πολίτευμα. Αν το όνομα κάποιου ήταν γραμμένο στο μεγαλύτερο αριθμό οστράκων, αυτός ήταν υποχρεωμένος να εγκαταλείψει την πόλη για 10 χρόνια.

Το πολίτευμα που καθιερώθηκε από τον Κλεισθένη

Και όταν έγιναν αυτά (οι μεταρρυθμίσεις του Κλεισθένη) το πολίτευμα έγινε πολύ πιο δημοκρατικό από ό,τι με τη νομοθεσία του Σόλωνα. Γιατί, εκτός από τα άλλα, οι νόμοι του Σόλωνα έπεσαν σε αχρηστία στα χρόνια της τυραννίδας και αφανίστηκαν. Και ο Κλεισθένης έκανε άλλους νόμους έχοντας στο νου του το συμφέρον του λαού. Τότε θεσπίστηκε και ο νόμος του οστρακισμού.

(Αριστοτέλη, «Αθηναίων Πολιτεία», 22. Μετάφραση)

Στην απέναντι σελίδα:

Για την προστασία της δημοκρατίας από υποψήφιους τυράννους οι Αθηναίοι καθιέρωσαν τη διαδικασία του οστρακισμού. Σύμφωνα μ' αυτή, κάθε Αθηναίος πολίτης χάραζε πάνω σ' ένα κομμάτι σπασμένου αγγείου («όστρακον») το όνομα του πολιτικού που θεωρούσε ότι υπήρχε κίνδυνος να εγκαθιδρύσει τυραννία. Αυτός που θα υποδεικνυόταν από την ψηφοφορία έπρεπε να εγκαταλείψει την Αθήνα για δέκα χρόνια. Εδώ εικονίζονται τρία τέτοια όστρακα του Μουσείου της Αρχαίας Αγοράς της Αθήνας, που έχουν τα ονόματα: Μεγακλής Ιπποκράτους (ο Μεγακλής ο γιος του Ιπποκράτη), Αριστείδης Λυσιμάχου και Ίππαρχος Χάρμου.

Η εξωτερική πολιτική του αθηναϊκού κράτους

Ο καθοριστικός παράγοντας

Τα προβλήματα που δημιουργούσε η αύξηση του πληθυσμού και η ανεπάρκεια της καλλιεργήσιμης γης αντιμετωπίστηκαν από τους Αθηναίους με τη στροφή της οικονομικής τους δραστηριότητας κυρίως προς το θαλάσσιο εμπόριο. Το γεγονός αυτό καθόρισε σε μεγάλο βαθμό και την εξωτερική πολιτική του αθηναϊκού κράτους, που φρόντιζε να εξασφαλίζει νέες αγορές για τα αθηναϊκά προϊόντα καθώς και πηγές για την προμήθεια αγαθών που ήταν απαραίτητα και δεν παράγονταν στην Αττική.

Οι βάσεις της αθηναϊκής ναυτικής δύναμης

Από τον 7ο ακόμη αιώνα π.Χ. οι Αθηναίοι είχαν καταλάβει το Σίγειο,* στην είσοδο του Ελλησπόντου. Η πόλη αυτή βρισκόταν σε καίριο σημείο της επικοινωνίας με τον Εύξεινο Πόντο, στις περιοχές του οποίου οι Αθηναίοι πουλούσαν τα βιοτεχνικά τους προϊόντα και προμηθεύονταν το τόσο απαραίτητο γι' αυτούς σιτάρι. Για τον έλεγχο του Σαρωνικού κόλπου οι Αθηναίοι αγωνίστηκαν εναντίον των Μεγαρέων, από τους οποίους πήραν τελικά τη Σαλαμίνα, και εναντίον της Αίγινας. Τέλος, το 506 π.Χ., απέκρουσαν μια συνδυασμένη επίθεση Σπαρτιατών, Βοιωτών και Χαλκιδέων και κατέλαβαν εύφορες εκτάσεις στην περιοχή της Εύβοιας. Έτσι, καθώς τελείωνε ο 6ος αιώνας, το αθηναϊκό κράτος ισχυροποιήθηκε και άρχισε να εξελίσσεται σε αξιόλογη ναυτική δύναμη.

---

* Για ένα διάστημα το Σίγειο το κατέλαβαν οι Μυτιληναίοι, αλλά το ξαναπήραν και πάλι οι Αθηναίοι στα χρόνια του Πεισίστρατου.

Οι κληρουχίες

Για να μπορούν να ταχτοποιούν τους ακτήμονες, αλλά και για να εκμεταλλεύονται πλούσια εδάφη σε περιοχές που κατακτούσαν ή αποκτούσαν με άλλο τρόπο, οι Αθηναίοι καθιέρωσαν το θεσμό των ***κληρουχιών.*** Μοίραζαν δηλαδή τις περιοχές αυτές σε κλήρους και έστελναν εκεί ακτήμονες, για να τους καλλιεργούν. Αν και μακριά από την Αθήνα, οι ***κληρούχοι*** εξακολουθούσαν να είναι Αθηναίοι πολίτες και μπορούσαν να ασκούν τα πολιτικά δικαιώματά τους κάθε φορά που βρίσκονταν σ' αυτή. Μια πρόσθετη ωφέλεια για το αθηναϊκό κράτος ήταν ότι μπορούσε να ελέγχει τις περιοχές όπου εγκαθιστούσε κληρουχίες, με την παρουσία και μόνο των Αθηναίων πολιτών, που αναλάμβαναν και να τις υπερασπίζονται για λογαριασμό της πατρίδας τους.

στ. ΟΙ ΠΑΝΕΛΛΗΝΙΟΙ ΔΕΣΜΟΙ

Από τα αρχαϊκά χρόνια, και για όλη σχεδόν την περίοδο της αρχαιότητας, ο ελληνικός κόσμος παρουσιάζεται απλωμένος σε μεγάλη έκταση και χωρισμένος σε πολλά ανεξάρτητα κράτη. Το καθένα απ' αυτά έχει το δικό του πολιτικό καθεστώς, τη δική του οικονομική και κοινωνική εξέλιξη και, γενικά, τη δική του ιστορία.

Ωστόσο, παρά τη γεωγραφική και πολιτική αυτή διάσπαση, τους Έλληνες ένωναν βαθύτεροι δεσμοί, πνευματικοί και ηθικοί, που στα αρχαϊκά χρόνια ισχυροποιούνται περισσότερο. Και παρατηρείται το φαινόμενο, όσο περισσότερο απλώνονταν και απομακρύνονταν από το μητροπολιτικό ελληνικό χώρο, δηλαδή την ηπειρωτική Ελλάδα, τα νησιά του Αιγαίου και τις μικρασιατικές ακτές, τόσο περισσότερο να

Εγκατάσταση Αθηναίων κληρούχων στην Εύβοια

Συγκρούστηκαν λοιπόν οι Αθηναίοι με τους Βοιωτούς, τους νίκησαν ολοκληρωτικά, σκότωσαν πάρα πολλούς και αιχμαλώτισαν εφτακόσιους. Και την ίδια μέρα οι Αθηναίοι πέρασαν στην Εύβοια, συγκρούστηκαν με τους Χαλκιδείς και, αφού τους νίκησαν κι αυτούς, εγκατέστησαν στα κτήματα των «ιπποβοτών» τέσσερις χιλιάδες κληρούχους· «ιπποβότες» ονομάζονταν οι πλούσιοι Χαλκιδείς.

(Ηρόδοτος, Ε,77,2. Μετάφραση)

Ένας μύθος για την προέλευση της ονομασίας Έλληνες

Από την Πύρρα και το Δευκαλίωνα γεννήθηκαν πρώτος ο Έλλην, που μερικοί λένε ότι είναι γιος του Δία, δεύτερος ο Αμφικτύων, που βασίλεψε στην Αττική μετά τον Κραναό, και τρίτη μια κόρη, η Πρωτογένεια, που γέννησε από το Δία τον Αέθλιο. Από τον Έλληνα και τη νύμφη Ορσηίδα γεννήθηκαν ο Δώρος, ο Ξούθος και ο Αίολος. Αυτός (ο Έλλην) ονόμασε, από το δικό του όνομα, Έλληνες όσους λέγονταν πρώτα Γραικοί και μοίρασε τη χώρα τους στα παιδιά του.

Απολλόδωρου *«Βιβλιοθήκη», Ι,7,2-3.* Μετάφραση)

συνειδητοποιούν ότι ανήκουν στο ίδιο έθνος και να φροντίζουν να διατηρούν τα στοιχεία εκείνα, που από τη μια μεριά τούς ξεχώριζαν από τους άλλους λαούς και από την άλλη τους έδεναν μεταξύ τους. Μερικά από τα στοιχεία αυτά, που μπορούμε να τα ονομάσουμε ***πανελλήνιους δεσμούς,*** θα αναφέρουμε στη συνέχεια.

Η κοινή ονομασία

Παλιότερα υπήρχαν διάφορες ονομασίες για τους Έλληνες. Ο Όμηρος τους αποκαλεί Αργείους, Δαναούς ή Αχαιούς. Στα αρχαϊκά χρόνια όμως επικρατεί η ονομασία ***Έλληνες*** και χρησιμοποιείται για να δηλώσει όλους όσους ανήκουν στο ελληνικό έθνος. Ενώ λοιπόν υπάρχουν ξεχωριστές ονομασίες για τους πολίτες κάθε ελληνικού κράτους, όπως π.χ. Αθηναίοι, Σπαρτιάτες, Συρακούσιοι, Μιλήσιοι, καθιερώνεται και η κοινή ονομασία Έλληνες.

Η κοινή γλώσσα

Ένα άλλο συνδετικό στοιχείο του ελληνικού έθνους, που το ξεχώριζε και από τους άλλους λαούς, ήταν η κοινή γλώσσα. Βέβαια ανάμεσα στους Έλληνες υπήρχαν γλωσσικές διαφορές ανάλογα με τις περιοχές στις οποίες κατοικούσαν και τη φυλετική τους προέλευση. Αυτό συμβαίνει πάντοτε και σ' όλους τους λαούς. Υπήρχαν λοιπόν στην αρχαιότητα διάφορες ελληνικές διάλεκτοι. Όλες όμως ήταν παραλλαγές της ίδιας γλώσσας, της ελληνικής.

Οι θρησκευτικοί δεσμοί

Ιδιαίτερα ισχυροί ήταν και οι θρησκευτικοί δεσμοί. Παράλληλα με τις τοπικές θεότητες και τις τοπικές λατρείες, στα αρχαϊκά χρόνια είχε πια επικρατήσει και είχε απλωθεί σ' ολόκληρο τον ελληνικό κόσμο η λατρεία των ολύμπιων θεών, που έγιναν έτσι πανελλήνιοι.

Στην καλλιέργεια της συνείδησης ενότητας των Ελλήνων σημαντικό ρόλο έπαιξαν και τα μεγάλα ιερά της αρχαιότητας. Γνωρίσαμε ήδη ότι οι Ίωνες της Μ. Ασίας είχαν ως κέντρο τους το ναό του Ποσειδώνα στη Μυκάλη και οι Δωριείς το ναό του Απόλλωνα στο Τριόπιο. Η γιορτή του Απόλλωνα στη Δήλο ήταν η μεγάλη γιορτή όλων των Ιώνων, που φρόντιζαν να στέλνουν κάθε χρόνο επίσημες αντιπροσωπείες από τις πόλεις τους.

Τέλος τα ***Ολύμπια,*** γιορτή προς τιμή του Δία, που γινόταν κάθε τέσσερα χρόνια στην Ολυμπία της Πελοποννήσου, ήταν η πιο μεγάλη θρησκευτική γιορτή της ελληνικής αρχαιότητας. Στους ολυμπιακούς αγώνες, που διοργανώνονταν στα πλαίσια της θρησκευτικής γιορτής, συγκεντρώνονταν Έλληνες από τα πέρατα του ελληνικού κόσμου. Την ίδια απήχηση είχαν και άλλες θρησκευτικές γιορτές πλαισιωμένες με αγώνες, όπως τα Πύθια, τα Ίσθμια, τα Νέμεα.

Τα μαντεία

Πανελλήνια θρησκευτικά κέντρα ήταν και τα μαντεία. Οι Έλληνες απ' όλα τα μέρη κατέφευγαν σ' αυτά, για να πληροφορηθούν το μέλλον και να ζητήσουν τη συμβουλή των θεών για κάποια υπόθεσή τους. Είδαμε κιόλας ότι συμβουλεύονταν τα μαντεία για το θέμα του αποικισμού. Ένα από τα πιο παλιά μαντεία ήταν το πανάρχαιο μαντείο της

Το ιερό του Απόλλωνα στη Δήλο, ένα από τα πιο σημαντικά θρησκευτικά κέντρα των Ιώνων.

μακρινής Δωδώνης, αφιερωμένο στο Δία. Το πιο γνωστό όμως μαντείο σ' ολόκληρη την αρχαιότητα, αφιερωμένο στο θεό Απόλλωνα, ήταν το μαντείο των Δελφών. Η φήμη του ήταν τόσο μεγάλη, ώστε έρχονταν να το συμβουλευτούν και ξένοι.

Οι αμφικτιονίες

Με κέντρο κάποιο μαντείο ή κάποιον ιερό χώρο (ναό) δημιουργήθηκαν οργανώσεις κρατών, οι ***αμφικτιονίες.*** Κύριος σκοπός τους ήταν η συλλογική φροντίδα για το μαντείο ή το ναό και η προστασία του. Παράλληλα όμως οι αντιπρόσωποι των πόλεων - κρατών που ήταν μέλη της αμφικτιονίας, συζητούσαν στα συνέδριά τους και τις διαφορές που υπήρχαν μεταξύ τους και πολλές φορές έδιναν λύσεις στα διάφορα προβλήματα. Όμως οι αμφικτιονίες δεν μπορούσαν να πάρουν αποφάσεις που τα κράτη - μέλη θα ήταν υποχρεωμένα να τις εφαρμόσουν.

Η πιο σημαντική αμφικτιονία στην αρχαιότητα ήταν η αμφικτιονία των Δελφών, με κέντρο το ομώνυμο μαντείο.*

---

* Τη δελφική αμφικτιονία συγκροτούσαν 12 φύλα: οι Φωκείς, οι Δωριείς της Δωρίδας, οι Λοκροί, οι Θεσσαλοί, οι Μαλιείς, οι Αινιάνες, οι Δόλοπες, οι Αχαιοί της Αχαΐας Φθιώτιδας, οι Μάγνητες, οι Περραβοί, οι Ευβοείς και οι Βοιωτοί.

Το ιερό του Απόλλωνα στους Δελφούς με το περίφημο μαντείο του υπήρξε ένα από τα σπουδαιότερα ιερά του αρχαίου ελληνικού κόσμου. Διακρίνονται καλά ο ναός του Απόλλωνα, το θέατρο και πιο πάνω το στάδιο.

Ένας μύθος για την ίδρυση του μαντείου της Δωδώνης

Και οι ιέρειες της Δωδώνης λένε αυτά: Δύο μαύρα περιστέρια πέταξαν από τη Θήβα της Αιγύπτου· το ένα πήγε στη Λιβύη και το άλλο έφτασε στη Δωδώνη. Κι αφού κάθησε σε μια βαλανιδιά, μίλησε μ' ανθρώπινη φωνή και είπε ότι πρέπει εκεί να ιδρυθεί ένα μαντείο του Δία. Αυτά τα λόγια θεωρήθηκαν σαν θεϊκή προσταγή κι έτσι ιδρύθηκε το μαντείο.

(Ηρόδοτος, Β,55. Μετάφραση)

Πώς ο θεός Απόλλωνας έγινε κύριος του μαντείου των Δελφών

Ο Απόλλωνας, αφού έμαθε τη μαντική τέχνη από τον Πάνα, γιο του Δία και της Ύβρης, ήρθε στους Δελφούς, όπου έδινε χρησμούς η Θέμιδα. Κι επειδή ο Πύθωνας, το φίδι που φρουρούσε το μαντείο, τον εμπόδιζε να πλησιάσει το ιερό χάσμα, ο Απόλλωνας το σκότωσε και έγινε κύριος του μαντείου.

(Απολλόδωρου *«Βιβλιοθήκη»*, *Ι,4,1.* Μετάφραση)

Η πολιτιστική ενότητα

Χαρακτηριστική ήταν και η ενότητα της καλλιτεχνικής και πνευματικής δημιουργίας. Όμοιοι ρυθμοί στην τέχνη αλλά και όμοιοι τρόποι στη λογοτεχνική έκφραση (έπος, λυρική ποίηση) επικράτησαν τις ίδιες περίπου περιόδους σ' όλες τις περιοχές όπου υπήρχαν Έλληνες.

Τέλος, η εικόνα των πανελλήνιων δεσμών συμπληρώνεται με τα όμοια ήθη και έθιμα, με τον όμοιο τρόπο σκέψης και, γενικά, με τον κοινό, τον «ελληνικό» τρόπο ζωής, που χαρακτήριζαν ολόκληρο τον αρχαίο ελληνικό κόσμο.

Η πολιτική διάσπαση

Αυτοί ήταν σε γενικές γραμμές οι εσωτερικοί δεσμοί των Ελλήνων, που εξωτερικά παρουσιάζονται διασπασμένοι, με τα πολλά ανεξάρτητα κράτη. Όμως οι αρχαίοι Έλληνες, αν και είχαν συνείδηση της εθνικής τους ενότητας, ποτέ δεν μπόρεσαν να ξεπεράσουν την πολιτική τους διάσπαση και να δημιουργήσουν ένα ενιαίο εθνικό κράτος. Μερικές φορές, όταν απειλήθηκαν από ξένους λαούς, μεγάλα τμήματα του ελληνισμού ενώθηκαν για να αντιμετωπίσουν τον κοινό κίνδυνο. Η ένωση όμως αυτή ήταν προσωρινή και μόνο στρατιωτική, μια συμμαχία δηλαδή, που έπαυε να υπάρχει μετά την απομάκρυνση του κινδύνου.

ζ. Ο ΠΟΛΙΤΙΣΜΟΣ

Τα γράμματα

Το διδακτικό έπος: Τα ομηρικά έπη, που δημιουργήθηκαν κατά την προηγούμενη περίοδο των γεωμετρικών χρόνων, είχαν σαν περιεχόμενό τους, όπως είδαμε, κατορθώματα και περιπέτειες ηρώων. Γι' αυτό και ονομάζονται ηρωικά έπη. Στην περίοδο όμως που εξετάζου-

---

Το διδακτικό έπος

Εύκολα την κακία μπορείς σωρό να την πετύχεις·
κοντά 'ναι το λημέρι της κι ολόισος είν' ο δρόμος·
αλλά μπροστά απ' την αρετή οι αθάνατοι έχουν βάλει
ίδρωτα· ολόρθο και μακρύ στρατί σ' εκείνη φέρνει
και στην αρχή πολύ τραχύ· μα στην κορφή σα φτάσεις,
κι ας ήταν πρώτα δύσκολο, τραβά πια μ' ευκολία.

Ντροπή δε φέρνει σου η δουλειά, ντροπή η οκνιά σου φέρνει.
Δουλεύεις; Γρήγορα ο οκνός το βιος σου θα ζηλέψει·
και συνοδεύουνε το βιος η υπόληψη, κι η φήμη.
Όποια και να 'ναι η μοίρα σου, κάλλιο είναι να δουλεύεις,
κι από το ξένο βιος μακριά πόθους κακούς κρατώντας,
σαν που ορμηνεύω, κοίταζε δουλεύοντας να ζήσεις.

Ησιόδου, *«Έργα και Ημέραι», στ.287-292* και *311-316.* Μετάφραση Θρ. Σταύρου)

με, ο επικός ποιητής Ησίοδος* δημιουργεί, με το ποίημά του «Έργα και Ημέραι», ένα άλλο είδος έπους. Περιεχόμενό του είναι η ζωή του κοινού ανθρώπου, ενός φτωχού αγρότη, με το μόχθο και τις δυσκολίες της, και σκοπός του να δώσει συμβουλές και οδηγίες. Γι' αυτό ονομάζεται διδακτικό έπος. Άλλο έργο του Ησίοδου είναι η « Θεογονία », όπου ο ποιητής ιστορεί την καταγωγή και τη γενεαλογία των θεών.

Η λυρική ποίηση: Από τις αρχές του 7ου αιώνα, και ξεκινώντας από την περιοχή της Ιωνίας, εμφανίζεται ένα νέο είδος ποίησης, που διαφέρει πολύ στη μορφή και στο περιεχόμενο από την επική. Πρόκειται για τη λυρική ποίηση, που ονομάστηκε έτσι γιατί αρχικά η απαγγελία των ποιημάτων συνοδευόταν από μουσική υπόκρουση με λύρα.

Σε αντίθεση με τα έπη, τα λυρικά ποιήματα είναι συνήθως μικρά σε έκταση. Οι ποιητές τους εκφράζουν μ' αυτά τις χαρές και τις λύπες της ζωής, τις αγάπες και τις αγωνίες τους και γενικά προβάλλουν τα προσωπικά τους συναισθήματα.

Ο πεζός λόγος: Μέσα στα αρχαϊκά χρόνια, και συγκεκριμένα τον 6ο αιώνα, έχουμε και τα πρώτα έργα σε πεζό λόγο. Πρόκειται για προσπάθειες να γραφτούν τοπικές ιστορίες ή γεωγραφίες, που έχουν όμως σαν κύριο χαρακτηριστικό την αφθονία μυθολογικών στοιχείων. Οι συγγραφείς των έργων αυτών ονομάζονται «λογογράφοι» και ο πιο γνωστός είναι ο Εκαταίος από τη Μίλητο.

Η φιλοσοφία : Ιδιαίτερα σημαντική για την πορεία της ανθρώπινης σκέψης είναι η εμφάνιση των πρώτων Ελλήνων φιλοσόφων στην Ιωνία. Οι φιλόσοφοι αυτοί, για πρώτη φορά στην ιστορία, προσπάθησαν να ερμηνεύσουν τις αρχές και την ουσία του κόσμου που μας περιβάλλει όχι με τους μύθους ή με τη θεολογία αλλά με τη λογική και το στοχασμό. Οι πιο σημαντικοί είναι ο Θαλής από τη Μίλητο, ο Ηράκλειτος από την Έφεσο, ο Πυθαγόρας από τη Σάμο κ.ά.

Η τέχνη

Η τέχνη της περιόδου μετά το 700 π.Χ., που ακολουθεί αμέσως τους γεωμετρικούς χρόνους, ονομάζεται «ανατολίζουσα», επειδή χαρακτηρίζεται από άφθονα στοιχεία φερμένα από την Ανατολή. Από το 625 ως το 480 περίπου π.Χ. έχουμε την κυρίως αρχαϊκή τέχνη, που ονομάστηκε έτσι, επειδή παλαιότερα πίστεψαν ότι τα έργα της εποχής αυτής είναι τα αρχαιότερα της ελληνικής τέχνης.

Η αρχιτεκτονική: Τον 7ο αιώνα π.Χ. οι πόλεις δείχνουν ιδιαίτερο ενδιαφέρον για κτίρια που σχετίζονται με τη λατρεία. Ανάμεσα σ'

---

* Ο Ησίοδος καταγόταν από την πόλη Άσκρα της Βοιωτίας και άκμασε γύρω στα 700 π.Χ.

αυτά κύρια θέση κατέχουν οι ναοί, που σκοπός τους είναι να στεγάσουν το λατρευτικό άγαλμα της θεότητας. Δεν είναι τυχαίο λοιπόν ότι με τους ναούς έχουμε τις πρώτες μεγάλες κατασκευές στην ελληνική αρχιτεκτονική. Για τη δημιουργία τους σημαντικό ρόλο έπαιξαν οι επαφές που ανέπτυξαν οι Έλληνες με τον κόσμο της Ανατολής γενικά και την Αίγυπτο ειδικότερα. Στους πολιτισμούς των περιοχών αυτών είχαν δημιουργηθεί από πολύ παλιά αρχιτεκτονήματα μεγάλων διαστάσεων χτισμένα από πέτρα και είχε αποκτηθεί σ' αυτόν τον τομέα πολύτιμη εμπειρία και γνώση. Είναι χαρακτηριστικό ότι οι Έλληνες χρησιμοποιούσαν τώρα όλο και περισσότερο την πέτρα για την οικοδόμηση των μεγάλων ναών τους.

Οι αρχιτεκτονικοί ρυθμοί

Δύο είναι οι αρχιτεκτονικοί ρυθμοί που διαμορφώνονται και κυριαρχούν στην ελληνική αρχιτεκτονική κατά την αρχαϊκή περίοδο· ο ***δωρικός*** και ο ***ιωνικός.*** Τα κτίρια δωρικού ρυθμού είναι λιτά και αυ-

Τα αρχιτεκτονικά μέλη που απαρτίζουν ένα κτίριο ιωνικού ρυθμού (αριστερά) και ένα κτίριο δωρικού ρυθμού (δεξιά).

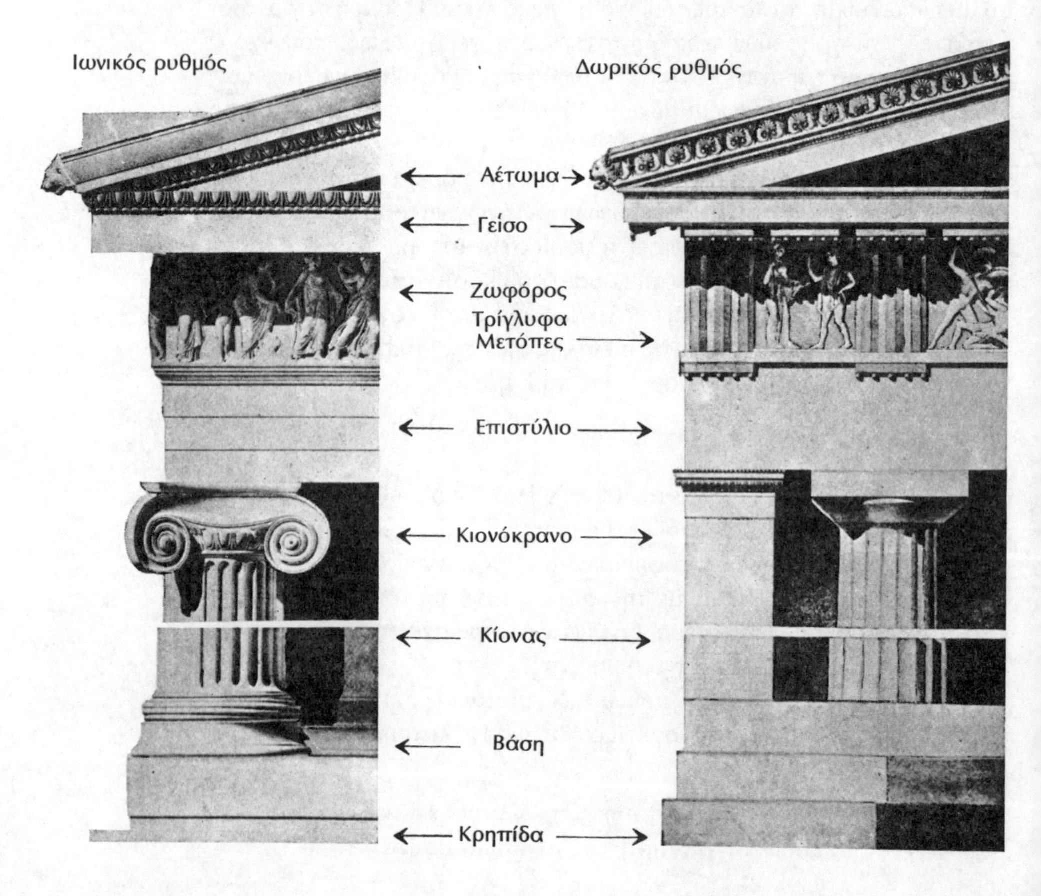

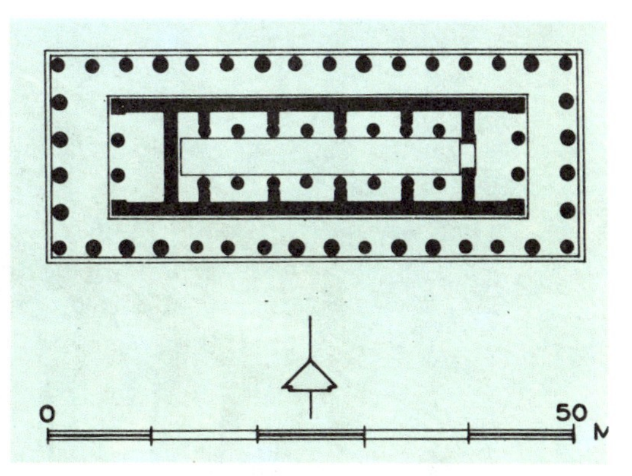

Κάτοψη του δωρικού περίπτερου ναού της Ήρας στην Ολυμπία. Στο παράδειγμα αυτό βλέπουμε τη διαίρεση του αρχαίου ναού σε τρία μέρη: τον πρόναο, το σηκό, στον οποίο περνά κανείς από μια θύρα, και τον οπισθόδομο. Τον πυρήνα αυτό περιβάλλει από όλες τις πλευρές μια σειρά από κίονες, το πτερόν.

στηρά, με βαριές αναλογίες, ενώ αντίθετα τα ιωνικά χαρακτηρίζονται από ανάλαφρες αναλογίες και μεγαλύτερη διακοσμητικότητα.

Τα μέρη του ναού

Οι ελληνικοί ναοί αποτελούνται συνήθως από τρία μέρη: τον κυρίως ναό, που λέγεται «σηκός» και στεγάζει το λατρευτικό άγαλμα, ένα μικρό χώρο μπροστά απ' αυτόν, που λέγεται «πρόναος», και έναν αντίστοιχο χώρο στο πίσω μέρος, που λέγεται «οπισθόδομος». Οι πιο μεγαλοπρεπείς απ' αυτούς περιβάλλονται γύρω-γύρω από κίονες, που δημιουργούν το «πτερόν». Όταν ο ναός περιβάλλεται από μια σειρά κιόνων, ονομάζεται «περίπτερος», ενώ όταν περιβάλλεται από δύο σειρές λέγεται «δίπτερος».

Η ανωδομή του ναού

Ολόκληρο το οικοδόμημα πατά σε μια βάση με τρείς βαθμίδες, που λέγεται «κρηπίδα». Στο δωρικό ρυθμό οι κίονες πατούν κατευθείαν στην κρηπίδα, χωρίς ιδιαίτερη βάση. Επάνω στα κιονόκρανά τους στηρίζεται το «επιστύλιο» και ακολουθούν οι «τρίγλυφοι» και οι «μετόπες» και, τέλος, το «αέτωμα». Στον ιωνικό ρυθμό οι κίονες έχουν ιδιαίτερη βάση και διαφορετικής μορφής κιονόκρανα (με έλικες) και αντί για τριγλύφους και μετόπες υπάρχει η «ζωφόρος». Οι μετόπες, η ζωφόρος και τα αετώματα συχνά έχουν γλυπτή διακόσμηση, τις περισσότερες φορές με μυθολογικά θέματα.

Οι σημαντικοί αρχαϊκοί ναοί

Από τον 6ο αιώνα π.Χ. μας έχουν σωθεί και ονόματα μεγάλων αρχιτεκτόνων, όπως ήταν οι δύο Σαμιώτες Ροίκος και Θεόδωρος, που λίγο πριν από τα μέσα του 6ου αιώνα π.Χ. έχτισαν τον ιωνικό ναό της Ήρας στη Σάμο. Δωρικούς ναούς μεγάλων διαστάσεων συναντούμε κυρίως στη Μεγάλη Ελλάδα (π.χ. στο Σελινούντα της Σικελίας), ενώ μεγάλους ιωνικούς ναούς είχαμε στη Μ. Ασία (π.χ. το ναό της Άρτεμης στην Έφεσο). Στην κυρίως Ελλάδα επικρατεί κατά την αρχαϊκή περίοδο ο δωρικός ρυθμός, που είναι ιδιαίτερα αγαπητός στην Πελοπόννησο. Σημαντικοί αρχαϊκοί ναοί της Πελοποννήσου είναι ο ναός της Ήρας στην Ολυμπία και ο ναός του Απόλλωνα στην Κόρινθο.

Η μνημειακή πλαστική

Η πλαστική: Μέσα στο πρώτο κιόλας μισό του 7ου αιώνα π.Χ. έχουμε στην Ελλάδα τη γέννηση της μνημειακής πλαστικής. Κύρια

Ο δωρικός ναός, της Αφαίας στην Αίγινα είναι ο καλύτερα σωζόμενος αρχαϊκός ναός, δωρικού ρυθμού, στην κυρίως Ελλάδα. Χτίστηκε γύρω στα 500 π.Χ. και τα αετώματά του ήταν διακοσμημένα με αγάλματα, τα περισσότερα από τα οποία βρίσκονται σήμερα στη Γλυπτοθήκη του Μονάχου.

γνωρίσματά της είναι, εκτός από το μεγάλο μέγεθος των αγαλμάτων, το στερεό στήσιμο των μορφών, η σαφήνεια με την οποία αποδίδονται τα επιμέρους τμήματα, η έντονη εκφραστικότητα. Τα έργα αυτά κατασκευάζονται τώρα βασικά από πέτρα. Στην πλαστική, η περίοδος από το 660 ως το 625 π.Χ. ονομάζεται «δαιδαλική», από τον Κρητικό Δαίδαλο, το μυθικό τεχνίτη που, σύμφωνα με την παράδοση έφτιαξε πρώτος σπουδαία αγάλματα. Χωρίς αμφιβολία στη δημιουργία τέτοιων έργων οι Έλληνες επηρεάστηκαν από τις ανάλογες δημιουργίες γειτονικών τους λαών, όπως π.χ. των Αιγυπτίων. Δεν είναι ίσως τυχαίο ότι η Κρήτη, η οποία την εποχή αυτή είχε σπουδαίους γλύπτες, βρίσκεται κοντά στην Αίγυπτο.

Οι «κούροι» και οι «κόρες»

Στην αρχαϊκή εποχή δύο είναι οι κύριοι τύποι αγαλμάτων που επικρατούν στον ελληνικό χώρο. Ο πρώτος, ο τύπος του «κούρου», εικονίζει το γυμνό νέο άνδρα που στέκεται «κατενώπιον» και προβάλλει το αριστερό πόδι, πατώντας και με τα δύο πέλματα των ποδιών, ενώ τα χέρια του έρχονται προς τα κάτω με σφιγμένα τα δάχτυλα σε γροθιές και ακουμπούν στους μηρούς. Ο δεύτερος τύπος, της «κόρης», παρι-

Η τέχνη του Δαίδαλου

Κι όταν ο Ηρακλής έφτασε στο νησί Δολίχη, βρήκε το σώμα του νεκρού Ίκαρου στην ακρογιαλιά και το έθαψε. Και ονόμασε το νησί Ικαρία, αντί Δολίχη. Από ευγνωμοσύνη ο Δαίδαλος κατασκεύασε στην Πίσα ένα άγαλμα του Ηρακλή, που του έμοιαζε πάρα πολύ. Αυτό μια νύχτα ο Ηρακλής από λάθος το πέρασε για ζωντανό και το χτύπησε με μια πέτρα.

(Απολλόδωρου *«Βιβλιοθήκη»*, *ΙΙ,6,3*. Μετάφραση)

Στο μικρό γυναικείο άγαλμα της εικόνας (ύψ. 0,65 μ.) που βρίσκεται σήμερα στο Μουσείο του Λούβρου, μπορεί να δει κανείς καθαρά τα γνωρίσματα της δαιδαλικής περιόδου του 7ου αιώνα π.Χ., όπως το μεγάλο τριγωνικό πρόσωπο και τη χαρακτηριστική κόμμωση με την αυστηρή απόδοση των πλοκάμων που πέφτουν δεξιά κι αριστερά από το κεφάλι. Πιθανότατα το έργο αυτό, που είναι κατασκευασμένο από ασβεστόλιθο, προέρχεται από την Κρήτη, την πατρίδα του μυθικού τεχνίτη Δαίδαλου.

στάνει τη νεαρή γυναίκα ντυμένη με τα ενδύματα της εποχής. Προορισμός των αγαλμάτων αυτών ήταν να αφιερωθούν στους θεούς ή να σταθούν επάνω σε τάφους. Έτσι οι κούροι και οι κόρες μπορεί να εικονίζουν είτε θεούς είτε θνητούς. Με την πρώτη ματιά τα έργα αυτά δίνουν την εντύπωση της ακινησίας. Στην πραγματικότητα όμως παρουσιάζουν κινήσεις και ασυμμετρίες.

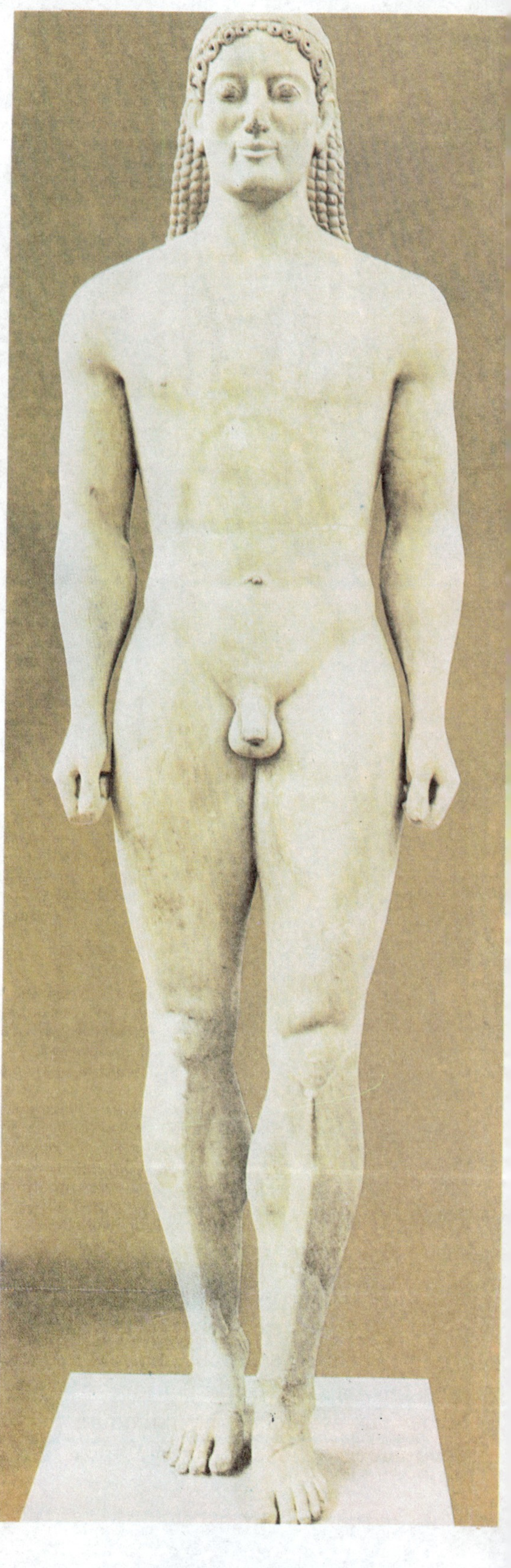

Επάνω αριστερά:

Ένα από τα γνωστότερα αγάλματα αττικών κορών είναι η πεπλοφόρος κόρη του Αρχαιολογικού Μουσείου της Ακρόπολης. Είχε στηθεί ως αφιέρωμα στην αθηναϊκή Ακρόπολη γύρω στα 530 π.Χ.

Στην απέναντι σελίδα, δεξιά:

Ένας από τους καλύτερα διατηρημένους αττικούς κούρους, που χρονολογείται γύρω στα 530-525 π.Χ. Βρέθηκε στην Ανάβυσο της Αττικής και σήμερα είναι στο Εθνικό Αρχαιολογικό Μουσείο της Αθήνας. Από την επιγραφή που υπάρχει στη βάση μαθαίνουμε ότι ο εικονιζόμενος νέος ονομαζόταν Κροίσος και σκοτώθηκε σε μια μάχη. Στο πλαστικό αυτό έργο μπορούμε να διαπιστώσουμε όλες τις κατακτήσεις της αττικής γλυπτικής του τρίτου τέταρτου του 6ου αιώνα π.Χ.

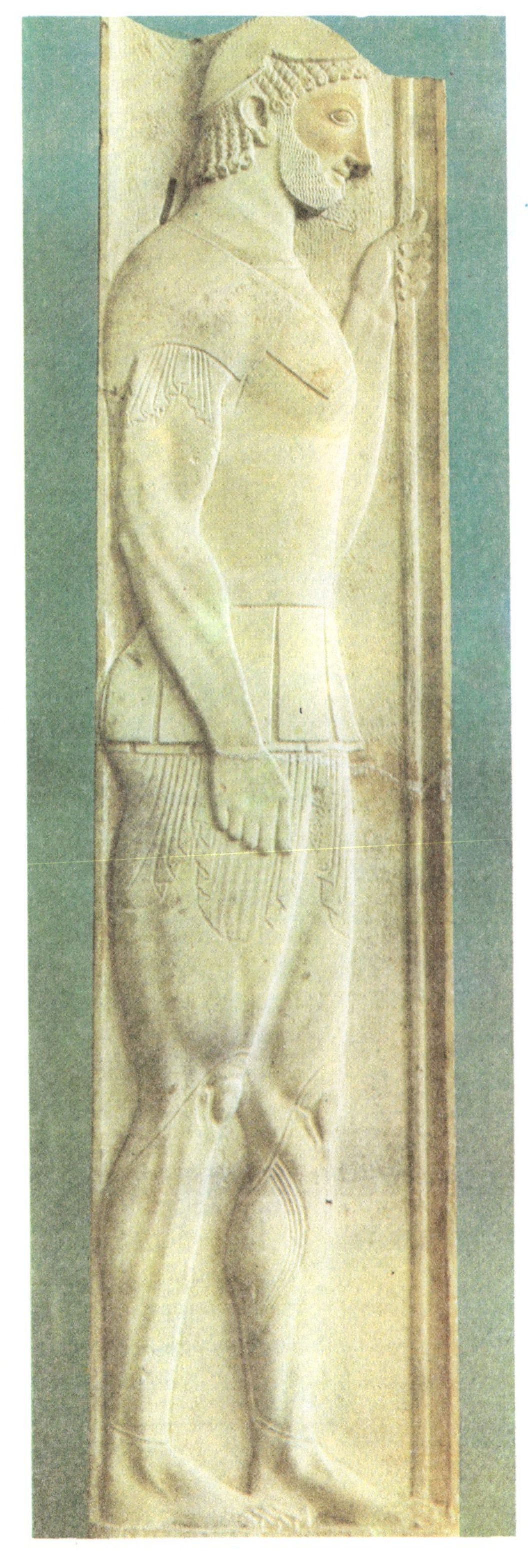

Εδώ, πλάι:

Μια από τις πιο χαρακτηριστικές επιτύμβιες στήλες της Αττικής είναι και η εικονιζόμενη, που χρονολογείται γύρω στα 510 π.Χ. και βρίσκεται στο Εθνικό Αρχαιολογικό Μουσείο της Αθήνας. Ο νεκρός εικονίζεται ως οπλίτης φορώντας περικνημίδες, θώρακα και κράνος, ενώ με το αριστερό χέρι κρατά δόρυ. Στη στήλη αυτή είναι γραμμένο τόσο το όνομα του νεκρού (ΑΡΙΣΤΙΟΝΟΣ) όσο και το όνομα του γλύπτη (ΕΡΓΟΝ ΑΡΙΣΤΟΚΛΕΟΣ).

Τέτοια αγάλματα κατασκευάζονταν σε πολλά μέρη του αρχαίου ελληνικού κόσμου, όπως στις Κυκλάδες, στην Αττική, στην Ιωνία, στην Πελοπόννησο και αλλού.

Άλλα έργα πλαστικής

Εκτός από τους κούρους και τις κόρες, έχουμε στην αρχαϊκή εποχή και άλλα έργα πλαστικής, όπως π.χ. αυτά που κοσμούσαν τα αετώματα των ναών, δηλαδή τους τριγωνικούς χώρους που βρίσκονται στο πάνω μέρος των στενών πλευρών τους. Όλα αυτά τα έργα κατασκευάζονταν κυρίως από μάρμαρο ή ασβεστόλιθο. Για την κατασκευή αγαλμάτων οι αρχαϊκοί τεχνίτες χρησιμοποίησαν και χαλκό. Οι γνωστοί μας Σαμιώτες Ροίκος και Θεόδωρος, σύμφωνα με την παράδοση, ανακάλυψαν τον 6ο αιώνα π.Χ. μια τεχνική με την οποία μπορούσαν να κατασκευαστούν μεγάλα χάλκινα αγάλματα κούφια στο εσωτερικό τους.

Παράλληλα με τα ολόγλυφα, «περίοπτα» έργα, έχουμε αυτή την εποχή και πολύ αξιόλογα λίθινα ανάγλυφα, δηλαδή γλυπτά που είναι σκαλισμένα πάνω σε μια πλάκα. Τα πιο αντιπροσωπευτικά είναι τα επιτύμβια ανάγλυφα, αυτά δηλαδή που τοποθετούσαν πάνω στους τάφους και εικόνιζαν το νεκρό.

Κάτι που δεν πρέπει να ξεχνούμε είναι ότι οι αρχαίοι χρωμάτιζαν με έντονα χρώματα τα αγάλματά τους. Δυστυχώς όμως τις περισσότερες φορές τα χρώματα έχουν σβηστεί. Αξιόλογα γλυπτά της εποχής αυτής βρίσκονται στο Αρχαιολογικό Μουσείο της Ακρόπολης.

Η κεραμική: Στα αγγεία, περισσότερο από κάθε άλλη κατηγορία έργων τέχνης, παρουσιάζονται έντονα τα διάφορα ανατολικά στοιχεία, που εισχωρούν στις αρχές του 7ου αιώνα π.Χ. στην ελληνική τέχνη. Λεοντάρια, γρύπες,* πάνθηρες, σφίγγες και διάφορα φυτικά μοτίβα, παρμένα από την τέχνη της Ανατολής, κάνουν την εμφάνισή τους πάνω στα ελληνικά αγγεία. Συγχρόνως έχουμε και τις πρώτες σίγουρες μυθολογικές παραστάσεις.

Ενώ κατά τη γεωμετρική εποχή, όπως είδαμε, το προβάδισμα στην παραγωγή αγγείων το είχε η Αττική, τώρα τη θέση της την παίρνει η Κόρινθος. Σε πάρα πολλά μέρη της Μεσογείου έχουν βρεθεί κομψά κορινθιακά αγγεία, μικρού συνήθως μεγέθους, πράγμα που δείχνει ότι στο εμπόριο των αγγείων η Κόρινθος ήταν χωρίς καμιά αμφιβολία ασυναγώνιστη.

Ο μελανόμορφος ρυθμός

Κορίνθιοι κεραμείς ανακάλυψαν και το ***μελανόμορφο ρυθμό.*** Στα αγγεία που έχουν διακοσμηθεί με το ρυθμό αυτό οι μορφές, όπως και στα γεωμετρικά αγγεία, αποδίδονται με μαύρο χρώμα. Μόνο που τώρα οι διάφορες λεπτομέρειές τους χαράζονται και επιπλέον χρησιμοποιούνται και δύο ακόμη χρώματα· το βυσσινί και το άσπρο.

---

* **Γρύπες:** μυθικά τέρατα με κεφάλι και φτερά αετού και σώμα λεονταριού.

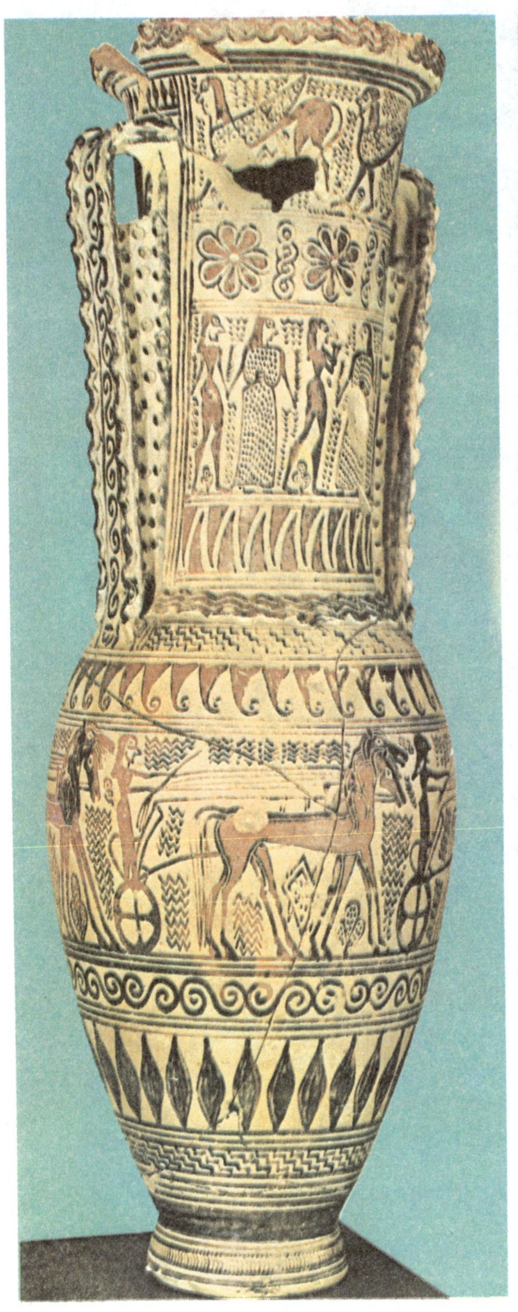

Η Κόρινθος μονοπώλησε το εμπόριο των αγγείων σ' όλη τη διάρκεια του 7ου αιώνα π.Χ. και στα πρώτα χρόνια του 6ου. Τα κορινθιακά αγγεία αυτής της εποχής, μικρά στο μέγεθος τα περισσότερα, διακρίνονται στο μεγαλύτερο μέρος τους από ακριβές και καθαρό σχέδιο. Στο μικρό αυτό κορινθιακό αγγείο, που το ύψος του φτάνει μόλις τα 0,07 μ., διαπιστώνει κανείς εύκολα τη δεξιοτεχνία των Κορίνθιων κεραμέων. Στο πάνω μέρος το αγγείο αυτό, που βρίσκεται στο Βρετανικό Μουσείο του Λονδίνου, καταλήγει σε κεφάλι λενταριού.

Αττικό αγγείο των αρχών του 7ου αιώνα π.Χ. Την εποχή αυτή εμφανίζονται σε αφθονία διάφορα ανατολικά στοιχεία, όπως οι σφίγγες, που διακοσμούν εδώ το πάνω μέρος του λαιμού, και τα διάφορα φυτικά μοτίβα, που καλύπτουν με επιτυχία τα κενά ανάμεσα στις παραστάσεις. Το αγγείο έχει ύψος 0,80 μ. και βρίσκεται στο Παρίσι, στο Μουσείο του Λούβρου.

Ο εικονιζόμενος κρατήρας (αγγείο για την ανάμειξη του κρασιού με το νερό) είναι ένα από τα πιο γνωστά αττικά μελανόμορφα αγγεία. Προέρχεται από την Ετρουρία και φυλάγεται σήμερα στο Αρχαιολογικό Μουσείο της Φλωρεντίας. Χρονολογείται γύρω στα 570 π.Χ. και η επιφάνειά του έχει διακοσμηθεί με διάφορες μυθολογικές παραστάσεις από τον αγγειογράφο Κλειτία. Στην όψη αυτή του αγγείου έχουμε στην επάνω ζώνη το κυνήγι του καλυδώνιου κάπρου και στις επόμενες κατά σειρά ζώνες τους ταφικούς αγώνες προς τιμή του νεκρού Πάτροκλου, τους γάμους του Πηλέα με τη Θέτιδα και την καταδίωξη του Τρωίλου από τον Αχιλλέα.

Στην Αττική ο ρυθμός αυτός εμφανίζεται γύρω στα 625 π.Χ., ενώ από το 560 π.Χ. μπορούμε να πούμε ότι οι Αθηναίοι ξανακερδίζουν από την Κόρινθο το προβάδισμα στο εμπόριο των αγγείων. Πολύ γνωστά αττικά μελανόμορφα αγγεία είναι οι παναθηναϊκοί αμφορείς που, μαζί με το λάδι που περιείχαν, τους έπαιρναν ως έπαθλο οι νικητές των Παναθηναίων, της μεγάλης γιορτής της αρχαίας Αθήνας.

Ο ερυθρόμορφος ρυθμός

Γύρω στο 530 π.Χ. οι Αθηναίοι κεραμείς ανακάλυψαν ένα νέο ρυθμό, που ονομάζεται ***ερυθρόμορφος***. Τώρα οι μορφές δεν είναι μαύρες αλλά έχουν το πορτοκαλί χρώμα του πηλού, ενώ οι διάφορες λεπτομέρειές τους αποδίδονται όχι χαρακτά αλλά ζωγραφιστά. Τα αττικά αγγεία της αρχαϊκής εποχής είναι διακοσμημένα με ενδιαφέροντα θέματα τόσο από τη μυθολογία όσο και από τη σύγχρονη καθημερινή ζωή.

Στους νικητές των Παναθηναίων οι Αθηναίοι έδιναν ως έπαθλο παναθηναϊκούς αμφορείς (μεγάλα αγγεία με δύο κάθετες λαβές), που ήταν γεμάτοι λάδι. Η διακόσμηση αυτών των αγγείων γινόταν πάντοτε με τη μελανόμορφη τεχνική. Στη μια τους όψη παριστάνεται, η θεά Αθηνά και είναι γραμμένη η επιγραφή ΤΩΝ ΑΘΗΝΗΘΕΝ ΑΘΛΩΝ, ενώ, στην άλλη εικονίζεται το αγώνισμα στο οποίο είχε δοθεί ως έπαθλο ο παναθηναϊκός αμφορέας. Ο αμφορέας της εικόνας είναι ο παλιότερος που έχει σωθεί· χρονολογείται γύρω στα 560 π.Χ. και βρίσκεται στο Βρετανικό Μουσείο του Λονδίνου.

Αττικό ερυθρόμορφο αγγείο που εικονίζει την πάλη του Ηρακλή με το γίγαντα Ανταίο. Βρέθηκε στην Ετρουρία και σήμερα εκτίθεται στο Παρίσι, στο Μουσείο του Λούβρου. Χρονολογείται στις τελευταίες δεκαετίες του 6ου αιώνα π.Χ. και είναι ζωγραφισμένο από τον Ευφρόνιο, έναν από τους μεγαλύτερους αγγειογράφους του αττικού ερυθρόμορφου ρυθμού.

Εκτός από την Αττική και την Κόρινθο, σπουδαία αγγεία κατασκευάζονταν κατά την περίοδο αυτή σε πολλά μέρη του αρχαίου ελληνικού κόσμου, όπως π.χ. στη Λακωνία, στη Βοιωτία, στην Εύβοια, σε αρκετά νησιά των Κυκλάδων, στη Ρόδο, στη Σάμο και σε αρκετές πόλεις των παραλίων της Μ. Ασίας. Το εθνικό Αρχαιολογικό Μουσείο της Αθήνας διαθέτει μια μεγάλη συλλογή από αγγεία αυτής της εποχής.

ΕΡΩΤΗΣΕΙΣ – ΘΕΜΑΤΑ ΓΙΑ ΣΥΖΗΤΗΣΗ

– Σημαντικά γεγονότα και εξελίξεις που σημειώνονται στον ελληνικό κόσμο κατά τα αρχαϊκά χρόνια (απλή αναφορά).

– Τα οικονομικά αίτια του β΄ αποικισμού.

– Ποια η καθιερωμένη διαδικασία για την αποστολή μιας αποικίας και τι σκοπό εξυπηρετούσε;

– Οι σχέσεις αποικίας-μητρόπολης.

– Ποια τα αποτελέσματα του αποικισμού στην οικονομία και στην κοινωνία;

– Σύγκριση του αρχαίου ελληνικού αποικισμού με τη σημερινή μετανάστευση. Ομοιότητες-διαφορές.

– Ποιες οι βασικές επιδιώξεις της αρχαίας «πόλης-κράτους»; Ποια η θέση των πολιτών μέσα σ' αυτή;

– Πώς έγινε το πέρασμα από το πολίτευμα της αριστοκρατίας στο πολίτευμα της ολιγαρχίας; Ποιες οι ομοιότητες και ποια η βασική διαφορά;

– Χαρακτηριστικά των δημοκρατικών πολιτευμάτων.

– Πού οφείλεται κυρίως η ανάπτυξη των πόλεων της Ιωνίας;

– Η ακμή της Κορίνθου στα αρχαϊκά χρόνια.

– Η Μακεδονία στα αρχαϊκά χρόνια.

– Η μορφή του εδάφους της Λακωνίας και η οικονομία του σπαρτιατικού κράτους (συσχετισμός).

– Οι τρεις τάξεις των κατοίκων του σπαρτιατικού κράτους: Ποιες ήταν, ποια πολιτικά δικαιώματα και ποιες στρατιωτικές υποχρεώσεις είχε καθεμιά;

– Οι σπαρτιατικοί κλήροι: Πού ανήκαν (κυριότητα), ποιοι καρπώνονταν τα εισοδήματα και ποιοι τους καλλιεργούσαν;

– Ο θεσμός των 5 εφόρων.

– Το πολίτευμα της Σπάρτης: Συσχετισμοί και κρίσεις.

– Πώς ήθελε τους πολίτες του το σπαρτιατικό κράτος και γιατί;

- Ποιοί λόγοι επέβαλλαν την «ξενηλασία» στην αρχαία Σπάρτη;

- Γιατί οι Σπαρτιάτες αναγκάστηκαν τελικά να σταματήσουν τους κατακτητικούς πολέμους;

- Μια γενική κρίση-συζήτηση για την αρχαία Σπάρτη.

– Το έδαφος της Αττικής και οι οικονομικές δραστηριότητες των Αθηναίων (συσχετισμός).

– Τι ήταν οι «εκτήμοροι»;

– Ποια ήταν τα κυριότερα αιτήματα του δήμου της Αθήνας τον 7ο αιώνα π.Χ.;

– Πώς αντιμετώπισε ο Σόλων το πρόβλημα των αγροτικών χρεών;

– Οι Αθηναίοι ήταν χωρισμένοι σε τέσσερις τάξεις με βάση το εισόδημά τους (τιμοκρατικό σύστημα). Ποια ήταν τα πολιτικά δικαιώματα κάθε τάξης;

– Πώς κρίνετε το νόμο του Σόλωνα που έκανε υποχρεωτική τη συμμετοχή όλων των πολιτικών στα κοινά;

– Η διακυβέρνηση του Πεισίστρατου.

– Η οργάνωση του πληθυσμού του αθηναϊκού κράτους σε 10 φυλές από τον Κλεισθένη.

– Η εκκλησία του δήμου κυρίαρχο όργανο του αθηναϊκού κράτους. Να γίνει σύγκριση με την Απέλλα.

– Ο Κλεισθένης θεωρείται ως ο θεμελιωτής του δημοκρατικού πολιτεύματος στην Αθήνα. Ποιες μεταρρυθμίσεις και ποιοι νόμοι του δικαιολογούν το χαρακτηρισμό αυτό;

– Τι ήταν οι κληρουχίες;

– Πού θα θέλατε να ζήσετε; Στην αρχαία Σπάρτη ή στην αρχαία Αθήνα και γιατί;

– Αναφορά των στοιχείων που φανερώνουν την εσωτερική ενότητα του ελληνικού έθνους στην αρχαιότητα.

– Η κοινή γλώσσα και οι διάλεκτοι των αρχαίων Ελλήνων. Να γίνει παραλληλισμός με όμοια γλωσσικά φαινόμενα σήμερα.

– Διαφορές λυρικής και επικής ποίησης.

– Τι ακριβώς επιδίωξαν οι πρώτοι Έλληνες φιλόσοφοι της Ιωνίας; Ποια νομίζετε πως είναι η συμβολή τους στην εξέλιξη της ανθρώπινης σκέψης;

– Ποιοι οι αρχιτεκτονικοί ρυθμοί και ποια τα χαρακτηριστικά καθενός; (βλ. και σχετικές εικόνες)

– Ποια τα μέρη ενός αρχαίου ελληνικού ναού; (βλ. και σχετικές εικόνες)

– Ποια η ανωδομή ενός αρχαίου ελληνικού ναού; (βλ. και σχετικές εικόνες)

– Οι δύο κύριοι τύποι των αρχαϊκών αγαλμάτων (βλ. και σχετικές εικόνες)

– Οι δύο ρυθμοί της αγγειογραφίας (βλ. και σχετικές εικόνες)

ΚΕΦΑΛΑΙΟ 6

Η ΚΛΑΣΙΚΗ ΕΠΟΧΗ

Εισαγωγικό σημείωμα

Η «κλασική εποχή»» είναι η περίοδος της αρχαίας ελληνικής ιστορίας που καλύπτει τον 5ο και το μεγαλύτερο μέρος του 4ου αι.π.Χ.*

Στις αρχές του 5ου αιώνα οι Έλληνες της κυρίως Ελλάδας αποκρούουν την επιδρομή των Περσών (490–479 π.Χ.) και εξασφαλίζουν την ελευθερία τους, απαραίτητη προϋπόθεση για την ανάπτυξή τους. Ακολουθεί μια περίοδος ακμής και σχετικής ηρεμίας, τα πενήντα χρόνια που μεσολαβούν από το τέλος της περσικής επιδρομής ως την έκρηξη του εμφύλιου «πελοποννησιακού πολέμου» (431–404 π.Χ.).

Ο πελοποννησιακός πόλεμος εγκαινιάζει μια σειρά εμφύλιων πολέμων, που συνεχίζονται στο πρώτο μισό του 4ου αιώνα π.Χ. και έχουν ως αποτέλεσμα την παρακμή των πόλεων–κρατών της Νότιας Ελλάδας. Στο δεύτερο μισό του αιώνα η Μακεδονία επιβάλλεται στα άλλα ελληνικά κράτη και ο βασιλιάς της Αλέξανδρος πραγματοποιεί τη μεγάλη εκστρατεία του στην Ασία.

Στους δύο αυτούς αιώνες, και παρά τις συνεχείς πολεμικές συγκρούσεις μεταξύ τους, οι Έλληνες κατορθώνουν να δημιουργήσουν ένα θαυμαστό πολιτισμό. Γι' αυτό η ονομασία «κλασική εποχή» ή «κλασικά χρόνια» σημαίνει και το πολιτιστικό κορύφωμα του αρχαίου ελληνικού κόσμου.

---

* Η ονομασία «κλασικός» προέρχεται από την τέχνη της εποχής και έχει την έννοια της τελειότητας.

ΜΕΡΟΣ Α΄

Ο 5ος ΑΙΩΝΑΣ π.Χ.

α. ΟΙ ΠΕΡΣΙΚΟΙ ΠΟΛΕΜΟΙ

Στις αρχές του 5ου αιώνα π.Χ. η περσική αυτοκρατορία, στην προσπάθειά της να επεκταθεί προς τη Δύση, επιτέθηκε εναντίον των ελληνικών κρατών και απείλησε την ανεξαρτησία τους. Η περσική επίθεση αποκρούστηκε τελικά ύστερα από μια σειρά πολεμικών συγκρούσεων, που είναι γνωστές στην ιστορία ως «περσικοί πόλεμοι».

Η υποταγή των ιωνικών πόλεων

Υποταγή στους Λυδούς

Οι ελληνικές πόλεις της Μ. Ασίας έχασαν νωρίς την ανεξαρτησία τους. Τις προσάρτησε σιγά σιγά το γειτονικό κράτος της Λυδίας και γύρω στα μέσα του 6ου αιώνα π.Χ., στην εποχή του Λυδού βασιλιά Κροίσου, μόνο η Μίλητος είχε κατορθώσει να παραμείνει ανεξάρτητη.

Υποταγή στους Πέρσες

Η κυριαρχία των Λυδών δεν ήταν πολύ καταπιεστική και οι μικρασιατικές ελληνικές πόλεις συνέχισαν να ακμάζουν οικονομικά και πο-

Με την ήττα του βασιλιά των Λυδών Κροίσου από τον Πέρση βασιλιά Κύρο στις Σάρδεις το 547/46 π.Χ. αρχίζει και η πραγματική υποδούλωση των ελληνικών πόλεων της Μ. Ασίας. Στο ερυθρόμορφο αυτό αττικό αγγείο των αρχών του 5ου αιώνα π.Χ. εικονίζεται ο Κροίσος, που μετά την ήττα του καταδικάστηκε να καεί ζωντανός, να κάθεται πάνω σ' ένα σωρό από ξύλα, στον οποίο ένας υπηρέτης βάζει φωτιά.

Στο ανάγλυφο αυτό, που αποτελούσε τμήμα από τη διακόσμηση του ανακτόρου του Δαρείου στην Περσέπολη, εικονίζεται ένθρονος ο ίδιος ο Δαρείος, ο «Μέγας Βασιλεύς».

Η περσική αυτοκρατορία στα τέλη του 6ου αιώνα π.Χ.

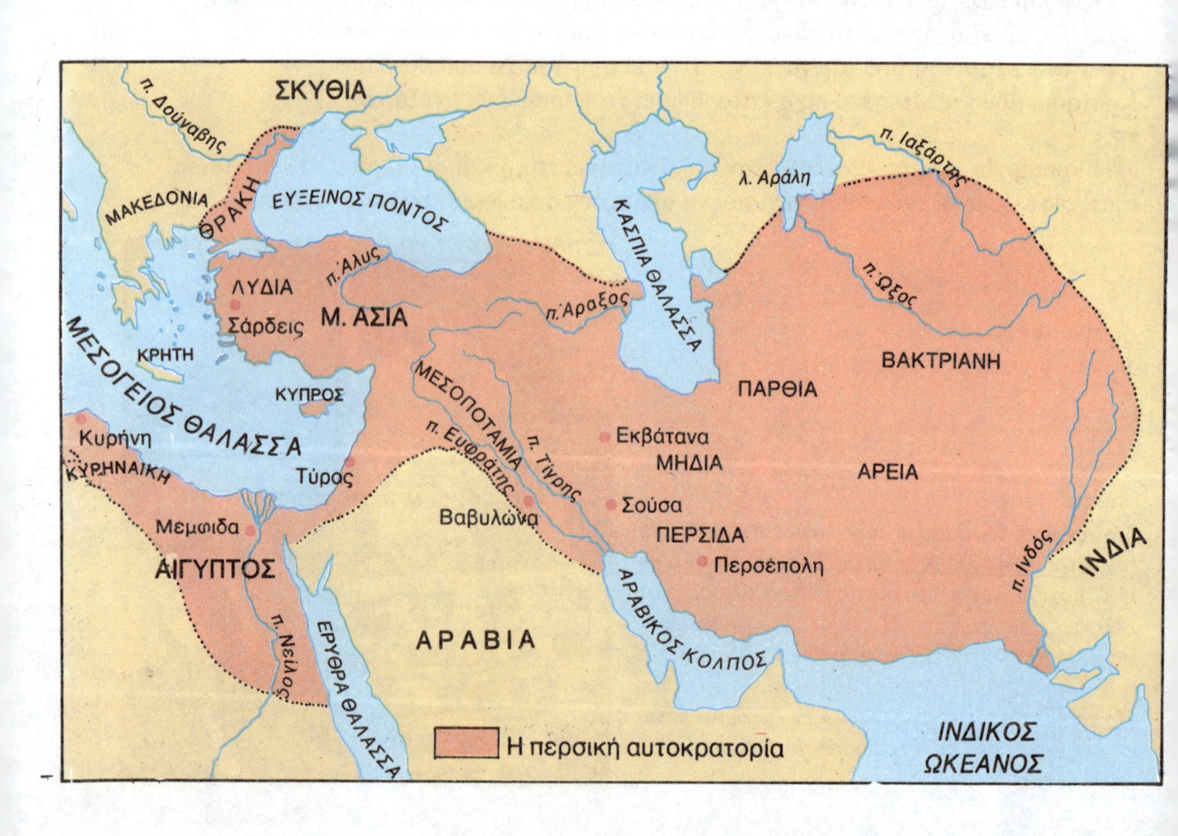

λιτιστικά. Όταν όμως, μετά τα μέσα του 6ου αιώνα π.Χ., υποτάχτηκαν στους Πέρσες*, η υποδούλωσή τους έγινε πιο βαριά. Υποχρεώθηκαν να πληρώνουν φόρους και να παρέχουν στον Πέρση βασιλιά στρατό και στόλο. Τη διοίκησή τους ανέλαβαν Έλληνες τύραννοι, που ήταν έμπιστοι των Περσών, εξυπηρετούσαν τα περσικά συμφέροντα και φρόντιζαν να είναι αρεστοί στους κυρίαρχους, για να διατηρούν την εξουσία.

Το 513 π.Χ. ο Πέρσης βασιλιάς Δαρείος επιχείρησε μια εκστρατεία εναντίον των Σκυθών, στα βόρεια του Δούναβη. Η εκστρατεία αυτή, στην οποία υποχρεώθηκαν να πάρουν μέρος και οι τύραννοι των ιωνικών πόλεων με στρατό και στόλο, δε σημείωσε επιτυχία. Στη διάρκειά της όμως οι Πέρσες κατέλαβαν τη Θράκη, ως το Στρυμόνα, και ανάγκασαν το βασιλιά της Μακεδονίας Αμύντα Α΄ να δηλώσει υποταγή. Έτσι απέκτησαν ένα τμήμα ευρωπαϊκού εδάφους και είχαν στον έλεγχό τους τα στενά του Ελλήσποντου.

Η ιωνική επανάσταση

Τα αίτια

Ο περσικός ζυγός ήταν βαρύς για τους Έλληνες της Μ. Ασίας. Κύριος λογος της γενικής δυσαρέσκειας που υπήρχε ήταν βέβαια η στέρηση της ελευθερίας τους. Ένας ακόμη λόγος ήταν ο σημαντικός περιορισμός του εμπορίου τους, ιδιαίτερα από τότε που οι Πέρσες είχαν αποκτήσει τον έλεγχο των στενών του Ελλήσποντου. Οι πληθυσμοί των ελληνικών πόλεων βρίσκονταν σε επαναστατικό αναβρασμό και περίμεναν την κατάλληλη ευκαιρία για να εξεγερθούν.

Η αφορμή

Η αφορμή δεν άργησε να δοθεί. Το 500 π.Χ. οι ολιγαρχικοί της Νάξου, που τους είχαν εξορίσει οι δημοκρατικοί, ζήτησαν τη βοήθεια του τυράννου της Μιλήτου ***Αρισταγόρα***, για να ξαναπάρουν την εξουσία. Ο Αρισταγόρας υποκίνησε τον Πέρση σατράπη της Ιωνίας να στείλει στρατό και στόλο και να καταλάβει το νησί. Η εκστρατεία όμως αυτή απέτυχε και ο τύραννος της Μιλήτου βρέθηκε εκτεθειμένος απέναντι στους Πέρσες. Τότε, γνωρίζοντας ότι ο λαός των ιωνικών πόλεων ήταν έτοιμος να επαναστατήσει, αποφάσισε να κάνει αυτός πρώτος την αρχή της εξέγερσης. Αμέσως και οι άλλες ιωνικές πόλεις, αφού έδιωξαν τους τυράννους, επαναστάτησαν εναντίον της περσικής κυριαρχίας, το 499 π.Χ.

Η επανάσταση

Ο Αρισταγόρας ζήτησε βοήθεια και από την Ελλάδα. Ανταποκρίθηκαν όμως μόνο οι Αθηναίοι, που έστειλαν 20 πολεμικά πλοία, και οι Ερετριείς, που έστειλαν 5.

Στην αρχή οι επαναστάτες είχαν αρκετές επιτυχίες και γρήγορα η

---

*Σχετικά με τους Πέρσες ως τα τέλη του 6ου αιώνα π.Χ. στο αντίστοιχο κεφάλαιο της ενότητας «ΑΝΑΤΟΛΙΚΟΙ ΛΑΟΙ».

εξέγερση απλώθηκε από το Βόσπορο ως την Κύπρο. Ο αγώνας τους όμως δεν είχε οργανωθεί σωστά και δε συνεργάστηκαν όπως έπρεπε. Ακόμη, η βοήθεια που είχε σταλεί από την Ελλάδα ήταν μικρή και μάλιστα τα αθηναϊκά πλοία είχαν αποχωρήσει πολύ νωρίς (από το 498 π.Χ.). Έτσι, όταν συγκεντρώθηκαν οι περσικές δυνάμεις και άρχισαν να τους πιέζουν, αναγκάστηκαν να υποχωρήσουν.

Οι ιωνικές πόλεις άρχισαν να πέφτουν και πάλι μία μία στα χέρια των Περσών, ενώ ούτε στην κρίσιμη αυτή στιγμή κατόρθωσαν οι Ίωνες να συνεννοηθούν και να δράσουν συντονισμένα. Το 494 π.Χ. ο ιωνικός στόλος νικήθηκε από τον περσικό στη ***ναυμαχία της Λάδης**** και τον ίδιο χρόνο οι Πέρσες κατέλαβαν και κατέστρεψαν τη Μίλητο. Έτσι έσβησε η ιωνική επανάσταση.

Η περσική επίθεση κατά της Ελλάδας. Τα αίτια

Οι Πέρσες χρησιμοποίησαν σαν πρόφαση για την επίθεσή τους εναντίον της Ελλάδας το ότι ήθελαν να τιμωρήσουν τους Αθηναίους και τους Ερετριείς, επειδή είχαν βοηθήσει τους επαναστατημένους Ίωνες. Τα πραγματικά όμως αίτια των περσικών πολέμων ήταν άλλα.

Οι βασιλιάδες των Περσών εφάρμοζαν μια πολιτική ***επεκτατική***. Επιδίωκαν, δηλαδή, να κατακτούν διαρκώς νέα εδάφη και να υποτάσσουν νέους πληθυσμούς. Στις αρχές του 5ου αιώνα π.Χ., έχοντας κυριαρχήσει σ' ένα μεγάλο μέρος της Ασίας, στράφηκαν προς τη Δύση. Έτσι ήρθαν σε σύγκρουση με τους Έλληνες, που βρίσκονταν στην αρχή αυτού του κατακτητικού τους δρόμου.

Ειδικότερα, σαν πρώτο στόχο τους οι Πέρσες είχαν την κυριαρχία στο Αιγαίο. Για να το εξασφαλίσουν όμως αυτό, έπρεπε να κατέχουν και τις δύο ακτές του καθώς και τα νησιά του.

Τέλος, από τη στιγμή που είχαν κατακτήσει τις ελληνικές πόλεις της Μ. Ασίας, οι Πέρσες θα επιδίωκαν και την κατάκτηση της ηπειρωτικής Ελλάδας. Διαφορετικά δε θα είχαν εξασφαλισμένες τις μικρασιατικές τους κτήσεις.

Έτσι η πανίσχυρη περσική αυτοκρατορία επιτέθηκε εναντίον της Ελλάδας, που ήταν τότε διασπασμένη σε πολλά μικρά κράτη. Ευτυχώς τα περισσότερα απ' αυτά, κι ανάμεσά τους η Αθήνα και η Σπάρτη, κατόρθωσαν, μπροστά στον κίνδυνο να χάσουν την ανεξαρτησία τους, να παραμερίσουν τις διαφορές τους και να αντιμετωπίσουν μαζί τον κοινό εχθρό.

---

*Λάδη: μικρό νησί στην είσοδο του κόλπου της Μιλήτου.

Ο Ξέρξης μιλάει σε σύναξη Περσών αξιωματούχων, πριν από την εκστρατεία του στην Ελλάδα: Οι κοσμοκρατορικές τάσεις των Περσών βασιλιάδων

Αν λοιπόν υποτάξουμε τους Αθηναίους και τους γείτονές τους, που κατοικούν τη χώρα του Πέλοπα από τη Φρυγία (Πελοπόννησο), θα κάνουμε την Περσία τόσο μεγάλη, ώστε να έχει σύνορα με τον ουρανό. Γιατί ο ήλιος δε θα δει καμιά χώρα να συνορεύει με τη δική μας, αλλά όλες εγώ, με τη δική σας βοήθεια, θα τις κάνω ένα κράτος, αφού διασχίσω με το στρατό όλη την Ευρώπη. Γιατί μαθαίνω ότι, αν υποτάξουμε αυτούς που ανάφερα πιο πάνω, δεν απομένει στον κόσμο ούτε πόλη ούτε έθνος που να μπορεί να μας αντιμετωπίσει στη μάχη. Έτσι θα υποδουλώσουμε κι εκείνους που μας έφταιξαν αλλά κι εκείνους που δε μας έκαναν κανένα κακό.

(Ηρόδοτος, VIII, 8,γ. Μετάφραση.)

Οι περσικοί πόλεμοι

Η εκστρατεία του Μαρδόνιου (492 π.Χ.)

Την άνοιξη του 492 π.Χ. ο Πέρσης στρατηγός Μαρδόνιος, οδηγώντας πολυάριθμο περσικό στρατό και στόλο, πέρασε από τον Ελλήσποντο στη Θράκη και προχώρησε δυτικά. Σκοπός της εκστρατείας φαίνεται ότι ήταν η σταθεροποίηση της περσικής κυριαρχίας στη Θράκη και στη Μακεδονία.

Ο πεζικός στρατός του Μαρδόνιου έφτασε στη Μακεδονία και ο στόλος του, αφού υπέταξε τη Θάσο, έφτασε στα παράλια της Χαλκιδικής. Ενώ όμως έπλεε κοντά στο ακρωτήρι του Άθωνα, καταστράφηκε από μια φοβερή τρικυμία.

Μετά την καταστροφή του στόλου του ο Μαρδόνιος επέστρεψε στην Περσία. Ο σκοπός όμως της εκστρατείας είχε επιτευχθεί, γιατί οι Πέρσες εξασφάλισαν την κυριαρχία της Θράκης, που είχε κλονιστεί στη διάρκεια της ιωνικής επανάστασης, και την υποτέλεια της Μακεδονίας.

Η πρώτη εκστρατεία των Περσών στη Νότια Ελλάδα. Η μάχη στο Μαραθώνα (490 π.Χ.)

Το 490 π.Χ. έγινε η δεύτερη περσική εκστρατεία εναντίον της Ελλάδας, με αρχηγούς τους στρατηγούς Δάτη και Αρταφέρνη. Ειδικός σκοπός ήταν να τιμωρηθούν οι Αθηναίοι και οι Ερετριείς για τη βοήθεια που είχαν δώσει στους Ίωνες. Παράλληλα όμως ήταν και η αρχή για την πραγματοποίηση του σχεδίου υποταγής ολόκληρης της Ελλάδας. Μαζί τους οι Πέρσες είχαν ως οδηγό και σύμβουλο τον πρώην τύραννο της Αθήνας Ιππία.

Ο περσικός στόλος με το στρατό ακολούθησε αυτή τη φορά άλλο δρόμο. Από την Κιλικία, όπου συγκεντρώθηκε, έπλευσε στη Σάμο, πέρασε από τις Κυκλάδες και έφτασε στην Ερέτρια, που την κατέλαβε μετά από σύντομη πολιορκία. Στη συνέχεια οι Πέρσες αποβιβάστηκαν στο ***Μαραθώνα***, όπως τους συμβούλεψε ο Ιππίας, που έλπιζε ότι οι διάκριοι της περιοχής, παλιοί οπαδοί του πατέρα του, θα τους βοηθούσαν.

Από τη μεριά τους οι Αθηναίοι έστειλαν αγγελιοφόρο στη Σπάρτη και ζήτησαν βοήθεια. Οι Σπαρτιάτες υποσχέθηκαν να βοηθήσουν αλλά θα καθυστερούσαν, γιατί θρησκευτικοί λογοι τους εμπόδιζαν να εκστρατεύσουν αμέσως.

Η μάχη στο Μαραθώνα (490 π.Χ.)

Έτσι, 10.000 Αθηναίοι και 1000 Πλαταιείς παρατάχτηκαν στην πεδιάδα του Μαραθώνα, για να αντιμετωπίσουν μόνοι τους αριθμητικά ανώτερους εχθρούς. Ο Αθηναίος στρατηγός ***Μιλτιάδης***, αφού παρέταξε το ελληνικό στράτευμα με τρόπο που εξουδετέρωνε την αριθμητική υπεροχή των Περσών, το οδήγησε σε ορμητική επίθεση εναντίον τους και κατόρθωσε να κυκλώσει τον κύριο όγκο τους. Οι Πέρσες, μετά από σύντομη αντίσταση, έφυγαν πανικόβλητοι στα πλοία τους για να σωθούν, αφήνοντας πολλούς νεκρούς στο πεδίο της μάχης, που τελείωσε με λαμπρή νίκη των Ελλήνων.

Μετά την ήττα τους οι Πέρσες έπλευσαν με το στόλο προς στην Αθήνα, ελπίζοντας να τη βρουν αφρούρητη και να την καταλάβουν. Ο

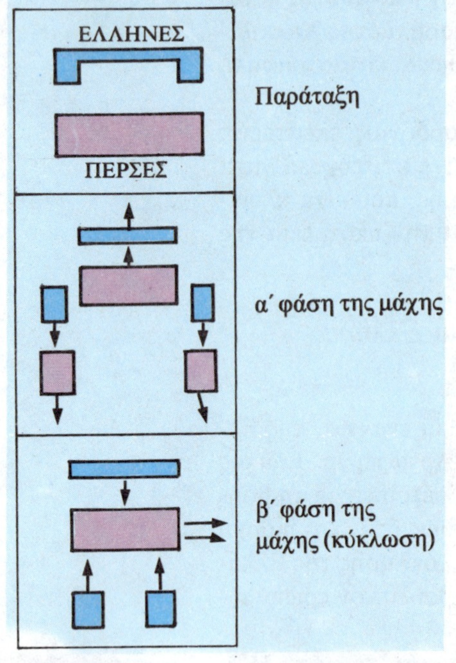

Επάνω αριστερά:

Ο Μιλτιάδης, για να εξουδετερώσει την αριθμητική υπεροχή των Περσών, παρέταξε το ελληνικό στράτευμα με ενισχυμένες τις δύο πτέρυγές του και αδύνατο το κέντρο του. Έτσι οι δύο αντίπαλες φάλαγγες είχαν το ίδιο πλάτος. Μόλις άρχισε η μάχη, οι δύο πτέρυγες των Ελλήνων κατόρθωσαν να απωθήσουν τα απέναντι εχθρικά τμήματα και να τα καταδιώξουν. Στο μεταξύ, το κέντρο του περσικού στρατού είχε απωθήσει το αδύνατο ελληνικό κέντρο. Τότε όμως οι δύο πτέρυγες του ελληνικού στρατού στράφηκαν προς τα πίσω και ο κύριος όγκος των περσικών δυνάμεων βρέθηκε κυκλωμένος...

Κάτω αριστερά:

Η μαρμάρινη αυτή προτομή, που βρίσκεται στη Ραβέννα, εικονίζει, σύμφωνα με την επιγραφή της, τον Αθηναίο στρατηγό Μιλτιάδη. Πρόκειται για ένα έργο της ρωμαϊκής εποχής, που αντιγράφει πιθανότατα μια δημιουργία του 4ου αιώνα π.Χ.

Κάτω δεξιά:

Από την αρχαία Ολυμπία προέρχεται ένα πολύ ενδιαφέρον εύρημα, ένα περσικό κράνος. Η επιγραφή στο κάτω μέρος του βεβαιώνει ότι πρόκειται για ανάθημα των Αθηναίων στο Δία από περσικά λάφυρα, πιθανότατα της μάχης του Μαραθώνα.

Μιλτιάδης όμως πρόλαβε να οδηγήσει έγκαιρα το στρατό στην πόλη και έτσι οι Πέρσες αναγκάστηκαν να επιστρέψουν στην Ασία.

Η νίκη των Αθηναίων στη μάχη του Μαραθώνα, την πρώτη σοβαρή αναμέτρηση Ελλήνων και Περσών, έδειξε την ανωτερότητα των ελληνικών όπλων και της ελληνικής πολεμικής τακτικής. Ακόμη, διέλυσε την εντύπωση που υπήρχε ως τότε ότι οι Πέρσες ήταν ανίκητοι και αναπτέρωσε το ηθικό των Ελλήνων.

Η δεκαετία 490–480 π.Χ.

Η νίκη των Ελλήνων στο Μαραθώνα δε σήμανε και το τέλος της περσικής απειλής. Ο βασιλιάς των Περσών Ξέρξης, που διαδέχτηκε το 486 π.Χ. το Δαρείο, άρχισε να ετοιμάζει μεγάλη εκστρατεία με στόχο την υποταγή ολόκληρης της Ελλάδας.

Ο Θεμιστοκλής

Στο μεταξύ, σημαντικές πολιτικές εξελίξεις σημειώθηκαν στην Αθήνα. Ο νικητής του Μαραθώνα Μιλτιάδης οδήγησε τους Αθηναίους σε μια αποτυχημένη εκστρατεία εναντίον της Πάρου, όπου και τραυματίστηκε. Για την αποτυχία του αυτή καταδικάστηκε σε βαρύ πρόστιμο και πέθανε από το τραύμα του στη φυλακή (489 π.Χ.). Ακολούθησε διαμάχη ανάμεσα στην παράταξη των συντηρητικών, που είχαν ηγέτη τον Αριστείδη, και των δημοκρατικών, που είχαν ηγέτη μια νέα προσωπικότητα, το ***Θεμιστοκλή***. Στον πολιτικό αυτό ανταγωνι-

Επίγραμμα του Σιμωνίδη για τη μάχη στο Μαραθώνα

«Ελλήνων προμαχούντες Αθηναίοι Μαραθώνι χρυσοφόρων Μήδων εστόρεσαν δύναμιν». Πρόμαχοι των Ελλήνων οι Αθηναίοι στο Μαραθώνα ταπείνωσαν τη δύναμη των χρυσοφορεμένων Μήδων.

(Μετάφραση)

Η προτομή αυτή, που εικονίζει το Θεμιστοκλή, είναι ένα έργο των ρωμαϊκών χρόνων, αντίγραφο μιας δημιουργίας του 5ου αιώνα π.Χ. Βρίσκεται στην Όστια της Ιταλίας.

σμό επικράτησαν οι δημοκρατικοί, ενώ πολλοί πολιτικοί αντίπαλοι του Θεμιστοκλή εξοστρακίστηκαν.

Ο Θεμιστοκλής ήθελε να κάνει την Αθήνα ναυτική δύναμη. Πίστευε ότι η αναμενόμενη περσική επίθεση θα μπορούσε να αντιμετωπιστεί αποτελεσματικά μόνο στη θάλασσα και έπεισε την εκκλησία του δήμου να ψηφίσει το ναυτικό του πρόγραμμα. Αμέσως άρχισε η εντατική ναυπήγηση πολεμικών πλοίων και γρήγορα η Αθήνα έγινε ναυτική δύναμη στην Ελλάδα.

Το συνέδριο των Ελλήνων

Το φθινόπωρο του 481 π.Χ., όταν πια ήταν φανερό ότι οι Πέρσες θα επιχειρούσαν νέα μεγάλη εκστρατεία κατά της Ελλάδας, πραγματοποιήθηκε, με πρωτοβουλία της Αθήνας και της Σπάρτης, συνέδριο των ελληνικών πόλεων στον Ισθμό. Παραβρέθηκαν αντιπρόσωποι από 31 ελληνικές πόλεις και αποφασίστηκαν ορισμένα μέτρα για την αντιμετώπιση της περσικής εισβολής. Τα σημαντικότερα ήταν τα ακόλουθα:

- Να αμυνθούν οι Έλληνες ενωμένοι κατά των Περσών.
- Να σταματήσουν τους πολέμους μεταξύ τους.
- Να τιμωρηθούν οι πόλεις που θα συνεργάζονταν με τους Πέρσες.
- Να είναι αρχηγοί του στρατού και του στόλου οι Σπαρτιάτες.

Η εκστρατεία του Ξέρξη. Θερμοπύλες – Σαλαμίνα (480 π.Χ.)

Ο Ξέρξης ξεκίνησε από τις Σάρδεις την άνοιξη του 480 π.Χ., πέρασε τον Ελλήσποντο και προχώρησε στη Θράκη και στη Μακεδονία. Οι αριθμοί που δίνει ο ιστορικός Ηρόδοτος για το στρατό του* κρίνο-

*1.700.000 πεζοί, 80.000 ιππείς, 1207 πολεμικά πλοία και περισσότερα ακόμη μεταγωγικά με 517.000 ναύτες.

Χαρακτηρισμός του Θεμιστοκλή από τον ιστορικό Θουκυδίδη

Ο Θεμιστοκλής είχε δείξει ολοφάνερα ότι ήταν προικισμένος με μια φυσική ευφυΐα και απ' αυτή την άποψη ήταν περισσότερο από κάθε άλλον εξαιρετικά αξιοθαύμαστος· γιατί μόνο με την έμφυτη σύνεσή του, χωρίς καθόλου να έχει ανάγκη να την ενισχύσει πιο μπροστά ή αργότερα με ιδιαίτερη διδασκαλία, μπορούσε με μια γρήγορη σκέψη να σχηματίζει την καλύτερη γνώμη για τα παρόντα και να προβλέπει με τη μεγαλύτερη ακρίβεια για όσα θα γίνουν στο πιο απομακρυσμένο μέλλον. Καθετί που επιχειρούσε ήταν ικανός να το εξηγεί και στους άλλους, αλλά και εκείνα για τα οποία δεν είχε προσωπική πείρα μπορούσε να τα κρίνει αρκετά καλά. Πρόβλεπε καθαρότατα την καλή ή την κακή έκβαση μιας ενέργειας, ενώ το αποτέλεσμά της ήταν ακόμη άδηλο για τους άλλους. Με λίγα λόγια, ο άνθρωπος αυτός, με τη φυσική του ιδιοφυΐα και με ελάχιστη προπαρασκευή, μπορούσε περισσότερο από κάθε άλλον να κρίνει αμέσως και με ετοιμότητα τι έπρεπε να γίνει κάθε φορά.

(Θουκυδίδης, Α, 138–3. Μετάφραση Μ. Οικονόμου)

νται υπερβολικοί. Οπωσδήποτε όμως ήταν μια πολύ μεγάλη στρατιωτική δύναμη, η μεγαλύτερη που είχε συγκεντρωθεί ως τότε. Μερικές ελληνικές πόλεις και περιοχές, τρομαγμένες από τον τεράστιο όγκο της περσικής στρατιάς, έσπευδαν να δηλώσουν υποταγή.

Οι Έλληνες που είχαν αποφασίσει να αντισταθούν έστειλαν αρχικά στρατό στα Τέμπη. Επειδή όμως τελικά η τοποθεσία δεν κρίθηκε ασφαλής, αποσύρθηκαν, πριν ακόμη φτάσουν οι Πέρσες, στο στενό των ***Θερμοπυλών***. Εκεί συγκεντρώθηκαν 7.000 περίπου, κι ανάμεσά τους 300 Σπαρτιάτες με επικεφαλής το βασιλιά της Σπάρτης ***Λεωνίδα***. Ο ελληνικός στόλος έπλευσε στο Αρτεμίσιο, για να εμποδίσει τον περσικό να προχωρήσει νοτιότερα και να αποβιβάσει στρατεύματα στα νώτα των Ελλήνων, που βρίσκονταν στις Θερμοπύλες.

Το κύριο βάρος των κατά ξηρά επιχειρήσεων του ελληνικού στρατού στη διάρκεια των περσικών πολέμων το σήκωσαν οι Σπαρτιάτες. Στο χάλκινο αυτό αγαλμάτιο του Εθνικού Αρχαιολογικού Μουσείου της Αθήνας εικονίζεται ένας Σπαρτιάτης πολεμιστής της εποχής αυτής. Στα χέρια του κρατούσε την ασπίδα και το δόρυ, που δε σώθηκαν

Εγκώμιο του Σιμωνίδη για κείνους που έπεσαν στις Θερμοπύλες

Εκείνων που σκοτώθηκαν στις Θερμοπύλες
ένδοξη η τύχη, ωραίος ο θάνατός τους,
κι ο τάφος τους βωμός·
ανάμνηση τους πρέπει κι όχι γόοι
κι εγκώμιο είναι γι' αυτούς το μοιρολόι.
Τέτοιος εντάφιος στολισμός
ποτέ τη λάμψη δε θα χάσει
απ' τον καιρό τον παντοδαμαστή
κι ούτε σκουριά ποτέ θα τον σκεπάσει.
Στο μνήμα των αντρείων ετούτο το ιερό
η δόξα της Ελλάδας έχει θρονιαστεί
το μαρτυρά κι ο βασιλιάς της Σπάρτης
ο Λεωνίδας, που αφήνει
στολίδι πίσω του αρετής τρανό
κι ένα όνομα που αμάραντο θα μείνει.

(Μετάφραση Θρ. Σταύρου)

Θερμοπύλες (480 π.Χ.)

Όταν οι Πέρσες έφτασαν στις Θερμοπύλες, προσπάθησαν*, με επανειλημμένες επιθέσεις, να απωθήσουν τους υπερασπιστές του στενού και να περάσουν. Οι προσπάθειές τους όμως αποκρούστηκαν και τους στοίχισαν βαριές απώλειες. Κι ενώ η κατάσταση γινόταν δύσκολη για τον Ξέρξη, ο Εφιάλτης, κάτοικος μιας γειτονικής κωμόπολης, παρουσιάστηκε το βράδυ της δεύτερης μέρας στον Πέρση βασιλιά και προσφέρθηκε να οδηγήσει ένα περσικό στρατιωτικό τμήμα από ένα μονοπάτι του βουνού Καλλίδρομο στα νώτα των Ελλήνων. Οι Φωκείς, που είχαν ταχθεί να επιτηρούν αυτό το πέρασμα, δεν αντιστάθηκαν και έτσι οι υπερασπιστές των Θερμοπυλών βρέθηκαν κυκλωμένοι.

Πριν ακόμη ολοκληρωθεί η κύκλωση, ο Λεωνίδας, που πληροφορήθηκε τι συνέβαινε, ζήτησε από τους άλλους Έλληνες να φύγουν, για να χρησιμοποιηθούν αλλού. Ο ίδιος και οι 300 Σπαρτιάτες, καθώς και 700 Θεσπιείς που δε δέχτηκαν να φύγουν, έμειναν εκεί και αγωνίστηκαν ως το τέλος. Οι Πέρσες έγιναν κύριοι του στενού και πέρασαν, αλλά αυτό το πλήρωσαν με σοβαρές απώλειες.

Αρτεμίσιο

Παράλληλα με τις μάχες στις Θερμοπύλες, ο ελληνικός στόλος συγκρούστηκε με τον περσικό στο ***Αρτεμίσιο.*** Οι συγκρούσεις ήταν αμφίρροπες. Όταν έφτασε η είδηση ότι οι Πέρσες περνούσαν τις Θερμοπύλες, ο ελληνικός στόλος αποχώρησε από το Αρτεμίσιο, γιατί η παραμονή του εκεί δεν είχε πια νόημα, και έπλευσε στη Σαλαμίνα.

---

* Νωρίτερα ο Ξέρξης επιχείρησε με τον όγκο του στρατού του να τρομοκρατήσει τους υπερασπιστές του στενού για να του επιτρέψουν να περάσει ανενόχλητος. Αλλά πήρε την περήφανη απάντηση «μολών λαβέ», που έμεινε σύμβολο αυταπάρνησης για τη λευτεριά.

Το 1952 βρέθηκε στην Τροιζήνα μια πολύ σημαντική επιγραφή. Αναφέρεται στο σχέδιο του Θεμιστοκλή για την εκκένωση της Αθήνας όταν, μετά τη μάχη των Θερμοπυλών, οι Πέρσες πλησίαζαν. Χρονολογείται όμως αρκετά αργότερα από τα γεγονότα αυτά, περίπου στις αρχές του 3ου αιώνα π.Χ. Σήμερα βρίσκεται στο Επιγραφικό Μουσείο της Αθήνας.

Οι Πέρσες στην Αθήνα

Από τις Θερμοπύλες ο Ξέρξης προχώρησε και έφτασε στην Αττική, ενώ ο στόλος του έπλεε στο Σαρωνικό. Καθώς η περσική στρατιά πλησίαζε, οι Αθηναίοι, με την προτροπή του Θεμιστοκλή, πήραν τη δραματική απόφαση να εγκαταλείψουν την πόλη τους. Τα γυναικόπαιδα μεταφέρθηκαν στη Σαλαμίνα, στην Αίγινα και στην Τροιζήνα, ενώ όσοι μπορούσαν να πολεμήσουν μπήκαν στα πλοία. Η εγκαταλειμμένη Αθήνα λεηλατήθηκε και πυρπολήθηκε από τους Πέρσες.

Σαλαμίνα (480 π.Χ.)

Η κατάσταση ήταν κρίσιμη για τους Έλληνες. Ο πεζικός στρατός είχε παραταχθεί στον Ισθμό, όπου κατασκεύαζε τείχος. Για τη θέση του στόλου όμως οι στρατηγοί διαφώνησαν. Οι Πελοποννήσιοι, κι ανάμεσά τους ο αρχηγός του στόλου Σπαρτιάτης ναύαρχος Ευρυβιάδης, υποστήριξαν ότι τα πλοία έπρεπε να προστατέψουν τα παράλια της Πελοποννήσου. Ο Θεμιστοκλής όμως επέμενε ότι το στενό της Σαλαμίνας προσφερόταν περισσότερο για μια ναυτική αναμέτρηση, επειδή οι Πέρσες δε θα μπορούσαν να αναπτύξουν όλο το στόλο τους και να εκμεταλλευτούν την αριθμητική τους υπεροχή*. Η άποψη του Θεμιστοκλή έγινε αναγκαστικά δεκτή, όταν οι Πέρσες έκλεισαν με το στόλο τους τις δύο θαλάσσιες εξόδους του στενού της Σαλαμίνας, για να εμποδίσουν τη διαφυγή του ελληνικού στόλου.

Στο στενό της ***Σαλαμίνας*** έγινε, το Σεπτέμβριο του 480 π.Χ., η αποφασιστική σύγκρουση, που έκρινε τον πόλεμο στη θάλασσα. Όπως

*Με την άποψη του Θεμιστοκλή τάχθηκαν οι Μεγαρείς και οι Αιγινήτες, γιατί ήθελαν να βρίσκεται ο στόλος κοντά στις πόλεις τους.

Ένας Πέρσης αγγελιοφόρος αφηγείται στην περσική Αυλή τη ναυμαχία της Σαλαμίνας.

Όταν με τ' άσπρα τ' άτια της η μέρα
φωτοπλημμύριστη άπλωσε σ' όλο τον κόσμο,
μια πρώτα ακούστηκε απ' το μέρος των Ελλήνων
βουή τραγουδιστά με ήχο φαιδρό να βγαίνει
και δυνατ' αντιβούιζαν μαζί κι οι βράχοι
του νησιού γύρω, ενώ τρομάρα τους βαρβάρους
έπιασεν όλους, που έβλεπαν πως γελαστήκαν.
Γιατί δεν ήταν για φευγιό που έψαλλαν τότε
σεμνόν παιάνα οι Έλληνες, μα σαν να ορμούσαν
μ' ολόψυχη καρδιά στη μάχη, ενώ όλη ως πέρα
τη γραμμή των της σάλπιγγας φλόγιζε ο ήχος·
κι αμέσως τα πλαταγιστά με μιας κουπιά τους
χτυπούνε με το πρόσταγμα τη βαθιάν άρμη
και δεν αργούνε να φανούν όλοι μπροστά μας.
Το δεξί πρώτο, σε γραμμή, κέρας ερχόνταν
μ' όλη την τάξη, κι έπειτα κι ο άλλος ο στόλος
από πίσω ακλουθά· και τότε ήταν ν' ακούσεις
φωνή μεγάλη από κοντά: «Εμπρός, των Ελλήνων
γενναία παιδιά! να ελευθερώσετε πατρίδα,
τέκνα, γυναίκες και των πατρικών θεών σας
να ελευθερώσετε τα ιερά και των προγόνων
τους τάφους· τώρα για όλα 'ναι που πολεμάτε».
....
Το σύνθημα της εμβολής έδωσε πρώτα
ένα καράβι ελληνικό, που έσπασεν όλα
ενός φοινικικού, κορώνες κι ακροστόλια,
κι έτσι όλοι στρέφουν ο ένας καταπάνω τ' άλλου.
Λοιπόν, βαστούσε στην αρχή καλά το ρέμα
του στόλου των Περσών, μα όταν στο στενό μέσα
τόσο πλήθος στριμώχτηκαν και δεν μπορούσαν
καμιά βοήθεια ο ένας τ' αλλουνού να δίνουν
κι οι ίδιοι με τις χαλκόστομες συμμεταξύ τους
χτυπιόνταν πρώρες, σπάνανε των κουπιών όλες

είχε προβλέψει ο Θεμιστοκλής, οι Πέρσες δεν μπόρεσαν να χρησιμοποιήσουν όλα τα πλοία τους ταυτόχρονα μέσα στο στενό χώρο και, όταν μπροστά στην ορμητική επίθεση των ελληνικών πλοίων η πρώτη γραμμή του στόλου τους υποχώρησε, επικράτησε σύγχυση και η φυγή των περσικών πλοίων γενικεύτηκε. Η ναυμαχία κράτησε ολόκληρη την ημέρα και τελείωσε με τη συντριβή του περσικού στόλου.

Η εκστρατεία του Ξέρξη είχε ουσιαστικά αποτύχει. Ο Πέρσης βασιλιάς γύρισε πίσω στην Ασία αφήνοντας στην Ελλάδα το στρατηγό Μαρδόνιο με πεζικό στρατό, για μια ακόμη προσπάθεια.

Η μάχη της Ιμέρας

Θα πρέπει εδώ να αναφέρουμε και μια σημαντική επιτυχία των Ελλήνων στη Δύση. Συγκεκριμένα οι τύραννοι των Συρακουσών Γέλων και του Ακράγαντα Θήρων νίκησαν κοντά στην Ιμέρα ισχυρές καρχηδονιακές δυνάμεις που είχαν αποβιβαστεί στη Σικελία και απειλούσαν τις ελληνικές πόλεις του νησιού. Σύμφωνα με την παράδοση, η μάχη στην Ιμέρα έγινε την ίδια μέρα με τη ναυμαχία της Σαλαμίνας.

Οι μάχες στην Πλάταια και στη Μυκάλη (479 π.Χ.)

Ο Μαρδόνιος με το στρατό που του είχε αφήσει ο Ξέρξης πέρασε το χειμώνα του 480–479 π.Χ. στη Θεσσαλία. Πριν αρχίσει τις επιχειρήσεις, έκανε στους Αθηναίους προτάσεις για συμμαχία. Αυτοί όμως τις απέριψαν αμέσως.

Την άνοιξη του 479 π.Χ. οι Πέρσες εισέβαλαν στη Βοιωτία, προχώ-

μαζί οι φτερούγες και, να, τότε των Ελλήνων
τα πλοία ένα γύρο με πολλή επιδεξιοσύνη
από παντού χτυπούσανε, και τα σκαριά μας
αναποδογυρίζονταν και δεν μπορούσες
να βλέπεις πια τη θάλασσα που ήταν γιομάτη
από ναυάγια καραβιών κι ανθρώπων φόνο·
και βρύαζαν οι γιαλοί νεκρούς κι οι ξέρες γύρου,
ενώ όσα μας εμένανε καράβια ακόμα
το 'βαζαν στο κουπί φευγάλα δίχως τάξη.

(Αισχύλου, Πέρσες, στ.386–405 και 409–423. Μετάφρ. Γ. Γρυπάρη. Ορθογραφική πρασαρμογή)

Στο πορτρέτο αυτό της ρωμαϊκής εποχής, που βρίσκεται στη Ρώμη και αντιγράφει ένα έργο του 5ου αιώνα π.Χ., εικονίζεται πιθανόν ο Παυσανίας, ο αρχηγός των ελληνικών δυνάμεων στην Πλάταια.

ρησαν στην Αττική και μπήκαν στην έρημη Αθήνα, που οι πολίτες της την είχαν εγκαταλείψει για δεύτερη φορά. Ο Μαρδόνιος επανέλαβε τότε τις προτάσεις του στους Αθηναίους, αλλά πήρε και πάλι αρνητική απάντηση.

Στο μεταξύ πελοποννησιακός στρατός, με επικεφαλής το βασιλιά της Σπάρτης Παυσανία, πέρασε τον Ισθμό και προχώρησε στη Στερεά Ελλάδα. Μαζί του ήρθαν να ενωθούν 8.000 περίπου Αθηναίοι, με αρχηγό τον Αριστείδη*, καθώς και άλλοι Έλληνες. Στο πλησίασμα των ελληνικών δυνάμεων, που αρχηγός τους ήταν ο ***Παυσανίας***, ο Μαρδόνιος υποχώρησε στη Βοιωτία.

Η μάχη στην Πλάταια (479 π.Χ.)

Οι δύο αντίπαλοι στρατοί συγκρούστηκαν το καλοκαίρι του 479 π.Χ. κοντά στην ***Πλάταια*** της Βοιωτίας. Η μάχη ήταν πολύ σκληρή αλλά στο τέλος οι Πέρσες και όσοι Έλληνες είχαν συμμαχήσει μαζί τους νικήθηκαν και οι περισσότεροι εξοντώθηκαν. Ο ίδιος ο Μαρδό-

* Ο Αριστείδης, που εξοστρακίστηκε το 482 π.Χ., είχε επιστρέψει από το 480 στην Αθήνα.

Ο βασιλιάς της Μακεδονίας Αλέξανδρος Α΄, που ακολουθούσε υποχρεωτικά τους Πέρσες στην εκστρατεία τους, ειδοποιεί τους Έλληνες για τις προθέσεις του Μαρδόνιου, πριν από τη μάχη στην Πλάταια.

Ήτανε προχωρημένη η νύχτα και νόμιζε κανείς πως ησυχία βασίλευε στα δύο στρατόπεδα και πως κάθε άνθρωπος βρισκότανε σε βαθύ ύπνο· όπου, προβαίνοντας με το άλογό του κατά τις προφυλακές των Αθηναίων ο Αλέξανδρος του Αμύντα, στρατηγός και βασιλιάς των Μακεδόνων, ζητούσε και καλά να μιλήσει με τους στρατηγούς. Από τους σκοπούς μείνανε οι περισσότεροι στη θέση τους, και τρέξανε κάμποσοι λέγοντας στους στρατηγούς πως κάποιος καβαλάρης έφτασε από το στρατόπεδο των Μήδων, και άλλο τίποτα δεν ανοίγει το στόμα του να πει, παρά τα ονόματα των στρατηγών, και λέει πως θέλει να τους ανταμώσει.

Οι στρατηγοί αμέσως, ακούγοντας αυτά, ακολουθήσανε τους ανθρώπους στις προφυλακές, κι εκεί αφού φτάσανε, ο Αλέξανδρος τους είπε: «Άνδρες Αθηναίοι, τα λόγια που έχω να σας πω στην καρδιά σας τα εμπιστεύομαι και δεν επιτρέπω σε κανέναν άλλο να τα πείτε παρά στον Παυσανία, αλλιώς θα με πάρετε στο λαιμό σας· και δε θ' άνοιγα το στόμα μου, αν δεν είχα την έγνοια, έγνοια μεγάλη, όλης της Ελλάδας. Έλληνας είμαι κι εγώ από παλιά γενιά και δεν επιθυμούσα από τη λευτεριά της να τη δω να πέσει στη δουλεία. Σας λέω λοιπόν πως οι θυσίες επιμένουνε και καλά να δείχνουνε κακά σημάδια στο Μαρδόνιο και το στρατό του· ειδεμή, θα είχε αρχίσει η μάχη πολύ πιο μπροστά. Τώρα όμως αποφάσισε να παραβλέψει τις θυσίες και, μόλις αρχίσει να χαράζει η μέρα, να σας επιτεθεί· γιατί, καθώς εγώ υποθέτω, φοβάται πολύ μήπως συναχτείτε περισσότεροι. Λοιπόν, ύστερα από όσα σας είπα, ετοιμαστείτε. Αν όμως τύχει και ο Μαρδόνιος αναβάλει και δεν κάνει τη μάχη, κάθεστε εσείς στην ησυχία σας· γιατί τροφές του μένουνε μόνο για λίγες μέρες. Αν λοιπόν ο πόλεμος αυτός τελειώσει καθώς τον επιθυμεί η καρδιά σας, θυμηθείτε και τη δική μου απελευθέρωση, αφού από ζήλο για το καλό των Ελλήνων ανάλαβα τόσο τολμηρό έργο, θέλοντας να σας κάνω γνωστό το σκοπό του Μαρδόνιου, για να μη σας πέσουνε απάνω οι βάρβαροι ξαφνικά, χωρίς ακόμα να τους περιμένετε. Είμαι ο Αλέξανδρος ο Μακεδόνας.» Αυτά είπε και γύρισε γοργά πίσω...

(Ηρόδοτος, IX, 44–45. Μετάφρ. Γ. Βλαχογιάννη–Κ. Κοσμά)

νιος, ο ικανότερος από τους Πέρσες στρατηγούς που είχαν εκστρατεύσει στην Ελλάδα, έχασε τη ζωή του πολεμώντας.

Μετά τη νίκη τους οι Έλληνες τιμώρησαν τους Θηβαίους, που είχαν συμμαχήσει με τους Πέρσες, και διέλυσαν τη βοιωτική ομοσπονδία, στην οποία η Θήβα είχε ηγετική θέση.

Η μάχη στη Μυκάλη

Ενώ εξουδετερωνόταν η περσική στρατιά στην ξηρά, απεσταλμένοι από τη Σάμο έφτασαν στη Δήλο, όπου ήταν αγκυροβολημένος ο ελληνικός στόλος, και ζήτησαν βοήθεια για να απαλλαγεί η Ιωνία από την περσική κυριαρχία. Οι Πέρσες, που βρίσκονταν στο ακρωτήρι της Μυκάλης, όταν έμαθαν ότι πλησίαζε ο ελληνικός στόλος, τράβηξαν τα πλοία τους στη στεριά και οχυρώθηκαν εκεί. Τότε οι Έλληνες έκαναν απόβαση και στη σύγκρουση που ακολούθησε διέλυσαν τον περσικό στρατό και έκαψαν τα πλοία του. Μετά την επιτυχία αυτή οι ιωνικές πόλεις άρχισαν να διώχνουν τις περσικές φρουρές.

Στο βυζαντινό ιππόδρομο της Κωνσταντινούπολης σώζεται τμήμα του τρίποδα που ανάθεσαν οι Έλληνες στο ιερό του Απόλλωνα στους Δελφούς, μετά τη νίκη τους στην Πλάταια εναντίον των Περσών. Επάνω στα χάλκινα ελισσόμενα φίδια, που στήριζαν το χρυσό τρίποδα, έχουν χαραχτεί τα ονόματα των ελληνικών πόλεων που πήραν μέρος στους περσικούς πολέμους.

Οι περσικοί πόλεμοι έχουν εμπνεύσει συχνά τους Αθηναίους αγγειογράφους. Έτσι και στην παράσταση αυτή, που διακοσμεί το εσωτερικό ενός αγγείου, έχει απεικονιστεί μια μονομαχία ανάμεσα σ' έναν Έλληνα και σ' έναν Πέρση. Από τη στάση των μορφών είναι φανερή η υπεροχή του Έλληνα και η δύσκολη θέση στην οποία βρίσκεται ο αντίπαλός του.

Η σημασία της απόκρουσης των Περσών

Η περσική επίθεση εναντίον της Ελλάδας είχε αποκρουστεί οριστικά και η ιμπεριαλιστική πολιτική των Περσών βασιλιάδων είχε δεχτεί ένα αποφασιστικό πλήγμα. Την πολιτική αυτή όμως την είχαν πληρώσει με τη ζωή τους χιλιάδες νέοι άνθρωποι, Έλληνες και Πέρσες, που έπεσαν στα πεδία των μαχών ή χάθηκαν στις θάλασσες, όπου έγιναν οι ναυτικές συγκρούσεις.

Η απόκρουση της περσικής επίθεσης είναι ένα γεγονός με πολύ μεγάλη σημασία για τον ελληνικό κόσμο αλλά και για τον κόσμο ολόκληρο. Οι ελληνικές πόλεις εξασφάλισαν την ελευθερία τους, δηλαδή την απαραίτητη προϋπόθεση για την οικονομική, πολιτική, και πολιτιστική τους ανάπτυξη. Μπόρεσαν έτσι, στα χρόνια που ακολούθησαν, να δημιουργήσουν ένα λαμπρό πολιτισμό, τα επιτεύγματα του οποίου έγιναν κτήμα ολόκληρης της ανθρωπότητας.

Σ' όλες τις συγκρούσεις με τους Πέρσες φάνηκε η ανωτερότητα της πολεμικής τακτικής των Ελλήνων και η ικανότητα των ηγετών τους. Πάνω απ' όλα όμως οι Έλληνες νίκησαν χάρη στο υψηλό τους φρόνημα. Οι πολεμιστές που κατόρθωσαν με τον ηρωισμό και την αυταπάρνησή τους να συντρίψουν την περσική επίθεση, ήταν οι ελεύθεροι συνειδητοί πολίτες, που δεν ένιωθαν την πατρίδα τους σαν μια μακρινή και ξένη καταπιεστική δύναμη, αλλά την ταύτιζαν με τον εαυτό τους. Ήταν, τέλος, οι ελεύθεροι άνθρωποι, που με τα όπλα τους υπεράσπιζαν την ελευθερία από την επιβουλή του δεσποτισμού.

β. Η ΑΚΜΗ ΤΗΣ ΑΘΗΝΑΣ (479 – 431 π.Χ.)

Η Α΄ αθηναϊκή συμμαχία

Η Σπάρτη αποσύρεται από την πανελλήνια συμμαχία

Μετά την οριστική απόκρουση της περσικής επιδρομής, ο συμμαχικός ελληνικός στόλος ανέλαβε επιθετικό τώρα πια πόλεμο κατά των Περσών. Με ηγέτη τον Παυσανία έπλευσε πρώτα στην Κύπρο, όπου ελευθέρωσε πολλές πόλεις, και στη συνέχεια ανέβηκε στο Βόσπορο και έδιωξε την περσική φρουρά από το Βυζάντιο. Όμως η αυταρχική συμπεριφορά του Παυσανία δημιούργησε σοβαρές δυσαρέσκειες στους συμμάχους. Οι Σπαρτιάτες αναγκάστηκαν να τον ανακαλέσουν στη Σπάρτη και αργότερα τον καταδίκασαν σε θάνατο, με την κατηγορία ότι είχε έρθει σε συνεννοήσεις με τους Πέρσες. Οι ίδιοι αποσύρθηκαν από την ηγεσία της συμμαχίας.

Η συγκρότηση της Α΄ αθηναϊκής συμμαχίας

Όταν αποχώρησαν οι Σπαρτιάτες, οι ελληνικές πόλεις της Μ. Ασίας και των νησιών, για τις οποίες η περσική απειλή εξακολουθούσε να υπάρχει, στράφηκαν προς την Αθήνα, που διέθετε ισχυρό στόλο και φαινόταν πρόθυμη να αναλάβει την ηγεσία του αγώνα. Έτσι σχηματίστηκε, το 478 π.Χ., μια νέα συμμαχία, η ***Α΄ αθηναϊκή συμμαχία.*** Σκοπός της ήταν η εξασφάλιση της ανεξαρτησίας των πόλεων που συμμετείχαν σ' αυτή.

Μέλη της συμμαχίας αυτής έγιναν από την αρχή οι περισσότερες παραθαλάσσιες και νησιωτικές πόλεις. Όλες διατηρούσαν την ανεξαρτησία τους και είχαν ίση ψήφο στα συνέδρια, που γίνονταν στη Δήλο. Καθορίστηκε ακόμη να προσφέρουν κάθε χρόνο πλοία ή, αν ήθελαν να απαλλαγούν απ' αυτή την υποχρέωση, χρήματα ανάλογα με τις δυνατότητές τους. Το κοινό ταμείο βρισκόταν στη Δήλο και τα συμμαχικά χρήματα διαχειρίζονταν 10 Αθηναίοι πολίτες, που ονομάζονταν ***ελληνοταμίες.*** Η οργάνωση της συμμαχίας και η δίκαια ρύθμιση των συμμαχικών εισφορών ήταν έργο του Αριστείδη.

Η Α΄ αθηναϊκή συμμαχία ήταν τυπικά μια ένωση ανεξάρτητων και ισότιμων κρατών, που εξυπηρετούσε τα κοινά τους συμφέροντα. Στην πραγματικότητα όμως η ισχυρή Αθήνα είχε από την αρχή ηγετική θέση.

Η δράση του Κίμωνα

Λίγο μετά το τέλος της περσικής επιδρομής, επικράτησαν στην Αθήνα οι συντηρητικοί με αρχηγούς αρχικά τον Αριστείδη και στη συνέχεια τον Κίμωνα. Ο πρωτεργάτης της νίκης στη Σαλαμίνα Θεμιστοκλής εξοστρακίστηκε και πέθανε στην εξορία.

Ο ***Κίμων***, γιος του Μιλτιάδη, εκλεγόταν στρατηγός κάθε χρόνο από το 476 ως το 462 π.Χ. Η πολιτική της Αθήνας στα χρόνια αυτά ήταν φιλία με τη Σπάρτη και πόλεμος εναντίον των Περσών. Ως αρχηγός του συμμαχικού στόλου ο Κίμων έδιωξε τους Πέρσες από ορισμένες θέσεις που κατείχαν ακόμη στη Θράκη, ξεκαθάρισε τη Σκύρο από τους πειρατές και έφερε νέες πόλεις στην αθηναϊκή συμμαχία. Τέλος, το 465 π.Χ., πέτυχε μεγάλη νίκη εναντίον των Περσών, συντρίβοντας το στρατό και το στόλο τους στις εκβολές του ποταμού Ευρυμέδοντα, στην Παμφυλία.

Ενώ οι νίκες του Κίμωνα μεγάλωναν τη δύναμη και το γόητρο της Αθήνας, η Σπάρτη αντιμετώπιζε σοβαρά εσωτερικά προβλήματα. Το 464 π.Χ., ύστερα από έναν καταστροφικό σεισμό, επαναστάτησαν οι είλωτες και οχυρώθηκαν στο φρούριο της Ιθώμης, στη Μεσσηνία. Για να τους αντιμετωπίσουν οι Σπαρτιάτες ζήτησαν βοήθεια από τους Αθηναίους, που έστειλαν, παρά την αντίθετη γνώμη των δημοκρατικών, τον Κίμωνα με 4.000 οπλίτες. Το εκστρατευτικό αυτό σώμα έφτασε στην Ιθώμη αλλά οι Σπαρτιάτες, που έβλεπαν πάντα με δυσπιστία τους Αθηναίους, το έστειλαν πάλι πίσω.

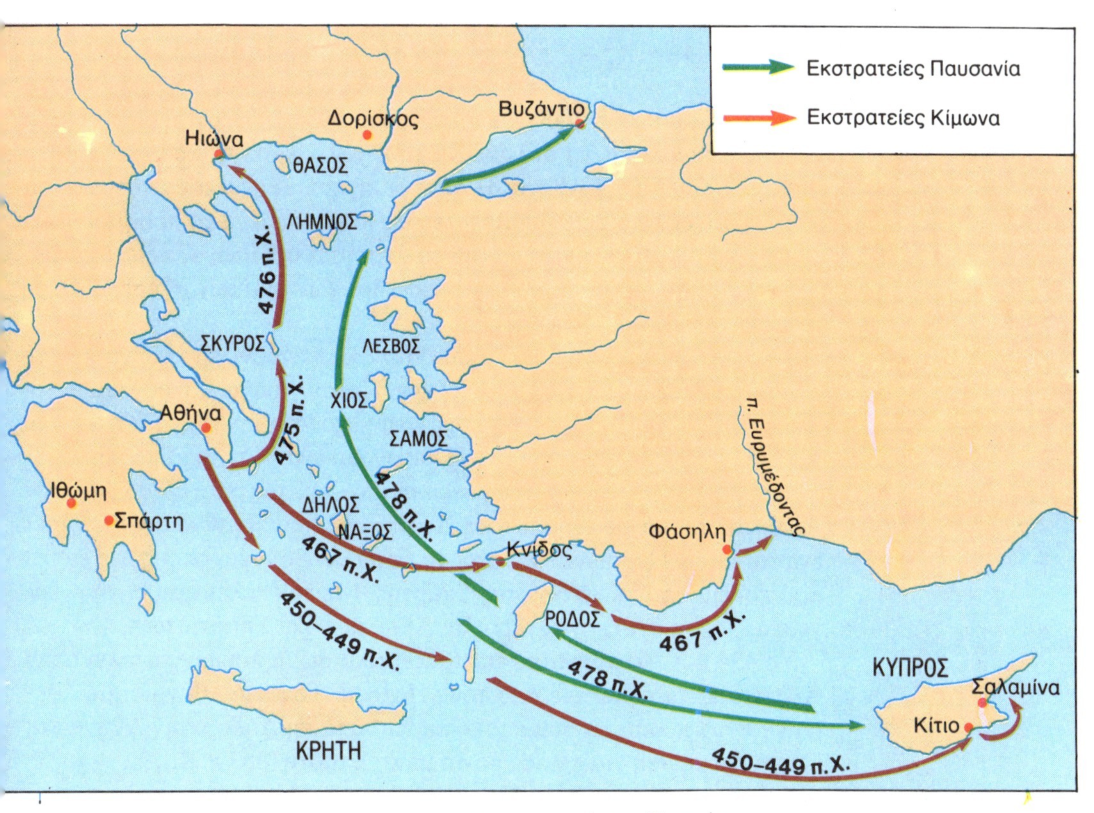

Ο επιθετικός πόλεμος κατά των Περσών

Οι Σπαρτιάτες διώχνουν τους Αθηναίους από την Ιθώμη.

Οι Λακεδαιμόνιοι, επειδή ο πόλεμος με τους πολιορκημένους στην Ιθώμη τραβούσε σε μάκρος, ζήτησαν βοήθεια και από άλλους συμμάχους τους και από τους Αθηναίους· κι αυτοί έφτασαν με αρκετό στρατό και αρχηγό τον Κίμωνα. Οι Λακεδαιμόνιοι κάλεσαν ειδικά τους Αθηναίους, γιατί θεωρούνταν ικανοί σε μάχες στα τείχη, ενώ οι ίδιοι, επειδή η πολιορκία κρατούσε πολύ, φαινόταν ότι δεν μπορούσαν να κάνουν τίποτε. Αλλιώς θα είχαν καταλάβει το φρούριο με έφοδο. Και τότε, σ' αυτή την εκστρατεία, έγινε για πρώτη φορά φανερή η εχθρότητα ανάμεσα στους Αθηναίους και τους Σπαρτιάτες. Οι Λακεδαιμόνιοι δηλαδή, επειδή το φρούριο εξακολουθούσε να αντιστέκεται, άρχισαν να φοβούνται την τόλμη και την προοδευτικότητα των Αθηναίων και ακόμη σκέφτηκαν ότι, αφού δεν ανήκαν στην ίδια φυλή μ' αυτούς, θα μπορούσαν, αν έμεναν κι άλλο, να πειστούν από τους πολιορκημένους στην Ιθώμη και ν' αλλάξουν παράταξη. Έτσι έδιωξαν μόνο αυτούς από όλους τους συμμάχους, χωρίς βέβαια να τους φανερώσουν τους φόβους τους, αλλά προβάλλοντας τη δικαιολογία ότι δεν τους χρειάζονταν πια. Οι Αθηναίοι όμως κατάλαβαν ότι οι Λακεδαιμόνιοι δεν τους απομάκρυναν από καλή πρόθεση, αλλά επειδή τους έβλεπαν με υποψία. Αυτό το θεώρησαν μεγάλη προσβολή και δεν ανέχτηκαν να το πάθουν από τους Λακεδαιμόνιους. Αμέσως λοιπόν μόλις γύρισαν αποχώρησαν από την κοινή συμμαχία εναντίον των Μήδων και συμμάχησαν με τους Αργείους, που ήταν εχθροί των Λακεδαιμονίων.

(Θουκυδίδης, Α, 102. Μετάφραση)

Διαμάχη Αθήνας – Σπάρτης. Οι 30χρονες σπονδές

Οι δημοκρατικοί επικρατούν στην Αθήνα

Όσο έλειπε ο Κίμων, οι δημοκρατικοί, με αρχηγούς πρώτα τον Εφιάλτη και, μετά τη δολοφονία του, τον Περικλή, κατόρθωσαν να επικρατήσουν στην Αθήνα. Η αποπομπή του αθηναϊκού εκστρατευτικού σώματος από τους Σπαρτιάτες θεωρήθηκε μεγάλη προσβολή και αποτυχία της φιλοσπαρτιατικής πολιτικής του Κίμωνα, που εξοστρακίστηκε το 461 π.Χ. Η σύντομη περίοδος των φιλικών σχέσεων με τη Σπάρτη είχε λήξει.

Η πολιτική των δημοκρατικών ήταν να κάνουν την Αθήνα πρώτη δύναμη στην Ελλάδα, έστω κι αν χρειαζόταν να αγωνιστούν και με τη Σπάρτη. Έτσι, με την άνοδό τους στην εξουσία, η Αθήνα άρχισε ένα διμέτωπο αγώνα· εναντίον των Περσών και εναντίον της Σπάρτης.

Η αρχή της διαμάχης Αθήνας-Σπάρτης

Το 460 π.Χ. οι Αθηναίοι έστειλαν ένα εκστρατευτικό σώμα στην Αίγυπτο, για να βοηθήσει τους Αιγύπτιους που είχαν επαναστατήσει εναντίον των Περσών. Ταυτόχρονα έστειλαν βοήθεια στους Αργείους, που πολεμούσαν εναντίον της Σπάρτης. Με την τελευταία αυτή ενέργεια άρχισε η ανοιχτή σύγκρουση Αθηναίων και Σπαρτιατών.

Το 454 π.Χ. το αθηναϊκό εκστρατευτικό σώμα που είχε σταλεί στην Αίγυπτο καταστράφηκε από τους Πέρσες. Τότε οι Αθηναίοι μετέφεραν για ασφάλεια το συμμαχικό ταμείο από τη Δήλο στην Αθήνα και έκαναν ανακωχή για πέντε χρόνια με τη Σπάρτη (453 π.Χ.).

Το τέλος του πολέμου κατά των Περσών

Στη συνέχεια οι Αθηναίοι οργάνωσαν μεγάλη εκστρατεία εναντίον των Περσών στην Κύπρο, με αρχηγό τον Κίμωνα, που είχε ήδη επιστρέψει από την εξορία. Ο ίδιος ο Κίμων σκοτώθηκε στην πολιορκία του Κιτίου, αλλά και χωρίς τον ηγέτη τους οι Αθηναίοι πέτυχαν μεγάλη νίκη στη Σαλαμίνα της Κύπρου. Ακολούθησε, το 448 π.Χ., ειρήνη με τους Πέρσες, που είναι γνωστή ως ***Καλλίειος ειρήνη***, από το όνομα του Αθηναίου διαπραγματευτή Καλλία. Σύμφωνα με τους όρους της, οι Πέρσες αναγνώριζαν την αυτονομία των ελληνικών πόλεων της Μ. Ασίας και την ελληνική κυριαρχία στο Αιγαίο.

Οι 30χρονες σπονδές

Και ενώ ο πόλεμος με τους Πέρσες σταμάτησε, ξανάρχισαν οι συγκρούσεις στην Ελλάδα. Το χάσμα που χώριζε την Αθήνα από τη Σπάρτη μεγάλωνε διαρκώς και οι Έλληνες είχαν χωριστεί σε δύο αντίπαλα στρατόπεδα. Δεν είχε φτάσει όμως ακόμη η στιγμή για την τελική αναμέτρηση. Το 446 π.Χ. υπογράφτηκε ανάμεσα στις δύο μεγάλες ελληνικές πόλεις ειρήνη για 30 χρόνια, γνωστή με την ονομασία ***«τριακοντούτεις σπονδαί»***, και οι συγκρούσεις σταμάτησαν προσωρινά.

Η αθηναϊκή συμμαχία γίνεται αθηναϊκή ηγεμονία

Όπως έχουμε αναφέρει, η Αθήνα είχε από την αρχή ηγετική θέση μέσα στην αθηναϊκή συμμαχία. Η θέση αυτή ενισχύθηκε καθώς μεγάλωνε και η δύναμη της πόλης και στα χρόνια του Περικλή η συμμαχία είχε πια μετατραπεί σε ***αθηναϊκή ηγεμονία.***

Σημαντικό ρόλο στη μεταβολή αυτή έπαιξε και η μεταφορά του συμμαχικού ταμείου από τη Δήλο στην Αθήνα, το 454 π.Χ. Από τότε οι Αθηναίοι χρησιμοποιούσαν τα συμμαχικά χρήματα όπως νόμιζαν σωστό οι ίδιοι, ενώ παράλληλα αύξησαν και τις εισφορές των μελών.

Οι Αθηναίοι οδηγούσαν τις συμμαχικές δυνάμεις σε εκστρατείες που οι ίδιοι αποφάσιζαν και σχεδίαζαν. Γενικά η ανεξαρτησία και η ισοτιμία των περισσότερων συμμάχων είχαν παραβιαστεί και τα μέλη της συμμαχίας είχαν γίνει ουσιαστικά υπήκοοι της Αθήνας.

Όλα αυτά δημιούργησαν βαθιές δυσαρέσκειες και μερικές πόλεις

Στην εποχή του Περικλή ολοκληρώνεται και η οχύρωση της Αθήνας και του Πειραιά. Τα βόρεια μακρά τείχη και το Φαληρικό, που θα εξασφάλιζαν σε περίπτωση πολέμου την επικοινωνία της Αθήνας με το μεγάλο της λιμάνι, τον Πειραιά, άρχισαν να χτίζονται γύρω στα 460 π.Χ. Τα νότια μακρά τείχη, που η κατασκευή τους άρχισε γύρω στα 445 π.Χ., αύξησαν ακόμη περισσότερο την αμυντική ικανότητα της Αθήνας. (Σχέδιο του Ι. Τραυλού από το βιβλίο Ιστορία του Ελληνικού Έθνους, τόμ. Γ1 σελ. 69)

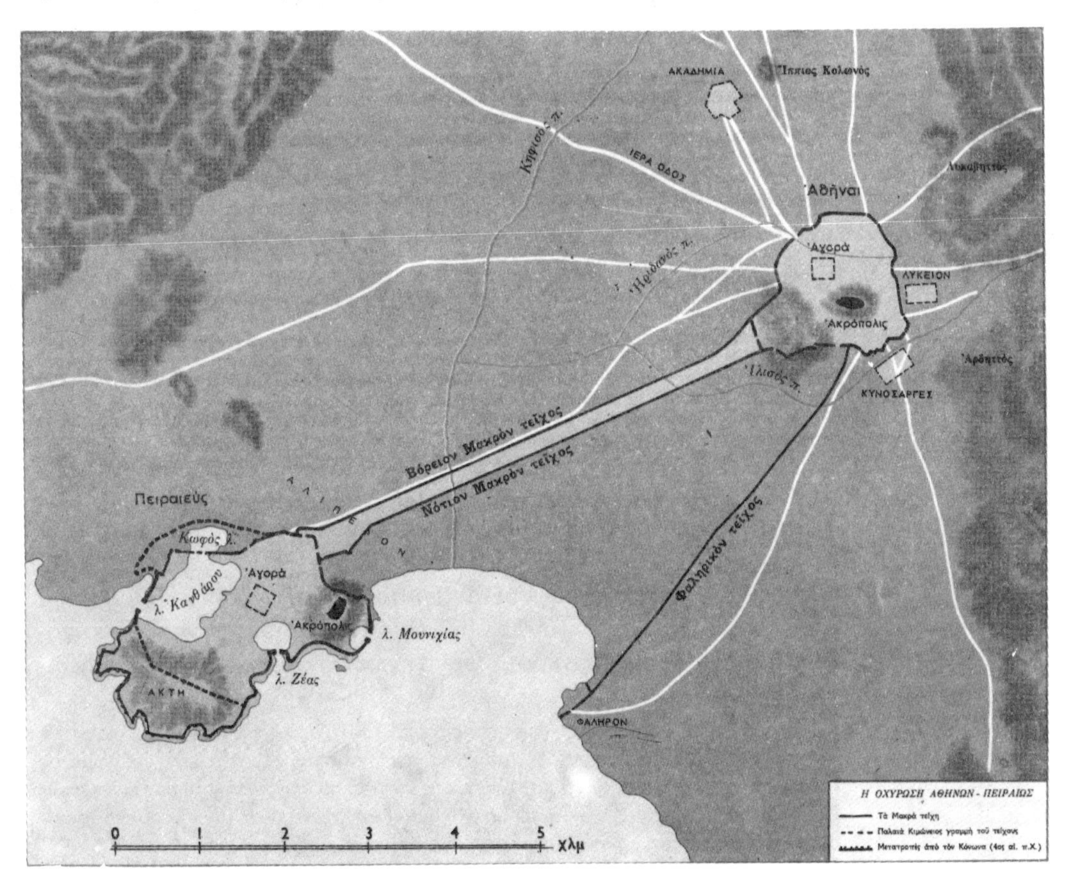

δοκίμασαν να απαλλαγούν από την αθηναϊκή ηγεμονία, αποχωρώντας από τη συμμαχία. Όλες όμως αυτές οι «αποστασίες» καταπνίγηκαν με δυναμικές επεμβάσεις αθηναϊκού στρατού και στόλου.

Το αθηναϊκό κράτος

Στα 15 χρόνια που μεσολάβησαν από το 446 π.Χ. ως το 431 π.Χ. (αρχή του εμφύλιου πελοποννησιακού πολέμου) η Ελλάδα γνώρισε μια περίοδο σχετικής ηρεμίας. Την περίοδο αυτή η Αθήνα έφτασε σε μεγάλη ακμή. Ιδιαίτερα συνέβαλαν σ' αυτό η οικονομική δύναμη, που έδινε στην πόλη η ηγεμονία της, και η διακυβέρνησή της από το μεγάλο πολιτικό Περικλή.

Ο ***Περικλής*** καταγόταν από αριστοκρατική οικογένεια, αλλά σ' όλη τη ζωή του υπηρέτησε σταθερά τη δημοκρατία. Ήταν άνθρωπος προικισμένος με πολλές ικανότητες και το μεγαλείο της Αθήνας έχει συνδεθεί με την ξεχωριστή του προσωπικότητα.

Το πολίτευμα: Στα χρόνια αυτά, μετά τις μεταρρυθμίσεις του Εφιάλτη και του Περικλή, που περιόρισαν δραστικά τις αρμοδιότητες του αριστοκρατικού Άρειου Πάγου, το πολίτευμα της Αθήνας έγινε ακόμη πιο δημοκρατικό *

Την πόλη κυβερνούσαν ουσιαστικά οι ελεύθεροι πολίτες της, που συγκροτουσαν την ***εκκλησία του δήμου.*** Εκεί παίρνονταν με ψηφοφορία αποφάσεις για όλα τα σοβαρά ζητήματα του κράτους, εκεί εκλέγονταν και λογοδοτούσαν οι άρχοντες. Όλοι οι πολίτες που έπαιρναν μέρος στην εκκλησία του δήμου είχαν το δικαίωμα να μιλήσουν και να πουν τη γνώμη τους.

Μεγάλη δύναμη είχαν αποκτήσει και οι ***10 στρατηγοί*** που, όπως έχουμε αναφέρει, εκλέγονταν κάθε χρόνο, ένας από κάθε φυλή. Η εξουσία τους όμως βρισκόταν πάντα κάτω από τον απόλυτο έλεγχο της εκκλησίας του δήμου.

Η κοινωνία. Οι κάτοικοι της Αττικής διακρίνονταν γενικά σε τρεις κατηγορίες· τους Αθηναίους πολίτες, τους μέτοικους και τους δούλους.

Αθηναίοι πολίτες θεωρούνταν ως το 451 π.Χ. όσοι είχαν πατέρα Αθηναίο και από το 451 π.Χ. όσοι είχαν Αθηναίους και τους δυο γονείς τους. Οι άντρες συγκροτούσαν την εκκλησία του δήμου, είχαν δι-

---

* Ανάμεσα στα άλλα μέτρα που θεσπίστηκαν από τον Περικλή για την πιο δημοκρατική λειτουργία του αθηναϊκού κράτους, ήταν η παραχώρηση στους ζευγίτες του δικαιώματος να εκλέγονται στο σώμα των 9 αρχόντωγ και, κυρίως, η καθιέρωση μισθού για τους πολίτες που συμμετείχαν με κάποιο τρόπο στη διοίκηση. Με το τελευταίο μέτρο εξασφαλίστηκε και η συμμετοχή των φτωχών Αθηναίων στα διάφορα όργανα της πολιτείας.

Η αίγλη που απέκτησε η Αθήνα τον 5ο αιώνα π.Χ. οφείλεται κατά ένα μεγάλο μέρος στον Περικλή. Άνθρωπος με σπάνια χαρίσματα και ηγετικές ικανότητες κατόρθωσε να επιβάλει τη δική του πολιτική και να κάνει την Αθήνα στρατιωτική, πνευματική και καλλιτεχνική πρωτεύουσα όλου του αρχαίου ελληνικού κόσμου. Η προτομή αυτή του Βρετανικού Μουσείου, στο Λονδίνο, που εικονίζει τον Περικλή, έγινε στα ρωμαϊκά χρόνια με βάση ένα έργο του 5ου αιώνα π.Χ.

Ο Εφιάλτης μειώνει τη δύναμη του Άρειου Πάγου.

Το πολίτευμα στο οποίο ο Άρειος Πάγος είχε κυρίαρχη θέση διατηρήθηκε δεκαεπτά περίπου χρόνια μετά τους μηδικούς πολέμους, αν και έχανε σιγά σιγά έδαφος. Καθώς όμως μεγάλωνε η δύναμη του δήμου, ο Εφιάλτης, ο γιος του Σοφωνίδη, που τον θεωρούσαν άνθρωπο αδιάφθορο και δίκαιο, έγινε ηγέτης των δημοκρατικών και τα έβαλε με τον Άρειο Πάγο. Και πρώτα πρώτα απομάκρυνε πολλούς Αρεοπαγίτες κινώντας εναντίον τους δίκες για πράξεις που είχαν κάνει στη διοίκηση. Έπειτα, το χρόνο που ήταν άρχοντας ο Κόνων (462 π.Χ.), αφαίρεσε από τον Άρειο Πάγο όλες τις πρόσθετες δικαιοδοσίες, με τις οποίες ασκούσε την επίβλεψη της πολιτείας, κι άλλες απ' αυτές τις παραχώρησε στη βουλή των πεντακοσίων, άλλες στην εκκλησία του δήμου κι άλλες στα δικαστήρια.
(Αριστοτέλης, Αθηναίων Πολιτεία, 25. Μετάφραση)

Ο Περικλής μιλάει για το πολίτευμα της Αθήνας.

Έχουμε πολίτευμα που δεν αντιγράφει τους νόμους των άλλων, αλλά πιο πολύ είμαστε εμείς παράδειγμα σε μερικούς παρά μιμητές τους. Κι έχει τούτο το πολίτευμα το όνομα δημοκρατία, γιατί δε διοικούν οι λίγοι, αλλά οι περισσότεροι· κι είναι όλοι οι πολίτες μπροστά στους νόμους ίσοι για τις ιδιωτικές τους διαφορές, για την προσωπική όμως ανάδειξη κι επιβολή, καταπώς ξεχωρίζει καθένας σε κάτι προτιμιέται στα δημόσια αξιώματα, πιο πολύ γιατί είναι ικανός παρά γιατί τον ανάδειξε ο κλήρος· ούτε πάλι κάποιος από φτώχεια, κι ενώ μπορεί να κάνει κάτι καλό στην πολιτεία, εμποδίζεται από την ασήμαντη κοινωνική του θέση....Κι ενώ στην ιδιωτική μας ζωή δεν ενοχλούμε ο ένας τον άλλο, στα δημόσια πράγματα δεν κάνουμε παρανομίες από εσωτερικό φόβο προπάντων, υπακούοντας στους κάθε φορά άρχοντές μας και στους νόμους, ιδιαίτερα σ' εκείνους απ' αυτούς που έχουν ψηφιστεί για την προστασία των αδικημένων και σ' όσους, αν και άγραφοι, όμως φέρνουν ντροπή αναμφισβήτητη στους παραβάτες.
(Θουκυδίδης, Β,37. Μετάφρ. Α.Γεωργοπαπαδάκου)

καίωμα ψήφου και μπορούσαν να εκλεγούν στα διάφορα αξιώματα της πολιτείας. Είχαν δηλαδή πλήρη πολιτικά δικαιώματα.*

Μέτοικοι ονομάζονταν όλοι οι ελεύθεροι Έλληνες ή και ξένοι, που ήταν εγκαταστημένοι στην Αττική, χωρίς να είναι Αθηναίοι πολίτες. Δεν είχαν πολιτικά δικαιώματα αλλά είχαν την υποχρέωση να στρατεύονται και πλήρωναν έναν ειδικό ετήσιο φόρο, το «μετοίκιο». Δεν επιτρεπόταν να έχουν ιδιοκτησία γης στην Αττική και ασχολούνταν κυρίως με το εμπόριο και τη βιοτεχνία. Την εποχή αυτή η οικονομική ακμή της Αθήνας είχε προσελκύσει μεγάλο πλήθος μετοίκων και πολλοί απ' αυτούς είχαν πλουτίσει.

Οι δούλοι στην αρχαία Αθήνα χρησιμοποιήθηκαν εντατικά σ' όλες τις μορφές εργασίας και ο αριθμός τους ήταν μεγάλος. Δεν είχαν κανένα δικαίωμα και ανήκαν στον κύριό τους. Δούλευαν στα χωράφια, στα εργαστήρια, στα μεταλλεία ή στα σπίτια. Δούλους χρησιμοποιούσε και το κράτος σε διάφορες υπηρεσίες, όπως σε αστυνομικά καθήκοντα κ.α. Γενικά η αθηναϊκή οικονομία, όπως και η οικονομία όλων των κρατών στην αρχαιότητα, στηριζόταν κατά ένα μεγάλο μέρος στη φτηνή εργασία των δούλων.

Η κατάσταση της δουλείας, που για μας σήμερα είναι απαράδεκτη, ήταν ένα γενικό φαινόμενο στην αρχαιότητα και κανείς δεν μπορούσε τότε να διανοηθεί μια κοινωνία χωρίς δούλους.

Η οικονομία. Στα μέσα του 5ου αιώνα π.Χ. η Αθήνα είχε εξελιχθεί σε μεγάλο οικονομικό κέντρο. Η οικονομία ήταν ιδιωτική αλλά το κράτος υποβοηθούσε με διάφορους τρόπους τις οικονομικές δραστηριότητες των πολιτών.

Στον τομέα της γεωργίας δόθηκε ιδιαίτερη φροντίδα στην καλλιέρ-

---

* Υπολογίζεται ότι αυτή την εποχή οι Αθηναίοι πολίτες ήταν περίπου 30.000.

Μετά τους περσικούς πολέμους, το αθηναϊκό νόμισμα έγινε το ισχυρότερο από όσα κυκλοφορούσαν στις αγορές του ελληνικού κόσμου. Στην όψη αυτή του νομίσματος, που χρονολογείται στο 5ο αιώνα π.Χ., εικονίζεται η θεά Αθηνά, που προστάτευε την πόλη.

Γεωργία–βιοτεχνία – εμπόριο

γεια προϊόντων που εξάγονταν, όπως το λάδι και το κρασί. Την ανάπτυξη της βιοτεχνίας ευνόησε η εξασφάλιση πολλών πρώτων υλών από τις περιοχές της αθηναϊκής ηγεμονίας καθώς και η δημιουργία νέων αγορών. Οι τρόποι παραγωγής βελτιώθηκαν, ενώ στα βιοτεχνικά εργαστήρια της εποχής εργάζονταν κατά κύριο λόγο δούλοι.

Μεγάλη άνθηση σημειώνει την εποχή αυτή και το αθηναϊκό εμπόριο. Ο Πειραιάς έγινε το σημαντικότερο εμπορικό λιμάνι και η εμπορική δραστηριότητα της Αθήνας απλώθηκε και στη Δύση, περιοχή που ως τότε μονοπωλούσε εμπορικά η Κόρινθος. Τα αθηναϊκά προϊόντα έφταναν σ' όλα τα μέρη του ελληνικού κόσμου. Αντίστοιχα γίνονταν μεγάλες εισαγωγές σιταριού από άλλες περιοχές, κυρίως από περιοχές του βόρειου Εύξεινου Πόντου, γιατί η παραγωγή δημητριακών στην Αττική δεν επαρκούσε για τις ανάγκες των κατοίκων.

Έσοδα και δαπάνες του κράτους

Τα σημαντικότερα έσοδα του αθηναϊκού κράτους προέρχονταν από την εκμετάλλευση των μεταλλείων και των ορυχείων, που αποτελούσαν κρατική ιδιοκτησία, από τους φόρους που ήταν υποχρεωμένοι να πληρώνουν οι σύμμαχοι και από τους φόρους που πλήρωναν οι μέτοικοι. Σημαντικό ακόμη κρατικό έσοδο ήταν οι δασμοί από τις εισαγωγές και τις εξαγωγές στο λιμάνι του Πειραιά.

Φορολογία των πολιτών δεν υπήρχε τότε. Οι πλούσιοι όμως βοηθούσαν με τις ***«λειτουργίες»***. Συγκεκριμένα, αναλάμβαναν τη συντήρηση και τον εξοπλισμό ενός πολεμικού πλοίου («τριηραρχία»), τα έξοδα για το ανέβασμα μιας τραγωδίας («χορηγία»), τις δαπάνες για την αποστολή επίσημων αντιπροσωπειών σε μεγάλες θρησκευτικές γιορτές («θεωρία») κ.ά.

Ένας πλούσιος Αθηναίος πολίτης που δικάζεται, αναφέρει πόσα χρήματα ξόδεψε σε διάφορες «λειτουργίες».

Όταν ο **Θεόπομπος** ήταν άρχοντας (411/10 π.Χ.), αφού ορίστηκα χορηγός σε τραγωδία, ξόδεψα 3.000 δραχμές* και δυο μήνες αργότερα, τότε που πήρα το βραβείο για την ετοιμασία ανδρικού χορού στα **Θαργήλια**,** 2.000 δραχμές και, όταν ο Γλαύκιππος ήταν άρχοντας (410/9 π.Χ.) άλλες 800 δραχμές για τους χορευτές του πυρρίχιου* στα μεγάλα Παναθήναια· επίσης, στη διάρκεια της θητείας του ίδιου άρχοντα, πήρα το βραβείο ως χορηγός χορού στα Διονύσια και ξόδεψα, μαζί με την ανάθεση του τρίποδα, 5.000 δραχμές και όταν ήταν άρχοντας ο Διοκλής (409/8 π.Χ.), 300 δραχμές για τον κυκλικό χορό στα μικρά Παναθήναια. Και όλο αυτό τον καιρό ήμουν τριήραρχος για εφτά χρόνια και ξόδεψα έξι τάλαντα (36.000 δραχμές)...

(Λυσία, Απολογία Δωροδοκίας, 1–2. Από το βιβλίο «Ο Αρχαίος Κόσμος» των Β.Κρεμμυδά–Σ. Μαρκιανού)

* Πρόκειται για ασημένιες αττικές δραχμές.

** **Θαργήλια**: Γιορτή στην αρχαία Αθήνα, προς τιμή του Απόλλωνα και της Άρτεμης, στη διάρκεια της οποίας γινόταν και αγώνας ανδρικού και παιδικού χορού.

* Πυρρίχιος: Χορός ένοπλων ανδρών, που ήταν μίμηση μάχης.

Στις δαπάνες του κράτους περιλαμβάνονταν οι μισθοί των κατώτερων κληρωτών αρχόντων, οι δαπάνες για το στρατό και το στόλο, η αποζημίωση των πολιτών που συμμετείχαν στη διοίκηση, οι κατασκευές δημοσίων έργων κ.ά. Ακόμη, στα χρόνια του Περικλή καθιερώθηκε να δίνει η πολιτεία στους πιο φτωχούς πολίτες χρήματα για το εισιτήριο στο θέατρο, που το θεωρούσαν σημαντική μορφωτική και ηθοπλαστική εκδήλωση. Τα χρήματα αυτά ονομάζονταν ***«θεωρικά».***

Ο στρατός: Φρουρός του αθηναϊκού κράτους από εξωτερικούς κινδύνους ήταν η στρατιωτική του δύναμη. Το στρατό συγκροτούσαν σε περίοδο ειρήνης οι νέοι Αθηναίοι πολίτες, που υπηρετούσαν δυο χρόνια τη θητεία τους, από 18 ως 20 χρονών. Σε περίπτωση πολέμου στρατεύονταν όλοι οι πολίτες ως την ηλικία των 60 χρονών. Το βασικό σώμα του στρατού ξηράς το αποτελούσε η «φάλαγγα» των οπλιτών. Η κύρια δύναμη όμως της Αθήνας βρισκόταν στη θάλασσα όπου, την εποχή της ακμής της, μπορούσε να παρατάξει 400 περίπου πολεμικά πλοία (τριήρεις).

Η ζωή στην αρχαία Αθήνα

Οι κατοικίες

Σε αντίθεση με τα λαμπρά δημόσια οικοδομήματα της Ακρόπολης και της Αγοράς, η υπόλοιπη πόλη της Αθήνας δεν είχε σπουδαία εμφάνιση. Δεν είχε χτιστεί με βάση κάποιο ρυμοτομικό σχέδιο και οι δρόμοι της ήταν στενοί και ακανόνιστοι. Την ίδια εικόνα παρουσίαζαν και οι περισσότερες αρχαίες ελληνικές πόλεις.

Τα ιδιωτικά σπίτια ήταν πολύ απλά, χτισμένα συνήθως γύρω από μια εσωτερική αυλή, και δεν είχαν παράθυρα στο δρόμο. Το ίδιο απλή και λιτή ήταν η επίπλωσή τους, που περιοριζόταν στα απολύτως απαραίτητα έπιπλα.

Η απασχόληση των ανδρών

Οι άντρες ασχολούνταν με τις εργασίες τους στα χωράφια ή στην πόλη. Ακόμη, πολλές ώρες τους απασχολούσαν τα πολιτικά τους καθήκοντα, δηλαδή η συμμετοχή τους στα διάφορα όργανα της πολιτείας (εκκλησία του δήμου, βουλή, δικαστήρια κτλ.) Τις ελεύθερες ώρες τους τις περνούσαν στα γυμναστήρια ή στην Αγορά, όπου συζητούσαν στις στοές και στα καταστήματα, συνήθως πολιτικά θέματα. Μια από τις πιο συνηθισμένες ιδιωτικές διασκεδάσεις των ανδρών ήταν οι συγκεντρώσεις σε σπίτια, όπου έτρωγαν, έπιναν και διασκέδαζαν ή συζητούσαν διάφορα θέματα. Αυτά ήταν τα περίφημα «συμπόσια». Γενικά οι άνδρες περνούσαν τις περισσότερες ώρες της ημέρας έξω από το σπίτι τους. Τέλος, μόνο οι άνδρες είχαν το δικαίωμα να μορφώνονται.

Η ζωή των γυναικών

Οι γυναίκες, αντίθετα, ήταν κλεισμένες μέσα στο σπίτι και εκεί περνούσαν το μεγαλύτερο μέρος της ζωής τους. Η καθημερινή τους απασχόληση ήταν η φροντίδα του νοικοκυριού και η ανατροφή των παιδιών. Δεν έπαιρναν καθόλου μέρος στη δημόσια ζωή της πόλης και έβγαιναν από το σπίτι τους σε σπάνιες περιπτώσεις, όπως σε ορισμένες γιορτές. Ακόμη, οι γυναίκες δε μορφώνονταν και οι γνώσεις τους περιορίζονταν σε όσα είχαν μάθει από τη μητέρα τους. Σε σύγκριση με τις γυναίκες της Σπάρτης, οι γυναίκες της Αθήνας ήταν πολύ πιο περιορισμένες. Η αθηναϊκή δημοκρατία λειτουργούσε μόνο για τους άνδρες.

Η εκπαίδευση

Σκοπός και χαρακτήρας της εκπαίδευσης

Σκοπός της εκπαίδευσης των νέων στην αρχαία Ελλάδα ήταν, αν εξαιρέσουμε τη Σπάρτη, η αρμονική και ισόρροπη καλλιέργεια του πνεύματος και του σώματος. Έτσι οι νέοι θα γίνονταν, όταν ανδρώνονταν, σωστοί και χρήσιμοι πολίτες.

Στην αρχαία Αθήνα, όπως και στις άλλες πόλεις, η εκπαίδευση ήταν αποκλειστικά ιδιωτική και δεν υπήρχαν νόμοι του κράτους που να τη ρυθμίζουν. Οι δάσκαλοι πληρώνονταν από τους γονείς των μαθητών και ο πατέρας ήταν εκείνος που αποφάσιζε, χωρίς να υποχρεώνεται, αν θα έστελνε το παιδί του στο σχολείο. Όμως η συνήθεια ήταν τόσο ισχυρή, ώστε και οι πιο φτωχοί φρόντιζαν να πάρουν τα παιδιά τους τη βασική μόρφωση, με αποτέλεσμα να μην υπάρχουν αγράμματοι.

Η βασική εκπαίδευση

Όταν γινόταν 7 χρονών το αγόρι πήγαινε στο σχολείο. Το συνόδευε πάντα ένας έμπιστος δούλος, ο «παιδαγωγός». Τα βασικά μαθήματα,

Σχολείο στην αρχαία Αθήνα, όπως εικονίζεται σε αττικό ερυθρόμορφο αγγείο του 5ου αιώνα π.Χ., που βρίσκεται στο Αρχαιολογικό Μουσείο του Βερολίνου.

ανάγνωση, γραφή και αριθμητική, τα δίδασκε ο «γραμματιστής». Όταν περνούσε το πρώτο στάδιο των γνώσεων αυτών, το παιδί μάθαινε να αποστηθίζει αποσπάσματα από έργα μεγάλων ποιητών, κυρίως του Όμηρου.

Μουσική δίδασκε ο «κιθαριστής», ενώ η άσκηση του σώματος γινόταν στα γυμναστήρια, με την επίβλεψη του «παιδοτρίβη». Σκοπός της άσκησης δεν ήταν να δημιουργήσει αθλητές αλλά να διαπλάσει αρμονικά όλα τα μέλη του σώματος.

Η ανώτερη εκπαίδευση

Ανώτερα σχολεία δεν υπήρχαν. Όμως ειδικά η Αθήνα είχε γίνει από τον 5ο αιώνα π.Χ. το πνευματικό κέντρο του ελληνισμού. Έτσι, ολόκληρη η πόλη ήταν ένα μεγάλο σχολείο.

Μια ανώτερη βαθμίδα μόρφωσης αποτελούσε η διδασκαλία των ***«σοφιστών»***, δηλαδή σοφών που έρχονταν στην Αθήνα και δίδασκαν κυρίως τη ρητορική τέχνη. Η αμοιβή όμως που έπαιρναν ήταν πολύ υψηλή, γι' αυτό τη διδασκαλία των σοφιστών μπορούσαν να παρακολουθήσουν μόνο οι πλούσιοι.

Ιππείς στη μεγάλη πομπή των Παναθηναίων. Πλάκα από τη ζωφόρο του Παρθενώνα, όπου ο Φειδίας και οι συνεργάτες του είχαν απεικονίσει ανάγλυφη ολόκληρη τη μεγαλόπρεπη πομπή.

Οι μεγάλες γιορτές της Αθήνας

Ιδιαίτερη λαμπρότητα στη ζωή της αρχαίας Αθήνας έδιναν οι μεγάλες δημόσιες γιορτές. Οι γιορτές αυτές ήταν μια ευκαιρία για να αναπαυθούν οι πολίτες αλλά και ένας τρόπος για να επιδείξει η πολιτεία τη δύναμη, τον πλούτο και το μεγαλείο της. Οι πιο σημαντικές ήταν τα Μεγάλα Παναθήναια και τα Μεγάλα ή «εν άστει» Διονύσια.

Τα ***Μεγάλα Παναθήναια*** γίνονταν κάθε τέσσερα χρόνια, τον Ιούλιο, προς τιμή της θεάς Αθηνάς. Η γιορτή κρατούσε τέσσερις μέρες και στη διάρκειά της γίνονταν διάφορες εκδηλώσεις, όπως μουσικοί αγώνες, αθλητικοί αγώνες και λαμπαδηδρομίες, που κορυφώνονταν με τη λαμπρή πομπή για τη μεταφορά του νέου πέπλου της θεάς, απλωμένου στο ιστίο ενός πλοίου με ρόδες. Η μεγαλόπρεπη αυτή πομπή έχει απεικονιστεί στη ζωφόρο του Παρθενώνα. Τέλος γίνονταν θυσίες και διανομή κρέατος στον αθηναϊκό λαό. Γιορτάζονταν ακόμη κάθε χρόνο και τα ***Μικρά Παναθήναια***, που διαρκούσαν δύο μέρες.

Τα ***Μεγάλα*** ή ***«εν άστει» Διονύσια*** γίνονταν κάθε χρόνο, στα τέλη Μαρτίου, προς τιμή του Διόνυσου. Η γιορτή αυτή είχε διατηρήσει πολύ λίγα στοιχεία από τον αρχικό θρησκευτικό της χαρακτήρα. Ανάμεσα στις εκδηλώσεις της ξεχώριζαν μια εύθυμη πομπή και, κυρίως, οι παραστάσεις δραμάτων στο θέατρο, που διαρκούσαν τέσσερις μέρες. Ανάλογη γιορτή ήταν τα ***Διονύσια «κατ' αγρούς»***, που γίνονταν επίσης κάθε χρόνο και στα οποία μετείχαν και δούλοι.

γ. Ο ΠΕΛΟΠΟΝΝΗΣΙΑΚΟΣ ΠΟΛΕΜΟΣ (341 - 404 π.Χ)

Οι τριαντάχρονες σπονδές ανάμεσα στην Αθήνα και τη Σπάρτη, που έγιναν το 446 π.Χ., κράτησαν μόνο 15 χρόνια. Το 431 π.Χ. ξέσπασε ένας καταστροφικός εμφύλιος πόλεμος, που κράτησε 27 ολόκληρα χρόνια (ως το 404 π.Χ.) και αναστάτωσε τον ελληνικό κόσμο. Ο εμφύλιος αυτός πόλεμος ονομάζεται «πελοποννησιακός πόλεμος».

Τα αίτια και οι αφορμές του πολέμου

Τα αίτια

Κύριο αίτιο του πολέμου ήταν ο ανταγωνισμός Αθήνας και Σπάρτης για την ηγεμονία στον ελληνικό χώρο. Ιδιαίτερα ανησυχούσε τη Σπάρτη η αύξηση της αθηναϊκής δύναμης μετά τους περσικούς πολέμους.

Ένα ακόμη βασικό αίτιο ήταν ο οικονομικός ανταγωνισμός ανάμεσα στην Αθήνα και την Κόρινθο, την ισχυρότερη πόλη της πελοποννησιακής συμμαχίας μετά τη Σπάρτη. Ο ανταγωνισμός αυτός είχε ενταθεί από τότε (γύρω στα μέσα του αιώνα) που οι Αθηναίοι είχαν επεκτείνει το θαλάσσιο εμπόριό τους στη Δύση, σε περιοχές δηλαδή όπου κυριαρχούσε ως τότε το κορινθιακό εμπόριο.

Ένταση στις σχέσεις Αθήνας και Σπάρτης δημιουργούσε και το γεγονός ότι οι Αθηναίοι υποστήριζαν σ' όλες τις πόλεις τις δημοκρατικές παρατάξεις, ενώ αντίθετα οι Σπαρτιάτες τις ολιγαρχικές.

Οι αφορμές

Επεισόδια που μπορούν να θεωρηθούν ως αφορμές του πολέμου δημιουργήθηκαν ιδιαίτερα ανάμεσα στους Αθηναίους και τους Κορίνθιους. Τα σημαντικότερα ήταν τα ακόλουθα:

- Οι Κερκυραίοι, που βρίσκονταν σε πόλεμο με τη μητρόπολή τους την Κόρινθο, ζήτησαν τη βοήθεια των Αθηναίων και υπέγραψαν μαζί τους αμυντική συμμαχία, «επιμαχία». Την ανάμειξη αυτή της Αθήνας στη διένεξή τους με την Κέρκυρα οι Κορίνθιοι τη θεώρησαν σοβαρή παραβίαση των σπονδών.
- Η Ποτίδαια, αποικία της Κορίνθου, ήταν μέλος της αθηναϊκής συμμαχίας. Το 432 π.Χ. αποστάτησε και οι Κορίνθιοι έστειλαν για ενίσχυσή της ένα στρατιωτικό τμήμα. Έτσι, όταν αθηναϊκός στρατός και στόλος πολιόρκησε την Ποτίδαια, Αθηναίοι και Κορίνθιοι βρέθηκαν αντιμέτωποι σε πολεμική αναμέτρηση.
- Για να τιμωρήσουν τους Μεγαρείς που είχαν προσχωρήσει στην πελοποννησιακή συμμαχία, οι Αθηναίοι απαγόρευσαν στα μεγαρικά

Η πραγματική αιτία του πελοποννησιακού πολέμου, κατά τον ιστορικό Θουκυδίδη.

Η πιο αληθινή, αλλά και η λιγότερο ομολογούμενη αιτία, ήταν, νομίζω, το γεγονός ότι η δύναμη των Αθηναίων γινόταν όλο και πιο μεγάλη, πράγμα που φόβισε τους Λακεδαιμόνιους και τους ανάγκασε να πολεμήσουν.

(Θουκυδίδη, Α,23,6. Μετάφρ. Α.Γεωργοπαπαδάκου)

Ο βασιλιάς της Σπάρτης Αρχίδαμος, μιλώντας στο συνέδριο της πελοποννησιακής συμμαχίας, προσπαθεί να αποτρέψει τον πόλεμο.

Ίσως κανείς θα έπαιρνε θάρρος με την ιδέα ότι τους ξεπερνούμε (τους Αθηναίους) στον αριθμό και στην εκπαίδευση των οπλιτών, ώστε να καταστρέψουμε τη γη τους με συχνές επιδρομές. Αλλα αυτοι εχουν και ορίζουν άλλη γη πολλή και θα μπορούν να εισάγουν από τη θάλασσα όσα χρειάζονται. Κι αν πάλι δοκιμάσουμε να αποστατήσουμε τους συμμάχους τους, θα χρειαστεί κι αυτούς να τους βοηθήσουμε με καράβια, μια κι οι περισσότεροι είναι νησιώτες. Τι λογής λοιπόν πόλεμο θα κάνουμε; Γιατί αν δεν αποκτήσουμε την υπεροχή στη θάλασσα ή δεν τους αφαιρέσουμε τους πόρους με τους οποίους συντηρούν το ναυτικό, περισσότερο από εκείνους θα βλαφτούμε εμείς. Και στην περίσταση αυτή ούτε έντιμη ειρήνη θα μπορούμε πια να κλείσουμε, και για άλλους λόγους και προπάντων αν φαινόμαστε ότι εμείς περισσότερο παρά οι Αθηναίοι αρχίσαμε τις εχθροπραξίες. Ας μη μας φουσκώνει λοιπόν τα μυαλά εκείνη η ελπίδα ότι θα τελειώσει γρήγορα ο πόλεμος, αν καταστρέψουμε τη γη τους. Πολύ φοβούμαι μήπως τον αφήσουμε και στα παιδιά μας.

(Θουκυδίδης, Α, 81. Μετάφρ. Α. Γεωργοπαπαδάκου)

πλοία να μπαίνουν σε λιμάνια της αθηναϊκής συμμαχίας*. Αυτό το μέτρο ζημίωσε σοβαρά το μεγαρικό εμπόριο, με αποτέλεσμα να μεγαλώσει η εχθρότητα των Μεγαρέων κατά της Αθήνας.

Αποφασίζεται ο πόλεμος

Τα γεγονότα αυτά έκαναν την κατάσταση εκρηκτική. Έτσι, στο συνέδριο της πελοποννησιακής συμμαχίας, που έγινε το φθινόπωρο του 432 π.Χ., αποφασίστηκε από τη μεγάλη πλειοψηφία των συμμάχων ο πόλεμος. Μετά από ένα σύντομο διάστημα προετοιμασιών, οι συγκρούσεις άρχισαν την άνοιξη του 431 π.Χ.

Οι αντίπαλοι. Περίοδοι του πολέμου

Οι αντίπαλοι

Από τους δύο μεγάλους συνασπισμούς που αναμετρήθηκαν στον πελοποννησιακό πόλεμο, ο σπαρτιατικός είχε υπεροχή στον πεζικό στρατό, ενώ ο αθηναϊκός στο ναυτικό και στα οικονομικά μέσα. Οι Σπαρτιάτες ισχυρίζονταν ότι πολεμούσαν για να ελευθερώσουν τις ελληνικές πόλεις από την κηδεμονία των Αθηναίων και είχαν κερδίσει τη συμπάθεια μεγάλου μέρους της κοινής γνώμης. Η ολιγαρχική και ανελεύθερη Σπάρτη δηλαδή παρουσιαζόταν ως υπέρμαχος της ελευθερίας των Ελλήνων και σ' αυτό βοηθούσε η ηγεμονική πολιτική που ασκούσαν οι Αθηναίοι στους συμμάχους τους.

Περίοδοι του πολέμου

Ο πελοποννησιακός πόλεμος διαιρείται σε τρεις περιόδους:

- Η πρώτη (431–421 π.Χ.) ονομάζεται ***«Αρχιδάμειος πόλεμος»***, από το όνομα του βασιλιά της Σπάρτης Αρχίδαμου. Τελειώνει με τη «Νικίειο ειρήνη».
- Η δεύτερη (415–413 π.Χ.) χαρακτηρίζεται από τη μεγάλη ***εκστρατεία των Αθηναίων στη Σικελία,*** που κατέληξε στην καταστροφή τους.
- Η τρίτη (413—404 π.Χ.) ονομάζεται ***«Δεκελεικός – Ιωνικός πόλεμος»***. «Δεκελεικός» από το φρούριο της Αττικής Δεκέλεια, που το κατέλαβαν οι Σπαρτιάτες και το χρησιμοποίησαν ως ορμητήριο, και «Ιωνικός» γιατί οι σημαντικότερες επιχειρήσεις έγιναν στα παράλια της Ιωνίας. Τελειώνει με την υποταγή της Αθήνας.

Η πρώτη περίοδος: Αρχιδάμειος πόλεμος (431–421 π.Χ.)

Οι επιχειρήσεις της πρώτης περιόδου του πολέμου έδειξαν ότι και οι δύο αντίπαλοι ήταν ισχυροί και ότι δεν ήταν εύκολο σε κανένα να πετύχει μια αποφασιστική νίκη. Οι πολεμικές συγκρούσεις διεξάγονταν κάθε χρόνο, από την άνοιξη ως το φθινόπωρο, στην ξηρά και στη

---

* Την απόφαση αυτή, γνωστή ως «μεγαρικό ψήφισμα», πήρε η εκκλησία του δήμου της Αθήνας, μετά από πρόταση του Περικλή.

Οι αντίπαλοι του πελοποννησιακού πολέμου

Απολλωνία
ΙΛΛΥΡΙΑ
ΜΑΚΕΔΟΝΙΑ
Αιγές
Πέλλα
Πύδνα
ΗΠΕΙΡΟΣ
ΚΕΡΚΥΡΑ
Αμβρακία
Λάρισα
ΘΕΣΣΑΛΙΑ
ΛΕΥΚΑΔΑ
ΑΙΤΩΛΙΑ
Ναύπακτος
Δελφοί
ΒΟΙΩΤΙΑ
Θήβα
Πλάταια
ΚΕΦΑΛΛΗΝΙΑ
ΑΧΑΙΑ
Κόρινθος
Μέγαρα
Αθήνα
Ολυμπία
ΖΑΚΥΝΘΟΣ
Άργος
ΙΟΝΙΟ ΠΕΛΑΓΟΣ
Πύλος
Σπάρτη
Αμφίπολη
Άβδηρα
ΘΑΣΟΣ
Όλυνθος
Ποτίδαια
Σκιώνη
Τορώνη
ΘΡΑΚΗ
Αίνος
Σηστός
ΛΗΜΝΟΣ
Άβυδος
Σίγειο
Άσσος
Άντανδρος
Μήθυμνα
Μυτιλήνη
ΛΕΣΒΟΣ
ΣΚΥΡΟΣ
ΑΙΓΑΙΟ ΠΕΛΑΓΟΣ
Χαλκίδα
Φώκαια
Χίος
ΧΙΟΣ
Κλαζομενές
Κολοφώνα
Σάρδεις
ΣΑΜΟΣ
Έφεσος
Μαγνησία
ΚΥΚΛΑΔΕΣ
Μίλητος
Αλικαρνασσός
ΚΩΣ
Κνίδος
Ρόδος
ΡΟΔΟΣ
ΚΡΗΤΗ
ΚΑΡΠΑΘΟΣ
Πέρινθος
Βυζάντιο
ΕΥΞΕΙΝΟΣ ΠΟΝΤΟΣ
Κίος
Κύζικος

Αθηναϊκή συμμαχία
Σπαρτιατική συμμαχία

θάλασσα. Τα σημαντικότερα γεγονότα της περιόδου ήταν τα ακόλουθα:

Τα σημαντικότερα γεγονότα

– Το δεύτερο χρόνο του πολέμου (430 π.Χ.) και ενώ ο σπαρτιατικός στρατός είχε εισβάλει στην Αττική, έπεσε στην Αθήνα μια επιδημία (λοιμός) που αποδεκάτισε το συγκεντρωμένο μέσα στα τείχη πληθυσμό. Από την επιδημία πέθανε το 429 π.Χ. και ο Περικλής και η Αθήνα έχασε το μεγάλο της ηγέτη σε μια κρίσιμη στιγμή.

– Το 425 π.Χ. οι Αθηναίοι με το στόλο τους κατέλαβαν την Πύλο. Μια σπαρτιατική δύναμη που στάλθηκε για να τους αντιμετωπίσει πολιορκήθηκε στο μικρό νησάκι Σφακτηρία και αναγκάστηκε να παραδοθεί. Το γεγονός αυτό είχε σοβαρό αντίκτυπο στο ηθικό των Πελοποννησίων.

– Το 424 π.Χ. ο Σπαρτιάτης στρατηγός Βρασίδας έκανε μια εκστρατεία στη Μακεδονία, απέσπασε πολλές πόλεις της περιοχής από την αθηναϊκή συμμαχία και κατέλαβε την Αμφίπολη. Οι Αθηναίοι έστειλαν εναντίον του το στρατηγό Κλέωνα* με στρατό. Σε μια μάχη που

* Ένας από τους πιο γνωστούς δημαγωγούς (ηγέτες του δήμου), που κυριάρχησαν στην πολιτική ζωή της Αθήνας, μετά το θάνατο του Περικλή. Οι ηγέτες αυτοί δεν είχαν τις ικανότητες του μεγάλου προκατόχου τους και συχνά παρέσυραν το δήμο της Αθήνας σε αποφάσεις και ενέργειες που έβλαψαν την πόλη. Εξαιτίας τους ο όρος «δημαγωγός» πήρε κακή σημασία.

Στο Μουσείο της αρχαίας Αγοράς στην Αθήνα βρίσκεται η χάλκινη αυτή ασπίδα, που σχετίζεται άμεσα με τη στρατιωτική επιτυχία των Αθηναίων στη Σφακτηρία. Όπως μαθαίνουμε από την επιγραφή της, πρόκειται για την ασπίδα ενός Σπαρτιάτη, που οι Αθηναίοι πήραν ως λάφυρο με την παράδοση του σπαρτιατικού στρατού. Δεξιά έχουμε σχεδιαστική απόδοση της ασπίδας, όπου διαβάζεται η επιγραφή: ΑΘΗΝΑΙΟΙ ΑΠΟ ΛΑΚΕΔΑΙΜΟΝΙΩΝ ΕΚ ΠΥΛΟ.

έγινε έξω από την Αμφίπολη νίκησαν οι Σπαρτιάτες, αλλά σκοτώθηκε ο Βρασίδας, καθώς και ο Κλέων, που ήταν και οι δύο οπαδοί της συνέχισης του πολέμου.

Μετά το θάνατο του Βρασίδα και του Κλέωνα επικράτησαν στην Αθήνα και τη Σπάρτη φιλειρηνικές παρατάξεις. Οι δύο πόλεις, εξαντλημένες από τον άκαρπο πόλεμο που κρατούσε κιόλας 10 χρόνια, αποφάσισαν να τον σταματήσουν.

Η «Νικίειος ειρήνη»

Την άνοιξη του 421 π.Χ. υπογράφτηκε ανάμεσα στην Αθήνα και τη Σπάρτη ειρήνη, που είναι γνωστή ως ***«Νικίειος ειρήνη»***, από το όνομα του Αθηναίου διαπραγματευτή Νικία. Οι εχθροπραξίες σταμάτησαν και συμφωνήθηκε η ανταλλαγή των αιχμαλώτων και η επιστροφή της Αμφίπολης στην Αθήνα και της Πύλου στη Σπάρτη. Ορίστηκε, τέλος, η διάρκεια της ειρήνης να είναι 50 χρόνια και οι διαφορές που θα παρουσιάζονταν να λύνονται με κοινές συζητήσεις και συμφωνίες. Την ειρήνη δε δέχτηκαν οι σύμμαχοι της Σπάρτης Βοιωτοί, Κορίνθιοι, Ηλείοι και Μεγαρείς.

Δεύτερη περίοδος: Εκστρατεία στη Σικελία (415–413 π.Χ.)

Η «Νικίειος ειρήνη» δεν κράτησε πολύ. Στη Σπάρτη εκλέχτηκαν φιλοπόλεμοι έφοροι, ενώ και στην Αθήνα επικράτησε η φιλοπόλεμη μερίδα. Επικεφαλής της ήταν ο ***Αλκιβιάδης***, άνθρωπος προικισμένος με πολλές ικανότητες αλλά και τύπος τυχοδιωκτικός, φιλόδοξος σε υπέρμετρο βαθμό και κυριαρχημένος από τα πάθη του.

Το 415 π.Χ. έφτασε στην Αθήνα μια αντιπροσωπεία από την πόλη Έγεστα της Σικελίας, που ζητούσε τη βοήθεια των Αθηναίων στον αγώνα της εναντίον των Συρακουσών. Οι Αθηναίοι, με την παρακίνηση του Αλκιβιάδη, δέχτηκαν το αίτημα των Εγεσταίων, φιλοδοξώντας να υποτάξουν ολόκληρη τη Σικελία και να απλώσουν την ηγεμονία τους και στη Δύση. Λίγοι μόνο αντέδρασαν κι ανάμεσά τους ο Νικίας, που αντιμετώπιζε τα πράγματα πιο ψύχραιμα και είχε αντιληφθεί τους κινδύνους μιας τόσο μακρινής εκστρατείας.

Γρήγορα ετοιμάστηκε μια επιβλητική στρατιωτική δύναμη και στρατηγοί ορίστηκαν οι Αλκιβιάδης, Νικίας και Λάμαχος. Το εκστρατευτικό αυτό σώμα έφτασε στη Σικελία το καλοκαίρι του 415 π.Χ. Όμως οι αντίπαλοι του Αλκιβιάδη στην Αθήνα κατόρθωσαν να πετύχουν την ανάκλησή του, πριν αυτός φτάσει στη Σικελία, κατηγορώντας τον ως ιερόσυλο*

---

* Τις παραμονές της αναχώρησης του εκστρτευτικού σώματος είχαν βρεθεί σπασμένες οι ερμαϊκές στήλες, δηλαδή μαρμάρινες στήλες με το κεφάλι του θεού Ερμή, που ήταν τοποθετημένες σε διάφορα σημεία της Αθήνας. Για την πράξη αυτή κατηγορήθηκε και ο Αλκιβιάδης, αλλά η δίκη του είχε αναβληθεί τότε εξαιτίας της εκστρατείας.

Τα λατομεία των Συρακουσών, όπου βρήκαν το θάνατο πολλοί από τους Αθηναίους στρατιώτες του εκστρατευτικού σώματος της Σικελίας που αιχμαλωτίστηκαν από τους Συρακούσιους.

Ο Αλκιβιάδης καταφεύγει στη Σπάρτη

Ο Αλκιβιάδης, αντί να γυρίσει στην Αθήνα για να δικαστεί, προτίμησε να ζητήσει πολιτικό άσυλο στη Σπάρτη. Εκεί, από μίσος προς τους πολιτικούς του αντιπάλους, έδωσε στους Σπαρτιάτες συμβουλές, που αποδείχτηκαν ολέθριες για την πατρίδα του· τους συμβούλεψε να στείλουν βοήθεια στους Συρακούσιους και να καταλάβουν το φρούριο της Αττικής Δεκέλεια, από όπου θα μπορούσαν να απειλούν μόνιμα την Αθήνα.

Η καταστροφή των Αθηναίων στη Σικελία

Στη Σικελία οι Αθηναίοι πολιορκούσαν ήδη τις Συρακούσες, όταν έφτασε σπαρτιατική βοήθεια με το στρατηγό Γύλιππο. Τότε αναγκάστηκαν να λύσουν την πολιορκία και να υποχωρήσουν στο εσωτερικό του νησιού, όπου νικήθηκαν από τις ενωμένες δυνάμεις των Σπαρτιατών και των Συρακουσίων και έπαθαν μεγάλη καταστροφή. Όσοι επέζησαν πουλήθηκαν ως δούλοι ή ρίχτηκαν στα λατομεία της Σικελίας, όπου πέθαναν οι περισσότεροι από τις κακουχίες. Ελάχιστοι κατόρθωσαν να σωθούν και να γυρίσουν στην Αθήνα.

Από την εκστρατεία των Αθηναίων στη Σικελία.

α. Η αρχή, το ξεκίνημα.

Όταν τα πληρώματα μπήκαν στα καράβια κι είχαν πια φορτωθεί όλα όσα ήταν να πάρουν, πριν βγουν στο πέλαγος, δόθηκε με τη σάλπιγγα το σήμα για σιωπή κι άρχισαν να κάνουν τις συνηθισμένες πριν από κάθε ταξίδι ευχές, όχι όμως χωριστά σε κάθε καράβι, αλλά όλοι μαζί συνοδεύοντας έναν κήρυκα που τις απάγγελνε· σ' ολόκληρο το στράτευμα είχαν ετοιμάσει σε δοχεία κρασί κι οι αξιωματικοί κι οι οπλίτες, με κούπες χρυσές ή ασημένιες, έκαναν σπονδές. Μαζί ευχόταν από τη στεριά και το υπόλοιπο πλήθος, οι πολίτες κι όσοι άλλοι ήταν εκεί με φιλική διάθεση στους Αθηναίους. Κι αφού τραγούδησαν τον παιάνα και τελείωσαν τις σπονδές, βγήκαν στο πέλαγος κι αρμένιζαν στην αρχή το ένα καράβι

Τρίτη περίοδος: Ο Δεκελεικός – Ιωνικός πόλεμος (413–404 π.Χ.). Οι όροι της ειρήνης.

Οι Αθηναίοι, αφού ξεπέρασαν τον κλονισμό από την καταστροφή στη Σικελία, ανασυγκρότησαν όπως μπορούσαν τις δυνάμεις τους και φρόντισαν να ενισχύσουν το στόλο τους. Στο μεταξύ οι Σπαρτιάτες κατέλαβαν το φρούριο της Δεκέλειας, που απείχε περίπου 20 χιλιόμετρα από την Αθήνα.

Όσο όμως η Αθήνα κυριαρχούσε στη θάλασσα, μπορούσε να συνεχίζει τον πόλεμο.

Η ανάμειξη των Περσών

Αυτό το κατάλαβαν οι Σπαρτιάτες και, αφήνοντας την πατροπαράδοτη τακτική του πολέμου στην ξηρά, επιδόθηκαν στην κατασκευή στόλου. Επειδή όμως τους έλειπαν τα οικονομικά μέσα, αναγκάστηκαν να ζητήσουν χρήματα από τους Πέρσες, αναγνωρίζοντας σε αντάλλαγμα την περσική κυριαρχία στις ιωνικές πόλεις.

Η πολιτική μεταβολή στην Αθήνα

Το 411 π.Χ. σημειώθηκε στην Αθήνα μια πολιτική μεταβολή. Οι ολιγαρχικοί, εκμεταλλευόμενοι και την καταστροφή στη Σικελία, κατόρθωσαν με τη βία να πάρουν την εξουσία*. Ο στόλος όμως με τα δημοκρατικά πληρώματα, που βρισκόταν στη Σάμο, αντέδρασε και ανακήρυξε στρατηγό τον Αλκιβιάδη, που είχε ήδη διαφωνήσει με τους Σπαρτιάτες. Οι ολιγαρχικοί, μετά από μια αποτυχημένη απόπειρα να κλείσουν ειρήνη με τη Σπάρτη, αναγκάστηκαν να εγκαταλείψουν την εξουσία.

Ναυτικές συγκρούσεις

Το πεδίο των πολεμικών συγκρούσεων είχε τώρα μεταφερθεί στη θαλάσσια περιοχή της Ιωνίας. Ο Αλκιβιάδης επικεφαλής του αθηναϊ-

* Το καθεστώς που επέβαλαν τότε οι ολιγαρχικοί είναι γνωστό ως «καθεστώς των τετρακοσίων», από τη βουλή των 400 που εγκαθιδρύθηκε.

πίσω από το άλλο, ύστερα όμως, ως την Αίγινα, παράβγαιναν μεταξύ τους σε ταχύτητα. Ο αθηναϊκός στόλος βιαζόταν να φτάσει στην Κέρκυρα, όπου συγκεντρώνονταν κι ο υπόλοιπος συμμαχικός στρατός.
(Θουκυδίδης, ΣΤ΄, 32. Μετάφρ. Α. Γεωργοπαπαδάκου)

β. Το τέλος.
Τους αιχμαλώτους που έριξαν στα λατομεία οι Συρακούσιοι, τον πρώτο καιρό τους μεταχειρίστηκαν σκληρά. Μαντρωμένοι πολλοί μαζί σ' έναν τόπο βαθύ και στενό υπέφεραν, γιατί ήταν κι ασκέπαστος, τη μέρα από τον ήλιο και την αποπνικτική ζέστη, ενώ αντίθετα οι νύχτες που ακολουθούσαν, φθινοπωρινές και ψυχρές, προκαλούσαν ασθένειες με την απότομη αλλαγή της θερμοκρασίας· εξαιτίας έπειτα της στενότητας του χώρου ήταν αναγκασμένοι να τα κάνουν όλα στο ίδιο μέρος· ακόμη τα πτώματα εκείνων που πέθαιναν από τα τραύματά τους, την απότομη αλλαγή της θερμοκρασίας και τις παρόμοιες αιτίες, ήταν σωριασμένα το ένα πάνω στο άλλο κι η βρόμα ήταν ανυπόφορη· ταυτόχρονα βασανίζονταν από την πείνα και τη δίψα... Όλοι κι όλοι πόσοι πιάστηκαν είναι δύσκολο να πει κανείς με ακρίβεια, πάντως όμως δεν ήταν λιγότεροι από εφτά χιλιάδες... Τίποτε δεν έμεινε που να μη χάθηκε και λίγοι από τόσους πολλούς γύρισαν στην πατρίδα.
(Θουκυδίδης, Ζ΄, 87. Μετάφρ. Α.Γεωργοπαπαδάκου)

Ο χώρος των επιχειρήσεων του πελοποννησιακού πολέμου

κού στόλου είχε σημαντικές επιτυχίες, όπως η νίκη στην Κύζικο το 410 π.Χ., και το 408 π.Χ. ξαναγύρισε στην Αθήνα, όπου έγινε δεκτός με ενθουσιασμό και εκλέχτηκε στρατηγός με αυξημένες εξουσίες. Γρήγορα όμως καθαιρέθηκε από το αξίωμά του, επειδή θεωρήθηκε υπεύθυνος για μια ήττα του αθηναϊκού στόλου, και αποσύρθηκε οριστικά.

Το 406 π.Χ. οι Αθηναίοι νίκησαν το σπαρτιατικό στόλο σε μια ναυμαχία που έγινε στις **Αργινούσες.** Έκαναν όμως το σφάλμα να **καταδικάσουν σε θάνατο τους έξι από τους δέκα στρατηγούς που διοικούσαν το στόλο, γιατί δεν είχαν φροντίσει να μαζέψουν τους ναυαγούς.**

Το 405 π.Χ. έφτασε στην Ιωνία ο ικανός Σπαρτιάτης στρατηγός Λύσανδρος. Με περσικά χρήματα αναδιοργάνωσε γρήγορα το σπαρτιατικό στόλο και με μια αιφνιδιαστική επίθεση κατέστρεψε τον αθηναϊκό στόλο στους ***Αιγός Ποταμούς.*** Στη συνέχεια έπλευσε με όλο το στόλο του στην Αθήνα και την απέκλεισε και από τη θάλασσα.

Το τέλος του πολέμου

Οι Αθηναίοι είχαν χάσει πια κάθε ελπίδα. Άντεξαν λίγο καιρό στην πολιορκία και τέλος, εξαντλημένοι και απελπισμένοι, ζήτησαν ειρήνη. Σύμφωνα με τους όρους της ειρήνης, που έγινε την άνοιξη του 404 π.Χ., οι Αθηναίοι υποχρεώθηκαν:

- Να γκρεμίσουν τα Μακρά τείχη και τα τείχη του Πειραιά
- Να παραδώσουν το στόλο τους, εκτός από 12 πλοία
- Να δεχτούν την επιστροφή των εξόριστων ολιγαρχικών στην πόλη
- Να έχουν τους ίδιους εχθρούς και φίλους με τους Σπαρτιάτες και να τους ακολουθούν στις εκστρατείες τους.

Οι συνέπειες του πελοποννησιακού πολέμου

Ο εμφύλιος πελοποννησιακός πόλεμος είχε διαρκέσει, με μια μικρή διακοπή, 27 χρόνια και απλώθηκε σ' ολόκληρο σχεδόν τον ελληνικό χώρο. Οι συνέπειές του για τον ελληνικό κόσμο ήταν καταστροφικές.

Χιλιάδες νέοι άνδρες σκοτώθηκαν στις πολεμικές συγκρούσεις, ενώ χιλιάδες άμαχοι έπεσαν θύματα σφαγών ή πουλήθηκαν ως δούλοι. Μεγάλες εκτάσεις γης έμειναν ακαλλιέργητες, δάση και φυτείες καταστράφηκαν ανεπανόρθωτα. Πολλές πόλεις ερειπώθηκαν, ενώ η βιοτεχνία και το εμπόριο δέχτηκαν βαρύ πλήγμα. Τεράστια ποσά δαπανήθηκαν για πολεμικούς σκοπούς και η οικονομία των ελληνικών πόλεων κλονίστηκε σοβαρά.

Η είδηση της συμφοράς στους Αιγός Ποταμούς φτάνει στην Αθήνα.

Ήταν νύχτα όταν η Πάραλος* έφτασε στην Αθήνα φέρνοντας την είδηση της συμφοράς· κι ο θρήνος μέσα από τα μακρά τείχη έφτανε από τον Πειραιά ως την Αθήνα καθώς ανάγγελνε την είδηση ο ένας στον άλλο· και τη νύχτα εκείνη δεν κοιμήθηκε κανείς, όχι μόνο γιατί πενθούσαν αυτούς που είχαν χαθεί, αλλά πολύ περισσότερο τον εαυτό τους, νομίζοντας πως θα πάθουν αυτά που έκαναν στους Μηλίους, που ήταν άποικοι των Λακεδαιμονίων, αφού τους πολιόρκησαν και τους υπέταξαν, και στους κατοίκους της Ιστιαίας και της Σκιώνης και της Τορώνης και της Αίγινας, και σε άλλους πολλούς από τους Έλληνες.

* Πάραλος: Το ένα από τα δύο ιερά πλοία της αρχαίας Αθήνας. Το άλλο ήταν η Σαλαμινία.

(Ξενοφ. «Ελληνικά», Β,ΙΙ,3. Από το βιβλίο «Ο Αρχαίος Κόσμος» των Β. Κρεμμυδά–Σ. Μαρκιανού)

Τα δεινά του εμφύλιου πολέμου.

Κι έπεσαν πάνω στις πόλεις, απ' τους εμφύλιους πολέμους, πολλές συμφορές, που γίνονταν και θα γίνονται πάντα, όσο η φύση του ανθρώπου θα μένει η ίδια ...Τον καιρό της ειρήνης κι όταν υπάρχει ευημερία τόσο οι πολιτείες όσο και τα άτομα έχουν τις διαθέσεις καλύτερες, γιατί δεν πέφτουν σε πιεστικές ανάγκες· ο πόλεμος όμως, αφαιρώντας λίγο λίγο τις ευκολίες της καθημερινής

Σοβαρές ήταν και οι συνέπειες στον ηθικό τομέα. Ο πόλεμος, άγριος όπως όλοι οι εμφύλιοι πόλεμοι και μεγάλος σε διάρκεια, γκρέμισε τις ηθικές αξίες και έκανε τους ανθρώπους σκληρούς. Στις σχέσεις μεταξύ τους επικράτησαν η δολιότητα και το δίκαιο του ισχυρότερου.

Τέλος, η πιθανότητα μιας πολιτικής ένωσης των Ελλήνων, έστω και κάτω από την ηγεμονία μιας πόλης, έπαψε να υπάρχει. Στη διαμελισμένη και αποδυναμωμένη Ελλάδα μπορούσε τώρα να παίζει το ρόλο του ρυθμιστή η Περσία, στρέφοντας με τα χρήματά της τη μια ελληνική πόλη εναντίον της άλλης. Μια μακροχρόνια περίοδος αναστατώσεων και πολέμων θα ακολουθούσε.

δ. Ο ΠΟΛΙΤΙΣΜΟΣ ΤΟΥ 5ου ΑΙΩΝΑ π.Χ.

Τα γράμματα

Η λυρική ποίηση

Η ποίηση: Τον 5ο αιώνα π.Χ. εξακολουθεί να καλλιεργείται η λυρική ποίηση και πολλοί είναι οι αξιόλογοι λυρικοί ποιητές της εποχής. Κορυφαίος θεωρείται ο Πίνδαρος, από τη Βοιωτία, γνωστός κυρίως για τους «επίνικους», τους ύμνους δηλαδή που έγραψε για νικητές πανελλήνιων αθλητικών αγώνων.

Η δραματική ποίηση

Το σημαντικότερο όμως ποιητικό λογοτεχνικό είδος, που στον αιώνα αυτό παίρνει την οριστική του μορφή και σημειώνει ιδιαίτερη άνθηση, είναι η δραματική ποίηση, το ***δράμα***, δηλαδή το ποιητικό έργο που γράφεται για να παιχθεί στη σκηνή από ηθοποιούς. Τα δράματα που η υπόθεσή τους ήταν σοβαρή ονομάζονταν «τραγωδίες» και οι ποιητές τους τραγικοί ποιητές. «Κωμωδίες» ονομάζονταν τα δράματα που η υπόθεσή τους ήταν εύθυμη, κωμική.

Το δράμα αναπτύχθηκε τον 5ο αιώνα κυρίως στην Αθήνα, όπου έζησαν και δημιούργησαν το έργο τους οι μεγαλύτεροι τραγικοί ποιητές

ζωής, γίνεται δάσκαλος της βίας και συμμορφώνει τις διαθέσεις των περισσότερων ανθρώπων με την κατάσταση της στιγμής....Ακόμη και τη συνηθισμένη σημασία που είχαν οι λέξεις για τα πράγματα την άλλαξαν καταπώς τους βόλευε. Έτσι η ασυλλόγιστη αποκοτιά θεωρήθηκε παλικαριά από αγάπη προς τους πολιτικούς φίλους, ενώ η προνοητική επιφυλακτικότητα θεωρήθηκε δειλία κάτω από ωραία προσχήματα· η σωφροσύνη θεωρήθηκε πρόφαση της αναντρίας, και η σύνεση σε καθετί αδράνεια για το καθετί· η μανιασμένη παραφορά λογαριάστηκε ανδρική αρετή, το να καλοσκεφτεί όμως κανείς τα πράγματα για σιγουριά θεωρήθηκε ωραίο πρόσχημα για την αποφυγή του κινδύνου.... Έτσι λοιπόν, εξαιτίας του εμφύλιου πολέμου, επικράτησε κάθε είδος κακότητας στον ελληνικό κόσμο, κι οι απλοί κι απονήρευτοι τρόποι, με τους οποίους η γενναιοψυχία τόσο πολύ συγγενεύει, καταγελάστηκαν κι εξαφανίστηκαν...
(Θουκυδίδης,Γ, 82–83, επιλογή. Μετάφρ. Α.Γεωργοπαπαδάκου)

Κάτω από τις νότιες παρυφές της Ακρόπολης βρίσκεται το θέατρο της αρχαίας Αθήνας. Η σημερινή του μορφή ανάγεται στη ρωμαϊκή εποχή.

Από ύμνο του Πίνδαρου για τον Ασώπιχο από τον Ορχομενό, ορφανό από πατέρα, που νίκησε σε αγώνα δρόμου για παιδιά στην Ολυμπία.

Ευφροσύνη*
φίλη εσύ του τραγουδιού,
κι ω Αγλαΐα* εσύ σεβάσμια,
κόρες θεού με πανυπέρτατη εξουσία,
τώρ' ακούστε με· κι εσύ
Θάλεια* ω μελωδική,
να ο χορός μας, που με βήμα εδώ ελαφρό
μια καλότυχη ήρθε νίκη να γιορτάσει.

Τεχνικά
και σε τόνο λυδικό
τον Ασώπιχο ήρθα εδώ να τραγουδήσω,
γιατί η χώρα των Μινυών ολυμπιακή
πήρε νίκη με τη βοήθεια τη δική σου.

Τώρα, Ηχώ, στο μαυροτείχιστο παλάτι
πέτα εσύ της Περσεφόνης,
το μαντάτο
το χαρούμενο στον Κλεόδημο* να φέρεις·
πες του: εκεί στης Ολυμπίας της πολυδόξαστης
τις κοιλάδες
στα μαλλιά τα νεανικά του γιου του βάλαν
των αγώνων το τρισένδοξο στεφάνι

(Μετάφρ. Θρ. Σταύρου)

Η Ιφιγένεια παρακαλεί τον πατέρα της Αγαμέμνονα να μην τη θυσιάσει.

Του Ορφέα αν είχα τη φωνή, πατέρα μου,
να συγκινεί τις πέτρες το τραγούδι μου,
κι ο λόγος μου όσους ήθελα να μάγευε,

* Κλεόδημος: ο νεκρός πατέρας του νικητή.

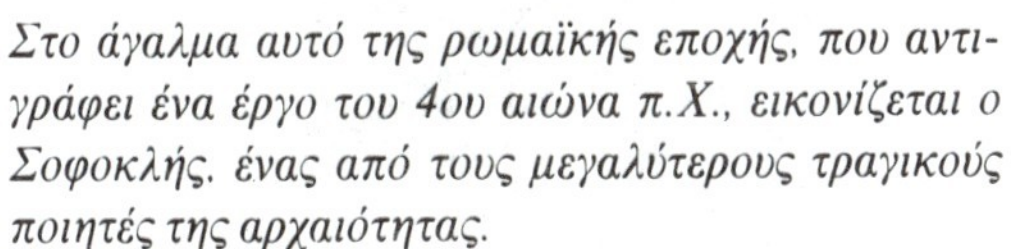

Στο άγαλμα αυτό της ρωμαϊκής εποχής, που αντιγράφει ένα έργο του 4ου αιώνα π.Χ., εικονίζεται ο Σοφοκλής, ένας από τους μεγαλύτερους τραγικούς ποιητές της αρχαιότητας.

Η επιγραφή στο κάτω μέρος της προτομής αυτής, που βρίσκεται στη Νεάπολη, μας βεβαιώνει ότι η εικονιζόμενη μορφή είναι ο τραγικός ποιητής Ευριπίδης. Η προτομή έγινε στους ρωμαϊκούς χρόνους, αντιγράφει όμως ένα έργο του 4ου αιώνα π.Χ.

σ' αυτά θα ερχόμουν. Μα τώρα η αξιάδα μου
στα δάκρυα στέκει· σου τα δίνω· αυτά μπορώ.
Κι ως κλώνο ικετήριο στα γόνατα
σου ρίχνω το κορμί μου.
Μη μ' αγουροσκοτώνεις· ας χαρώ το φως·
και μη με βιάζεις τ' άφαντα της γης να ιδώ.
Πρώτη σε είπα «πατέρα» κι εσύ «κόρη» εμέ·
και πρώτη εγώ στα γόνατά σου εκάθισα
και γλυκά χάδια σου 'δωσα και μου 'δωσες.
Και μου 'λεγες: «Παιδί μου, τάχα θα σε ιδώ
σε σπίτι αντρός ευτυχισμένη μια φορά,
να ζεις και να προκόβεις, καθώς πρέπει μου;»
Κι εγώ πάλι, χαϊδεύοντας τα γένια σου,
που τώρα με το χέρι αγγίζω, σου 'λεγα:
«Τάχα κι εγώ, πατέρα μου, θα σε δεχτώ
γέροντα πια γλυκά γλυκά στο σπίτι μου,
τους κόπους να πληρώσω, που μ' ανάθρεψες;»
Αυτά τα λόγια εγώ θυμούμαι, όμως εσύ
τα λησμονάς και θες να με σκοτώσεις.

(Ευριπίδη, «Ιφιγένεια η εν Αυλίδι», στ. 1211–1232.
Μετάφρ. Θρ. Σταύρου)

της αρχαιότητας, ο Αισχύλος, ο Σοφοκλής και ο Ευριπίδης. Σπουδαιότερος εκπρόσωπος της κωμωδίας, που την εποχή αυτή έχει πολιτικό χαρακτήρα, ήταν ο Αριστοφάνης, Αθηναίος κι αυτός.

Η ιστοριογραφία: Όπως έχουμε ήδη αναφέρει, οι Ίωνες λογογράφοι έδωσαν, από τον 6ο αιώνα π.Χ., τα πρώτα πεζά κείμενα με ιστορικό και γεωγραφικό χαρακτήρα. Όμως μέσα στα έργα τους είχαν κυρίαρχη θέση οι μύθοι.

Τον 5ο αιώνα ζουν και δίνουν το έργο τους οι πρώτοι μεγάλοι ιστορικοί της ελληνικής αρχαιότητας και πρώτοι ιστορικοί συγγραφείς στην παγκόσμια γραμματεία· ο Ηρόδοτος και ο Θουκυδίδης.

Ο Ηρόδοτος (484–425 περ. π.Χ.) καταγόταν από την Αλικαρνασσό της Μ. Ασίας, ταξίδεψε σε πολλές χώρες και έζησε πολλά χρόνια στην Αθήνα. Στο ιστορικό του έργο, που διαιρέθηκε αργότερα σε 9 βι-

Στην προτομή αυτή της ρωμαϊκής εποχής, που αντιγράφει ένα παλιότερο έργο, εικονίζεται ο Ηρόδοτος, ο πρώτος μεγάλος ιστορικός της αρχαίας Ελλάδας.

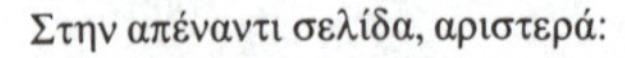

Στην απέναντι σελίδα, αριστερά:

Προτομή του Θουκυδίδη. Ο Θουκυδίδης είναι ο πρώτος Έλληνας ιστορικός που έγραψε ιστορία χρησιμοποιώντας αυστηρά επιστημονική μέθοδο και προσπαθώντας να παρουσιάσει τα γεγονότα αντικειμενικά.

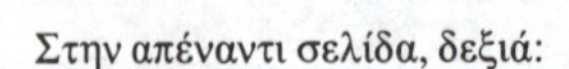

Στην απέναντι σελίδα, δεξιά:

Προτομή του μεγάλου φιλόσοφου Σωκράτη, που βρίσκεται στο Μουσείο του Βατικανού.

βλία, παρουσιάζει την ιστορία των λαών της Ανατολής και των ελληνικών κρατών καθώς και τους περσικούς πολέμους ως το τέλος τους (479 π.Χ.). Ακόμη παραθέτει ένα πλήθος πληροφοριών για διάφορους λαούς της αρχαιότητας, παρεμβάλλοντας στην αφήγηση και πολλές παραδόσεις. Για το σημαντικό ιστορικό του έργο, που είναι και το πρώτο αξιόλογο, ο Ηρόδοτος ονομάστηκε «πατέρας της ιστορίας».

Ο Θουκυδίδης (460 περ. — μετά το 399 π.Χ.) καταγόταν από την Αθήνα. Έγραψε την ιστορία του πελοποννησιακού πολέμου από την αρχή του (431 π.Χ.) ως το 411 π.Χ. Δεν πρόλαβε να την ολοκληρώσει γιατί πέθανε. Η ιστορία του χωρίστηκε αργότερα σε 8 βιβλία.

Στο έργο του Θουκυδίδη φαίνεται η διαρκής προσπάθειά του να εξακριβώσει πώς ακριβώς έγιναν τα γεγονότα, να τα περιγράψει με ακρίβεια και να ανακαλύψει τις αίτιες τους, που τις ξεχωρίζει από τις αφορμές. Είναι δηλαδή ο πρώτος επιστήμονας ιστορικός, ένας ερευ-

νητής που ψάχνει να βρει την αλήθεια. Δικαιολογημένα θεωρείται ο μεγαλύτερος ιστορικός της αρχαιότητας.

Η φιλοσοφία: Σε προηγούμενο κεφάλαιο γνωρίσαμε τις προσπάθειες των πρώτων Ιώνων φιλοσόφων να ερμηνέψουν την αρχή και την ουσία του κόσμου. Τον 5ο αιώνα διατυπώνονται και άλλες θεωρίες πάνω στα θέματα αυτά. Αξιοσημείωτη είναι η θεωρία των λεγόμενων «ατομικών» φιλοσόφων (Λεύκιππος, Δημόκριτος), που δέχονταν ότι η ύλη αποτελείται από πολύ μικρά σωματίδια, τα άτομα, * και από κενό.

Όμως μέσα στον 5ο αιώνα σημειώνεται μια στροφή της φιλοσοφικής σκέψης από τη φύση και τα προβλήματα της αρχής του κόσμου στον ίδιο τον άνθρωπο. Πνευματικό κέντρο του αρχαίου κόσμου έγινε τώρα η Αθήνα, όπου συγκεντρώνονταν πολλοί διανοούμενοι από διάφορα μέρη και δίδασκαν με αμοιβή τη ρητορική και την πολιτική τέχνη. Οι πιο γνωστοί από τους φιλόσοφους αυτούς, τους ***σοφιστές***, είναι ο Πρωταγόρας από τα Άβδηρα και ο Γοργίας από τους Λεοντίνους. Την ίδια εποχή έζησε και δίδαξε στην Αθήνα ο μεγάλος φιλόσοφος ***Σωκράτης***.

Παράλληλα έχουμε και αξιόλογους ειδικούς επιστήμονες, όπως είναι ο πολεοδόμος Ιππόδαμος από τη Μίλητο και ο Ιπποκράτης από την Κω, ο περίφημος γιατρός της αρχαιότητας.

Η τέχνη

Η οικονομική ευημερία και η έξαρση της εθνικής συνείδησης, άμεσα επακόλουθα της νίκης των Ελλήνων εναντίον των Περσών, αποτελούν δύο από τους βασικούς λόγους που οδήγησαν σε μια γρήγορη ανάπτυξη όλων των κλάδων της τέχνης. Η ελληνική τέχνη του 5ου αιώνα, στα χρόνια που ακολουθούν τους περσικούς πολέμους, και η τέχνη του 4ου αιώνα, ως την εποχή του Μ.Αλέξανδρου, ονομάστηκε ήδη από το 18ο αιώνα ***κλασική τέχνη,*** με την έννοια ότι οι δημιουργίες της έφτασαν την απόλυτη τελειότητα.

Η Αθήνα καλλιτεχνικό κέντρο

Πολύ γρήγορα μετά τη θριαμβευτική νίκη των Ελλήνων, η Αθήνα, που είχε πρόσφατα διαμορφώσει το δημοκρατικό της πολίτευμα, προβάλλει ως κύρια δύναμη μέσα στον ελληνικό χώρο. Ο Περικλής, χρησιμοποιώντας τους πόρους του κοινού ταμείου της Α΄ αθηναϊκής συμμαχίας, που μεταφέρθηκε από τη Δήλο στην Αθήνα, και έχοντας στη διάθεσή του ένα μεγάλο επιτελείο από αρχιτέκτονες, γλύπτες, ζωγράφους και άλλους καλλιτέχνες, έβαλε σε εφαρμογή ένα εξαιρετικά μεγαλόπνοο σχέδιο, που είχε ως αποτέλεσμα να αποκτήσει η Αθήνα και την καλλιτεχνική πρωτοπορία στον ελληνικό κόσμο, αφού προηγουμένως είχε γίνει μια μεγάλη στρατιωτική δύναμη.

* άτομα: αυτά που δεν τέμνονται, δεν μπορούν να διαιρεθούν άλλο.

Η αρχιτεκτονική: Στις ελληνικές πόλεις αρχίζει, μετά τη λήξη των περσικών πολέμων, μια περίοδος σημαντικής οικοδομικής δραστηριότητας, που περιλαμβάνει ανοικοδόμηση ιερών και άλλων δημόσιων κτιρίων. Τα μεγάλα επιτεύγματα της αρχιτεκτονικής του 5ου αιώνα π.Χ. αντιπροσωπεύονται ιδιαίτερα με τα οικοδομήματα που βρίσκονται επάνω στην Ακρόπολη της Αθήνας.

Οικοδομήματα της Ακρόπολης

Τα Προπύλαια, η μεγαλόπρεπη είσοδος προς τα ιερά της Ακρόπολης, σχεδιάστηκαν από τον αρχιτέκτονα Μνησικλή, που χρησιμοποίησε βασικά το δωρικό ρυθμό συνδυάζοντάς τον με τον ιωνικό για τον εσωτερικό χώρο. Οι εργασίες της κατασκευής τους κράτησαν από το 437 π.Χ. ως το 432 π.Χ.

Ο Παρθενώνας, ο ναός που ήταν αφιερωμένος στην Αθηνά Παρθένο, βρίσκεται στο υψηλότερο σημείο του ιερού βράχου της Ακρόπο-

Κάτοψη της Ακρόπολης κατά την κλασική εποχή. Το μεγαλύτερο κτίριο επάνω στον ιερό βράχο είναι ο Παρθενώνας, ο λαμπρός ναός της Αθηνάς Παρθένου, και απέναντί του το Ερέχθειο. Αριστερά διακρίνονται τα μεγαλόπρεπα Προπύλαια, ενώ κοντά σ' αυτά, δεξιά του ανηφορικού δρόμου που οδηγούσε προς την Ακρόπολη, βρίσκεται ο μικρός ναός της Αθηνάς Νίκης.
(Σχέδιο του Ι. Τραυλού από το βιβλίο Ιστορία του Ελληνικού Έθνους, τόμ. Γ2 σελ. 281).

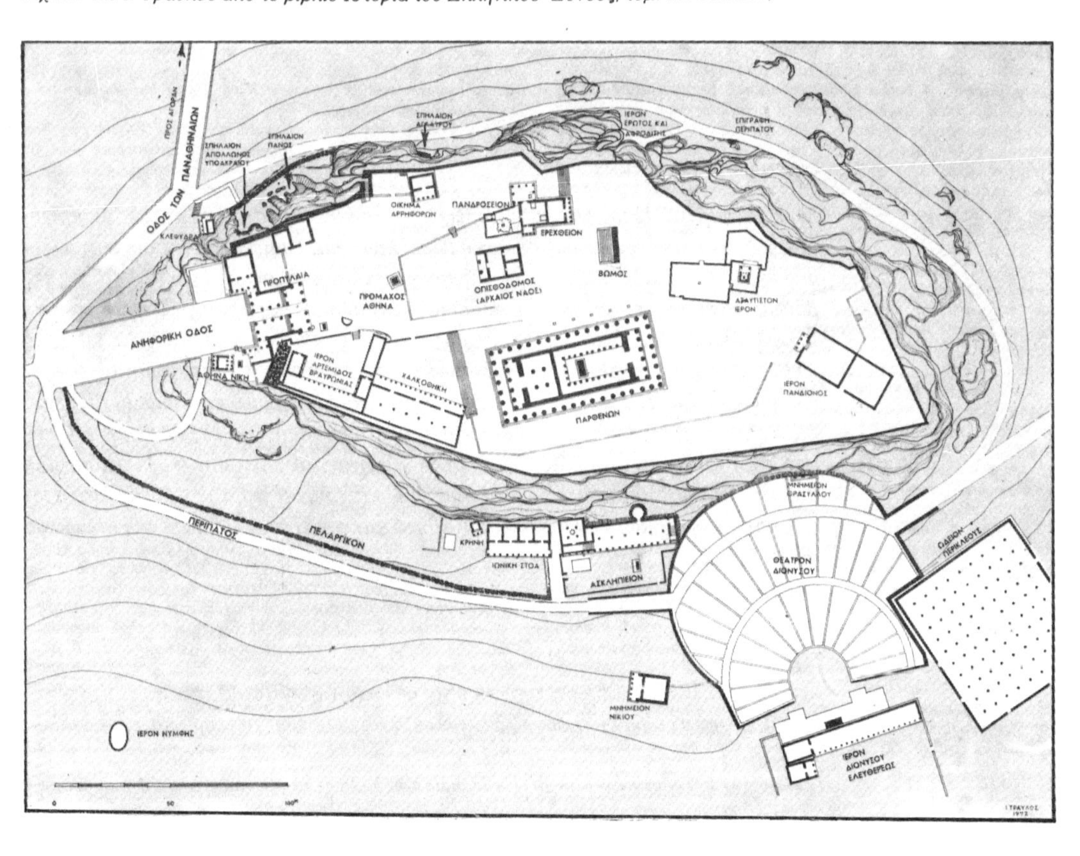

Τα Προπύλαια, έργο του Μνησικλή, όπως σώζονται σήμερα. Η φωτογραφία είναι παρμένη από την εσωτερική πλευρά του ιερού της Ακρόπολης.

Στην απέναντι σελίδα, επάνω:

Μια άποψη του Παρθενώνα, που δείχνει τη σημερινή του κατάσταση. Διακρίνονται η δυτική στενή πλευρά του και η βόρεια μακριά. Οι μετόπες της δυτικής πλευράς έχουν ως θέμα τους μάχη Ελλήνων εναντίον Αμαζόνων, ενώ οι μετόπες της βόρειας πλευράς εικονίζουν επεισόδια από την άλωση της Τροίας. Στην ανατολική πλευρά, όπου είναι και η κύρια είσοδος του ναού, οι μετόπες διακοσμούνται με τη μάχη των θεών εναντίον των Γιγάντων. Τέλος, οι νότιες μετόπες παριστάνουν μια Κενταυρομαχία. Η ζωφόρος, που στον Παρθενώνα δε βρίσκεται επάνω από τους κίονες του πτερού αλλά επάνω από τον τοίχο του σηκού, είχε ως θέμα της μια πομπή σχετική με τη μεγαλύτερη γιορτή της Αθήνας, τα Παναθήναια (παναθηναϊκή πομπή). Στα δύο αετώματα του ναού εικονίζονταν η γέννηση της Αθηνάς (στο ανατολικό) και η διαμάχη ανάμεσα στην Αθηνά και τον Ποσειδώνα για την κυριαρχία στην Αθήνα (στο δυτικό). Το μεγαλύτερο μέρος από το σωζόμενο γλυπτό διάκοσμο του Παρθενώνα βρίσκεται σήμερα στο Βρετανικό Μουσείο του Λονδίνου.

Στην απέναντι σελίδα, κάτω:

Σχεδιαστική αναπαράσταση της Ακρόπολης κατά την κλασική εποχή.
Στην κορυφή του βράχου δεσπόζει ο Παρθενώνας με το μέγεθος και τη μεγαλοπρέπειά του.
(Σχέδιο του Ι. Τραυλού από το βιβλίο Ιστορία του Ελληνικού Έθνους, τόμ. Γ1 σελ. 98).

Ένα από τα ωραιότερα κτίρια που έχουν σωθεί από την ελληνική αρχαιότητα είναι το Ερέχθειο. Μέρος της πλούσιας διακόσμησής του αποτελούν και οι περίφημες Καρυάτιδες, γυναικείες δηλαδή μορφές, που, σαν κίονες, στηρίζουν την ανωδομή ενός μικρού χώρου.

λης. Άρχισε να χτίζεται το 447 π.Χ., με σχέδια του αρχιτέκτονα Ικτίνου, και οι εργασίες κράτησαν ως το 432 π.Χ. Πρόκειται χωρίς αμφιβολία για το τελειότερο επίτευγμα του δωρικού ρυθμού, στο οποίο χρησιμοποιούνται επίσης ορισμένα στοιχεία παρμένα από τον ιωνικό ρυθμό, όπως η ζωφόρος. Οι αρμονικές αναλογίες των μελών του κτιρίου και η λεπτή επεξεργασία όλων των λεπτομερειών του συνιστούν ένα μοναδικό αρχιτεκτόνημα, στο οποίο δεν υπάρχει ουσιαστικά ευθεία γραμμή αλλά κυριαρχεί η καμπύλη.

Ο ιωνικός ρυθμός, που ήταν ιδιαίτερα αγαπητός σε ιωνικές περιοχές, αντιπροσωπεύεται στην Ακρόπολη από πολύ σημαντικά κτίρια. Με το ρυθμό αυτό είναι χτισμένο το Ερέχθειο, ένας κομψός ναός με ιδιόμορφο σχέδιο, που βρίσκεται βόρεια από τον Παρθενώνα. Ήταν αφιερωμένος στην Αθηνά Πολιάδα, δηλαδή την προστάτρια της Αθήνας, αλλά και στον Ποσειδώνα, τον Ερεχθέα και σε άλλες θεότητες. Στην Αθηνά Νίκη ήταν αφιερωμένος ένας άλλος μικρός και ανάλαφρος ναός ιωνικού ρυθμού, που υψώνεται σε μια προεξοχή του βράχου, στα δεξιά μας πριν περάσουμε τα Προπύλαια.

Αττική

Εκτός όμως από τους ναούς της Ακρόπολης χτίστηκαν στην Αττική κατά τον 5ο αιώνα και άλλοι σημαντικοί ναοί, όπως είναι οι δωρικοί ναοί του Ποσειδώνα στο Σούνιο και του Ηφαίστου και της Αθηνάς στην αρχαία Αγορά της πόλης. Ο τελευταίος, γνωστός σήμερα ως Θη-

Ο ναός του Ποσειδώνα στο Σούνιο είναι ένας από τους πιο γνωστούς ναούς που χτίστηκαν στην Αττική την εποχή του Περικλή. Οι Αθηναίοι τίμησαν το θεό της θάλασσας και προστάτη του ναυτικού τους χτίζοντάς του το λαμπρό αυτό δωρικό ναό.

Ο καλύτερα διατηρημένος αρχαίος ναός της Πελοποννήσου είναι ο ναός του Επικούριου Απόλλωνα κοντά στη Φιγάλεια της Αρκαδίας. Αν και είναι κτίριο δωρικού ρυθμού, έχει στο εσωτερικό του μια ζωφόρο με παραστάσεις Αμαζονομαχίας και Κενταυρομαχίας, που σήμερα βρίσκεται στο Βρετανικό Μουσείο του Λονδίνου.

Στη Μεγάλη Ελλάδα έχουμε τους καλύτερα διατηρημένους αρχαίους ελληνικούς ναούς. Ένας απ' αυτούς είναι και ο δωρικός ναός των μέσων του 5ου αιώνα π.Χ. στην Ποσειδωνία (PAESTUM), που ήταν αφιερωμένος στην Ήρα.

Ο Πειραιάς είναι από τις παλιότερες ελληνικές πόλεις που χτίστηκε με κανονικό ρυμοτομικό σχέδιο. Διακρίνονται καθαρά τα οικοδομικά τετράγωνα, που ορίζονται από κάθετους και οριζόντιους δρόμους, σύμφωνα με τις αρχές του μεγάλου πολεοδόμου της αρχαιότητας Ιππόδαμου από τη Μίλητο.
(Σχέδιο του Ι. Τραυλού από το βιβλίο Ιστορία του Ελληνικού Έθνους, τόμ. Γ2, σελ. 331).

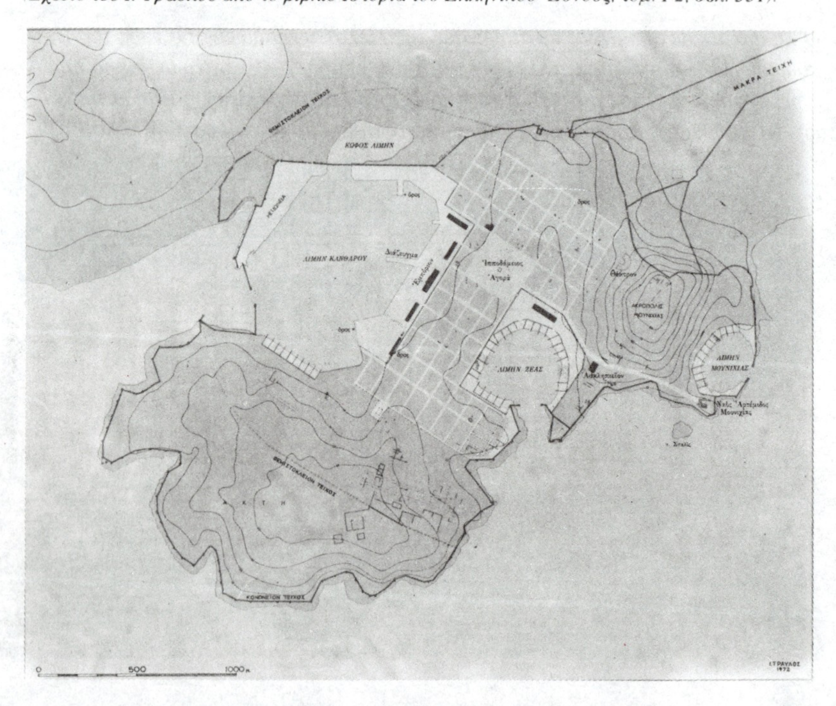

σείο, είναι ο καλύτερα διατηρημένος αρχαίος ναός της κυρίως Ελλάδας.

Πελοπόννησος

Στην Πελοπόννησο οι πιο σημαντικοί ναοί της εποχής αυτής είναι δύο: ο δωρικός ναός του Δία στην Ολυμπία, που χτίστηκε γύρω στα 470–460 π.Χ., και ο πολύ καλά διατηρημένος δωρικός επίσης ναός του Επικούριου Απόλλωνα στη Φιγάλεια της Αρκαδίας, που σχεδιάστηκε από τον Ικτίνο, τον αρχιτέκτονα του Παρθενώνα.

Μεγάλη Ελλάδα

Αλλά και στη Μεγάλη Ελλάδα έχουμε τον 5ο αιώνα σπουδαίους ναούς, μερικοί από τους οποίους σώζονται σε πολύ καλή κατάσταση, όπως ο ναός της Αθηνάς στις Συρακούσες, ο ναός της Ήρας στην Ποσειδωνία και ο ναός του Δία στον Ακράγαντα. Όλοι τους είναι δωρικού ρυθμού και ο τελευταίος είναι ο μεγαλύτερος δωρικός ναός που ξέρουμε.

Πολεοδομία

Από το δεύτερο μισό του 5ου αιώνα π.Χ. έγινε φαίνεται ουσιαστική πρόοδος και στον τομέα της πολεοδομίας. Στις νέες πόλεις που χτίζονται, π.Χ. στον Πειραιά και στη Ρόδο, εφαρμόζεται ένα σύστημα με κάθετους και οριζόντιους δρόμους, που δημιουργούν κανονικά οικοδομικά τετράγωνα και μέσα σ' αυτά εντάσσονται τα ιδιωτικά και δημόσια κτίρια. Στην ανάπτυξη της πολεοδομίας της εποχής αυτής σημαντική πρέπει να ήταν η συμβολή του Ιππόδαμου από τη Μίλητο.

Η πλαστική: Στις πρώτες δεκαετίες του 5ου αιώνα συντελείται μια σημαντική αλλαγή και στον τομέα της πλαστικής. Γύρω στο 480 π.Χ. εγκαταλείπεται η αυστηρή, κατά μέτωπο στάση που χαρακτηρίζει τους αρχαϊκούς κούρους. Τα αγάλματα παρουσιάζουν τώρα μια μεγαλύτερη ελευθερία στη δομή του ανθρώπινου κορμιού, καθώς το βάρος του σώματος πέφτει στο ένα σκέλος, ενώ το άλλο λυγίζει στο γόνατο.

Οι πιο σημαντικές δημιουργίες της ελληνικής πλαστικής στα χρόνια αμέσως μετά τα περσικά είναι τα γλυπτά που διακοσμούσαν τα δυο αετώματα και δώδεκα από τις μετόπες του ναού του Δία στην Ολυμπία. Οι πλαστικές αυτές συνθέσεις, των οποίων οι καλλιτέχνες μας είναι άγνωστοι, μας εισάγουν στο νέο πνεύμα της κλασικής εποχής. Έργα άγνωστων αλλά μεγάλων καλλιτεχνών είναι και δύο χάλκινα αγάλματα, από τα λίγα της εποχής που μας σώζονται στο υλικό αυτό. Πρόκειται για τον Ηνίοχο του Μουσείου των Δελφών και το άγαλμα ενός θεού, πιθανότατα του Δία, που βρίσκεται στο Εθνικό Αρχαιολογικό Μουσείο της Αθήνας.

Ο Φειδίας

Μέσα στον 5ο αιώνα έδρασε ο πιο ονομαστός ανάμεσα στους γλύπτες της εποχής του, ο Φειδίας ο Αθηναίος. Ήταν ένας μεγαλοφυής καλλιτέχνης με ευρύτατες γνώσεις. Ο Περικλής, που συνδεόταν μαζί του με στενή φιλία, του ανέθεσε την εποπτεία ολόκληρου του οικοδομικού προγράμματος στην Ακρόπολη. Ο Φειδίας ήταν και ο δημιουργός δυο περίφημων χρυσελεφάντινων λατρευτικών αγαλμάτων, κο-

Το εικονιζόμενο άγαλμα του εφήβου είναι ένα από τα παλιότερα αγάλματα, όπου το βάρος της μορφής δε μοιράζεται εξίσου και στα δυο της σκέλη, όπως συμβαίνει στους κούρους, αλλά πέφτει περισσότερο στο ένα, ενώ το άλλο είναι ελαφρά λυγισμένο. Βρίσκεται στην Αθήνα, στο Μουσείο της Ακρόπολης, και χρονολογείται γύρω στα 480 π.Χ.

Από το δυτικό αέτωμα του ναού του Δία στην Ολυμπία προέρχεται το άγαλμα αυτό της πρώιμης κλασική εποχής, που εικονίζει το θεό Απόλλωνα. Το θέμα του αετώματος ήταν μια Κενταυρομαχία, μια μάχη δηλαδή ανάμεσα στους Λαπίθες, ένα λαό της Θεσσαλίας, και τους Κενταύρους, κάτω από το βλέμμα του Απόλλωνα. ***Στο ανατολικό αέτωμα απεικονίστηκε ο αγώνας αρματοδρομίας ανάμεσα στον Οινόμαο, το βασιλιά της περιοχής, και στο νεοφερμένο στα μέρη αυτά Πέλοπα. Ο Πέλοπας μετά τη νίκη του, που την πέτυχε με τη βοήθεια της κόρης του Οινόμαου Ιπποδάμειας, θα γίνει κύριος του τόπου και θα δώσει το όνομά του στην Πελοπόννησο (Πέλοπος νήσος).***

Ένα από τα λίγα πρωτότυπα χάλκινα αγάλματα που μας σώθηκαν από τον 5ο αιώνα π.Χ. είναι ο ηνίοχος των Δελφών. Ήταν ο ηνίοχος ενός τέθριππου άρματος (άρματος με 4 άλογα), που ανέθεσε ο Πολύζαλος, μέλος μιας γνωστής οικογένειας τυράννων της Σικελίας, με αφορμή μια νίκη του στα Πύθια το 478 π.Χ. Έχουν σωθεί και ορισμένα τμήματα από τα άλογα.

Στις δώδεκα διακοσμημένες μετόπες του ναού του Δία στην Ολυμπία έχουμε τους άθλους του Ηρακλή. Στη μετόπη αυτή, που βρίσκεται στο Αρχαιολογικό Μουσείο της Ολυμπίας, εικονίζεται ο άθλος ο σχετικός με τα μήλα των Εσπερίδων. Ο Ηρακλής, με τη βοήθεια της Αθηνάς, κρατά τον ουρανό και ο Άτλας του φέρνει τα μήλα. Τα γλυπτά του ναού του Δία χρονολογούνται γύρω στα 470–460 π.Χ. και αποτελούν τον προάγγελο της κλασικής πλαστικής.

Στην απέναντι σελίδα, επάνω αριστερά:

Ο χάλκινος Δίας, που βρέθηκε στη θαλάσσια περιοχή κοντά στο ακρωτήριο Αρτεμίσιο της Βόρειας Εύβοιας, εκτίθεται στο Εθνικό Αρχαιολογικό Μουσείο της Αθήνας. Το έργο αυτό, που χρονολογείται γύρω στα 460 π.Χ., είναι μια από τις πιο αντιπροσωπευτικές δημιουργίες της πρώιμης κλασικής πλαστικής.

Στην απέναντι σελίδα, επάνω δεξιά:

Μια ιδέα για τη χρυσελεφάντινη Αθηνά Παρθένο, το λατρευτικό άγαλμα του Παρθενώνα που δημιούργησε ο Φειδίας, μας δίνουν ορισμένα μικρά έργα, της ρωμαϊκής κυρίως εποχής. Ένα από τα πιο γνωστά είναι και το εικονιζόμενο εδώ αγαλμάτιο της Αθηνάς, που βρίσκεται στο Εθνικό Αρχαιολογικό Μουσείο της Αθήνας. Η θεά φορεί κράνος και αιγίδα και κρατά με το δεξί της χέρι μια Νίκη, ενώ με το αριστερό ακουμπά στην ασπίδα της.

Στην απέναντι σελίδα, κάτω:

Τα γλυπτά των αετωμάτων του Παρθενώνα, που διακρίνονται για την τελειότητα της πλαστικής επεξεργασίας τους, είναι από τα πιο αντιπροσωπευτικά της κλασικής πλαστικής του 5ου αιώνα π.Χ. Έχουν σφραγιστεί από την καλλιτεχνική προσωπικότητα του Φειδία και των μαθητών του. Εδώ εικονίζονται τρεις θεές από το ανατολικό αέτωμα του ναού.

Εδώ, κάτω:

Ένα από τα ωραιότερα τμήματα της ζωφόρου του Παρθενώνα, στο οποίο οι ειδικοί αναγνωρίζουν το χέρι του ίδιου του Φειδία. Εικονίζεται ένας Αθηναίος ιππέας, απ' αυτούς που έπαιρναν μέρος στην πομπή των Παναθηναίων, που προσπαθεί να δαμάσει το ατίθασο άλογό του. Η πλάκα βρίσκεται ακόμη επάνω στον Παρθενώνα.

λοσσιαίου μεγέθους, της Αθηνάς Παρθένου στον Παρθενώνα και του Δία στο ναό του, στην Ολυμπία. Καμιά από τις μεγάλες δημιουργίες του Φειδία, που ήταν κυρίως αγάλματα θεών, δε μας έχει σωθεί, αλλά μερικά έργα του αναγνωρίζονται σε ρωμαϊκά αντίγραφα. Ωστόσο το πνεύμα και η ποιότητα της τέχνης του αντικατοπτρίζονται στο σωζόμενο γλυπτό διάκοσμο του Παρθενώνα. Τα γλυπτά των μετοπών, της ζωφόρου και των αετωμάτων του ναού αυτού λαξεύτηκαν βέβαια από ένα μεγάλο επιτελείο καλλιτεχνών. Όλοι όμως αυτοί εργάστηκαν με σχέδια του Φειδία και κάτω από την άμεση εποπτεία του. Δεν αποκλείεται μάλιστα ορισμένα από τα γλυπτά αυτά να τα δούλεψε το χέρι του ίδιου του Φειδία. Ανάμεσα στους καλλιτέχνες που εργάστηκαν στα έργα της Ακρόπολης ήταν και μερικοί μαθητές και στενοί συνεργάτες του Φειδία, που ασφαλώς επηρεάστηκαν από το έργο του δασκάλου τους. Από τους πιο γνωστούς ήταν ο Αλκαμένης ο Λήμνιος και ο Αγοράκριτος ο Πάριος.

Στις αρχές του 19ου αιώνα ο λόρδος Έλγιν μετέφερε ένα σημαντικό μέρος των γλυπτών του Παρθενώνα από την τουρκοκρατούμενη τότε Ελλάδα στο Λονδίνο και σήμερα βρίσκονται στο Βρετανικό Μουσείο.

Ο Πολύκλειτος

Πλάι στο Φειδία στέκεται ένας άλλος μεγάλος γλύπτης του 5ου αιώνα, ο Πολύκλειτος από το Άργος, που δούλεψε κυρίως στο χαλκό και δημιούργησε ανδριάντες αθλητών. Ο καλλιτέχνης αυτός ασχολήθηκε ιδιαίτερα με τις ιδανικές αναλογίες των αγαλμάτων, τις οποίες εφάρμοσε σ᾽ ένα του έργο, το «Δορυφόρο», δηλαδή ένα νέο που κρατούσε δόρυ. Έγραψε μάλιστα και μια μελέτη σχετική με τους κανόνες της συμμετρίας και των αναλογιών που χρησιμοποίησε. Τόσο ο «Δορυφόρος» όσο και άλλα έργα του Πολύκλειτου, όπως ο «Διαδούμενος» (ένας νέος που δένει μια ταινία στο κεφάλι του), μας είναι σήμερα γνωστά μόνο από αντίγραφα των ρωμαϊκών χρόνων.

Η αγγειογραφία

Αγγειογραφία - Ζωγραφική: Η αττική αγγειογραφία συνεχίζει μετά τους περσικούς πολέμους την πορεία της χωρίς μεγάλες αλλαγές. Συνεχίζεται δηλαδή η ίδια τεχνοτροπία (η ερυθρόμορφη), τα ίδια σχήματα αγγείων και τα ίδια θέματα μ' αυτά που ξέρουμε από το τέλος της αρχαϊκής εποχής. Ωστόσο είναι γεγονός ότι οι αγγειογράφοι αποδίδουν τώρα πιο πειστικά τις μορφές, είτε αυτές εικονίζονται σε ήρεμη στάση είτε σε κίνηση. Ορισμένες φορές είναι φανερές στα αττικά ερυθρόμορφα αγγεία και επιδράσεις από τις καινοτομίες και τις κατακτήσεις της σύγχρονης ζωγραφικής.

Μια χαρακτηριστική ομάδα αττικών αγγείων, κυρίως του β΄ μισού του 5ου αιώνα, είναι οι λευκές λήκυθοι. Πρόκειται για αγγεία με κυλινδρικό σώμα και μια κάθετη λαβή, που τοποθετούνταν στους τάφους γεμάτα με αρωματικά έλαια. Επάνω στη λευκή επιφάνειά τους οι αγγειογράφοι σχεδίαζαν τις μορφές χρησιμοποιώντας διάφορα χρώματα, όπως καφέ, κόκκινο, κίτρινο, μαύρο, γαλάζιο και πράσινο. Τις περισσότερες φορές τα θέματα των αγγείων αυτών είναι σχετικά με τους νεκρούς (π.χ. επίσκεψη συγγενών στον τάφο). Μια μεγάλη συλλογή από αγγεία του 5ου αιώνα π.Χ. υπάρχει στο Εθνικό Αρχαιολογικό Μουσείο της Αθήνας.

Κάτω αριστερά:

Το γνωστότερο έργο του Πολύκλειτου είναι ασφαλώς ο Δορυφόρος του, που ο ίδιος τον είχε ονομάσει «Κανόνα». Διακρίνονται καθαρά οι κατακτήσεις του μεγάλου Αργείου γλύπτη στην απόδοση των ιδανικών αναλογιών και των ισόρροπων κινήσεων.

Κάτω δεξιά:

Τα θέματα που διακοσμούν τις λευκές ληκύθους σχετίζονται τις περισσότερες φορές με τον κόσμο των νεκρών. Έτσι και στη λήκυθο αυτή, που βρίσκεται στο Εθνικό Αρχαιολογικό Μουσείο της Αθήνας και χρονολογείται προς τα τέλη του 5ου αιώνα π.Χ., εικονίζεται ένας νεκρός πολεμιστής που περιβάλλεται από τα συγγενικά του πρόσωπα. Είναι πολύ πιθανό ο πολεμιστής να σκοτώθηκε σε μια από τις τελευταίες επιχειρήσεις του πελοποννησιακού πολέμου.

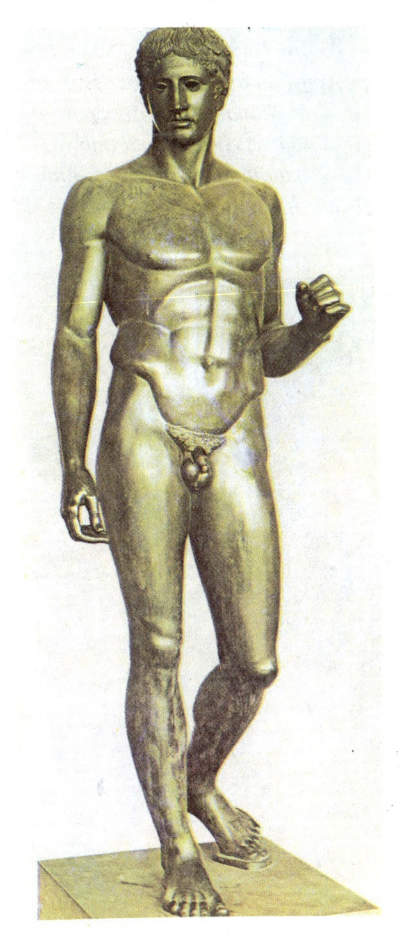

Η μεγάλη ζωγραφική

Στον 5ο αιώνα π.Χ. έχουμε και τους πρώτους μεγάλους ζωγράφους, γνωστούς από τη γραπτή παράδοση, όπως τον Πολύγνωτο το Θάσιο ή το Μίκωνα τον Αθηναίο. Τα έργα τους δε μας σώθηκαν βέβαια, εξαιτίας των φθαρτών υλικών που χρησιμοποιούνται στη ζωγραφική.

Ο Πολύγνωτος ήταν ένας πρωτοπόρος ζωγράφος, που έδρασε κυρίως στο δεύτερο τέταρτο του 5ου αιώνα. Τα πιο γνωστά έργα του βρίσκονταν στην Αθήνα και στους Δελφούς και τα θέματά τους ήταν μυθολογικά και ιστορικά. Ο καλλιτέχνης αυτός ασχολήθηκε με το πρόβλημα του βάθους, κυρίως όμως προσπάθησε να αποτυπώσει στα πρόσωπα των μορφών που ζωγράφισε την ψυχική τους κατάσταση.

Προς το τέλος του 5ου αιώνα π.Χ. δούλεψαν ακόμη ο Παρράσιος από την Έφεσο, ο Ζεύξης από την Ηράκλεια, ο Απολλόδωρος ο Αθηναίος και ο Αγάθαρχος από τη Σάμο. Ο Παρράσιος είχε την ικανότητα, χρησιμοποιώντας μόνο τη γραμμή, να δίνει βάθος στις μορφές, κάτι που ο Απολλόδωρος το πετύχαινε με τη χρήση της φωτοσκίασης. Τέλος, με τον Αγάθαρχο σχετίζεται η πρώτη σοβαρή προσπάθεια απεικόνισης αντικειμένων με προοπτική.

Από τις κατακτήσεις του Πολύγνωτου και των άλλων ζωγράφων του 5ου αιώνα π.Χ. επηρεάστηκαν μερικές φορές οι σύγχρονοι Αθηναίοι αγγειογράφοι. Έτσι στο αγγείο αυτό, που βρίσκεται σήμερα στο Παρίσι, στο Μουσείο του Λούβρου, και χρονολογείται γύρω στα 460 π.Χ., βλέπουμε ότι οι μορφές είναι τοποθετημένες σε διάφορα επίπεδα, ώστε δίνεται κατά κάποιο τρόπο η αίσθηση του βάθους. Ακόμη σε ορισμένες μορφές υπάρχει η τάση να υποδηλωθεί η ψυχική διάθεσή τους, με τις χειρονομίες και τη στάση τους.

ΕΡΩΤΗΣΕΙΣ – ΘΕΜΑΤΑ ΓΙΑ ΣΥΖΗΤΗΣΗ

– Τα αίτια της ιωνικής επανάστασης και οι λόγοι της αποτυχίας της.
– Τα αίτια της περσικής επίθεσης εναντίον της Ελλάδας.
– Για ποιους λόγους οι Πέρσες αποβιβάστηκαν ειδικά στο Μαραθώνα, το 490 π.Χ; Η σημασία της νίκης των Αθηναίων στο Μαραθώνα.
– Πώς κρίνετε την προσπάθεια του Θεμιστοκλή να κάνει την Αθήνα ναυτική δύναμη;
– Πώς κρίνετε την επιμονή του Θεμιστοκλή να γίνει η ναυτική αναμέτρηση με τους Πέρσες στο στενό της Σαλαμίνας;
– Ποια σημασία είχε η απόκρουση της περσικής επίθεσης για τον πολιτισμό;
– Σκοπός και οργάνωση της Α΄ αθηναϊκής συμμαχίας.
– Η πολιτική του Κίμωνα και η πολιτική του Περικλή (σύγκριση–στόχοι και διαφορές).
– Η μετατροπή της αθηναϊκής συμμαχίας σε ηγεμονία.
– Πώς βλέπετε το θεσμό της δουλείας στην αρχαιότητα;
– Πώς βλέπετε τη θέση της γυναίκας στην αρχαία Αθήνα;
– Η εκπαίδευση στην αρχαιότητα. Σύγκριση με τη σημερινή εκπαίδευση.
– Τα αίτια του πελοποννησιακού πολέμου.
– Να διακρίνετε στα αίτια και στις αφορμές του πελοποννησιακού πολέμου τον οικονομικό παράγοντα.
– Πώς κρίνετε τη συμπεριφορά του Αλκιβιάδη;
– Γιατί οι Σπαρτιάτες αναγκάστηκαν να ζητήσουν τη βοήθεια των Περσών στη διάρκεια του πελοποννησιακού πολέμου; Πώς κρίνετε την ενέργειά τους;
– Συζητήστε τις συνέπειες του πελοποννησιακού πολέμου στον ελληνικό κόσμο.
– Να γίνει συζήτηση για το δράμα: σημασία της λέξης, τραγωδία–κωμωδία, η θέση του αρχαίου δράματος στο σύγχρονο ελληνικό και παγκόσμιο δραματολόγιο.
– Η θεωρία των «ατομικών» φιλοσόφων και τα σημερινά σχετικά δεδομένα της επιστήμης.
– Να γίνει συζήτηση για έργα αρχαίας τέχνης που έχει δει ο καθένας.
– Οικοδομήματα στην Ακρόπολη της Αθήνας, μετά τους περσικούς πολέμους.
– Μεγάλοι γλύπτες του 5ου αιώνα π.Χ.
– Κατακτήσεις της ζωγραφικής τον 5ο αιώνα π.Χ.

ΜΕΡΟΣ Β΄.

ΑΠΟ ΤΟ ΤΕΛΟΣ ΤΟΥ ΠΕΛΟΠΟΝΝΗΣΙΑΚΟΥ ΠΟΛΕΜΟΥ ΩΣ ΤΟ ΘΑΝΑΤΟ ΤΟΥ Μ. ΑΛΕΞΑΝΔΡΟΥ (404 - 323 π.Χ.)

α. ΤΑ ΤΑΡΑΓΜΕΝΑ ΧΡΟΝΙΑ (α΄ μισό του 4ου αιώνα π.Χ.)

Η περίοδος από το τέλος του πελοποννησιακού πολέμου (404 π.Χ.) ως τα μέσα περίπου του 4ου αι. π.Χ. είναι μια από τις πιο ταραγμένες της αρχαίας ελληνικής ιστορίας. Κύριο χαρακτηριστικό της είναι οι εμφύλιες πολεμικές συγκρούσεις, που οδήγησαν τις ελληνικές πόλεις -κράτη σε παρακμή. Η Σπάρτη, ισχυρή στην αρχή, χάνει γρήγορα την ηγεμονική της θέση, η Αθήνα συνέρχεται από την ήττα, χωρίς όμως να μπορέσει να αποκτήσει την παλιά της δύναμη, ενώ νέος διεκδικητής της ηγεμονίας εμφανίζεται για ένα διάστημα η Θήβα.

Τα χρόνια της σπαρτιατικής ηγεμονίας

Οι Σπαρτιάτες είχαν διακηρύξει κατά τη διάρκεια του πελοποννησιακού πολέμου ότι αγωνίζονταν για την ελευθερία των Ελλήνων. Αμέσως όμως μετά τη νίκη τους επέβαλαν στις ελληνικές πόλεις καταπιεστικά ολιγαρχικά πολιτεύματα, που στηρίζονταν σε σπαρτιατικές φρουρές και Σπαρτιάτες διοικητές (αρμοστές). Η συμπεριφορά αυτή των Σπαρτιατών δημιούργησε γρήγορα έντονες δυσαρέσκειες.

Οι 30 τύραννοι στην Αθήνα

Στην Αθήνα οι Σπαρτιάτες επέβαλαν μια κυβέρνηση 30 ολιγαρχικών, που έμειναν γνωστοί ως ***30 τύραννοι.*** Στο διάστημα των 8 μηνών που κράτησαν την εξουσία οι 30 τύραννοι κυβέρνησαν με μεγάλη σκληρότητα· εξόντωσαν πολλούς πολίτες, δήμευσαν περιουσίες και ανάγκασαν πολλούς δημοκρατικούς να φύγουν και να ζητήσουν άσυλο

Ο ηγέτης των δημοκρατικών Αθηναίων Θρασύβουλος ενθαρρύνει τους άνδρες του, πριν από τη σύγκρουση με τις δυνάμεις των 30 τυράννων.

Συμπολίτες· άλλους από σας θέλω να πληροφορήσω και σ' άλλους να θυμίσω ότι, από τους αντιπάλους μας, αυτοί που είναι παραταγμένοι στη δεξιά πτέρυγα είναι εκείνοι που, πριν από τέσσερις μέρες, εσείς οι ίδιοι τους νικήσατε και τους καταδιώξατε· κι εκείνοι που βρίσκονται στην άκρη της αριστερής πτέρυγας, αυτοί ακριβώς είναι οι 30 τύραννοι, που μας στερούσαν την πατρίδα χωρίς να έχουμε κάνει καμιά αδικία και μας έδιωχναν από τα σπίτια μας και είχαν επικη-

σε άλλες πόλεις. Τέλος, δημοκρατικοί Αθηναίοι που είχαν καταφύγει στη Θήβα κατόρθωσαν, με ηγέτη το Θρασύβουλο, να διώξουν τους ολιγαρχικούς και να αποκαταστήσουν στην Αθήνα τη δημοκρατία (Σεπτέμβριος του 403 π.Χ.)

Η «κάθοδος των μυρίων»

Αλλά και οι φιλικές σχέσεις της Σπάρτης με τους Πέρσες διαταράχτηκαν γρήγορα. Η αρχή έγινε όταν ο Κύρος, νεότερος αδερφός του βασιλιά της Περσίας Αρταξέρξη, επιχείρησε να πάρει αυτός την εξουσία και οδήγησε, το 401 π.Χ., το στρατό του, στον οποίο υπηρετούσαν και 13.000 περίπου Έλληνες μισθοφόροι, εναντίον της περσικής πρωτεύουσας. Στην μάχη που έγινε στα Κούναξα ο Κύρος σκοτώθηκε, ο στρατός του προσχώρησε στον Αρταξέρξη και οι Έλληνες μισθοφόροι, νικητές στο πεδίο της μάχης, έμειναν μόνοι. Κατόρθωσαν όμως να διασχίσουν πολεμώντας την εχθρική χώρα και να σωθούν. Το κατόρθωμα αυτό είναι γνωστό ως «κάθοδος των μυρίων».

Σύγκρουση Σπάρτης – Περσίας

Οι Σπαρτιάτες είχαν υποστηρίξει τον Κύρο και τώρα ήταν εκτεθειμένοι απέναντι στον Πέρση βασιλιά. Έτσι, όταν οι ιωνικές πόλεις, που είχαν υποστηρίξει κι αυτές τον Κύρο και φοβούνταν τώρα την τιμωρία, ζήτησαν βοήθεια από τους Σπαρτιάτες, οι τελευταίοι ανταποκρίθηκαν αμέσως. Σπαρτιατικός στρατός έφτασε στη Μ. Ασία και συγκρούστηκε με τις περσικές δυνάμεις. Σημαντικές επιτυχίες σημείωσαν οι Σπαρτιάτες από τότε που ανέλαβε την ηγεσία του στρατού ο βασιλιάς τους Αγησίλαος (396 π.Χ.).

Βοιωτικός ή Κορινθιακός πόλεμος

Οι Πέρσες όμως κατόρθωσαν να δημιουργήσουν έναν αντισπαρτιατικό συνασπισμό, στον οποίο πήραν μέρος πολλές ελληνικές πόλεις δυσαρεστημένες με τη Σπάρτη, όπως η Αθήνα, η Θήβα, η Κόρινθος, το Άργος. Έτσι άρχισε στην Ελλάδα ένας ακόμη εμφύλιος πόλεμος, ο «βοιωτικός ή κορινθιακός πόλεμος» * (395–387 π.Χ.). Ταυτόχρονα οι Πέρσες ανέθεσαν στον Αθηναίο ναύαρχο Κόνωνα την οργάνωση και τη διοίκηση του περσικού στόλου στο Αιγαίο.

Οι Σπαρτιάτες αναγκάστηκαν να ανακαλέσουν από τη Μ. Ασία τον Αγησίλαο, που επιστρέφοντας νίκησε το στρατό του αντίπαλου συνασπισμού στην Κορώνεια της Βοιωτίας. Ο Κόνων όμως, επικεφαλής

* Ονομάστηκε έτσι, γιατί οι σημαντικότερες επιχειρήσεις έγιναν αρχικά στη Βοιωτία και στη συνέχεια στην περιοχή της Κορίνθου.

ρύξει τα πιο αγαπητά μας πρόσωπα. Τώρα όμως έχουν φτάσει σε τέτοια θέση που οι ίδιοι ποτέ δεν το φαντάζονταν κι εμείς το ευχόμασταν πάντα· τους αντιμετωπίζουμε δηλαδή με τα όπλα στα χέρια. Κι επειδή πολλές φορές μας έπιαναν την ώρα που δειπνούσαμε ή κοιμόμασταν ή βρισκόμασταν στην Αγορά και πολλοί από μας βρεθήκαμε στη θέση του εξόριστου ενώ, όχι μόνο δεν αδικήσαμε σε τίποτα, αλλά ούτε καν βρισκόμασταν στην πατρίδα, για όλα αυτά συμμαχούν φανερά μαζί μας και οι θεοί.

(Ξενοφ, *Ελληνικά, Β, IV, 13–14.* Μετάφραση)

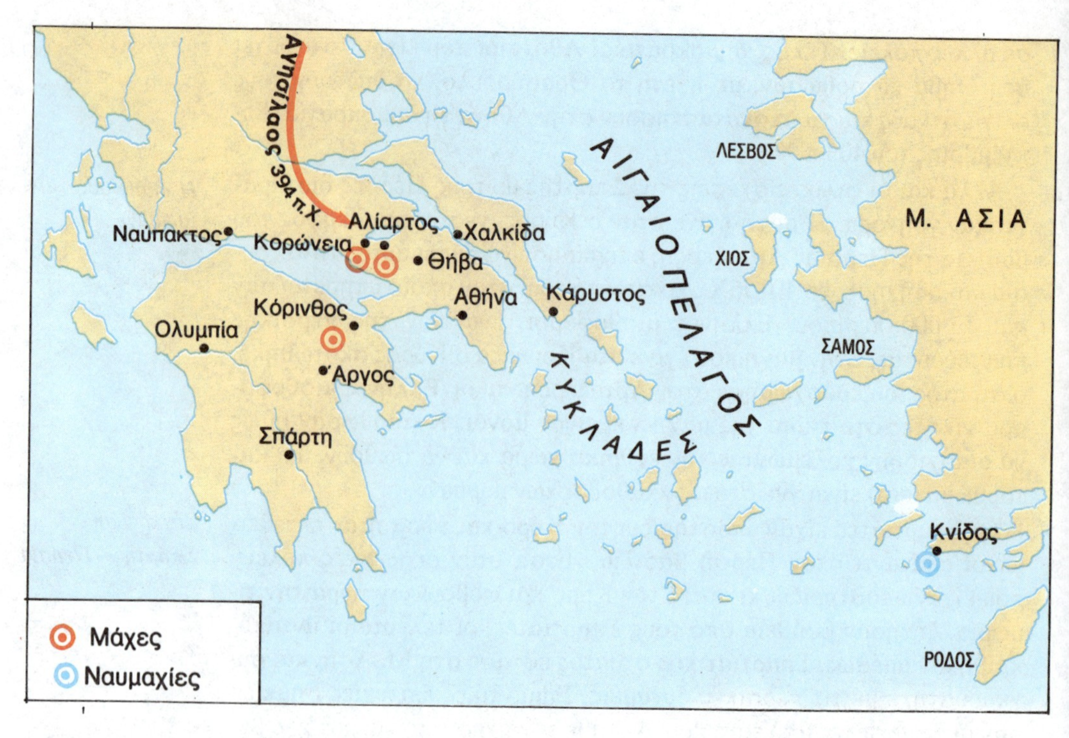

Ο χώρος των επιχειρήσεων του βοιωτικού ή κορινθιακού πολέμου

Μια από τις πιο γνωστές αττικές επιτύμβιες στήλες των αρχών του 4ου αιώνα π.Χ. είναι η στήλη του Δεξίλεω, από το νεκροταφείο της αρχαίας Αθήνας, τον Κεραμεικό. Ο Δεξίλεως, που σκοτώθηκε στον κορινθιακό πόλεμο το 394 π.Χ., εικονίζεται έφιππος, ενώ προσπαθεί να καταφέρει το τελικό χτύπημα στον πεσμένο ήδη αντίπαλό του. Η στήλη βρίσκεται στο Μουσείο του Κεραμεικού.

του περσικού στόλου, συνέτριψε το σπαρτιατικό στόλο στην Κνίδο και οι Σπαρτιάτες έχασαν την κυριαρχία στο Αιγαίο. Στη συνέχεια ο Κόνων ήρθε στην Αθήνα και, με περσικά χρήματα, οικοδόμησε και πάλι τα τείχη της πόλης. Οι πολεμικές συγκρούσεις συνεχίστηκαν στην περιοχή της Κορίνθου, όπου ο Αθηναίος στρατηγός Ιφικράτης με τους πελταστές* του είχε σημαντικές επιτυχίες εναντίον των Σπαρτιατών.

Η «ειρήνη του βασιλέως»

Το δυνάμωμα της Αθήνας ανησύχησε τους Πέρσες, που είχαν συμφέρον να μην υπάρχει κανένα ισχυρό κράτος στην Ελλάδα, ικανό να τους απειλήσει. Έπαψαν λοιπόν να ενισχύουν τον αντισπαρτιατικό συνασπισμό. Από τη μεταβολή αυτή της περσικής πολιτικής επωφελήθηκαν οι Σπαρτιάτες και έστειλαν στα Σούσα το ναύαρχο Ανταλκίδα, που πέτυχε με τις ενέργειές του να υπογραφεί, το 386 π.Χ., ειρήνη, γνωστή ως «ειρήνη του βασιλέως» ή «Ανταλκίδειος ειρήνη». Σύμφωνα με τους όρους της:

- Οι ελληνικές πόλεις της Μ. Ασίας και η Κύπρος περνούσαν στην κυριαρχία των Περσών.
- Η Λήμνος, η Ίμβρος και η Σκύρος παρέμεναν στην κυριαρχία των Αθηναίων.
- Οι άλλες ελληνικές πόλεις θα ήταν αυτόνομες**

Όσους δε θα δέχονταν την ειρήνη, ο Αρταξέρξης απειλούσε να τους πολεμήσει με όλα τα μέσα. Την επίβλεψη για την εφαρμογή των όρων

* Οι πελταστές ήταν οπλισμένοι με μακριά δόρατα (επιθετικά όπλα) και ελαφρά αμυντικά, όπως μια μικρή στρογγυλή ασπίδα, την «πέλτη», από όπου πήραν και το όνομά τους. Ήταν κυρίως μισθοφόροι.

**Ο όρος αυτός είχε σκοπό να εμποδίσει τη δημιουργία ηγεμονιών επικίνδυνων για την Περσία και διαιώνιζε την πολιτική διαίρεση των Ελλήνων. Ήταν ακόμη ευνοϊκός για τη Σπάρτη, γιατί οι σύμμαχοί της θεωρούνταν τυπικά αυτόνομοι.

Ο Αγησίλαος παίρνει εντολή να επιστρέψει από τη Μ. Ασία στην Ελλάδα, για να υπερασπίσει την πατρίδα του τη Σπάρτη.

Οι Λακεδαιμόνιοι, όταν πια πληροφορήθηκαν ότι τα (περσικά) χρήματα είχαν φτάσει στην Ελλάδα και οι μεγαλύτερες πόλεις συνασπίζονταν για να πολεμήσουν εναντίον τους, νόμισαν ότι η πόλη τους βρισκόταν σε κίνδυνο και θεώρησαν αναγκαίο να κάνουν εκστρατεία. Αμέσως λοιπόν, ενώ έκαναν τις απαραίτητες προετοιμασίες, στέλνουν στον Αγησίλαο* τον Επικυδίδα. Κι αυτός, μόλις έφτασε, του έλεγε πώς έχουν τα πράγματα και ότι η πόλη του παραγγέλλει να έρθει όσο μπορούσε πιο γρήγορα, για να βοηθήσει την πατρίδα του. Ο Αγησίλαος, όταν τα άκουσε αυτά, δυσαρεστήθηκε, γιατί αναλογίστηκε ποιες τιμές και ποιες ελπίδες έχανε· κάλεσε όμως τους συμμάχους και, αφού τους ανακοίνωσε τις εντολές που πήρε από τη Σπάρτη, τους είπε ότι ήταν ανάγκη να βοηθήσει την πατρίδα του.

(Ξενοφ, *Ελληνικά*, *Δ*, *ΙΙ*, *1–3*. Μετάφραση)

* Ο βασιλιάς της Σπάρτης Αγησίλαος βρισκόταν στη Μ. Ασία, πολεμώντας με επιτυχία εναντίον των Περσών.

Μετά τις ναυτικές του επιτυχίες ο Κόνων φρόντισε αμέσως να ξαναχτιστούν τα μακρά τείχη και οι οχυρώσεις της Αθήνας και του Πειραιά. Από τα οχυρωματικά αυτά έργα του Κόνωνα σώζονται ορισμένα τμήματα, όπως το εικονιζόμενο τείχος στον Πειραιά.

της ειρήνης αυτής ανέλαβαν οι Σπαρτιάτες, που διατηρούσαν έτσι την κυρίαρχη θέση τους στην Ελλάδα.

Το δυνάμωμα της Θήβας. Η Β΄ αθηναϊκή συμμαχία

Η Θήβα γίνεται ισχυρή

Το 382 π.Χ. σπαρτιατικός στρατός, που βρισκόταν στη Βοιωτία, κατέλαβε αιφνιδιαστικά την ακρόπολη της Θήβας Καδμεία, ύστερα από πρόσκληση Θηβαίων ολιγαρχικών. Στην πόλη επιβλήθηκε ολιγαρχικό πολίτευμα. Η ενέργεια αυτή προκάλεσε την αγανάκτηση και τις έντονες διαμαρτυρίες των άλλων ελληνικών πόλεων εναντίον της Σπάρτης. Μετά από τρία χρόνια, δημοκρατικοί Θηβαίοι που είχαν καταφύγει στην Αθήνα κατόρθωσαν, σε συνεργασία με τους πολίτες της Θήβας, να εξοντώσουν τους ολιγαρχικούς άρχοντες και να διώξουν τη σπαρτιατική φρουρά από την Καδμεία.

Στα χρόνια που ακολούθησαν οι Σπαρτιάτες έκαναν εισβολές στη Βοιωτία, αλλά αποκρούονταν κάθε φορά από τους Θηβαίους και τους Αθηναίους, που είχαν συμμαχήσει. Παράλληλα η Θήβα, με την καθοδήγηση δύο σπουδαίων ηγετών, του Επαμεινώνδα και του Πελοπίδα, αναδιοργάνωσε την ομοσπονδία των βοιωτικών πόλεων και άρχισε να εξελίσσεται σε σημαντική δύναμη.

Η Β΄ αθηναϊκή συμμαχία

Σημαντικό γεγονός των χρόνων αυτών ήταν και η ίδρυση της Β΄ αθηναϊκής συμμαχίας, το 377 π.Χ. Κύριος σκοπός της ήταν να αποτρέψει τις σπαρτιατικές επεμβάσεις στις ελληνικές πόλεις. Στη συμμαχία αυτή κάθε πόλη–μέλος διατηρούσε την αυτονομία της, όπως άλλωστε όριζε και η «ειρήνη του βασιλέως».

Η ηγεμονία της Θήβας

Το δυνάμωμα της Θήβας φόβισε τους Αθηναίους και τους έκανε να στραφούν προς τη Σπάρτη. Με πρωτοβουλία τους έγινε το 371 π.Χ. στη Σπάρτη συνέδριο για την υπογραφή ειρήνης μεταξύ των Ελλήνων, με βάση το σεβασμό της αυτονομίας κάθε πόλης. Ο Επαμεινώνδας όμως, εκπρόσωπος της Θήβας, θέλησε να υπογράψει για λογαριασμό όλων των βοιωτικών πόλεων. Αυτό δεν έγινε δεκτό, γιατί θα σήμαινε την αναγνώριση της θηβαϊκής ηγεμονίας στη Βοιωτία.

Η μάχη στα Λεύκτρα (371 π.Χ.)

Μετά την αποχώρηση του Επαμεινώνδα, οι Σπαρτιάτες έδωσαν εντολή στο βασιλιά τους Κλεόμβροτο να εισβάλει στη Βοιωτία και να υποχρεώσει τη Θήβα να αφήσει τις βοιωτικές πόλεις αυτόνομες. Στη σύγκρουση όμως που έγινε στα Λεύκτρα της Βοιωτίας, το 371 π.Χ., οι Θηβαίοι, με ηγέτη τον Επαμεινώνδα, κατόρθωσαν να συντρίψουν το σπαρτιατικό στρατό. Στη μάχη διακρίθηκε ο Ιερός Λόχος, ένα επίλεκτο τμήμα του θηβαϊκού στρατού.

Η νίκη των Θηβαίων στα Λεύκτρα σήμανε το οριστικό τέλος της σπαρτιατικής ηγεμονίας. Αμέσως πολλές πόλεις της Κεντρικής κυρίως Ελλάδας προσχώρησαν στους Θηβαίους, ενώ σε πολλές πόλεις της Πελοποννήσου οι δημοκρατικοί ξεσηκώθηκαν και κατέλυσαν τα φιλοσπαρτιατικά ολιγαρχικά καθεστώτα. Η Θήβα ήταν τώρα η ισχυρότερη δύναμη στην Ελλάδα.

Το 371 π.Χ. οι Θηβαίοι πέτυχαν στα Λεύκτρα της Βοιωτίας μια μεγάλη νίκη σε βάρος των Λακεδαιμονίων. Εδώ εικονίζεται το πεδίο της μάχης και στο πρώτο επίπεδο διακρίνεται το αναστηλωμένο κυκλικό βάθρο από το τρόπαιο που έστησαν οι νικητές Θηβαίοι.

Τα ισχυρά τείχη της Μεσσήνης, με τους τετράγωνους και στρογγυλούς πύργους, είναι από τα καλύτερα σωζόμενα οχυρωματικά έργα του 4ου αιώνα π.Χ. στον κυρίως ελληνικό χώρο. Η Μεσσήνη ιδρύθηκε το 369 π.Χ. στις παρυφές του βουνού Ιθώμη, κοντά στο σημερινό Μαυρομάτι του νομού Μεσσηνίας, με πρωτοβουλία του Επαμεινώνδα. Η πόλη έγινε πρωτεύουσα των Μεσσηνίων οι οποίοι, χάρη στους Θηβαίους, απαλλάχτηκαν οριστικά από το σπαρτιατικό ζυγό.

Η Θήβα στο κορύφωμα της δύναμής της

Από το 370 π.Χ. ο Επαμεινώνδας άρχισε εισβολές στην Πελοπόννησο. Ανάμεσα στα άλλα, ίδρυσε ανεξάρτητο μεσσηνιακό κράτος, αποσπώντας έτσι από τη Σπάρτη τα πιο εύφορα εδάφη της. Βοήθησε ακόμη στην ίδρυση ομοσπονδίας των αρκαδικών πόλεων, με κέντρο τη Μεγαλόπολη.

Παράλληλα ο Πελοπίδας κατόρθωσε να επεκτείνει την επιρροή της Θήβας στη Θεσσαλία και τη Μακεδονία. Από την τελευταία μάλιστα πήρε για εγγύηση 30 νέους ευγενείς Μακεδόνες ως ομήρους, κι ανάμεσά τους το μετέπειτα βασιλιά της Μακεδονίας Φίλιππο Β΄. Το 367 π.Χ. πήγε στα Σούσα επικεφαλής μιας θηβαϊκής αντιπροσωπείας και επιδίωξε να κερδίσει την εύνοια του Πέρση βασιλιά για τη Θήβα, χωρίς όμως ιδιαίτερη επιτυχία*.

---

* Την ίδια εποχή είχαν συγκεντρωθεί στα Σούσα αντιπροσωπείες και άλλων ελληνικών

Η ηγεμονία της Θήβας

Ο Πελοπίδας σκοτώθηκε το 364 π.Χ. σε μια σύγκρουση με τον τύραννο των Φερών Αλέξανδρο. Με το θάνατό του η Θήβα έχασε τον έναν από τους δύο μεγάλους ηγέτες της.

Η μάχη στη Μαντίνεια (362π.Χ.)

Το 362 π.Χ. ο Επαμεινώνδας εκστράτευσε για τέταρτη φορά στην Πελοπόννησο. Αφού μια απόπειρά του να καταλάβει αιφνιδιαστικά τη Σπάρτη δεν πέτυχε, αντιμετώπισε τους συνασπισμένους αντιπάλους του (Σπαρτιάτες, Αθηναίους, Μαντινείς, Ηλείους, Αχαιούς) στη Μα-

---

κρατών, όπως της Σπάρτης, της Αθήνας, των Αρκάδων, του Άργους, της Ήλιδας, ζητώντας από τον Πέρση βασιλιά Αρταξέρξη να τους υποστηρίξει στις μεταξύ τους διαφορές. Το γεγονός αυτό δείχνει το θλιβερό κατάντημα της πολιτικά κατακερματισμένης Ελλάδας.

ντίνεια. Ενώ όμως η νίκη έκλινε προς το μέρος των Θηβαίων, ο Επαμεινώνδας σκοτώθηκε. Η μάχη έληξε χωρίς νικητή.

Ο θάνατος του Επαμεινώνδα σημείωσε και το τέλος της θηβαϊκής ηγεμονίας. Αλλά και η Σπάρτη είχε δεχτεί ισχυρά πλήγματα και βρισκόταν σε πολύ δύσκολη κατάσταση. Τέλος, και η Αθήνα είχε χάσει τη δύναμή της, μετά την αποστασία των σημαντικότερων συμμάχων της, όπως η Ρόδος, η Χίος και η Κως. Η αποστασία αυτή είχε προκαλέσει το λεγόμενο «συμμαχικό πόλεμο» (357–355 π.Χ.) και είχε εξασθενίσει πολύ τη Β΄ αθηναϊκή συμμαχία. Έτσι, γύρω στα μέσα του 4ου αιώνα π.Χ., καμιά από τις πόλεις της Νότιας Ελλάδας δεν ήταν σε θέση να διαδραματίσει ηγετικό ρόλο.

Οι συνέπειες των πολέμων. Η πανελλήνια ιδέα

Οι συνέπειες των ασταμάτητων εμφύλιων πολέμων ήταν ολέθριες για τις ελληνικές πόλεις–κράτη, που οδηγήθηκαν σε σοβαρή οικονομική και κοινωνικοπολιτική κρίση.

Συνέπειες στην οικονομία

Σύμφωνα με την πολεμική τακτική της εποχής, όταν ένας στρατός πραγματοποιούσε εισβολή σε αντίπαλη περιοχή, κατέστρεφε τις καλλιέργειες και έκοβε τα οπωροφόρα δέντρα. Αλλά και όπου δε συνέβαινε αυτό, η διαρκής εμπόλεμη κατάσταση εμπόδιζε τη συστηματική καλλιέργεια της γης. Όλα αυτά έπληξαν ιδιαίτερα τους μικρούς καλλιεργητές, που αναγκάζονταν πολλές φορές να πουλούν τα κτήματά τους και να καταφεύγουν στις πόλεις. Έτσι η γη περνούσε σιγά σιγά στα χέρια λίγων πλουσίων.

Εξαιτίας των πολέμων περιορίστηκε πολύ και το εμπόριο, ιδιαίτερα το εξαγωγικό θαλάσσιο εμπόριο. Η μείωση των εξαγωγών είχε ως συνέπεια και τη μείωση της παραγωγής των αντίστοιχων προϊόντων, δηλαδή τον περιορισμό της βιοτεχνίας.

Αβεβαιότητα στην Ελλάδα μετά τη μάχη στη Μαντίνεια, το 362 π.Χ.

Κι όταν έγιναν αυτά (η μάχη στη Μαντίνεια), συνέβη το αντίθετο από εκείνο που όλοι περίμεναν να συμβεί. Επειδή δηλαδή είχαν συγκεντρωθεί και είχαν αντιπαραταχθεί σχεδόν όλοι οι Έλληνες, κανείς δεν αμφέβαλλε ότι, αν γινόταν μάχη, οι νικητές θα ηγεμόνευαν και οι νικημένοι θα γίνονταν υπήκοοί τους. Ο θεός όμως τα έφερε έτσι, ώστε και οι δύο παρατάξεις έστησαν τρόπαια σαν να είχαν νικήσει και κανείς δεν εμπόδιζε εκείνους που τα έστηναν. Και οι δύο έδωσαν σαν νικητές τους νεκρούς των αντιπάλων μετά από σπονδές, αλλά και οι δύο πήραν, σαν νικημένοι, τους δικούς τους νεκρούς μετά από σπονδές. Κι ενώ ισχυρίζονταν και οι δύο ότι είχαν νικήσει, κανείς τους δε φάνηκε να κατέχει ούτε άλλη χώρα, ούτε άλλη πόλη, ούτε περισσότερη εξουσία από όση είχε πριν να γίνει η μάχη. Και στην Ελλάδα επικράτησε πολύ περισσότερη αβεβαιότητα και ταραχή απ' ό,τι πριν από τη μάχη.

(Ξενοφ, *Ελληνικά, Ζ, V, 26–27.* Μετάφραση)

Αριστερά:

Η ενεπίγραφη αυτή προτομή της ρωμαϊκής εποχής εικονίζει το γνωστό ρήτορα Ισοκράτη, που συχνά επηρέαζε τα πολιτικά πράγματα της εποχής του.

Στην απέναντι σελίδα:

Μια από τις πρώτες φροντίδες του Διονυσίου, μόλις εδραίωσε την εξουσία του στις Συρακούσες, ήταν η οχύρωση της πόλης. Μέσα σε σύντομο χρονικό διάστημα οχύρωσε τις Συρακούσες με ισχυρά τείχη, τμήματα των οποίων σώζονται ως τις μέρες μας.

Ο ελληνισμός της Δύσης ως τα μέσα του 4ου αι. π.Χ.

Οι ελληνικές πόλεις της Σικελίας και της Κάτω Ιταλίας ήταν οργανωμένες σε χωριστά κράτη, όπως και στην κυρίως Ελλάδα. Εξωτερικοί εχθροί τους ήταν οι Καρχηδόνιοι στη Σικελία και οι Ετρούσκοι και τα ιταλικά φύλα στη Νότια Ιταλία. Συχνοί ήταν και οι εμφύλιοι πόλεμοι μεταξύ τους.

Στις αρχές του 5ου αιώνα, και ενώ στις μεγάλες πόλεις της Σικελίας είχαν εγκατασταθεί τυραννικά πολιτεύματα, οι Καρχηδόνιοι αποπειράθηκαν να καταλάβουν ολόκληρο το νησί. Η καρχηδονιακή επίθεση, παράλληλη χρονικά με την περσική επίθεση στην κυρίως Ελλάδα, αποκρούστηκε τελικά με τη νίκη των Ελλήνων στην Ιμέρα (480 π.Χ.).

Ακολούθησε μια περίοδος οικονομικής και πολιτιστικής άνθησης Παράλληλα, στις μεγάλες πόλεις της Σικελίας και της Κάτω Ιταλίας (Συρακούσες, Ακράγαντα, Τάραντα κ.ά.) επικράτησαν δημοκρατικά καθεστώτα.

Στα 415–413 π.Χ., με την εκστρατεία των Αθηναίων στη Σικελία, το νησί δοκίμασε για λίγο τις συνέπειες του πελοποννησιακού πολέμου. Το 409 π.Χ. εκδηλώθηκε νέα καρχηδονιακή επίθεση και από την ταραγμένη κατάσταση που δημιουργήθηκε επωφελήθηκε ο Συρακούσιος στρατηγός Διονύσιος, που έγινε τύραννος των Συρακουσών το 406 π.Χ. Ο Διονύσιος απέκρουσε τους Καρχηδόνιους και άπλωσε την κυριαρχία του σ' ένα μεγάλο μέρος της Σικελίας και σ' ένα τμήμα της Κάτω Ιταλίας. Το κράτος του έγινε μια από τις πιο ισχυρές δυνάμεις

Οι πόλεμοι είχαν ως συνέπεια και τη διαταραχή της σχετικής κοινωνικής ισορροπίας που υπήρχε. Οι πλούσιοι έγιναν πλουσιότεροι και οι φτωχοί φτωχότεροι και περισσότεροι. Το χάσμα ανάμεσά τους μεγάλωσε και οι αντιθέσεις έγιναν οξύτερες. Τη δύσκολη κατάσταση των φτωχών, που δεν έβρισκαν εργασία, επιδείνωνε η ολοένα και μεγαλύτερη χρησιμοποίηση δούλων. Όλα αυτά είχαν σαν αποτέλεσμα να ξεσπούν συχνά μέσα στις πόλεις βίαιες συγκρούσεις και ταραχές.

Συνέπειες στ κοινωνία

Ένα χαρακτηριστικό σύμπτωμα της παρακμής των πόλεων ήταν και η ανάπτυξη των μισθοφορικών στρατών. Οι πολίτες, κουρασμένοι από τους πολέμους και εξαντλημένοι οικονομικά, προτιμούσαν, αντί να στρατεύονται οι ίδιοι, να εμπιστεύονται τις τύχες της πόλης τους σε μισθοφόρους*. Έτσι, οι πολίτες – στρατιώτες, που είχαν συγκροτήσει τους νικηφόρους στρατούς των περσικών πολέμων, αντικαταστάθηκαν από επαγγελματίες στρατιώτες, που πολεμούσαν για τα χρήματα.

Οι μισθοφόροι

Η εσωτερική κρίση των ελληνικών πόλεων, αλλά και η περσική ανάμειξη στα ελληνικά πράγματα, ανησυχούσαν πολλούς Έλληνες της εποχής, κυρίως διανοούμενους. Σαν λύση αυτών των προβλημάτων άρχισαν να προβάλλουν την ειρήνευση των ελληνικών κρατών, την πολιτική ένωση των Ελλήνων και τον κοινό πόλεμο κατά των «βαρβάρων», δηλαδή των Περσών. Πίστευαν ότι μ' αυτό τον τρόπο θα μπορούσαν να ταχτοποιηθούν και τα οικονομικά και κοινωνικά προβλήματα των πόλεων, χωρίς να χρειαστεί να γίνουν εσωτερικές αλλαγές. Ο σημαντικότερος εκπρόσωπος της πανελλήνιας αυτής ιδέας ήταν, κατά τον 4ο αι. π.Χ., ο Αθηναίος ρήτορας και φιλόσοφος Ισοκράτης.

Η πανελλήνια ιδέα

* Οι μισθοφόροι αυτοί ήταν πολίτες ελληνικών πόλεων που δεν μπορούσαν να βρουν άλλη εργασία. Έλληνες μισθοφόροι κατατάσσονταν ακόμη και στον περσικό στρατό.

Η κοινή εκστρατεία κατά των Περσών μόνος τρόπος για να απαλλαγούν οι Έλληνες από τους εμφύλιους πολέμους.

Είναι αδύνατο να εξασφαλίσουμε μια σίγουρη ειρήνη, άμα δεν πολεμήσουμε όλοι μαζί ομόφωνα τους Πέρσες· αδύνατο να ομονοήσουν οι Έλληνες, προτού πειστούν και τις ωφέλειες όλοι μαζί και από τον ίδιο εχθρό να επιζητούνε και τους πολέμους πάλι όλοι μαζί και με τον ίδιο αντίπαλο να κάνουν. Κι όταν γίνουν όλα αυτά και λείψει από τη μέση η φτώχεια η φοβερή, που καταστρέφει τις φιλίες και οδηγεί τους συγγενείς σε αμάχες, αναστατώνει όλους τους ανθρώπους και φέρνει τους πολέμους, δεν είναι δυνατό να μην ομονοήσουμε και να μη νιώθουμε αγάπη αληθινή ο ένας για τον άλλο. Για όλους αυτούς τους λόγους πρέπει να κάνουμε το παν, για να μεταφερθεί το γρηγορότερο από δω ο πόλεμος στο χώρο της Ασίας.

(Ισοκράτη, *Πανηγυρικός*, *173–174*. Μετάφραση) Σ. Μπαζάκου–Μαραγκουδάκη)

του ελληνικού κόσμου και οι Συρακούσες μια από τις πιο μεγάλες και ακμαίες ελληνικές πόλεις.

Μετά το θάνατο του Διονύσιου (367 π.Χ.) το κράτος του εξασθένησε και οι Καρχηδόνιοι εμφανίστηκαν και πάλι απειλητικοί. Για να αντιμετωπίσουν τον κίνδυνο οι Συρακούσιοι ζήτησαν βοήθεια από τη μητρόπολή τους, την Κόρινθο. Οι Κορίνθιοι έστειλαν στόλο με το στρατηγό Τιμολέοντα, που απέκρουσε τους Καρχηδόνιους (341 π.Χ.) και αποκατέστησε την ηρεμία στο νησί.

Η Κύπρος

Όπως είχαμε αναφέρει σε προηγούμενο κεφάλαιο, η Κύπρος αποικίστηκε από Αχαιούς το 13ο αιώνα π.Χ. Οι πόλεις της αποτέλεσαν από την αρχή χωριστά βασίλεια. Από τα μέσα του 6ου αιώνα π.Χ. το νησί είχε κατακτηθεί από τους Πέρσες, αλλά τα κυπριακά βασίλεια είχαν διατηρήσει την αυτονομία τους και ο ελληνικός χαρακτήρας του νησιού δεν αλλοιώθηκε.

Οι Κύπριοι πήραν μέρος στην ιωνική επανάσταση, αλλά δεν κατόρθωσαν να αποτινάξουν τον περσικό ζυγό. Οι προσπάθειες του Παυσανία και του Κίμωνα, μετά τους περσικούς πολέμους, να ελευθερώσουν την Κύπρο, δεν είχαν κι αυτές ουσιαστικό αποτέλεσμα. Με την Καλλίειο ειρήνη (448 π.Χ.) το νησί ανήκε στους Πέρσες.

Σημαντικός σταθμός στην ιστορία της Κύπρου ήταν η περίοδος της βασιλείας του Ευαγόρα στη Σαλαμίνα (411–373 π.Χ.). Ο ικανός αυτός ηγεμόνας φιλοδόξησε να αποτινάξει την περσική κυριαρχία και να ενώσει ολόκληρη την Κύπρο κάτω από την εξουσία του. Στον αγώνα του κατά των Περσών (386–380 π.Χ.) συμμάχησε με την επαναστατημένη Αίγυπτο, κίνησε σε εξέγερση πολλές περιοχές της Νότιας Μ. Ασίας και είχε στην αρχή σημαντικές επιτυχίες. Αργότερα όμως αναγκάστηκε να υποκύψει και έκλεισε ειρήνη το 380 π.Χ., με τον όρο να είναι φόρου υποτελής στο βασιλιά της Περσίας. Η περσική κυριαρχία στο νησί διατηρήθηκε ως τα χρόνια του Μ. Αλέξανδρου.

β. Η ΑΝΑΠΤΥΞΗ ΤΟΥ ΚΡΑΤΟΥΣ ΤΗΣ ΜΑΚΕΔΟΝΙΑΣ

Η Μακεδονία ως τα μέσα του 4ου αιώνα π.Χ.

Τα σχετικά με την παλιότερη ιστορία του μακεδονικού κράτους αναφέρθηκαν σε προηγούμενο κεφάλαιο. Στις αρχές του 5ου αι. π.Χ. η Μακεδονία υποτάχτηκε στους Πέρσες. Μετά τους περσικούς πολέμους έγινε και πάλι ανεξάρτητη και ο βασιλιάς της Αλέξανδρος Α΄ (495–450 περ. π.Χ.) επιδόθηκε στην οργάνωση του κράτους και του στρατού του. Παράλληλα με το ιππικό σώμα των ***εταίρων***, που το αποτελούσαν ευγενείς, δημιούργησε το σώμα των ***πεζεταίρων***, που το συγκροτούσαν ελεύθεροι γεωργοί και που αποτέλεσε το πεζικό τμήμα του μακεδονικού στρατού.

Θα πρέπει εδώ να αναφέρουμε ότι η ***συνέλευση του στρατού*** είχε από παλιά ορισμένα δικαιώματα, όπως να επικυρώνει την άνοδο του νέου βασιλιά στο θρόνο και να δικάζει ενέργειες που στρέφονταν εναντίον του κράτους.

Άλλος αξιόλογος βασιλιάς της Μακεδονίας ήταν ο Αρχέλαος (413–399 π.Χ.). Μετέφερε την πρωτεύουσά του από τις Αιγές στην Πέλλα, ασχολήθηκε κι αυτός με την εσωτερική οργάνωση και φρόντισε για την πολιτιστική ανάπτυξη της χώρας του.

Μετά το θάνατο του Αρχέλαου, το μακεδονικό κράτος πέρασε μια ταραγμένη περίοδο, εξαιτίας των συγκρούσεων ανάμεσα σε διεκδικητές του θρόνου και των επιδρομών των Ιλλυριών και των Παιόνων, ώσπου το 359 π.Χ. πήρε την εξουσία στα χέρια του ο Φίλιππος Β΄. Αρχικά ο Φίλιππος Β΄ κυβέρνησε το μακεδονικό κράτος ως επίτροπος του ανεψιού του Αμύντα. Βασιλιάς ανακηρύχτηκε πιθανότατα το 356 π.Χ.

Το δυνάμωμα του κράτους της Μακεδονίας

Ο Φίλιππος Β΄

Ο Φίλιππος Β΄, βασιλιάς της Μακεδονίας από το 356 ως το 336 π.Χ., συνδύαζε ξεχωριστές οργανωτικές, στρατιωτικές και διπλωματικές ικανότητες με μια ισχυρή θέληση και μια ακαταπόνητη ενεργητικότητα. Φιλοδοξία του ήταν να κάνει τη Μακεδονία μεγάλη και ισχυρή δύναμη. Για να το επιτύχει αυτό επιδόθηκε στην οργάνωση του μακεδονικού στρατού*.

Ο μακεδονικός στρατός

Τα σώματα των εταίρων και των πεζεταίρων διατηρήθηκαν και οργανώθηκαν καλύτερα. Ειδικά τους πεζεταίρους ο Φίλιππος τους εξόπλισε με ένα πολύ μακρύ δόρυ, τη σάρισσα, και τους οργάνωσε σε με-

* Πολλά είχε μάθει ο Φίλιππος για τα στρατιωτικά θέματα αλλά και για τη γενική κατάσταση στην Ελλάδα στη διάρκεια της ομηρίας του στη Θήβα.

Στην απέναντι σελίδα:

Στη Βεργίνα ήταν από πολύ παλιά γνωστό ένα επιβλητικό ανάκτορο της πρώιμης ελληνιστικής εποχής. Οι πρόσφατες ανασκαφές ενισχύουν την άποψη ότι εδώ πρέπει να τοποθετηθούν οι Αιγές, η παλιά πρωτεύουσα των Μακεδόνων.

Δεξιά

Ο Φίλιππος Β΄ υπήρξε ένας ικανότατος ηγεμόνας, που έβαλε τις βάσεις για την ανάπτυξη του μακεδονικού κράτους. Χάρη στο δικό του έργο μπόρεσε ο Αλέξανδρος να δημιουργήσει την αχανή αυτοκρατορία του. Το χρυσό αυτό μετάλλιο, που εικονίζει το Φίλιππο, βρίσκεται στην Εθνική Βιβλιοθήκη του Παρισιού και χρονολογείται στους ρωμαϊκούς χρόνους.

γάλες μονάδες, που παρατάσσονταν σε βάθος μέχρι 16 στίχων. Έτσι οπλισμένοι και οργανωμένοι οι πεζέταιροι αποτέλεσαν την περίφημη ***μακεδονική φάλαγγα.*** Συγκροτήθηκαν ακόμη τμήματα ελαφρά οπλισμένων ιππέων (υπασπιστές), ακοντιστών, τοξοτών, και ο στρατός εφοδιάστηκε με πολεμικές μηχανές.

Η επέκταση του μακεδονικού κράτους

Έχοντας έτσι στη διάθεσή του ένα τέλειο για την εποχή του πολεμικό όργανο, ο Φίλιππος προχώρησε στην πραγματοποίηση των φιλόδοξων σχεδίων του.

Αρχικά στράφηκε εναντίον των γειτονικών λαών, που απειλούσαν τη Μακεδονία με επιδρομές. Υπέταξε ένα μεγάλο τμήμα της χώρας των Παιόνων και νίκησε τους Ιλλυριούς διώχνοντάς τους από τα μακεδονικά εδάφη που είχαν καταλάβει.

Στη συνέχεια επιδίωξε να κυριαρχήσει στα μακεδονικά παράλια, που τα κατείχαν ελληνικές αποικίες. Παρά την αντίδραση των Αθηναίων, κατόρθωσε σε σύντομο χρονικό διάστημα να επιτύχει το στόχο του. Το 354 π.Χ. η μόνη περιοχή της Μακεδονίας που είχε μείνει έξω από την κυριαρχία του ήταν ένα τμήμα της Χαλκιδικής με την Όλυνθο. Η κατοχή των χρυσωρυχείων του Παγγαίου του έδωσε σημαντική οικονομική δύναμη και τη δυνατότητα να κόψει χρυσό νόμισμα, που κυκλοφόρησε πλατιά στην Ελλάδα.

Ο Γ΄ ιερός πόλεμος

Το 355 π.Χ. ένας ακόμη εμφύλιος πόλεμος ανάμεσα στις ελληνικές πόλεις, ο Γ΄ «ιερός πόλεμος»*, έδωσε στο Φίλιππο την ευκαιρία να

* Αιτία του πολέμου αυτού ήταν η έχθρα των Θηβαίων κατά των Φωκέων και αφορμή η καταγγελία ότι επιφανείς Φωκείς είχαν διαπράξει ιεροσυλία σε βάρος του μαντείου των Δελφών. Στον πόλεμο πήραν μέρος εναντίον των Φωκέων οι Θηβαίοι, οι άλλοι Βοιωτοί,

Ο Δημοσθένης, φανατικός εχθρός του Φιλίππου, αναγνωρίζει τις διπλωματικές ικανότητες του αντιπάλου του.

Γιατί υπάρχει προπάντων αυτός ο φόβος· επειδή αυτός ο άνθρωπος (ο Φίλιππος) είναι πανέξυπνος και πάρα πολύ ικανός στο να χειρίζεται τις καταστάσεις, άλλοτε κάνοντας υποχωρήσεις, όταν αυτό τυχαίνει να τον ευνοεί, άλλοτε απειλώντας (και δικαιολογημένα θα φαινόταν πιστευτός), κι άλλοτε κατηγορώντας εμάς και την απουσία μας, μήπως κατορθώσει να αλλάξει τα πράγματα και να πάρει κάτι με το μέρος του.

(Δημοσθένη, *Α΄ Ολυνθιακός, 3.* Μετάφραση)

επέμβει και στα πράγματα της Νότιας Ελλάδας. Οι Θεσσαλοί ζήτησαν τη βοήθειά του εναντίον των Φωκέων, που είχαν εισβάλει στη χώρα τους. Ο Φίλιππος κατέβηκε με το στρατό του στη Θεσσαλία, νίκησε, μετά από ορισμένες αποτυχίες, τους Φωκείς και έφτασε ως τις Θερμοπύλες. Δεν προχώρησε όμως νοτιότερα, γιατί βρήκε το στενό να φυλάγεται από ισχυρές δυνάμεις, κυρίως Αθηναίων.

Οι παρατάξεις στην Αθήνα

Η δραστηριότητα και οι επιτυχίες του Φιλίππου είχαν χωρίσει τους Αθηναίους σε δύο παρατάξεις· την αντιμακεδονική, με επικεφαλής το ρήτορα Δημοσθένη, και τη φιλομακεδονική, με κύριο εκπρόσωπο το ρήτορα Αισχίνη. Υπήρχαν ακόμη πολλοί Αθηναίοι, αλλά και άλλοι Έλληνες, που, υποστηρίζοντας την πανελλήνια ιδέα, έβλεπαν στο πρόσωπο του Φιλίππου τον ηγέτη που θα μπορούσε να ενώσει τους διασπασμένους Έλληνες και να τους οδηγήσει σε νικηφόρο αγώνα

οι Θεσσαλοί και οι Λοκροί, ενώ με το μέρος των Φωκέων οι Αθηναίοι, οι Κορίνθιοι, οι Σπαρτιάτες και άλλες πόλεις.

Στην απέναντι σελίδα:

Η κατάκτηση του Παγγαίου με τα χρυσοφόρα του κοιτάσματα, το 357/6 π.Χ., έδωσε στο Φίλιππο τη δυνατότητα να κόψει και χρυσά νομίσματα, που τον βοήθησαν ιδιαίτερα στην πραγματοποίηση των φιλόδοξων σχεδίων του. Στο χρυσό αυτό νόμισμα έχουμε στη μια όψη την κεφαλή του Απόλλωνα, ενώ στην άλλη μια «συνωρίδα» (άρμα με δυο άλογα).

Εδώ πλάι:

Το άγαλμα αυτό της ρωμαϊκής εποχής, που αντιγράφει μια δημιουργία των αρχών του 3ου αιώνα π.Χ., εικονίζει το Δημοσθένη. Ο μεγάλος αυτός Αθηναίος ρήτορας καταφέρθηκε έντονα εναντίον της επεκτατικής πολιτικής του Φιλίππου.

εναντίον των Περσών. Ανάμεσά τους ξεχώριζε ο Ισοκράτης, πού έχουμε ήδη αναφέρει.

Η υποταγή της Ολύνθου

Μετά την αποχώρησή του από τις Θερμοπύλες, ο Φίλιππος συνέχισε τη δραστηριότητά του εκστρατεύοντας στην Ιλλυρία και επεμβαίνοντας στην Ήπειρο και στη Θεσσαλία. Σε μια εκστρατεία του στη Θράκη, το 351 π.Χ., πολιόρκησε χωρίς επιτυχία το Βυζάντιο. Η παρουσία του στην ευαίσθητη περιοχή των «Στενών» αναστάτωσε τους Αθηναίους και ενίσχυσε την αντιμακεδονική παράταξη. Κλείστηκε τότε μια βιαστική συμμαχία ανάμεσα στην Αθήνα και την Όλυνθο, που περίμενε επίθεση του Φιλίππου. Πραγματικά ο τελευταίος εισέβαλε στη Χαλκιδική και κατέλαβε μετά από πολιορκία την Όλυνθο το 348 π.Χ. Η βοήθεια που έστειλαν οι Αθηναίοι ήταν, παρά τις προσπάθειες του Δημοσθένη, μικρή και έφτασε αργά. Τώρα όλα τα μακεδονικά παράλια είχαν περάσει στην κυριαρχία του Φιλίππου.

Η «Φιλοκράτειος ειρήνη»

Η υποταγή της Ολύνθου και η απροθυμία των άλλων ελληνικών πόλεων να πάρουν μέρος σ' έναν αντιμακεδονικό συνασπισμό ανάγκασαν την Αθήνα να αλλάξει πολιτική και να στραφεί στη λύση μιας ειρήνης. Μια τέτοια λύση ευνοούσε εκείνη τη στιγμή και ο Φίλιππος. Έτσι υπογράφτηκε, το 346 π.Χ., η «Φιλοκράτειος ειρήνη»* που, όπως φάνηκε γρήγορα, ήταν μια προσωρινή διακοπή των συγκρούσεων.

Προς την ένωση των Ελλήνων

Σύντομα δημιουργήθηκε νέα αφορμή για επέμβαση των Μακεδόνων στη Νότια Ελλάδα. Το αμφικτιονικό συνέδριο των Δελφών κατηγόρησε τους Αμφισσείς ότι είχαν καλλιεργήσει κτήματα του μαντείου και τους κήρυξε τον πόλεμο, ορίζοντας αρχιστράτηγο το Φίλιππο. Αυτός κατέβηκε με το στρατό του, πέρασε τις Θερμοπύλες και στρατοπέδευ-

* Ονομάστηκε έτσι από το όνομα του Αθηναίου διαπραγματευτή Φιλοκράτη.

Ο Ισοκράτης παρακινεί το Φίλιππο να εκστρατεύσει εναντίον των Περσών.

Και πρέπει να περιμένεις πως όλοι θα 'χουν για σένα σπουδαία γνώμη, αν πραγματοποιήσεις αυτά (δηλ. την εκστρατεία εναντίον των Περσών) και μάλιστα αν προσπαθήσεις να καταλύσεις το βασίλειο των Περσών ή τουλάχιστον να αποσπάσεις όσο γίνεται μεγαλύτερο τμήμα της χώρας και να συμπεριλάβεις σ' αυτό, όπως λένε μερικοί, την Ασία από την Κιλικία ως τη Σινώπη και επιπλέον να ιδρύσεις πόλεις στο χώρο αυτό και να εγκαταστήσεις αυτούς που τώρα περιπλανιούνται από έλλειψη των αναγκαίων της ημέρας και λυμαίνονται όποιους βρουν μπροστά τους. Αν αυτούς δεν τους εμποδίσουμε να μαζεύονται σε ομάδες δίνοντάς τους αρκετά μέσα για τη διαβίωσή τους, θα αυξηθεί τόσο πολύ η αριθμητική τους δύναμη χωρίς να το καταλάβουμε, ώστε να εμπνέουν πολύ περισσότερο φόβο στους Έλληνες παρά στους βαρβάρους...Αν πραγματοποιήσεις αυτά όχι μόνο θα κάνεις εκείνους ευτυχισμένους, αλλά και όλοι εμείς θα ζήσουμε σε ασφάλεια.

(Ισοκράτη, *Φίλιππος, 120–123.* Από το βιβλίο «Ο Αρχαίος Κόσμος» των Β. Κρεμμυδά – Σ. Μαρκιανού)

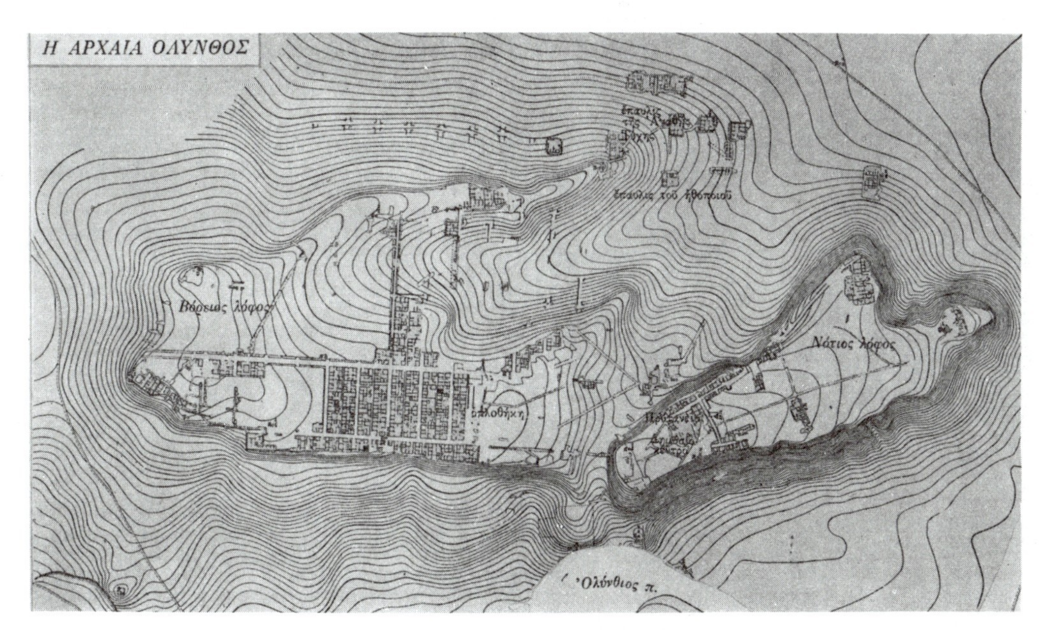

Η Όλυνθος, πρωτεύουσα του κοινού των Χαλκιδικών πόλεων, είναι μια από τις λίγες πόλεις στο βορειοελλαδικό χώρο που έχει ερευνηθεί συστηματικά. Με την καταστροφή της από το Φίλιππο το 348 π.Χ., όλη η Χαλκιδική έγινε τμήμα του μακεδονικού κράτους.

σε στην Ελάτεια, από όπου κανένα φυσικό εμπόδιο δεν έκλεινε το δρόμο του προς τη Βοιωτία και την Αττική. Η κίνηση αυτή του Φιλίππου έδειχνε πως ήταν αποφασισμένος να τελειώνει τους λογαριασμούς του με την Αθήνα και τη Θήβα.

Η εντύπωση που προκάλεσε στους Αθηναίους η κατάληψη της Ελάτειας από το Φίλιππο.

Ήταν βράδυ όταν έφτασε κάποιος κι έφερε στους πρυτάνεις την είδηση ότι η Ελάτεια είχε καταληφθεί. Κι αμέσως άλλοι απ' αυτούς, αφού σηκώθηκαν από το τραπέζι αφήνοντας το δείπνο τους, έδιωχναν από τις σκηνές τους πωλητές της αγοράς κι έβαλαν φωτιά στα καλύμματα των σκηνών, κι άλλοι έστελναν και φώναζαν τους στρατηγούς και καλούσαν το σαλπιγκτή. Κι η πόλη ήταν γεμάτη θόρυβο.

Την επομένη, μόλις ξημέρωσε, οι πρυτάνεις συγκαλούσαν στο βουλευτήριο τη βουλή, ενώ εσείς (οι πολίτες) πηγαίνατε στη συνέλευση της εκκλησίας του δήμου και, πριν ακόμη η βουλή συζητήσει το θέμα και ετοιμάσει σχέδιο απόφασης για ψήφιση, όλος ο λαός είχε κιόλας συγκεντρωθεί στην Πνύκα*. Ύστερα ήρθε και η βουλή, οι πρυτάνεις ανακοίνωσαν στην εκκλησία όσα είχαν μάθει και παρουσίασαν κι εκείνον που είχε φέρει την είδηση, που τα είπε κι αυτός. Τότε ο κήρυκας ρωτούσε: «Ποιος θέλει να πάρει το λόγο;»· και κανείς δεν τολμούσε ν' ανέβει στο βήμα. Κι ο κήρυκας ρωτούσε πολλές φορές, αλλά κανείς δε σηκωνόταν· κι όμως ήταν εκεί όλοι οι στρατηγοί κι όλοι οι ρήτορες....

(Δημοσθένη, *Περί του στεφάνου, 169–170.* Μετάφραση)

---

* Πνύκα: Ένας λόφος στην αρχαία Αθήνα, όπου συνεδρίαζε η εκκλησία του δήμου.

Μετά τη βαριά ήττα τους στη Χαιρώνεια, το 338 π.Χ., οι Θηβαίοι έθαψαν τους νεκρούς του «ιερού λόχου» σ' έναν κοινό τάφο κι έστησαν στο χώρο αυτό, πάνω σε ψηλό βάθρο, ένα μαρμάρινο λιοντάρι. Το μνημείο αυτό έχει σήμερα αναστηλωθεί.

Στην απέναντι σελίδα:

Το μακεδονικό κράτος στα χρόνια του Φιλίππου Β΄

Η μάχη στη Χαιρώνεια (338 π.Χ.)

Μπροστά στην άμεση απειλή, Αθηναίοι και Θηβαίοι παραμέρισαν τις διαφορές τους και, με πρωτοβουλία του Δημοσθένη, έκλεισαν συμμαχία. Η αποφασιστική αναμέτρηση έγινε το καλοκαίρι του 338 π.Χ. στη Χαιρώνεια της Βοιωτίας όπου, μετά από σκληρό αγώνα, οι Μακεδόνες νίκησαν τον ενωμένο στρατό των Αθηναίων και των Θηβαίων.

Μετά τη μάχη στη Χαιρώνεια έπαψε να υπάρχει για τους Μακεδόνες υπολογίσιμος αντίπαλος στον ελληνικό χώρο. Στους Θηβαίους ο Φίλιππος φέρθηκε με αυστηρότητα και εγκατέστησε μακεδονική φρουρά στην Καδμεία. Αντίθετα φέρθηκε με μεγάλη επιείκεια στους Αθηναίους, κάνοντας φανερό ότι προτιμούσε να τους έχει συμμάχους του και όχι αντιπάλους. Την ίδια επιείκεια έδειξε και απέναντι στις άλλες ελληνικές πόλεις.

Το συνέδριο της Κορίνθου

Σκοπός της πολιτικής αυτής του βασιλιά της Μακεδονίας ήταν η ένωση των ελληνικών πόλεων κάτω από την ηγεσία του, για τον πόλεμο εναντίον των Περσών. Πραγματικά, στις αρχές του 337 π.Χ. συγκροτήθηκε, μετά από πρόσκληση του Φιλίππου, συνέδριο των ελληνικών πόλεων στην Κόρινθο, στο οποίο μόνο οι Σπαρτιάτες αρνήθηκαν να πάρουν μέρος. Στο συνέδριο αυτό πάρθηκαν σημαντικές αποφάσεις:

- Συμφωνήθηκε κοινή ειρήνη μεταξύ των ελληνικών πόλεων, που παρέμεναν αυτόνομες και διατηρούσαν το κοινωνικό και πολιτικό καθεστώς τους.
- Συγκροτήθηκε συμμαχία, αμυντική και επιθετική, των ελληνικών πόλεων με το Φίλιππο. Η συμμαχία στρεφόταν εναντίον των Περσών.
- Καθορίστηκε ο αριθμός των οπλιτών και των πλοίων που θα πρόσφερε κάθε πόλη.

– Ο πόλεμος κατά των Περσών χαρακτηρίστηκε «εκδικητικός»· οι Έλληνες θα πολεμούσαν για να εκδικηθούν για τις λεηλασίες που είχε κάνει ο Ξέρξης στην Ελλάδα.
– Ο Φίλιππος ορίστηκε «στρατηγός αυτοκράτωρ»* της πανελλήνιας εκστρατείας εναντίον των Περσών.

Σύμφωνα με τις αποφάσεις αυτές, ο Φίλιππος έστειλε την άνοιξη του 336 π.Χ. 10.000 στρατό με τους στρατηγούς Παρμενίωνα και Άτταλο στη Μ. Ασία, ως προπομπή της εκστρατείας που θα ακολουθούσε. Δεν πρόλαβε όμως να πραγματοποιήσει τα σχέδιά του, γιατί δολοφονήθηκε το καλοκαίρι του ίδιου χρόνου.

γ. Ο ΜΕΓΑΣ ΑΛΕΞΑΝΔΡΟΣ. Η ΕΠΕΚΤΑΣΗ ΤΟΥ ΕΛΛΗΝΙΣΜΟΥ ΣΤΗΝ ΑΝΑΤΟΛΗ

Ο Μέγας Αλέξανδρος. Προετοιμασία της μεγάλης εκστρατείας

Ο Μέγας Αλέξανδρος

Το Φίλιππο Β΄ διαδέχτηκε στο θρόνο της Μακεδονίας ο γιος του Αλέξανδρος Γ΄ (336 – 323 π.Χ.), γνωστός στην ιστορία ως Μέγας Αλέξανδρος. Κοντά στα άλλα προτερήματά του ο μεγάλος αυτός ηγέτης ήταν διαποτισμένος από ένα φλογερό πάθος για σπουδαία έργα. Ως βασιλιάς της Μακεδονίας και «στρατηγός αυτοκράτωρ» των Ελλήνων

* Στρατηγός με αυξημένες εξουσίες στη διεξαγωγή των επιχειρήσεων.

πραγματοποίησε αυτός την εκστρατεία εναντίον της περσικής αυτοκρατορίας.

Η προετοιμασία της εκστρατείας

Πριν αρχίσει την εκστρατεία στην Ανατολή, ο Αλέξανδρος φρόντισε να ανακηρυχτεί από το συνέδριο της Κορίνθου ηγέτης της πανελλήνιας συμμαχίας και αρχηγός της εκστρατείας κατά των Περσών, όπως και ο πατέρας του. Στη συνέχεια εξασφάλισε, με στρατιωτικές επιχειρήσεις, τα βορειοδυτικά σύνορα της χώρας του και τιμώρησε με μεγάλη αυστηρότητα τους Θηβαίους, που εξεγέρθηκαν εναντίον του.

Αφού εδραίωσε την κυριαρχία του στον ελλαδικό χώρο, ο Αλέξανδρος άρχισε τις προετοιμασίες για τη μεγάλη εκστρατεία. Η στρατιωτική δύναμη που συγκροτήθηκε για το σκοπό αυτό δεν ήταν πολύ μεγάλη (περίπου 30.000 πεζοί, 5.000 ιππείς και 150 πλοία). Είχε όμως άριστη οργάνωση, μεγάλη μαχητική αξία και πολύ ικανούς ηγέτες, με επικεφαλής τον ίδιο τον Αλέξανδρο.

Η κατάσταση της Περσίας

Την εποχή αυτή το περσικό κράτος περνούσε μια περίοδο εσωτερικής κρίσης και παρακμής. Ωστόσο, εξακολουθούσε να είναι μια μεγάλη αυτοκρατορία, που είχε τη δυνατότητα να κινητοποιήσει μεγάλες σε αριθμό στρατιωτικές δυνάμεις, έστω και με κάποια βραδύτητα, και διέθετε ισχυρό στόλο. Βασιλιάς της Περσίας ήταν, από το 336 π.Χ., ο Δαρείος Γ΄ Κοδομανός.

Η κατάλυση του περσικού κράτους

Η κατάληψη της Μ. Ασίας

Την άνοιξη του 334 π.Χ. ο Αλέξανδρος πέρασε με το στρατό του από τον Ελλήσποντο στη Μ. Ασία, αρχίζοντας έτσι τη μεγάλη εκστρατεία του. Στη θέση του στη Μακεδονία όρισε υπεύθυνο το στρατηγό Αντίπατρο.

Στην απέναντι σελίδα:

Στην Πέλλα, που έγινε η πρωτεύουσα των Μακεδόνων βασιλιάδων από τα χρόνια του Αρχέλαου (413-399 π.Χ.), οι ανασκαφές, που συνεχίζονται ακόμη, έφεραν στο φως πολυτελή οικοδομήματα, οργανωμένα γύρω από μεγάλες κεντρικές αυλές και πλούσια διακοσμημένα με ψηφιδωτά δάπεδα.

Εδώ πλάι:

Από τη διακόσμηση του ανακτόρου των Περσών βασιλιάδων στην Περσέπολη προέρχονται τα ανάγλυφα αυτά, που εικονίζουν δυο «αθάνατους», δυο στρατιώτες δηλαδή της προσωπικής φρουράς του Πέρση βασιλιά. Και οι δυο κρατούν δόρυ και έχουν φαρέτρα και τόξο.

Οι Πέρσες σατράπες της Μ. Ασίας, με περσικό στρατό και 20.000 περίπου Έλληνες μισθοφόρους, παρατάχθηκαν στον ποταμό Γρανικό, για να αντιμετωπίσουν τον Αλέξανδρο. Εκεί έγινε, το Μάιο του 334 π.Χ., η πρώτη μεγάλη σύγκρουση της εκστρατείας. Οι περσικές δυνάμεις νικήθηκαν και διαλύθηκαν.

Μετά τη νίκη στο Γρανικό, ο Αλέξανδρος έγινε κύριος του μεγαλύτερου μέρους της Μ. Ασίας. Οι ελληνικές πόλεις της Ιωνίας τον δέχτηκαν ως ελευθερωτή. Στις πόλεις αυτές ο Αλέξανδρος κατέλυσε τα ολιγαρχικά πολιτεύματα, που είχαν επιβάλει οι Πέρσες, και παραχώρησε αυτονομία.

Η κατάληψη της Φοινίκης και της Αιγύπτου

Ενώ ο μακεδονικός στρατός ολοκλήρωνε την κατάκτηση της Μ. Ασίας, ο περσικός στόλος επιχείρησε αντιπερισπασμό στο Αιγαίο, χωρίς όμως επιτυχία. Παράλληλα ο Δαρείος Γ΄ συγκέντρωσε μεγάλες δυνάμεις και προχώρησε για να αντιμετωπίσει ο ίδιος τον Αλέξανδρο. Οι δύο αντίπαλοι συγκρούστηκαν στην πεδιάδα της Ισσού, το Νοέμβριο του 333 π.Χ., και οι Μακεδόνες νίκησαν και πάλι. Ο Δαρείος σώθηκε από την αιχμαλωσία με τη φυγή.

Μετά τη νίκη του αυτή, ο Αλέξανδρος μπορούσε να προχωρήσει στην καρδιά του περσικού κράτους, πριν ο Δαρείος προλάβει να συγκεντρώσει νέο στρατό. Προτίμησε όμως να καταλάβει πρώτα τη Φοινίκη και την Αίγυπτο, και να εξουδετερώσει το περσικό ναυτικό, που θα έμενε χωρίς βάσεις.

Έτσι, συνέχισε την πορεία του προς τα νότια, στη Φοινίκη και στην Παλαιστίνη. Αντίσταση συνάντησε μόνο στη φοινικική πόλη Τύρο και στη Γάζα. Στο διάστημα αυτό έφτασαν προτάσεις από το Δαρείο,

Προτάσεις του Μέμνονα* για την αντιμετώπιση του Αλέξανδρου απορρίπτονται από τους Πέρσες σατράπες.

Κι ενώ αυτοί (οι Πέρσες σατράπες της Μ.Ασίας) συζητούσαν για την κατάσταση, έφτασε η είδηση ότι ο Αλέξανδρος είχε περάσει στη Μ. Ασία. Τότε ο Μέμνων συμβούλευε να μη διακινδυνέψουν να αντιμετωπίσουν σε μάχη τους Μακεδόνες, που είχαν πολύ περισσότερο πεζικό και τους οδηγούσε ο ίδιος ο Αλέξανδρος, ενώ απ' αυτούς έλειπε ο Δαρείος, αλλά υποχωρώντας να καταστρέφουν την τροφή των ζώων, καταπατώντας την με το ιππικό, και να καίνε τους καρπούς, χωρίς να λυπούνται ούτε τις ίδιες τις πόλεις. Έτσι δε θα έμενε στη χώρα ο Αλέξανδρος, γιατί δε θα είχε τρόφιμα. Ο Αρσίτης* όμως είπε, όπως λένε, στο συμβούλιο των Περσών, ότι δε θα επέτρεπε στους ανθρώπους του να κάψουν ούτε ένα σπίτι. Και οι άλλοι Πέρσες συμφώνησαν με τον Αρσίτη.

(*Αρριανός, Α, 12,9,–10.* Μετάφραση)

* Μέμνων: Αρχηγός των 20.000 περίπου Ελλήνων μισθοφόρων που υπηρετούσαν στους Πέρσες και παρατάχθηκαν εναντίον του Αλέξανδρου στη μάχη στο Γρανικό.

* Αρσίτης: Σατράπης της Φρυγίας.

Ο Αλέξανδρος απορρίπτει τις συμβιβαστικές προτάσεις του Δαρείου.

Ενώ ο Αλέξανδρος ήταν ακόμη απασχολημένος με την πολιορκία της Τύρου, έφτασαν πρεσβευ-

που παραχωρούσε στον Αλέξανδρο τις χώρες δυτικά του Ευφράτη και του ζητούσε να γίνουν σύμμαχοι. Ο Αλέξανδρος όμως τις απέρριψε, χαρακτηρίζοντας τον εαυτό του κύριο όλης της Ασίας.

Το φθινόπωρο του 332 π.Χ. ο Αλέξανδρος έφτασε στην Αίγυπτο. Οι Αιγύπτιοι τον δέχτηκαν ως ελευθερωτή και τον ανακήρυξαν διάδοχο των φαραώ. Εδώ, στις εκβολές του Νείλου, ο Αλέξανδρος ίδρυσε, στις αρχές του 331 π.Χ., την Αλεξάνδρεια.

Μετά την κατάληψη και της Αιγύπτου, ο περσικός στόλος έμεινε χωρίς βάσεις και διαλύθηκε. Τα φοινικικά και κυπριακά πλοία που τον συγκροτούσαν προσχώρησαν στους Μακεδόνες. Ο Αλέξανδρος, έχοντας εξασφαλίσει τα νώτα του, μπορούσε τώρα να προχωρήσει απερίσπαστος στο εσωτερικό της Ασίας.

Η κατάλυση του περσικού κράτους

Την άνοιξη του 331 ο Αλέξανδρος, ξεκινώντας από την Αίγυπτο, προχώρησε ανατολικά και έφτασε στη Μηδία. Εκεί τον περίμενε ο Δαρείος έχοντας συγκεντρώσει ισχυρές στρατιωτικές δυνάμεις. Τον Οκτώβριο του 331 π.Χ. έγινε στην πεδιάδα των Γαυγαμήλων μια από τις μεγαλύτερες στρατιωτικές συγκρούσεις της αρχαιότητας. Ο Αλέξανδρος κατόρθωσε και πάλι να νικήσει και να διαλύσει οριστικά αυτή τη φορά τον περσικό στρατό.

Η τύχη του περσικού κράτους είχε κριθεί. Ενώ ο Δαρείος αναζητούσε τη σωτηρία στη φυγή*, ο Αλέξανδρος κατέλαβε χωρίς αντίσταση όλες τις μεγάλες περσικές πόλεις. Στα Σούσα βρήκε τους αμύθητους

* Το τέλος του Δαρείου ήταν τραγικό. Τον δολοφόνησε ο σατράπης της Βακτριανής Βήσσος, που ανακήρυξε τον εαυτό του βασιλιά της Περσίας. Τελικά όμως και ο Βήσσος αναγκάστηκε να παραδοθεί στον Αλέξανδρο και θανατώθηκε.

τές από το Δαρείο και του ανάγγειλαν ότι ο Πέρσης βασιλιάς ήταν πρόθυμος να του δώσει δέκα χιλιάδες τάλαντα για τη μητέρα, τη γυναίκα και τα παιδιά του*· και συμφωνούσε να ανήκει στον Αλέξανδρο όλη η χώρα που βρισκόταν ανάμεσα στον Ευφράτη και στην ελληνική θάλασσα (Αιγαίο). Πρότεινε ακόμη ο Δαρείος να παντρευτεί ο Αλέξανδρος την κόρη του και να είναι φίλοι και σύμμαχοι.

Όταν οι προτάσεις ανακοινώθηκαν στη σύναξη των εταίρων, λένε ότι ο Παρμενίων**είπε πως, αν αυτός ήταν Αλέξανδρος, θα σταματούσε τον πόλεμο ικανοποιημένος και δε θα διακινδύνευε να προχωρήσει περισσότερο. Κι ο Αλέξανδρος απάντησε ότι, αν κι αυτός ήταν Παρμενίων, έτσι θα ενεργούσε· επειδή όμως είναι Αλέξανδρος, θα αποκρινόταν, όπως αποκρίθηκε. Είπε δηλαδή ότι ούτε χρήματα είχε ακόμη ανάγκη να πάρει από το Δαρείο ούτε δεχόταν ένα μέρος της χώρας αντί να την πάρει ολόκληρη. Κι αν ήθελε να παντρευτεί την κόρη του Δαρείου, μπορούσε να την παντρευτεί και χωρίς να του τη δώσει εκείνος. Παράγγελνε τέλος στο Δαρείο να έρθει σ' αυτόν (τον Αλέξανδρο), αν ήθελε να τον μεταχειριστεί με φιλανθρωπία. Όταν τα πληροφορήθηκε αυτά ο Δαρείος, εγκατέλειψε τις προτάσεις προς τον Αλέξανδρο και άρχισε αμέσως να ετοιμάζεται για πόλεμο.

(*Αρριανός, Β, 25,1–3.* Μετάφραση)

* Η οικογένεια του Δαρείου είχε αιχμαλωτιστεί από τον Αλέξανδρο στη μάχη της Ισσού.

** Παρμενίων: Ένας από τους πιο αξιόλογους στρατηγούς του μακεδονικού στρατού.

Οι στρατιωτικές επιτυχίες του Μ. Αλέξανδρου εναντίον των Περσών απεικονίστηκαν αρκετές φορές σε έργα τέχνης, όπως π.χ. στη σαρκοφάγο αυτή με την ανάγλυφη διακόσμηση, που βρίσκεται στο Μουσείο της Κωνσταντινούπολης και χρονολογείται προς τα τέλη του 4ου αιώνα π.Χ. Αριστερά εικονίζεται έφιππος ο Αλέξανδρος που καταβάλλει τον Πέρση αντίπαλό του, ενώ δεξιότερα έχουμε άλλες μονομαχίες ανάμεσα σε Έλληνες και Πέρσες.

θησαυρούς που είχαν συγκεντρώσει εκεί οι Πέρσες βασιλιάδες.

Όταν, την άνοιξη του 330 π.Χ., κατέλαβε και τα Εκβάτανα, την παλιά πρωτεύουσα της Μηδίας, θεώρησε ότι, εφόσον η περσική αυτοκρατορία είχε πάψει να υπάρχει, η πανελλήνια εκστρατεία που είχε αναλάβει με την απόφαση του συνεδρίου της Κορίνθου είχε ολοκληρωθεί. Έστειλε λοιπόν πίσω στην Ελλάδα τους άλλους Έλληνες, εκτός από τους Μακεδόνες. Από δω και πέρα θα ενεργούσε μόνο σαν βασιλιάς της Μακεδονίας.

Η συνέχιση της εκστρατείας και το τέλος της

Στα βάθη της Ανατολής

Από τα Εκβάτανα ο Αλέξανδρος συνέχισε την πορεία του προς τα ανατολικά. Στις περιοχές αυτές οι Μακεδόνες είχαν να αντιμετωπίσουν τοπικούς ηγεμόνες και, κυρίως, την πεισματική αντίσταση του πληθυσμού. Μόλις ολοκλήρωναν την κατάκτηση μιας περιοχής και προχωρούσαν, ξεσπούσαν επαναστάσεις και ήταν υποχρεωμένοι να γυρίσουν πίσω για να τις καταστείλουν. Τέλος, μετά από σκληρούς αγώνες που κράτησαν τρία περίπου χρόνια (330–327 π.Χ.), οι Μακεδόνες κατόρθωσαν να εδραιώσουν την κυριαρχία τους στις παλιές ανατολικές επαρχίες του περσικού κράτους (Αρεία, Βακτρία, Δραγγιανή, Αραχωσία).

Ο Αλέξανδρος ως βασιλιάς της Ασίας. Αντιδράσεις των εταίρων

Όσο οι Μακεδόνες προχωρούσαν προς το εσωτερικό της Ασίας, το πρόβλημα να διατηρήσουν την κυριαρχία τους σε τόσο εκτεταμένες περιοχές γινόταν ολοένα και μεγαλύτερο. Για να το αντιμετωπίσει ο Αλέξανδρος διατήρησε την παλιά οργάνωση του περσικού κράτους, χρησιμοποίησε σε ορισμένα αξιώματα Πέρσες ευγενείς και καθιέρωσε στο περιβάλλον του συνήθειες της περσικής βασιλικής αυλής.

Όλα αυτά όμως δημιούργησαν μεγάλες δυσαρέσκειες στους παλιούς συντρόφους του Αλέξανδρου. Οι περσικές αυλικές συνήθειες, όπως η προσκύνηση, ήταν πράγματα ακατανόητα για τους περήφανους και φιλελεύθερους Μακεδόνες εταίρους, που έβλεπαν τον ως τότε σύντροφό τους να μεταβάλλεται σε απόμακρο Ασιάτη μονάρχη. Η αντίδραση που δημιουργήθηκε στο μακεδονικό στρατό, και ιδιαίτερα στους εταίρους, αντιμετωπίστηκε με σκληρότητα από τον Αλέξανδρο, που δε δίστασε να εκτελέσει ακόμη και μερικούς από τους πιο αξιόλογους στρατηγούς του, όπως το Φιλώτα και τον πατέρα του Παρμενίωνα.

Το τέλος της εκστρατείας

Μετά την αποκατάσταση ηρεμίας στο στρατό, η πορεία προς τα ανατολικά συνεχίστηκε. Ο Αλέξανδρος, σπρωγμένος από τη φλογερή του φιλοδοξία, ήθελε να φτάσει εκεί που δεν είχε φτάσει κανένας άλλος, στην ανατολική «άκρη του κόσμου». Το καλοκαίρι του 326 π.Χ. όμως, και ενώ βρισκόταν στον ποταμό Ύφαση, παραπόταμο του Ινδού, ο στρατός του αρνήθηκε να προχωρήσει άλλο.

Είχαν περάσει οκτώ χρόνια από τότε που οι Μακεδόνες ξεκίνησαν από την πατρίδα τους. Στο διάστημα αυτό είχαν διανύσει τεράστιες

Ο στρατηγός Κοίνος δικαιολογεί στον Αλέξανδρο την επιθυμία των Μακεδόνων να επιστρέψουν στην πατρίδα τους.

Κι απ' τη μακεδονική στρατιά, άλλοι έχουν χαθεί στις μάχες κι άλλοι, αφού έγιναν από τα τραύματά τους ανίκανοι για πόλεμο, έχουν μείνει σε διάφορα μέρη της Ασίας. Οι περισσότεροι πέθαναν από αρρώστιες, κι έμειναν λίγοι από πολλούς. Κι αυτοί που έμειναν δεν είναι πια γεροί στο σώμα όπως πρώτα κι η ψυχή τους είναι ακόμη πιο κουρασμένη. Όλους αυτούς τους τυραννάει ο πόθος να ξαναδούν τους γονιούς τους, όσους ζουν ακόμη, τις γυναίκες και τα παιδιά τους και την πατρική τους γη. Κι είναι δικαιολογημένοι να επιθυμούν να ξαναδούν την πατρίδα γυρνώντας σπουδαίοι τώρα, ενώ ήταν ασήμαντοι, πλούσιοι, ενώ ήταν φτωχοί, χάρη στις αμοιβές που εσύ τους πρόσφερες. Μη λοιπόν τους οδηγήσεις πιο μακριά χωρίς τη θέλησή τους.

αποστάσεις πολεμώντας συνεχώς και όσοι είχαν επιζήσει δεν έβλεπαν πουθενά το τέλος αυτής της πορείας και των πολέμων. Η αντοχή τους είχε φτάσει στο τελευταίο όριο. Έτσι οι στρατιώτες αρνήθηκαν να προχωρήσουν άλλο. Κι όταν ο Αλέξανδρος διαπίστωσε ότι με κανένα τρόπο δε θα μπορούσε να τους μεταπείσει, αναγκάστηκε να υποκύψει και να δώσει διαταγή για την επιστροφή. Η απόφαση αυτή προκάλεσε έξαλλους πανηγυρισμούς στο μακεδονικό στρατό.

Η επιστροφή

Από τον Ύφαση, που αποτέλεσε το ανατολικότερο όριο της προέλασής του, ο μακεδονικός στρατός ακολούθησε τη ροή του ποταμού Ινδού και έφτασε ως τις εκβολές του. Από εκεί ένα τμήμα του επιβιβάστηκε στα πλοία και, με διοικητή το ναύαρχο Νέαρχο, ξεκίνησε προς τα δυτικά πλέοντας στον Ινδικό ωκεανό, κατά μήκος της παραλίας. Ένα άλλο τμήμα του μακεδονικού στρατού με επικεφαλής τον Κρατερό, επέστρεψε από την Αραχωσία. Ο ίδιος ο Αλέξανδρος, με το μεγαλύτερο μέρος του στρατού του, επέστρεψε από την έρημο της Γεδρωσίας. Τέλος, στις αρχές του 324 π.Χ. ο Αλέξανδρος έφτασε στα Σούσα. Η μεγάλη εκστρατεία είχε τελειώσει.

Το οργανωτικό έργο και ο θάνατος του Μ. Αλέξανδρου

Με την εκπληκτική εκστρατεία και τις κατακτήσεις του ο Αλέξανδρος είχε δημιουργήσει ένα απέραντο κράτος, που περιλάμβανε στα όριά του πολλές χώρες και πολλά έθνη. Ανάμεσα στα υποταγμένα αυτά έθνη δεν υπήρχε κανένας δεσμός και το μόνο πράγμα που τα συγκρατούσε στα πλαίσια του μακεδονικού κράτους ήταν η δύναμη των όπλων που τα είχε υποτάξει.

Προσπάθειες για οργάνωση του κράτους

Η διατήρηση όμως της ενότητας του κράτους με τη στρατιωτική κατοχή δεν ήταν δυνατή, γιατί θα απαιτούσε συνεχώς πολύ μεγάλες στρατιωτικές δυνάμεις. Μοναδική λύση φαινόταν να είναι η καλλιέργεια στους διάφορους πληθυσμούς του αισθήματος ότι, ανεξάρτητα από το έθνος στο οποίο ανήκαν, ήταν όλοι υπήκοοι του ίδιου κράτους. Κυρίως θα έπρεπε να μην αισθάνονται ότι ήταν υποταγμένοι σ' έναν ξένο κυρίαρχο. Τα σημαντικότερα μέτρα που πήρε ο Αλέξανδρος για να το επιτύχει αυτό ήταν τα ακόλουθα:

- Διατήρησε στις περιοχές που είχε κατακτήσει το παλιό διοικητικό σύστημα των σατραπειών, όπως είχε καθιερωθεί στο περσικό κράτος.
- Χρησιμοποίησε σε ανώτερες διοικητικές θέσεις, παράλληλα με τους Έλληνες, και ντόπιους αξιωματούχους. Μερικοί απ' αυτούς, κυρίως Πέρσες, έγιναν ακόμη και σατράπες.
- Ο ίδιος ο Αλέξανδρος ανακηρύχτηκε διάδοχος των Περσών βασιλιάδων και η βασιλική του εξουσία πήρε τη μορφή της απόλυ-

της μοναρχίας που είχε καθιερωθεί στην Ανατολή. Έτσι, για τους κατακτημένους λαούς δεν άλλαξε σχεδόν τίποτε, εκτός από το πρόσωπο που βρισκόταν στην κορυφή της εξουσίας.

- Από νωρίς άρχισε τη στρατολογία μισθοφόρων και τη δημιουργία στρατιωτικών σωμάτων από ξένους, που διδάσκονταν ελληνικά και εκπαιδεύονταν στα μακεδονικά όπλα. Ένα τέτοιο στρατιωτικό σώμα, συγκροτημένο από 30.000 Πέρσες, ήταν οι «επίγονοι».
- Σημαντικό στοιχείο ενοποίησης ήταν η κυκλοφορία ενιαίου νομίσματος σ' ολόκληρη την επικράτεια του Αλέξανδρου. Αυτό ένωνε οικονομικά τις υποταγμένες περιοχές δημιουργώντας κοινές οικονομικές σχέσεις.

Τα σχέδια και το τέλος του Αλέξανδρου

Το 323 π.Χ. ο Αλέξανδρος πήγε στη Βαβυλώνα, την οποία σχεδίαζε να κάνει πρωτεύουσα της τεράστιας αυτοκρατορίας του, που εκτεινόταν από τα μικρασιατικά παράλια του Εύξεινου Πόντου ως την Αίγυπτο και από τα παράλια της Αδριατικής ως την Ινδία. Όμως η ανήσυχη φύση του δεν τον άφηνε να αρκεστεί στο ρόλο του οργανωτή, όσο υπήρχαν ακόμη περιοχές του τότε γνωστού κόσμου, που δεν τις είχε υποτάξει. Έτσι άρχισε τις προετοιμασίες για μια εκστρατεία στην Αραβία, ενώ, σύμφωνα με μεταγενέστερη παράδοση, για αργότερα σχεδίαζε να επεκτείνει την κυριαρχία του και στις χώρες της Δυτικής Μεσογείου.

Όμως δεν πρόφτασε να πραγματοποιήσει τα σχέδιά του. Αρρώστησε ξαφνικά και ύστερα από μια σύντομη πάλη με το θάνατο πέθανε στη Βαβυλώνα, στις 13 Ιουνίου του 323 π.Χ., σε ηλικία 33 χρονών.

Ο Μέγας Αλέξανδρος και το έργο του

Για την προσωπικότητα και το έργο του Μεγάλου Αλέξανδρου έχουν γραφτεί πάρα πολλά. Όλοι όμως οι ερευνητές δέχονται ότι ποτέ ίσως ένας άνθρωπος δεν έκανε σε τόσο σύντομο χρονικό διάστημα τόσα πολλά και τόσο σημαντικά.

Για το ότι ήταν μια από τις πιο μεγάλες στρατηγικές ιδιοφυΐες, υπάρχει σχεδόν γενική συμφωνία. Η εκστρατεία του ήταν ένας άθλος, ειδικά για την εποχή εκείνη, και η επιτυχία της ήταν ουσιαστικά προσωπικό του κατόρθωμα.

Ως πολιτικός επιδίωξε τη συμφιλίωση κατακτητών και κατακτημένων, επειδή αυτό επέβαλε η ανάγκη για την ενότητα της αυτοκρατορίας του και τη διάδοση του ελληνικού πολιτισμού. Ο πρόωρος θάνατος δεν τον άφησε να ολοκληρώσει το έργο του στον τομέα αυτό και έτσι δεν είναι εύκολο να τον κρίνουμε.

Γενικά η εκστρατεία και το έργο του Αλέξανδρου έφεραν σημαντι-

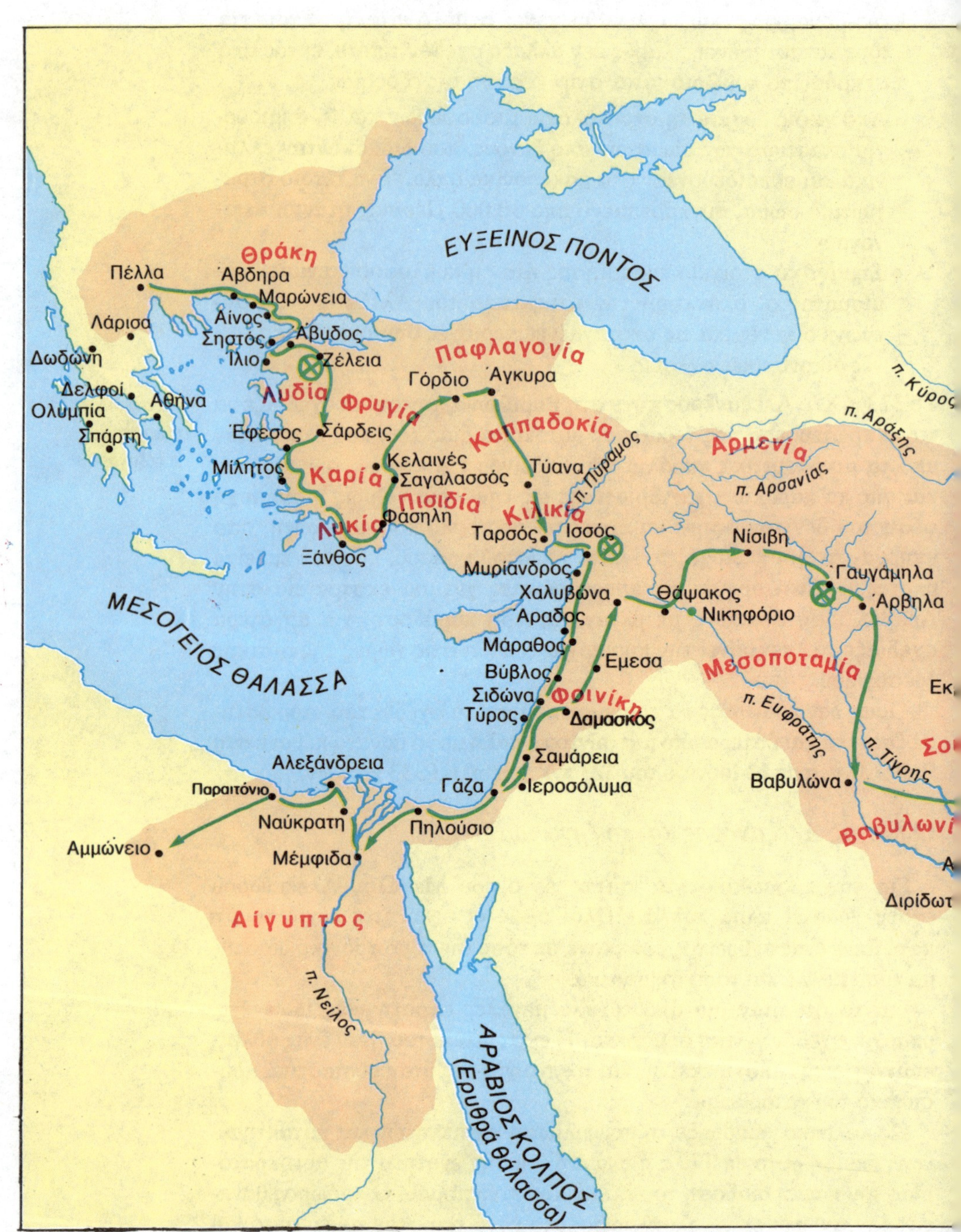

Η εκστρατεία και το κράτος του Μ. Αλέξανδρου.

ΕΚΣΤΡΑΤΕΙΑ Μ. ΑΛΕΞΑΝΔΡΟΥ
Πορεια Μ. Αλεξάνδρου
Πορεια Νέαρχου
Πόλεις που ίδρυσε ο Μ. Αλέξανδρος
Κυριότερες μάχες
Ωξειανή λ.
π. Ιαξάρτης
π. Ωξος
Αλεξάνδρεια Εσχάτη
Μαρακάνδα
Κυρούπολη
π. Ωξος
Αλεξάνδρεια
π. Σάρνιος
Μαργιανή
Βάκτρα–Ζαρίασπα
Αορνος Πέτρα
Σουσία
Εκατόμπυλος
π. Μάργος
Βακτρία
Βάζιρα
π. Ινδός
Αλεξάνδρεια (Καμπούλ)
Εμβόλιμα
Παρθία
Αρεία
Τάξιλα
Αρτακόανα
Αλεξάνδρεια (Χεράτη)
Βουκεφάλα
Νίκαια
Φράδα
Αραχωσία
Αλεξάνδρεια (Προφθασία)
Αλεξάνδρεια
Δραγγιανή
Αλεξάνδρεια
Πασαργάδες
Περσέπολη
Ιέρατη
Καρμανία
Γεδρωσία
π. Ινδός
Αλεξάνδρεια
Γώγανα
Πούρα
Σινδίμανα
Αρμόζεια
Αλεξάνδρεια
Νεόπτανα
Μόσαρνα
Κώκαλα
Πάτταλα
Δαγάσειρα
Κάρπελλα άκρα
Μοροντόσαρα
Αλεξάνδρου λιμάνι
ΙΝΔΙΚΟΣ ΩΚΕΑΝΟΣ

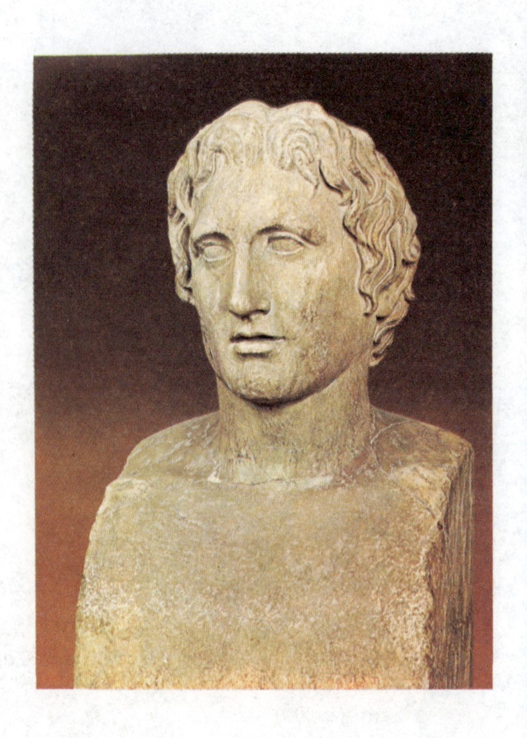

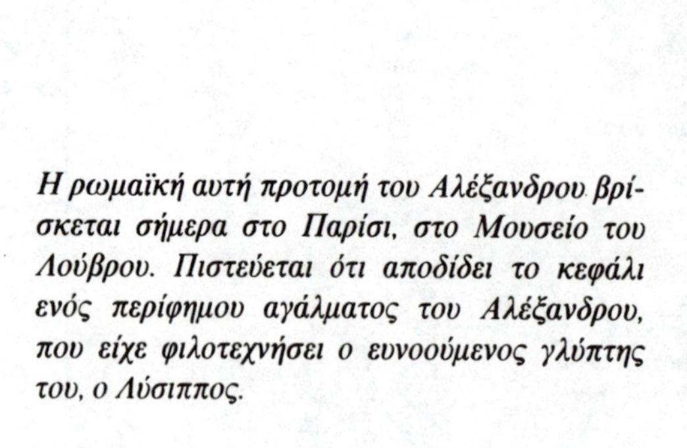

Η ρωμαϊκή αυτή προτομή του Αλέξανδρου βρίσκεται σήμερα στο Παρίσι, στο Μουσείο του Λούβρου. Πιστεύεται ότι αποδίδει το κεφάλι ενός περίφημου αγάλματος του Αλέξανδρου, που είχε φιλοτεχνήσει ο ευνοούμενος γλύπτης του, ο Λύσιππος.

κές αλλαγές σε πολλούς τομείς και μπορούμε να πούμε ότι άλλαξαν τη μορφή του κόσμου.

–Στη διάρκεια της εκστρατείας του ο Αλέξανδρος ίδρυσε, σε καίρια σημεία των περιοχών που κατακτούσε, νέες πόλεις. Έχουν βεβαιωθεί, εκτός από τις άλλες, 16 Αλεξάνδρειες. Στις πόλεις αυτές εγκαταστάθηκαν ντόπιοι, μακεδονικές στρατιωτικές φρουρές και πολλοί άλλοι Έλληνες που ήρθαν από την κυρίως Ελλάδα και τη Μ. Ασία. Το ελληνικό στοιχείο επικράτησε αμέσως και οι νέες πόλεις έγιναν κέντρα της διάδοσης του ελληνικού πολιτισμού στην Ανατολή. Μεγάλη ήταν η σημασία τους στην ανάπτυξη του εμπορίου και των συγκοινωνιών, στα χρόνια που ακολούθησαν.

–Στην οικονομική ανάπτυξη της Ανατολής σπουδαίο ρόλο έπαιξε και η αξιοποίηση των θησαυρών των Περσών βασιλιάδων, που για πολλά χρόνια έμεναν αναξιοποίητοι. Ο Αλέξανδρος από το συσσωρευμένο χρυσό έκοψε νομίσματα, που κυκλοφορούσαν σ' ολόκληρο το κράτος του. Αυτό το ενιαίο νόμισμα διευκόλυνε πάρα πολύ τις οικονομικές ανταλλαγές.

–Τον Αλέξανδρο συνόδευαν στην εκστρατεία του πολλοί σοφοί, επιστήμονες και καλλιτέχνες της εποχής. Οι γεωγραφικές, βοτανικές και ζωολογικές γνώσεις των ανθρώπων πλουτίστηκαν πολύ και νέοι ορίζοντες άνοιξαν για την έρευνα και την επιστήμη.

δ. Ο ΠΟΛΙΤΙΣΜΟΣ ΤΟΥ 4ου ΑΙΩΝΑ Π.Χ.

Τα γράμματα

Η ποίηση: Κυρίαρχη μορφή ποίησης εξακολουθεί να είναι τον 4ο αιώνα π.Χ. η δραματική ποίηση. Θέατρα χτίστηκαν σ' όλες τις ελληνικές πόλεις και πολλοί ποιητές έγραψαν νέες τραγωδίες. Καμιά όμως απ' αυτές δε σώθηκε και φαίνεται πως ήταν κατώτερες σε ποιότητα από τις τραγωδίες που γράφτηκαν τον 5ο αιώνα.

Μια σημαντική αλλαγή σημειώνεται τον αιώνα αυτό στην κωμωδία. Αρχίζει να εγκαταλείπεται η πολιτική σάτιρα και οι ποιητές παίρνουν τα θέματά τους από την καθημερινή ζωή. Προς το τέλος μάλιστα του αιώνα προβάλλονται εντονότερα χαρακτηριστικοί κοινωνικοί τύποι και εξετάζονται οι ανθρώπινες σχέσεις μέσα στην κοινωνία της πόλης. Το νέο αυτό είδος κωμωδίας ονομάστηκε «Νέα Κωμωδία» και σπουδαιότερος εκπρόσωπός του ήταν ο Μένανδρος.

Η ιστοριογραφία: Ο πιο αξιόλογος ιστορικός του 4ου αιώνα π.Χ. ήταν ο Ξενοφών ο Αθηναίος. Κύριο ιστορικό έργο του τα «Ελληνικά» που, αρχίζοντας από το χρονικό σημείο στο οποίο είχε σταματήσει το έργο του Θουκυδίδη (411 π.Χ.), περιέχει την ιστορία των ελληνικών πόλεων ως τη μάχη της Μαντίνειας (362 π.Χ.). Σε άλλο ιστορικό έργο του, το «Κύρου Ανάβασις», ο Ξενοφών εξιστορεί την εκστρατεία του Πέρση σατράπη Κύρου εναντίον του αδερφού του Αρταξέρξη, βασιλιά της Περσίας, και, κυρίως, την περιπετειώδη επιστροφή και διάσωση

Το θέατρο της Επιδαύρου, που χρονολογείται προς το τέλος του 4ου αιώνα π.Χ., μας διασώζεται σε πολύ καλή κατάσταση. Διακρίνεται η κυκλική ορχήστρα και το κοίλο, όπου κάθονταν οι θεατές. Από τη σκηνή, στα αριστερά, έχουν σωθεί πολύ λίγα ερείπια.

Πριν από λίγα χρόνια βρέθηκε στη Μυτιλήνη το ψηφιδωτό αυτό που εικονίζει το Μένανδρο, τον πιο αξιόλογο ποιητή της Νέας Κωμωδίας.

Εδώ πλάι:

Η προτομή αυτή της ρωμαϊκής εποχής βρίσκεται στο Αρχαιολογικό Μουσείο της Αλεξάνδρειας. Η επιγραφή της μας επιτρέπει να ταυτίσουμε το εικονιζόμενο πρόσωπο με το γνωστό Αθηναίο ιστορικό Ξενοφώντα.

Στην απέναντι σελίδα αριστερά:

Στην προτομή αυτή εικονίζεται ο Πλάτων, μια από τις μεγαλύτερες φιλοσοφικές διάνοιες. Πρόκειται για έργο της ρωμαϊκής εποχής, που αντιγράφει όμως μια δημιουργία του 4ου αιώνα π.Χ.

των Ελλήνων μισθοφόρων που υπηρετούσαν στο στρατό του Κύρου, μετά το θάνατο του τελευταίου. Ένας από τους αρχηγούς των μισθοφόρων κατά την επιστροφή ήταν και ο ίδιος ο Ξενοφών.

Το έργο του Ξενοφώντα δεν έχει την άξία του έργου του Θουκυδίδη. Είναι όμως η σημαντικότερη πηγή για την ελληνική ιστορία του α΄ μισού του 4ου αι. π.Χ.

Η ρητορική: Η ρητορική, η τέχνη του λόγου, παρουσίασε ξεχωριστή άνθιση τον 4ο αιώνα π.Χ., κυρίως στην Αθήνα. Η γνώση της ήταν απαραίτητο εφόδιο των πολιτικών ανδρών της εποχής. Εκτός από τους πολιτικούς (συμβουλευτικούς) λόγους, πολλοί λόγοι γράφονταν για να χρησιμοποιηθούν στα δικαστήρια (δικανικοί), ενώ άλλους τους εκφωνούσαν οι ρήτορες σε μεγάλες γιορτές και συναθροίσεις (πανηγυρικοί). Πολλοί μεγάλοι ρήτορες έζησαν και έδρασαν τον 4ο αιώνα π.Χ. στην Αθήνα, όπως ο Λυσίας, που έγραψε κυρίως δικανικούς λόγους, ο Ισοκράτης, που είχε ιδρύσει σχολή ρητορικής, και ο Δημοσθένης, που θεωρείται από πολλούς ο μεγαλύτερος ρήτορας της αρχαιότητας.

Η φιλοσοφία: Στη φιλοσοφία του 4ου αιώνα π.Χ. κυριαρχούν δυο

Το κεφάλι αυτό της ρωμαϊκής εποχής, που βρίσκεται στη Βιέννη, είναι το καλύτερο ρωμαϊκό αντίγραφο ενός έργου του 4ου αιώνα π.Χ., που εικόνιζε το μεγάλο φιλόσοφο Αριστοτέλη.

μεγάλες μορφές· ο Πλάτων και ο Αριστοτέλης.

Ο Πλάτων (περ. 427–347 π.Χ.) ήταν μαθητής του Σωκράτη. Έγραψε πολλά φιλοσοφικά έργα, όλα σχεδόν με μορφή διαλόγου, όπου κύριο πρόσωπο είναι ο Σωκράτης. Ασχολήθηκε κυρίως με το πρόβλημα της ηθικής και με το πρόβλημα της γνώσης. Στις πολιτικές του ιδέες ήταν αριστοκρατικός.

Ο Αριστοτέλης (384–322 π.Χ.) ήταν μαθητής του Πλάτωνα και είχε χρηματίσει για ένα διάστημα παιδαγωγός του Μεγάλου Αλέξανδρου. Πρώτος αυτός εφάρμοσε την εμπειρική έρευνα και τη συγκέντρωση υλικού στις φυσικές και στις κοινωνικές επιστήμες. Το έργο του είναι πολύπλευρο και θεωρείται ο θεμελιωτής της επιστημονικής έρευνας.

Γνωστός φιλόσοφος του 4ου αιώνα ήταν και ο Διογένης, ο σπουδαιότερος εκπρόσωπος των λεγόμενων «κυνικών» φιλοσόφων.

Η τέχνη

Ο 4ος αιώνας π.Χ. αποτελεί κατά κάποιο τρόπο τη γέφυρα που συνδέει την κλασική εποχή με την αμέσως επόμενη, την ελληνιστική. Μέσα στον αιώνα αυτό αφομοιώνονται στην ελληνική τέχνη οι καλλι-

Αριστερά:

Το κορινθιακό κιονόκρανο με τα χαρακτηριστικά φύλλα ακάνθου είναι το πιο περίτεχνο κιονόκρανο της ελληνικής αρχιτεκτονικής. Το εικονιζόμενο παράδειγμα ανήκει στη Θόλο (κυκλικό κτίριο) της Επιδαύρου, που χτίστηκε γύρω στα 360 π.Χ. Πρόκειται για ένα από τα σημαντικότερα κτίρια στο ιερό του Ασκληπιού στην Επίδαυρο.

Δεξιά:

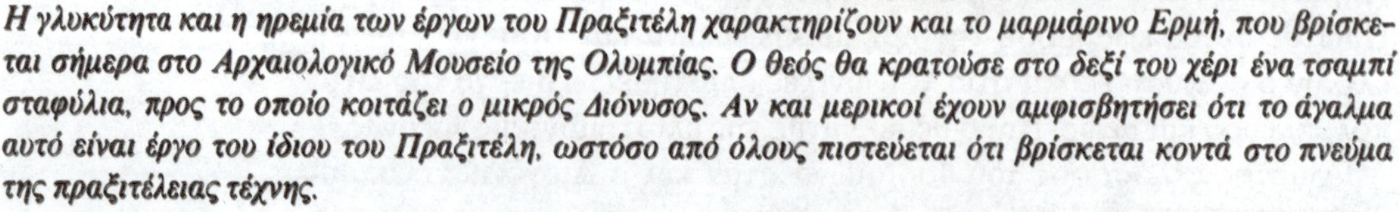

Η γλυκύτητα και η ηρεμία των έργων του Πραξιτέλη χαρακτηρίζουν και το μαρμάρινο Ερμή, που βρίσκεται σήμερα στο Αρχαιολογικό Μουσείο της Ολυμπίας. Ο θεός θα κρατούσε στο δεξί του χέρι ένα τσαμπί σταφύλια, προς το οποίο κοιτάζει ο μικρός Διόνυσος. Αν και μερικοί έχουν αμφισβητήσει ότι το άγαλμα αυτό είναι έργο του ίδιου του Πραξιτέλη, ωστόσο από όλους πιστεύεται ότι βρίσκεται κοντά στο πνεύμα της πραξιτέλειας τέχνης.

τεχνικές κατακτήσεις του 5ου αιώνα και συγχρόνως αρχίζουν να διαφαίνονται τα νέα ρεύματα, που προαναγγέλλουν την ελληνιστική εποχή.

Η αρχιτεκτονική: Στην αρχιτεκτονική του 4ου αιώνα καθιερώνεται, παράλληλα με το δωρικό και τον ιωνικό, ένας νέος ρυθμός, ο **κορινθιακός.** Χαρακτηριστικό στοιχείο του ρυθμού αυτού είναι το κιονόκρανο που διακοσμείται με φύλλα ακάνθου, ενώ στα υπόλοιπα μέρη του δε διαφέρει βασικά από τον ιωνικό ρυθμό.

Αν και για πρώτη φορά το κορινθιακό κιονόκρανο εμφανίζεται σε κτίρια του 5ου αιώνα π.Χ., ωστόσο μόνο στον 4ο αιώνα ο κορινθιακός ρυθμός κερδίζει έδαφος και απαντάται τόσο σε εσωτερικούς χώρους όσο και σε εξωτερικά κτιρίων. Το συναντούμε π.χ. στο σηκό του ναού της Αλέας Αθηνάς στην Τεγέα, του ωραιότερου ναού της Πελοποννήσου, που εξωτερικά είναι ένα κτίριο δωρικού ρυθμού. Αρχιτέκτονας του ναού αυτού ήταν ο περίφημος γλύπτης Σκόπας από την Πάρο.

Άλλοι σημαντικοί ναοί που χτίστηκαν στην κυρίως Ελλάδα κατά τον 4ο αιώνα π.Χ. ήταν ο νεότερος ναός του Απόλλωνα στους Δελφούς, ο ναός του Δία στη Νεμέα και ο ναός του Ασκληπιού στην Επίδαυρο, ενώ στη Μ. Ασία ξαναχτίστηκε την εποχή αυτή ο ναός της Άρτεμης στην Έφεσο.

Αξιόλογο αρχιτεκτόνημα της εποχής αυτής είναι, τέλος, και το ταφικό μνημείο του σατράπη της Καρίας Μαυσώλου στην Αλικαρνασσό. Έργο του αρχιτέκτονα Πυθεού, είχε μορφή βαθμιδωτής πυραμίδας, που υψωνόταν πάνω σε μια ψηλή βάση με πλούσιο γλυπτό διάκοσμο.

Η πλαστική: Ενώ στις αρχές του 4ου αιώνα π.Χ. η τέχνη συνεχίζει το ιδεώδες που διαμορφώθηκε μετά το Φειδία, με το πέρασμα των χρόνων διαφαίνεται μια σημαντική αλλαγή. Τα έργα της πλαστικής δείχνουν μια τάση για περισσότερο ρεαλισμό και έκφραση της ψυχικής διάθεσης. Σημαντικό καλλιτεχνικό κέντρο αποτελεί η Αττική, όπως δείχνει και η πλούσια παραγωγή επιτύμβιων στηλών, ενώ στην Πελοπόννησο την πρωτοπορία έχουν το Άργος και η Σικυώνα.

Ο Πραξιτέλης

Ένας από τους μεγαλύτερους γλύπτες της εποχής είναι ο Πραξιτέλης από την Αθήνα, που δούλεψε και στο μάρμαρο και στο χαλκό. Ορισμένα από τα έργα του έγιναν περίφημα, όπως η Αφροδίτη της Κνίδου. Στο άγαλμα αυτό η θεά του Έρωτα απεικονίστηκε για πρώτη φορά γυμνή. Δυστυχώς τα έργα του Πραξιτέλη, όπως και γενικά τα έργα όλων σχεδόν των περίφημων γλυπτών της κλασικής αρχαιότητας, δε μας έχουν σωθεί. Σήμερα οι δημιουργίες αυτές μας είναι γνωστές μόνο από μαρμάρινα κυρίως αντίγραφα της ρωμαϊκής εποχής. Ωστόσο έργο του ίδιου του Πραξιτέλη είναι ίσως ένα μαρμάρινο άγαλμα που βρέθηκε στην Ολυμπία και παριστάνει το θεό Ερμή με το μικρό Διόνυσο στο χέρι.

Ο Σκόπας

Ένας άλλος μεγάλος γλύπτης, που δούλευε κυρίως στο μάρμαρο, ήταν ο Σκόπας από την Πάρο, ο αρχιτέκτονας του ναού της Αλέας Αθηνάς στην Τεγέα. Ο Σκόπας, μαζί με άλλους σημαντικούς γλύπτες της εποχής, τον Τιμόθεο, το Λεωχάρη και το Βρύαξη, δούλεψε για το γλυπτό διάκοσμο του Μαυσωλείου της Αλικαρνασσού, που τμήματά

Από το γλυπτό διάκοσμο του Μαυσωλείου της Αλικαρνασσού, που χρονολογείται περίπου στα μέσα του 4ου αιώνα π.Χ., έχουν σωθεί αρκετά τμήματα. Η πλάκα αυτή, που εικονίζει μια μάχη ανάμεσα σε Έλληνες και Αμαζόνες, αποδίδεται από πολλούς ερευνητές στον ίδιο το Σκόπα. Όπως είναι γνωστό, ο Σκόπας, μαζί με άλλους περίφημους γλύπτες της εποχής, είχε αναλάβει τη διακόσμηση της μεγαλεπήβολης αυτής κατασκευής. Πρωτόφαντη είναι η μορφή της ημίγυμνης Αμαζόνας, ενώ η δύναμη και το «πάθος» που διαφαίνονται στα πρόσωπα των μορφών είναι χαρακτηριστικά της τέχνης του Σκόπα.

του βρίσκονται σήμερα στο Βρετανικό Μουσείο του Λονδίνου. Σε αντίθεση με τις μορφές του Πραξιτέλη, που χαρακτηρίζονται από μια γλυκύτητα και ηρεμία, ο Σκόπας ενδιαφέρεται περισσότερο για την έκφραση του «πάθους».

Ο Λύσιππος

Ο πρωτοπόρος όμως γλύπτης αυτής της εποχής είναι ο Λύσιππος από τη Σικυώνα, που δούλεψε κυρίως στο χαλκό και ήταν ο επίσημος γλύπτης του Μ. Αλέξανδρου. Με το έργο του δημιούργησε τις προϋποθέσεις για το πέρασμα από την κλασική παράδοση στην τέχνη της ελληνιστικής εποχής. Οι ανθρώπινες μορφές του παρουσιάζονται με νέες αναλογίες, δηλαδή μικρό κεφάλι και ψηλόλιγνο σώμα. Με τις κινήσεις των μελών τους ο καλλιτέχνης κατορθώνει να τις εντάξει μέσα στο χώρο, τονίζοντας τη διάσταση του βάθους.

Η αγγειογραφία

Αγγειογραφία - Ζωγραφική: Μετά το τέλος του πελοποννησιακού πολέμου στην Αθήνα συνεχίζεται η κατασκευή ερυθρόμορφων αγγείων. Τώρα όμως οι Αθηναίοι χάνουν τις αγορές της Μεγάλης Ελλάδας, στις οποίες κυριαρχούσαν παλιότερα. Αυτό οφείλεται και στο γε-

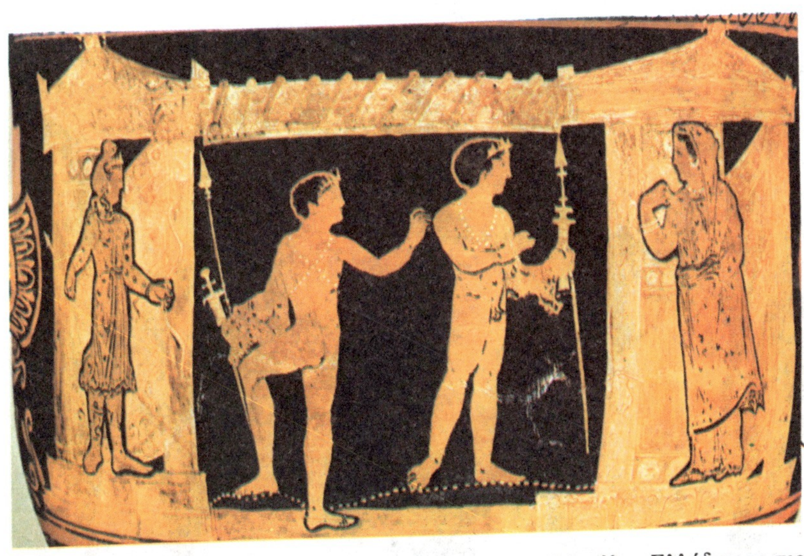

Από τα αγγεία που κατασκευάζονταν σε εργαστήρια της Μεγάλης Ελλάδας, τα πιο ενδιαφέροντα είναι εκείνα που η κύρια διακόσμησή τους σχετίζεται με θεατρικές παραστάσεις. Στην αγγειογραφία της εικόνας, που χρονολογείται προς τα τέλη του 4ου αιώνα π.Χ., έχουμε πιθανότατα μια σκηνή από την «Ιφιγένεια εν Ταύροις» του Ευριπίδη. Μπροστά από ένα σκηνικό οικοδόμημα έχουμε, από δεξιά προς τ' αριστερά, την Ιφιγένεια, τον αδερφό της Ορέστη, το φίλο του Πυλάδη και, τέλος, ένα άγαλμα της θεάς Άρτεμης.

γονός ότι σε πολλά μέρη του ελληνισμού της Κάτω Ιταλίας και της Σικελίας, ήδη από το β΄ μισό του 5ου αιώνα π.Χ., κατασκευάζονται ερυθρόμορφα αγγεία, που εκτοπίζουν τα αττικά προϊόντα. Έτσι οι Αθηναίοι αναζητούν νέες αγορές εξάγοντας τα αγγεία τους κυρίως στις περιοχές του Εύξεινου Πόντου.

Ωστόσο η ποιότητα των αττικών αγγείων κατά τον 4ο αιώνα πέφτει, παρά τις προσπάθειες των αγγειογράφων τους, που τα διακοσμούν με ποικίλα χρώματα (πράσινο, μπλε, χρυσό και κυρίως λευκό). Και τα θέματα των αγγείων, που είναι σχετικά με το Διόνυσο, την Αφροδίτη και τις Αμαζόνες, επαναλαμβάνονται στερεότυπα. Έτσι γύρω στα 320 π.Χ. σταματά η κατασκευή αττικών ερυθρόμορφων αγγείων.

Η μεγάλη ζωγραφική

Τα έργα των μεγάλων ζωγράφων του 4ου αιώνα π.Χ. είναι σήμερα ολότελα χαμένα. Στην προσπάθειά μας να κερδίσουμε κάτι γι' αυτά μας βοηθούν οι πληροφορίες των αρχαίων συγγραφέων και ορισμένες ρωμαϊκές τοιχογραφίες, που βασίζονται σε ζωγραφικές συνθέσεις του 4ου αιώνα. Μεγάλοι ζωγράφοι της εποχής ήταν ο Νικίας ο Αθηναίος και ο Απελλής, που ήταν και ο επίσημος ζωγράφος του Μ. Αλέξανδρου. Πολύ περισσότερο από ό,τι στις άλλες εκδηλώσεις της τέχνης,

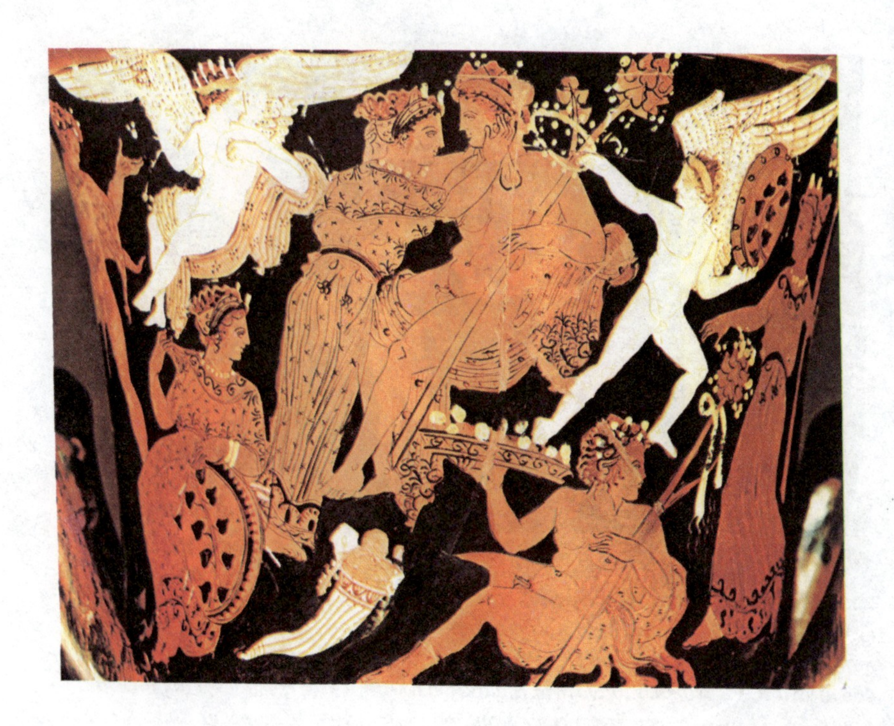

Επάνω:

Οι περισσότεροι Αθηναίοι αγγειογράφοι του 4ου αιώνα π.Χ. δε διακρίνονται πια για την ποιότητα της δουλειάς τους. Στο εικονιζόμενο εδώ αγγείο έχουμε στη μέση το Διόνυσο και την Αριάδνη, που περιβάλλονται από Ερωτιδείς, Σατύρους και Μαινάδες. Χαρακτηριστικό για την εποχή αυτή είναι το άφθονο λευκό χρώμα που χρησιμοποιείται. Το αγγείο χρονολογείται γύρω στα 380 π.Χ. και βρίσκεται σήμερα στο Εθνικό Αρχαιολογικό Μουσείο της Αθήνας.

Δεξιά:

Η τοιχογραφία αυτή, που βρέθηκε στην Πομπηία, αντιγράφει πιθανόν ένα έργο του Απελλή, στο οποίο ο Αλέξανδρος είχε απεικονιστεί ως Δίας με σκήπτρο και κεραυνό.

εμφανίζεται στη ζωγραφική της εποχής αυτής η τάση για περισσότερο ρεαλισμό, καθώς και για μια πιο πειστική υποδήλωση του βάθους. Τα θέματα ήταν παρμένα τόσο από την καθημερινή ζωή όσο και από τον κόσμο του μύθου. Σημαντικά δείγματα μεγάλης ζωγραφικής της εποχής αυτής βρέθηκαν πρόσφατα στους βασιλικούς τάφους της Βεργίνας.

ΕΡΩΤΗΣΕΙΣ – ΘΕΜΑΤΑ ΓΙΑ ΣΥΖΗΤΗΣΗ

- *Να συγκρίνετε τις διακηρύξεις της Σπάρτης στη διάρκεια του πελοποννησιακού πολέμου και το καθεστώς που επέβαλε μετά τη νίκη της. Κρίσεις–συμπεράσματα.*
- *Πώς κατόρθωσαν οι Πέρσες να γίνουν ρυθμιστές των ελληνικών πραγμάτων;*
- *Να γίνει κριτική της «ειρήνης του βασιλέως».*
- *Ποια ήταν γενικά η κατάσταση στην Ελλάδα μετά το 362 π.Χ.;*
- *Να εντοπίσετε τις διαφορές ανάμεσα στους μισθοφορικούς στρατούς και στους στρατούς των πολιτών.*
- *Πώς κρίνετε τη λύση του πολέμου κατά των «βαρβάρων», που πρόβαλλαν πολλοί; Θα έλυνε άραγε τα εσωτερικά προβλήματα των ελληνικών πόλεων;*
- *Ποιες ήταν οι φιλοδοξίες του Φιλίππου Β΄ και ποιο το κύριο μέσο για την πραγματοποίησή τους;*
- *Πώς αντιμετώπιζαν οι άλλοι Έλληνες, και ιδιαίτερα οι Αθηναίοι, το Φίλιππο;*
- *Σύγκριση των αντιπάλων, Μακεδόνων–Περσών, στις παραμονές της εκστρατείας του Μ. Αλέξανδρου.*
- *Με ποιο τρόπο ο Αλέξανδρος εξουδετέρωσε την απειλή του περσικού ναυτικού;*
- *Στην εκστρατεία του ο Αλέξανδρος συγκρούστηκε πρώτα με τους Πέρσες και στη συνέχεια με τους λαούς της μακρινής Ανατολής. Ποιες οι διαφορές στις συγκρούσεις αυτές;*
- *Γιατί οι Μακεδόνες αντέδρασαν στην προσπάθεια του Αλέξανδρου να επιβάλει περσικά έθιμα;*
- *Πώς κρίνετε την άρνηση των Μακεδόνων να προχωρήσουν άλλο;*
- *Ποιο τρόπο διάλεξε ο Αλέξανδρος για να οργανώσει το κράτος του; Πώς τον κρίνετε;*
- *Τι γνωρίζετε για τη Νέα Κωμωδία;*
- *Η ρητορική τον 4ο αιώνα π.Χ.*
- *Ο νέος ρυθμός στην αρχιτεκτονική.*
- *Ποια είναι η αλλαγή που σημειώνεται στην πλαστική;*
- *Χαρακτηριστικά της μεγάλης ζωγραφικής του 4ου αιώνα π.Χ.*

ΚΕΦΑΛΑΙΟ 7

Η ΕΛΛΗΝΙΣΤΙΚΗ ΕΠΟΧΗ

Εισαγωγικό σημείωμα

Οι τρεις αιώνες που μεσολαβούν από το θάνατο του Μεγάλου Αλέξανδρου (323 π.Χ.) ως την υποταγή της Αιγύπτου στους Ρωμαίους (30 π.Χ.) είναι η «ελληνιστική εποχή». Το κύριο χαρακτηριστικό της περιόδου αυτής της αρχαίας ελληνικής ιστορίας είναι η διάδοση του ελληνικού πολιτισμού στην Ανατολή.*

Η διάσπαση του κράτους του Μ. Αλέξανδρου, λίγα χρόνια μετά το θάνατό του, είχε ως αποτέλεσμα να δημιουργηθούν οι μεγάλες ελληνιστικές μοναρχίες της Ανατολής. Στα κράτη αυτά, παράλληλα με την κυρίως Ελλάδα, ο ελληνικός πολιτισμός σημειώνει μια νέα, τελευταία, άνθηση, ως το τέλος του 3ου αι. π.Χ. Ωστόσο οι συνεχείς πόλεμοι μεταξύ τους τα εξαντλούν, ενώ στη Δύση εμφανίζεται μια νέα ισχυρή δύναμη, το ρωμαϊκό κράτος. Οι Ρωμαίοι, αφού κυριαρχούν στη Δύση, στρέφονται προς την Ανατολή και αρχίζουν να κατακτούν ένα ένα τα αποδυναμωμένα ελληνικά κράτη. Οι Έλληνες δεν κατορθώνουν ούτε την τελευταία στιγμή να ενωθούν για να αντιμετωπίσουν τον κοινό κίνδυνο. Έτσι υποτάσσονται στους Ρωμαίους.

Ο ελληνισμός χάνει την πολιτική του ελευθερία αλλά κατακτά πολιτιστικά τους Ρωμαίους. Κάτω από την αποφασιστική επίδραση του ελληνιστικού πολιτισμού, διαμορφώνεται στη ρωμαϊκή αυτοκρατορία ο «ελληνορωμαϊκός πολιτισμός», που διαδίδεται και στη Δύση και αποτελεί τη βάση του σημερινού πολιτισμού.

*** Σύμφωνα με μια άλλη άποψη, η αρχή της ελληνιστικής εποχής πρέπει να τοποθετηθεί στο 336 π.Χ., όταν δηλαδή ο Μ. Αλέξανδρος γίνεται βασιλιάς της Μακεδονίας.**

α. Η ΔΙΑΣΠΑΣΗ ΤΟΥ ΚΡΑΤΟΥΣ ΤΟΥ Μ. ΑΛΕΞΑΝΔΡΟΥ ΚΑΙ Ο ΣΧΗΜΑΤΙΣΜΟΣ ΤΩΝ ΕΛΛΗΝΙΣΤΙΚΩΝ ΜΟΝΑΡΧΙΩΝ

Η προσωρινή διευθέτηση

Αμέσως μετά το θάνατο του Μ. Αλέξανδρου η εξουσία του κράτους βρέθηκε στα χέρια του μακεδονικού στρατού. Αρχικά εκδηλώθηκε αντίθεση ανάμεσα στους εταίρους, δηλαδή τους ευγενείς Μακεδόνες του ιππικού, και στο πεζικό της φάλαγγας, που εκπροσωπούσε τον ένοπλο μακεδονικό λαό. Η συνέλευση του στρατού, που έγινε στη Βαβυλώνα, έδωσε μια συμβιβαστική λύση· ο ετεροθαλής αδερφός του Αλέξανδρου Φίλιππος Αρριδαίος, που ήταν διανοητικά καθυστερημένος, ανακηρύχτηκε βασιλιάς, αλλά θα μοιραζόταν το θρόνο με το παιδί που θα γεννούσε η γυναίκα του Μ. Αλέξανδρου Ρωξάνη, αν αυτό ήταν αγόρι. Πραγματικά η Ρωξάνη γέννησε μετά από λίγο γιο, που ονομάστηκε Αλέξανδρος.

Οι δύο βασιλιάδες, ο Φίλιππος Αρριδαίος και ο μικρός Αλέξανδρος, ήταν τυπικά ηγέτες του μακεδονικού κράτους. Δεν ήταν όμως σε θέση να κυβερνήσουν. Την εξουσία μοιράστηκαν τρεις από τους ισχυρότερους στρατηγούς του Μεγάλου Αλέξανδρου· ο Αντίπατρος, που είχε την εποπτεία του ευρωπαϊκού τμήματος του κράτους, ο Κρατερός, που ήταν διοικητής των στρατευμάτων της Ασίας, και ο Περδίκκας, που είχε την εποπτεία του ασιατικού τμήματος του κράτους. Ισχυρότερος από τους τρεις ήταν ο Περδίκκας, γιατί είχε κάτω από την επιρροή του τους δύο βασιλιάδες, που βρίσκονταν στη Βαβυλώνα. Στους σημαντικότερους από τους υπόλοιπους στρατηγούς ανατέθηκε η διοίκηση μεγάλων περιοχών, όπως π.χ. στον Πτολεμαίο η διοίκηση της Αιγύπτου, στον Αντίγονο της Φρυγίας, στο Λυσίμαχο της Θράκης.

Ο λαμιακός πόλεμος (323–322 π.Χ.)

Ο θάνατος του Μ. Αλέξανδρου δεν προκάλεσε σχεδόν καμιά αναταραχή στην Ανατολή. Στην κυρίως Ελλάδα όμως στάθηκε αφορμή για

Από το ψήφισμα του δήμου των Αθηναίων για την έναρξη του λαμιακού πολέμου

...Να ετοιμαστούν σαράντα τετρήρεις* και διακόσιες τριήρεις. Να στρατευθούν όλοι οι Αθηναίοι που είχαν ηλικία μέχρι 40 ετών και τρεις φυλές να φρουρούν την Αττική, ενώ οι άλλες επτά να είναι έτοιμες για εκστρατεία έξω από τα σύνορα της πόλης. Να στείλουν πρεσβείες στις ελληνικές πόλεις, για να ανακοινώσουν ότι και παλιότερα οι Αθηναίοι, επειδή θεωρούν την Ελλάδα κοινή πατρίδα όλων των Ελλήνων, αντιμετώπισαν στη θάλασσα τους βαρβάρους, που είχαν εκστρατεύσει για να την υποδουλώσουν, και τώρα νομίζουν ότι έχουν καθήκον να διακινδυνέψουν και τη ζωή τους και χρήματα και πλοία για την κοινή σωτηρία των Ελλήνων.

(*Διόδωρος Σικελιώτης, XVIII, 10,2–3.* Μετάφραση)

* τετρήρεις : πολεμικά πλοία με τέσσερις σειρές κουπιά

να αρχίσει ένας νέος αντιμακεδονικός αγώνας. Επικεφαλής βρέθηκε η Αθήνα και μαζί της συμμάχησαν εναντίον της Μακεδονίας οι Αιτωλοί, οι Φωκείς και άλλοι Έλληνες.

Στην αρχή ο συμμαχικός στρατός νίκησε το στρατό του Αντίπατρου και τον πολιόρκησε στη Λαμία. Από το επεισόδιο αυτό ο πόλεμος ονομάστηκε «λαμιακός πόλεμος». Γρήγορα όμως έφτασαν μακεδονικές ενισχύσεις από την Ανατολή και οι σύμμαχοι νικήθηκαν στη θάλασσα και στην ξηρά.

Ο Αντίπατρος τιμώρησε αυστηρά την Αθήνα, που αναγκάστηκε να παραδοθεί χωρίς όρους. Απαίτησε τη θανάτωση των αρχηγών της αντιμακεδονικής μερίδας και την καταβολή βαριάς πολεμικής αποζημίωσης, επέβαλε στην πόλη φιλομακεδονικό ολιγαρχικό πολίτευμα και εγκατέστησε μακεδονική φρουρά στον Πειραιά. Τότε (322 π.Χ.) αναγκάστηκε να αυτοκτονήσει και ο μεγάλος ρήτορας Δημοσθένης για να αποφύγει τη σύλληψη.

Οι πόλεμοι των διαδόχων και η διάσπαση του κράτους του Μ.Αλέξανδρου

Αμέσως μετά το λαμιακό πόλεμο άρχισαν συγκρούσεις ανάμεσα στους φιλόδοξους στρατηγούς του Αλέξανδρου, που είναι γνωστοί με την ονομασία «διάδοχοι».

Ο Περδίκκας δολοφονήθηκε κατά τη διάρκεια μιας εκστρατείας εναντίον του Πτολεμαίου, που ήταν διοικητής της Αιγύπτου. Για ένα διάστημα μεγάλη δύναμη απέκτησε ο Αντίγονος, που κυριάρχησε στην Ασία. Κοντά του διακρίθηκε και ο γιος του Δημήτριος, που μας είναι γνωστός με την επωνυμία «πολιορκητής». Εναντίον τους συνα-

Όταν ο Αντίγονος αυτοανακηρύχτηκε βασιλιάς, το 306 π.Χ., έκοψε και νομίσματα. Στην εικόνα η μια όψη ενός από τα νομίσματα αυτά, με απεικόνιση του Δία και την επιγραφή «ΒΑΣΙΛΕΩΣ ΑΝΤΙΓΟΝΟΥ». Στην άλλη όψη έχουμε το κεφάλι του Μ. Αλεξάνδρου.

Στην απέναντι σελίδα:

Τα κράτη των διαδόχων μετά τη μάχη στην Ιψό (301 π.Χ.)

σπίστηκαν οι άλλοι στρατηγοί, με αποτέλεσμα να αρχίσει μια σειρά συγκρούσεων, που διεξάγονταν στην Ασία και στην Ελλάδα. Στη διάρκεια των πολέμων αυτών και της αναταραχής που δημιουργήθηκε δολοφονήθηκαν και οι δύο τυπικοί βασιλιάδες του μακεδονικού κράτους· ο **Φίλιππος** Αρριδαίος και ο Αλέξανδρος Δ΄.

Το 306 π.Χ. ο Αντίγονος αυτοανακηρύχτηκε βασιλιάς και έδωσε τον ίδιο τίτλο και στο γιο του Δημήτριο. Τότε ανακηρύχτηκαν με τη σειρά τους βασιλιάδες ο Πτολεμαίος (της Αιγύπτου), ο Κάσσανδρος (της Μακεδονίας), ο Λυσίμαχος (της **Θράκης**) και ο Σέλευκος (της Συρίας).

Η μάχη στην Ιψό (301 π.Χ.)

Το 301 π.Χ. οι αντίπαλοι συγκρούστηκαν σε μια αποφασιστική μάχη στην Ιψό*. Ο στρατός του Αντίγονου νικήθηκε και ο ίδιος σκοτώθηκε. Το αποτέλεσμα της μάχης αυτής ήταν η οριστική διάσπαση της αυτοκρατορίας του Μ. Αλέξανδρου και η δημιουργία τεσσάρων νέων κρατών, που το καθένα αναγνώρισε το άλλο. Τα νέα αυτά κράτη ήταν τα ακόλουθα:

Τα κράτη των διαδόχων

α– Το βασίλειο της Μακεδονίας, με βασιλιά τον Κάσσανδρο, γιο του Αντίπατρου, που είχε στο μεταξύ πεθάνει.

* Στη μάχη που έγινε στην Ιψό πήραν μέρος οι Λυσίμαχος και Σέλευκος εναντίον του Αντίγονου και του γιου του Δημήτριου.

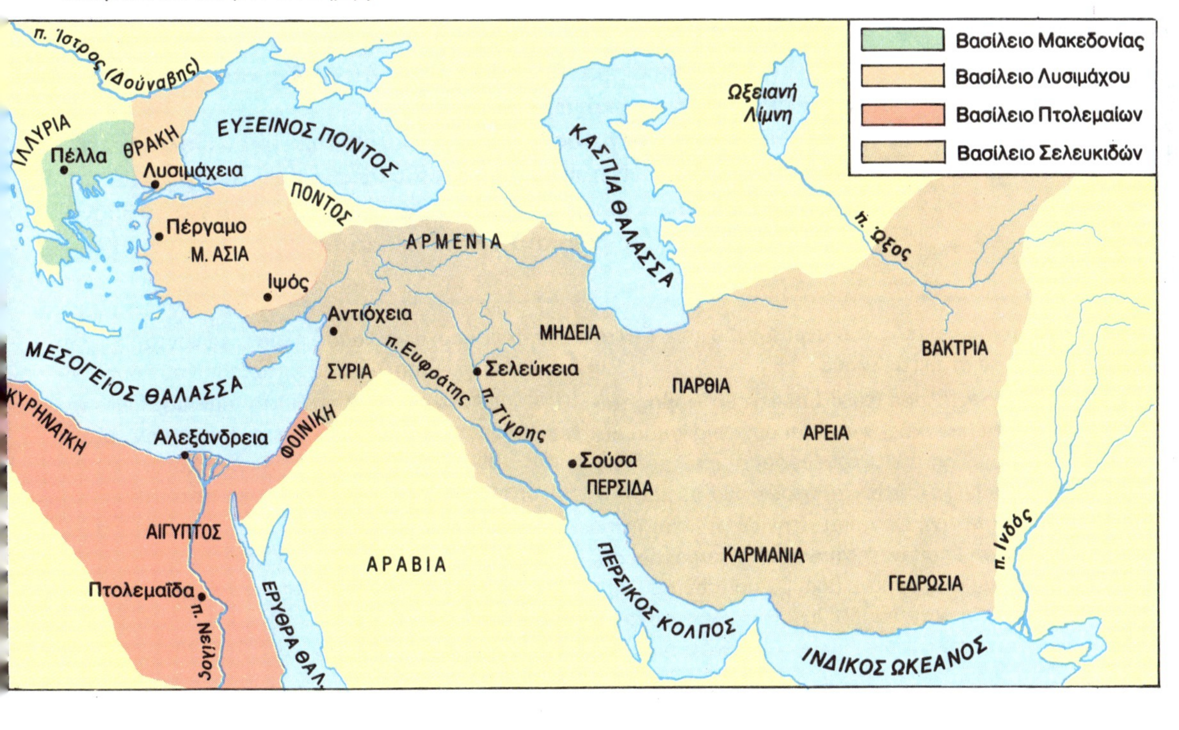

β– Το βασίλειο της Θράκης, που περιλάμβανε και μεγάλα τμήματα της Μ. Ασίας, με βασιλιά το Λυσίμαχο.

γ– Το βασίλειο της Συρίας, που περιλάμβανε όλες σχεδόν τις ασιατικές κτήσεις του Αλέξανδρου, με βασιλιά το Σέλευκο.

δ– Το βασίλειο της Αιγύπτου, με βασιλιά τον Πτολεμαίο.

Το βασίλειο της Θράκης διαλύθηκε γρήγορα. Ο Λυσίμαχος συγκρούστηκε με το Σέλευκο, νικήθηκε και σκοτώθηκε σε μια μάχη που έγινε στο Κουροπέδιο της Λυδίας το 281 π.Χ. και το κράτος του έπαψε να υπάρχει. Τα εδάφη του τα διεκδίκησαν η Συρία και η Μακεδονία. Έτσι απόμειναν οι τρεις μοναρχίες της Μακεδονίας, της Συρίας και της Αιγύπτου. Σ' αυτές προστέθηκε λίγο αργότερα και το βασίλειο του Περγάμου, που ιδρύθηκε στη Μ. Ασία.

Η επιδρομή των Γαλατών

Ένα άλλο γεγονός που αναστάτωσε τα χρόνια αυτά τον ελληνικό και το μικρασιατικό χώρο ήταν η επιδρομή των Γαλατών.

Οι Γαλάτες ή Κέλτες, που μετά από μια επιδρομή τους στην Ιταλία τον 4ο αιώνα είχαν εγκατασταθεί στις ανατολικές περιοχές του Δούναβη, βρήκαν ευκαιρία με την κατάλυση του κράτους του Λυσίμαχου και άρχισαν επιδρομές στον ελληνικό χώρο. Το 280 π.Χ. νίκησαν το μακεδονικό στρατό και ένα τμήμα τους προχώρησε λεηλατώντας στη Νότια Ελλάδα, πέρασε τις Θερμοπύλες και απείλησε το μαντείο των Δελφών. Αποκρούστηκε όμως από τους Αιτωλούς και τους Φωκείς και αναγκάστηκε να υποχωρήσει.

Το 277 π.Χ. ο Αντίγονος Γονατάς, γιος του Δημήτριου Πολιορκητή, πέτυχε σημαντική νίκη εναντίον των Γαλατών στη Λυσιμάχεια της Θράκης. Η επιτυχία αυτή άνοιξε στον Αντίγονο το δρόμο για το θρόνο της Μακεδονίας, που βρισκόταν τότε σε κατάσταση αναρχίας. Η δυ-

Νυχτερινός πανικός στο στρατόπεδο των Γαλατών, κοντά στους Δελφούς

Τη νύχτα κατέλαβε (τους Γαλάτες) ο φόβος του θεού Πάνα (πανικός)· γιατί και οι χωρίς καμιά αιτία φόβοι λένε πως προέρχονται από το θεό αυτό. Η ταραχή έπεσε στο στράτευμα σε προχωρημένη εσπερινή ώρα, και στην αρχή λίγοι ήταν εκείνοι που έπαθαν τη διανοητική παράκρουση και νόμιζαν πως ακούνε θόρυβο ιππικού που κάνει επέλαση και έφοδο εχθρών. Δεν άργησε όμως να εξαπλωθεί σε όλους το σκότισμα του μυαλού· άρπαξαν τα όπλα, χωρίστηκαν σε δύο μέρη και άρχισαν να αλληλοσκοτώνονται, χωρίς ούτε τη γλώσσα τους να καταλαβαίνουν ούτε τη μορφή τους ούτε τα σχήματα των ασπίδων να γνωρίζουν. Και στα δύο μέρη φαίνονταν, εξαιτίας του συσκοτισμού του μυαλού τους, πως οι άνδρες που τους αντιστέκονταν ήταν Έλληνες και τα όπλα τους ελληνικά και η γλώσσα τους ελληνική· η μανιακή αυτή κατάσταση που τους έριξε ο θεός προκάλεσε στους Γαλάτες μεγάλο φονικό.

(Παυσανία , *Φωκικά κεφ. 23,1, 7–8.* Μετάφρ. Ν. Παπαχατζή)

ναστεία που ίδρυσε αυτός κυβέρνησε το μακεδονικό κράτος ως την κατάλυσή του.

Μετά την ήττα τους στη Λυσιμάχεια οι Γαλάτες πέρασαν στη Μ. Ασία, όπου νικήθηκαν από το βασιλιά της Συρίας Αντίοχο Α΄. Τέλος, όσοι είχαν μείνει εγκαταστάθηκαν σε μια περιοχή στο κέντρο της Μ. Ασίας , που ονομάστηκε Γαλατία.

β. Ο ΕΛΛΗΝΙΚΟΣ ΚΟΣΜΟΣ ΤΟΝ 3ο ΑΙΩΝΑ π.Χ.

Ι. Οι ελληνιστικές μοναρχίες της Ανατολής

Από τις μοναρχίες που δημιουργήθηκαν στην Ανατολή μετά τη διάσπαση του κράτους του Μ. Αλέξανδρου, το βασίλειο του Λυσίμαχου στη Θράκη διαλύθηκε, όπως είδαμε, πολύ γρήγορα. Έμειναν έτσι το βασίλειο των Πτολεμαίων στην Αίγυπτο και το βασίλειο των Σελευκιδών στη Συρία–Ασία. Λίγο αργότερα ιδρύθηκε στη Μ. Ασία, όπως αναφέραμε, και το βασίλειο του Περγάμου.

Το βασίλειο των Πτολεμαίων

Όταν, μετά το θάνατο του Μ. Αλέξανδρου, έγινε η διανομή των σατραπειών στους στρατηγούς του, τη διοίκηση της Αιγύπτου ανέλαβε, όπως είδαμε, ο Πτολεμαίος, ο γιος του Λάγου. Η δυναστεία που ιδρύθηκε απ' αυτόν (Πτολεμαίοι ή Λαγίδες) βασίλεψε στην ελληνιστική Αίγυπτο ως την υποταγή της στους Ρωμαίους (30 π.Χ.).

Η διοίκηση

Οι Πτολεμαίοι διατήρησαν κατά το μεγαλύτερο μέρος τον παλιό διοικητικό μηχανισμό, που υπήρχε στην Αίγυπτο από την εποχή των φαραώ, και τον συμπλήρωσαν. Το καθεστώς ήταν απόλυτη μοναρχία και η παλιά αντίληψη ότι η βασιλική εξουσία είχε θεϊκή προέλευση εξακολούθησε να υπάρχει. Ο βασιλιάς ήταν κύριος της γης, διαχειριζόταν προσωπικά όλες τις σπουδαίες κρατικές υποθέσεις, έλεγχε την οικονομία και ήταν αρχηγός του στρατού. Στο έργο του τον βοηθούσε ένα πλήθος αξιωματούχων και διοικητικών υπαλλήλων, που ήταν κυρίως Έλληνες. Πρωτεύουσα του κράτους ήταν η Αλεξάνδρεια.

Η Αλεξάνδρεια

Η Αλεξάνδρεια εξελίχτηκε πολύ γρήγορα και έγινε μια από τις πιο μεγάλες ελληνιστικές πόλεις. Ήταν σπουδαίο οικονομικό κέντρο και από το λιμάνι της διακινούνταν εμπορεύματα από όλο τον κόσμο. Στην είσοδο του λιμανιού, πάνω στο νησάκι Φάρος, βρισκόταν ο περίφημος φάρος που είχε χτίσει ο αρχιτέκτονας Σώστρατος από την Κνίδο και είχε ύψος πάνω από 100 μέτρα. Παράλληλα με την οικονομική της ακμή, η Αλεξάνδρεια έγινε ένα από τα πιο σημαντικά πολιτιστικά κέντρα της ελληνιστικής εποχής.

Ένας από τους σημαντικότερους στρατηγούς του Μ. Αλέξανδρου ήταν και ο εικονιζόμενος εδώ Πτολεμαίος ο Λάγου, ο ιδρυτής του βασιλείου της Αιγύπτου.

Δεξιά:

Η τύχη της Αντιόχειας, μαρμάρινο αντίγραφο ενός αγάλματος του γλύπτη Ευτυχίδη. Είναι η προσωποποίηση της Αντιόχειας με τη μορφή νεαρής γυναίκας που κρατάει στο χέρι στάχυα, σημάδι της ευφορίας της γης, και φορεί ένα διάδημα, που συμβολίζει τα τείχη της πόλης. Η μορφή κάτω από τα πόδια της προσωποποιημένης Αντιόχειας συμβολίζει τον ποταμό Ορόντη.

Η Αλεξάνδρεια της Αιγύπτου

Τα πλεονεκτήματα της τοποθεσίας, όπου βρίσκεται χτισμένη η Αλεξάνδρεια, είναι πολλά. Βρέχεται από δύο θάλασσες· την Αιγυπτιακή θάλασσα από το βορρά και τη λίμνη Μάρεια ή Μαρεώτιδα από το νότο. Στη λίμνη καταλήγουν, από την επάνω πλευρά και από τα πλάγια, πάρα πολλά κανάλια του Νείλου και τα εμπορεύματα που έρχονται από τα κανάλια αυτά είναι πολύ περισσότερα από εκείνα που έρχονται από τη θάλασσα.....Ολόκληρη η πόλη διασχίζεται από δρόμους πλατιούς, ώστε να περνούν άλογα και άμαξες. Δύο μάλιστα απ' αυτούς έχουν πλάτος περισσότερο από τριάντα μέτρα και τέμνουν κάθετα ο ένας τον άλλο. Έχει ακόμη η πόλη πολύ ωραία δημόσια κτίρια καθώς και τα βασιλικά ανάκτορα, που απλώνονται σε έκταση ίση με το ένα τέταρτο ή το ένα τρίτο της τειχισμένης πόλης... Τμήμα του συγκροτήματος των ανακτόρων είναι και το Μουσείο, που έχει δημόσιο περίπατο και εξέδρα με καθίσματα και ένα μεγάλο κτίριο, μέσα στο οποίο βρίσκεται η αίθουσα όπου τρώνε οι σοφοί άνδρες που εργάζονται εδώ.

(Στράβωνα, *Γεωγραφικά, 17,1, 7–8.* Μετάφραση αποσπασμάτων)

Άλλες ελληνικές πόλεις της Αιγύπτου ήταν η παλιά αποικία Ναύκρατη και η Πτολεμαΐδα, που είχε ιδρυθεί από τον Πτολεμαίο Α΄ στην Άνω Αίγυπτο.

Ακμή και παρακμή

Η πτολεμαϊκή Αίγυπτος έφτασε στην πιο μεγάλη ακμή της στα μέσα του 3ου αιώνα π.Χ. Τότε είχε επεκτείνει την κυριαρχία της, εκτός από τα αφρικανικά εδάφη, και στην Ασία (Φοινίκη, Παλαιστίνη, Κύπρος, περιοχές της Δυτικής και Νότιας Μ. Ασίας). Κύριος αντίπαλός της ήταν το βασίλειο των Σελευκιδών, που διεκδικούσε την κυριαρχία των περιοχών της Νότιας Συρίας και της Παλαιστίνης.

Από τα τέλη του 3ου αιώνα π.Χ. άρχισε η παρακμή της Αιγύπτου. Οι εξωτερικές κτήσεις χάθηκαν σιγά σιγά, ενώ στο εσωτερικό της χώρας είχε αρχίσει ένας αγώνας των ντόπιων Αιγύπτιων εναντίον της μακεδονικής κυριαρχίας. Η παρακμή συνεχίστηκε ώσπου η Αίγυπτος υποτάχτηκε στους Ρωμαίους και έγινε ρωμαϊκή επαρχία*.

Το βασίλειο των Σελευκιδών

Το βασίλειο των Σελευκιδών, που ονομάζεται και Συρία, ήταν το μεγαλύτερο σε έκταση από τα ελληνιστικά κράτη. Κέντρο του ήταν η Μεσοποταμία και, στις περιόδους της ακμής του, περιλάμβανε τμήματα της Μ. Ασίας, τη Συρία, τη Μεσοποταμία και τις ανατολικές σατραπείες (Μηδία, Περσίδα, Βακτρία, Παρθία). Ιδρυτής του, και ιδρυτής της δυναστείας των Σελευκιδών, ήταν ο στρατηγός του Μ. Αλέξανδρου Σέλευκος.

Εσωτερική κατάσταση

Το βασίλειο των Σελευκιδών δεν είχε την εσωτερική σταθερότητα που είχε το βασίλειο των Πτολεμαίων στην Αίγυπτο. Περιλάμβανε πολλά έθνη με διαφορετική συγκρότηση και τα εκτεταμένα σύνορά

* Για το ρωμαϊκό κράτος, που ιδρύθηκε στην Ιταλία και κατόρθωσε σιγά σιγά να επεκταθεί και να εξελιχθεί σε μεγάλη αυτοκρατορία, θα μιλήσουμε πιο κάτω, σε χωριστό κεφάλαιο.

Η Αντιόχεια της Συρίας

Η Αντιόχεια είναι κι αυτή τετράπολη*, γιατί αποτελείται από τέσσερα τμήματα. Καθένα από τα τέσσερα αυτά τμήματα έχει δικό του τείχος και ολόκληρη η πόλη περιβάλλεται με κοινό τείχος......Η Αντιόχεια είναι μητρόπολη της Συρίας και εδώ είναι χτισμένο το ανάκτορο για τους άρχοντες της χώρας. Η πόλη δεν είναι κατώτερη ούτε σε δύναμη ούτε σε έκταση από τη Σελεύκεια του Τίγρη ή από την Αλεξάνδρεια της Αιγύπτου....Στα δυτικά της Αντιόχειας βρίσκεται η θάλασσα και εκεί, κοντά στη Σελεύκεια,* εκβάλλει ο ποταμός Ορόντης. Από τις εκβολές του ποταμού η Σελεύκεια απέχει περίπου επτά χιλιόμετρα και η Αντιόχεια περίπου εικοσιδύο χιλιόμετρα, ώστε μπορεί κανείς να φτάσει σ' αυτή, αναπλέοντας το ποτάμι, σε μια μέρα.

(Στράβωνα, *Γεωγραφικά, 16,2,4–7.* Μετάφραση αποσπασμάτων)

* Όπως και η Σελεύκεια στον Τίγρη

* Πρόκειται για τη Σελεύκεια του Ορόντη και όχι του Τίγρη

του δεν ήταν εύκολο να προστατευτούν από τους εξωτερικούς εχθρούς. Η ενότητά του στηριζόταν στη στρατιωτική δύναμη που διέθετε ο βασιλιάς και στις πολλές ελληνικές πόλεις που είχαν ιδρυθεί από το Μ. Αλέξανδρο και τους Σελευκίδες βασιλιάδες σ' ολόκληρη σχεδόν την έκτασή του.

Οι ελληνικές πόλεις

Στις ελληνικές αυτές πόλεις ήρθαν να εγκατασταθούν πολλοί άποικοι από τη Μακεδονία και τη Νότια Ελλάδα. Γρήγορα οι περισσότερες εξελίχτηκαν σε σημαντικά οικονομικά και πολιτιστικά κέντρα και οργανώθηκαν όπως και οι πόλεις της κυρίως Ελλάδας, χωρίς φυσικά να είναι ανεξάρτητες πόλεις–κράτη. Οι σπουδαιότερες ήταν: η Αντιόχεια της Συρίας, στον ποταμό Ορόντη, μεγάλο εμπορικό κέντρο με λιμάνι στη θάλασσα τη Σελεύκεια· η Απάμεια, στρατιωτικό κέντρο του κράτους· η Σελεύκεια στον ποταμό Τίγρη, με πληθυσμό που ξεπερνούσε τις 200.000. Όλες οι ελληνικές πόλεις είχαν ιδρυθεί κοντά στους κύριους εμπορικούς δρόμους της Ανατολής.

Ακμή και παρακμή

Το κράτος των Σελευκιδών έφτασε σε μεγάλη ακμή στο τέλος του 3ου αιώνα, στην εποχή του βασιλιά Αντίοχου Γ΄ (223–187 π.Χ.). Από το 2ο αιώνα π.Χ. όμως άρχισε να παρακμάζει. Μεγάλα τμήματά του αποσπάστηκαν και έγιναν ανεξάρτητα κράτη και τέλος οι Ρωμαίοι υπέταξαν, το 64 π.Χ., ό,τι είχε απομείνει.

Το βασίλειο του Περγάμου

Η ίδρυση του βασιλείου

Το Πέργαμο ήταν αρχικά ένα μικρό φρούριο στη βορειοδυτική Μ. Ασία, χτισμένο σε φυσικά οχυρή θέση, και υπαγόταν στο κράτος του Λυσίμαχου. Όταν άρχισαν οι συγκρούσεις μεταξύ των διαδόχων, ο Λυσίμαχος έστειλε εκεί για ασφάλεια τους θησαυρούς του και όρισε υπεύθυνο για τη φύλαξή τους το Φιλέταιρο. Ο τελευταίος όμως προσχώρησε στο Σέλευκο, τον αντίπαλο του Λυσίμαχου. Ο Σέλευκος, μετά τη νίκη του και το θάνατο του Λυσίμαχου, το 281 π.Χ., παραχώρησε την πόλη του Περγάμου και τη γύρω περιοχή στο Φιλέταιρο, που έγινε ουσιαστικά ανεξάρτητος. Το Φιλέταιρο διαδέχτηκε ο ανεψιός του Ευμένης κι αυτόν ο Άτταλος που, αφού νίκησε το 228 π.Χ. τους Γαλάτες της Μ. Ασίας, ανακηρύχτηκε βασιλιάς.

Η ακμή και το τέλος

Στο α΄ τέταρτο του 2ου αιώνα π.Χ. το βασίλειο του Περγάμου βρισκόταν στη μεγαλύτερη ακμή του και περιλάμβανε στα όριά του πολλές περιοχές της Μ. Ασίας. Για να αντιμετωπίζει μάλιστα πιο αποτελεσματικά τους εξωτερικούς εχθρούς του είχε συμμαχήσει με τη Ρώμη και στηριζόταν στην υποστήριξή της.

Το τέλος του ανεξάρτητου βασιλείου του Περγάμου ήρθε με τρόπο απροσδόκητο. Ο τελευταίος βασιλιάς του Άτταλος Γ΄ κληροδότησε το κράτος του στη Ρώμη. Έτσι, μετά το θάνατό του το 133 π.Χ., οι

Το πορτρέτο αυτό, που εικονίζει το βασιλιά του Περγάμου 'Ατταλο Α', βρίσκεται σήμερα στο Ανατολικό Βερολίνο. Είναι έργο της ρωμαϊκής εποχής αλλά αντιγράφει μια ελληνιστική δημιουργία. Στην ελληνιστική εποχή υπάρχει η τάση για μια πιο ρεαλιστική απόδοση των ατομικών χαρακτηριστικών στα εικονιζόμενα πρόσωπα.

Ρωμαίοι το κατέλαβαν και το μετέτρεψαν σε ρωμαϊκή επαρχία (επαρχία της Ασίας).

II. Η μητροπολιτική Ελλάδα

Το ισχυρότερο κράτος της μητροπολιτικής Ελλάδας ήταν και τον 3ο αιώνα π.Χ. το βασίλειο της Μακεδονίας. Στη Νότια Ελλάδα εξακολουθούσαν να υπάρχουν οι πόλεις–κράτη που γνωρίσαμε τους προηγούμενους αιώνες. Παράλληλα όμως σχηματίζονται αυτή την περίοδο ενώσεις πόλεων, οι Συμπολιτείες. Οι Συμπολιτείες μπορούν να θεωρηθούν σαν μια τελευταία προσπάθεια των νότιων Ελλήνων να ενωθούν πολιτικά. Η Αθήνα την εποχή αυτή έχει χάσει πια τη δύναμή της. Παραμένει όμως πάντα σπουδαίο πνευματικό κέντρο.

Το βασίλειο της Μακεδονίας

Σε σύγκριση με τις άλλες ελληνιστικές μοναρχίες, το βασίλειο της Μακεδονίας είχε το πλεονέκτημα να έχει εθνική ομοιογένεια, δηλ. να κατοικείται από Έλληνες, τους Μακεδόνες. Μακεδόνες επίσης ήταν και οι βασιλιάδες του.

Η περίοδος της κρίσης

Οι εκστρατείες του Μ. Αλέξανδρου είχαν δημιουργήσει στο μακεδονικό κράτος σοβαρά οικονομικά προβλήματα και είχαν ελαττώσει πολύ τον ανδρικό του πληθυσμό. Τη δύσκολη κατάσταση επιδείνωσαν οι πόλεμοι των διαδόχων και στη συνέχεια η επιδρομή των Γαλατών, το 280 π.Χ., που λεηλάτησαν τη χώρα. Ο βασιλιάς Πτολεμαίος Κεραυνός σκοτώθηκε προσπαθώντας να τους αντιμετωπίσει και για ένα μικρό διάστημα το μακεδονικό κράτος ήταν ουσιαστικά ακυβέρνητο.

Ο Αντίγονος Γονατάς

Από την κρίση αυτή έβγαλε το μακεδονικό κράτος ο Αντίγονος Γονατάς, γιος του Δημήτριου Πολιορκητή. Όπως ήδη αναφέραμε, αφού νίκησε το 277 π.Χ. τους Γαλάτες, έγινε βασιλιάς της Μακεδονίας και ιδρυτής της δυναστείας των Αντιγονιδών, που κυβέρνησε τη χώρα ως την υποταγή της στους Ρωμαίους. Στα χρόνια που βασίλεψε ο Αντίγονος Γονατάς (277–239 π.Χ.) πραγματοποιήθηκε η αναγέννηση του μακεδονικού κράτους, που έγινε και πάλι η πρώτη δύναμη στην Ελλάδα.

Το καθεστώς

Το πολίτευμα του μακεδονικού κράτους εξακολούθησε να είναι, όπως και πρώτα, η μοναρχία. Σε σύγκριση όμως με τις μοναρχίες των δύο άλλων μεγάλων ελληνιστικών βασιλείων (Πτολεμαίων και Σελευκιδών) ήταν πολύ πιο φιλελεύθερο. Στη Μακεδονία η βασιλική εξουσία δε θεωρήθηκε ποτέ ότι είχε θεϊκή προέλευση και ο βασιλιάς δεν ήταν κύριος της γης. Ακόμη, σημαντικός εξακολούθησε να είναι ο ρόλος του στρατού, όπως και παλιότερα.

Η οικονομία - οι πόλεις

Παρά το ότι βάση της οικονομίας του μακεδονικού κράτους παρέμεινε η γεωργία, σημαντική ανάπτυξη σημείωσε στα ελληνιστικά χρόνια και το εμπόριο. Την ίδια περίοδο αναπτύχθηκαν και οι πόλεις της Μακεδονίας, και ιδιαίτερα η Θεσσαλονίκη, που ιδρύθηκε από τον Κάσσανδρο το 316 π.Χ.

Η εξωτερική πολιτική

Στην εξωτερική του πολιτική το μακεδονικό κράτος επιδίωκε κυρίως να επιβάλει την κυριαρχία του στη Νότια Ελλάδα και στο χώρο του Αιγαίου. Η επιδίωξή του αυτή το έφερε πολλές φορές σε σύγκρουση με τα άλλα ελληνικά κράτη και, ιδιαίτερα, με τις Συμπολιτείες, που είχαν ιδρυθεί εκεί. Ακόμη, συχνοί ήταν οι πόλεμοι της Μακεδονίας με τις άλλες ελληνιστικές μοναρχίες.

Οι Συμπολιτείες

Οι μεγάλες πόλεις–κράτη της Νότιας Ελλάδας, που είχαν διαδραματίσει ηγετικό ρόλο στον ελληνικό κόσμο τον 5ο και τον 4ο αιώνα π.Χ., είχαν χάσει πια τη δύναμή τους. Οι συνεχείς πόλεμοι και τα σοβαρά εσωτερικά οικονομικά και κοινωνικά προβλήματα που αντιμετώπιζαν τις είχαν εξασθενήσει.

Τον 3ο αιώνα π.Χ. σχηματίζονται ισχυρές πολιτικές ενώσεις μικρών πόλεων σε περιοχές που ως τότε δεν είχαν διαδραματίσει σημαντικό ρόλο στα ελληνικά πράγματα. Οι ενώσεις αυτές ονομάστηκαν Συμπολιτείες και δημιουργήθηκαν με την πρωτοβουλία των ίδιων των πόλεων που τις συγκροτούσαν.

Ένα κύριο χαρακτηριστικό των Συμπολιτειών ήταν ότι καμιά από τις πόλεις που τις αποτελούσαν δεν είχε ηγετική θέση. Αυτό ήταν μια ουσιαστική διαφορά από τις παλιότερες συμμαχίες–ηγεμονίες του 5ου και του 4ου αιώνα π.Χ. Οι σημαντικότερες Συμπολιτείες ήταν η Αιτωλική και η Αχαϊκή.

Η αρχή

Η Αιτωλική Συμπολιτεία: Η Αιτωλική Συμπολιτεία περιλάμβανε στην αρχή το φύλο των Αιτωλών, οι οποίοι ζούσαν κυρίως σε μικρές αγροτικές κοινότητες. Σιγά σιγά, με την προσχώρηση και άλλων πόλεων*, επεκτάθηκε στο μεγαλύτερο μέρος της Κεντρικής Ελλάδας. Κέντρο της ήταν το Θέρμο της Αιτωλίας.

Το πολίτευμα

Το πολίτευμα της Αιτωλικής Συμπολιτείας βασιζόταν σε δημοκρατικές αρχές. Υπήρχε κεντρική διοίκηση, που χειριζόταν τα θέματα της εξωτερικής πολιτικής, διεύθυνε το στρατό και έκοβε νόμισμα, που ήταν ενιαίο για όλη τη Συμπολιτεία. Ενιαία ήταν και τα μέτρα και τα σταθμά. Οι πόλεις όμως ήταν αυτόνομες, με δικούς τους άρχοντες και νόμους η καθεμιά, και είχαν ίσα δικαιώματα και υποχρεώσεις, μέσα στα πλαίσια της Συμπολιτείας.

Τα όργανα εξουσίας

Από τα όργανα που διοικούσαν την Αιτωλική Συμπολιτεία, τα σημαντικότερα ήταν τα ακόλουθα:

- Η Γενική Συνέλευση όλων των πολιτών της Συμπολιτείας. Σε ομαλές συνθήκες συνεδρίαζε μια φορά το χρόνο στο Θέρμο, εξέλεγε τους άρχοντες, ψήφιζε τους νόμους, αποφάσιζε την κήρυξη πολέμου

* Η μεγαλύτερη προσχώρηση σημειώθηκε μετά την απόκρουση της επιδρομής των Γαλατών στη Νότια Ελλάδα, το 279 π.Χ., στην οποία οι Αιτωλοί είχαν διαδραματίσει τον πιο σημαντικό ρόλο.

Νόμισμα του κοινού των Αιτωλών, που βρίσκεται στη Νομισματική Συλλογή του Εθνικού Αρχαιολογικού Μουσείου της Αθήνας. Τα νομίσματα αυτά κόπηκαν μετά την επιδρομή των Γαλατών στην Ελλάδα.

ή τη σύναψη ειρήνης και ενέκρινε ή απέρριπτε τις προτάσεις των αρχόντων. Σε εξαιρετικές περιπτώσεις γίνονταν και έκτακτες συνελεύσεις. Η Γενική Συνέλευση ήταν το ανώτατο όργανο της Συμπολιτείας.

- Η Βουλή της Συμπολιτείας, που τη συγκροτούσαν αντιπρόσωποι από όλες τις κοινότητες–μέλη της, σε αριθμό ανάλογο με τον πληθυσμό καθεμιάς.
- Ο στρατηγός, που εκλεγόταν κάθε χρόνο από τη Γενική Συνέλευση. Ήταν ηγέτης του στρατού της Συμπολιτείας και διεύθυνε την εσωτερική και την εξωτερική πολιτική της. Για τα σημαντικά θέματα, π.χ. για πόλεμο ή για ειρήνη, οι αποφάσεις του στρατηγού έπρεπε να εγκριθούν από τη Γενική Συνέλευση. Αλλά και όλες οι ενέργειές του, καθώς και οι ενέργειες των άλλων αρχόντων, ελέγχονταν από μια επιτροπή της Βουλής, που την αποτελούσαν 30 μέλη, οι«απόκλητοι».

Αρχή και εξέλιξη

Η Αχαϊκή Συμπολιτεία: Η Αχαϊκή Συμπολιτεία, που δημιουργήθηκε αρχικά στην Αχαΐα, επεκτάθηκε στο μεγαλύτερο τμήμα της Πελοποννήσου. Σε σύγκριση με την Αιτωλική, περιλάμβανε περισσότερες μεγάλες πόλεις, ιδιαίτερα όταν, στα μέσα του 3ου αιώνα π.Χ., έγιναν μέλη της η Σικυώνα και η Κόρινθος. Κέντρο της Αχαϊκής Συμπολιτείας, όπου γίνονταν και οι Γενικές Συνελεύσεις της, ήταν το Αίγιο.

Το πολίτευμα

Η οργάνωσή της δεν παρουσίαζε μεγάλες διαφορές από εκείνη της Αιτωλικής Συμπολιτείας. Υπήρχε και εδώ η Γενική Συνέλευση, η Βουλή, ο στρατηγός. Υπήρχε ακόμη το σώμα των «δέκα δημιουργών», ανάλογο με το σώμα των «αποκλήτων», που είχε όμως μεγαλύτερες εξουσίες.

Ο Άρατος

Στη μεγαλύτερη ακμή της έφτασε η Αχαϊκή Συμπολιτεία το β΄ μισό του 3ου αιώνα π.Χ., στα χρόνια που διεύθυνε την πολιτική της ο Άρατος από τη Σικυώνα. Ο Άρατος εκλεγόταν σχεδόν κάθε χρόνο στρα-

---

Το δυνάμωμα της Αχαϊκής Συμπολιτείας

Την Αχαϊκή Συμπολιτεία, που πιο μπροστά ήταν ασήμαντη και διασκορπισμένη σε ομάδες πόλεων, πρώτος την ανύψωσε σε περιωπή και σε δύναμη ο Άρατος, οργανώνοντάς την σε ενιαίο συγκρότημα και δίνοντάς της πολίτευμα δημοκρατικό και ελληνόπρεπο. Αργότερα, καθώς μέσα στα νερά, όταν αρχίσουν να στέκονται λίγα και μικρά σώματα κι έπειτα με την κατεβασιά του νερού έρχονται κι άλλα, τα τελευταία βρίσκουν αντίσταση πάνω στα πρώτα και προσθέτονται σ' αυτά, αποτελώντας μια μάζα δυνατή και στερεή, έτσι συνέβηκε και στην Ελλάδα, που εκείνη την εποχή σερνόταν αδύναμη και διαλυμένη σε πολιτείες. Πρώτοι συνενώθηκαν οι Αχαιοί· έπειτα, από τις γύρω πολιτείες, τις άλλες προσεταιρίστηκαν βοηθώντας τες στον απελευθερωτικό αγώνα τους κατά των τυράννων κι άλλες ειρηνικά περιλαμβάνοντάς τες στο πολιτειακό τους συγκρότημα· μ' αυτό τον τρόπο σχεδιάζανε να οργανώσουν την Πελοπόννησο σ' ένα σώμα και σε μια ενιαία δύναμη.

(Πλούταρχου, *Φιλοποίμην, 8.* Μετάφρ. Α. Λαζάρου)

τηγός της Συμπολιτείας, από το 245 π.Χ. ως το θάνατό του, το 213π.Χ.

Οι Συμπολιτείες ήταν οι σημαντικότερες πολιτικές ενώσεις που πραγματοποιήθηκαν στο νότιο ελληνικό χώρο κατά την αρχαιότητα. Αντί όμως να συνεννοηθούν και να συμβάλουν στην παραπέρα ενοποίηση των Ελλήνων, ήρθαν σε σύγκρουση μεταξύ τους. Το αποτέλεσμα ήταν να διατηρηθεί η πολιτική διάσπαση και να αποδυναμωθούν ακόμη περισσότερο οι Έλληνες.

Η Σπάρτη

Η εσωτερική κατάσταση

Τον 3ο αιώνα π.Χ. η εσωτερική κατάσταση της Σπάρτης, όπως και όλων σχεδόν των άλλοτε μεγάλων πόλεων της Ελλάδας, ήταν πολύ κακή. Η γη είχε περάσει στα χέρια λίγων πλουσίων, ενώ οι περισσότεροι Σπαρτιάτες είχαν χάσει τα κτήματά τους ή ήταν χρεωμένοι. Αυτό είχε σαν συνέπεια να μειωθεί ο αριθμός των πολιτών της Σπάρτης, που συγκροτούσαν και τη στρατιωτική της δύναμη.

Στα μέσα του αιώνα η κατάσταση επιδεινώθηκε. Οι φτωχοί Σπαρτιάτες ζητούσαν αναδασμό της γης και παραγραφή των χρεών. Αξιοσημείωτο είναι ότι η μεταρρυθμιστική προσπάθεια ξεκίνησε από δύο βασιλιάδες της Σπάρτης· πρώτα από τον Άγη και στη συνέχεια από τον Κλεομένη. Σύνθημα της μεταρρύθμισης ήταν η επιστροφή στο πα-

---

Η παρακμή της σπαρτιατικής πολιτείας

Η διαφθορά και η παρακμή της πολιτείας των Λακεδαιμονίων άρχισε από τότε σχεδόν που οι Σπαρτιάτες κατέλυσαν την αθηναϊκή ηγεμονία και γέμισαν χρυσάφι και ασήμι. Ωστόσο, όσο καιρό διατηρούσαν στις κληρονομίες τον αριθμό των οικογενειών που είχε καθορίσει ο Λυκούργος, και ο πατέρας άφηνε τον κλήρο του στο παιδί του, η διατήρηση αυτής της τάξης και της ισότητας συγκρατούσε, ως ένα σημείο, την πόλη, παρά τα άλλα σφάλματά της. Όταν όμως έγινε έφορος ο Επιτάδευς, ένας άνθρωπος με δύναμη αλλά αλαζονικός και με βίαιο χαρακτήρα, πρότεινε, επειδή είχε κάποιες διαφορές με το γιο του, ένα νόμο σύμφωνα με τον οποίο θα μπορούσε κανείς να παραχωρήσει την περιουσία του και τον κλήρο του σ' όποιον ήθελε, είτε όσο ήταν ακόμη ζωντανός είτε μετά το θάνατό του, με διαθήκη. Αυτός λοιπόν πρότεινε το νόμο ειδικά για να ικανοποιήσει μια προσωπική του μνησικακία· οι άλλοι όμως, από απληστία, καλοδέχτηκαν το νόμο και τον επικύρωσαν, καταστρέφοντας έτσι το πιο έξοχο πολίτευμα. Γιατί, εκείνοι που είχαν δύναμη, άρχισαν χωρίς δισταγμό να αποκτούν περιουσίες, αποξενώνοντας απ' αυτές τους νόμιμους κληρονόμους. Γρήγορα ο πλούτος συγκεντρώθηκε στα χέρια λίγων κι έπεσε στην πόλη φτώχεια, με επακόλουθο την απροθυμία για ευγενικές απασχολήσεις και την πτώση του ελεύθερου φρονήματος των πολιτών, καθώς και το φθόνο και την έχθρα εναντίον εκείνων που είχαν περιουσία. Οι Σπαρτιάτες με πλήρη πολιτικά δικαιώματα που απόμειναν δεν ξεπερνούσαν τους εφτακόσιους κι απ' αυτούς οι εκατό ίσως είχαν στην κατοχή τους γη και κλήρο. Ο υπόλοιπος λαός ζούσε στην πόλη χωρίς πόρους και πολιτικά δικαιώματα κι έδειχνε αδράνεια και απροθυμία στην αντιμετώπιση εξωτερικών πολέμων, ενώ περίμενε πάντα να βρει μια ευκαιρία για να ανατρέψει και να αλλάξει την κατάσταση.

(Πλούταρχου, *Άγις και Κλεομένης*, 5. Μετάφραση)

τροπαράδοτο καθεστώς που, σύμφωνα με την παράδοση, είχε καθιερωθεί από το Λυκούργο.

Η μεταρρύθμιση του Άγη

Ο Άγης Δ΄ (244–241 π.Χ.), επικεφαλής της μεταρρυθμιστικής μερίδας, έκανε μια πρώτη προσπάθεια αλλαγής. Προχώρησε στην παραγραφή των χρεών, αλλά δεν τόλμησε να προχωρήσει και σε αναδασμό της γης. Παρ' όλα αυτά οι πλούσιοι ολιγαρχικοί Σπαρτιάτες αντέδρασαν, κατόρθωσαν να υπερισχύσουν και καταδίκασαν τον Άγη σε θάνατο.

Η μεταρρύθμιση του Κλεομένη

Τη μεταρρυθμιστική προσπάθεια συνέχισε ο βασιλιάς Κλεομένης (235–221 π.Χ.), πιο ικανός και πιο δυναμικός από τον Άγη. Αφού πρώτα ενίσχυσε τη θέση του με σημαντικές στρατιωτικές επιτυχίες εναντίον της Αχαϊκής Συμπολιτείας, επέβαλε στη Σπάρτη δραστικές πολιτικές και κοινωνικές μεταρρυθμίσεις (227 π.Χ.). Οι σπουδαιότερες απ' αυτές ήταν οι ακόλουθες:

- Κατάργησε το θεσμό των 5 εφόρων και στη θέση τους όρισε τους «πατρονόμους».
- Μείωσε τη δύναμη της γερουσίας, καθιερώνοντας να εκλέγονται τα μέλη της κάθε χρόνο, αντί να είναι ισόβια.
- Κατάργησε τα χρέη που βάραιναν τους Σπαρτιάτες.
- Προχώρησε σε αναδασμό της γης.
- Παραχώρησε πολιτικά δικαιώματα σε πολλούς περιοίκους.
- Επέβαλε και πάλι την παλιά σπαρτιατική αγωγή.
- Εκσυγχρόνισε το σπαρτιατικό στρατό και όπλισε τους στρατιώτες με σάρισσες.

Τα αποτελέσματα των μεταρρυθμίσεων του Κλεομένη φάνηκαν πολύ γρήγορα. Ο αριθμός των πολιτών της Σπάρτης αυξήθηκε σημαντικά καθώς και ο στρατός της. Η Σπάρτη άρχισε να γίνεται και πάλι αξιόλογη δύναμη και ο Κλεομένης άρχισε να εφαρμόζει με επιτυχία επιθετική εξωτερική πολιτική, ιδιαίτερα εναντίον της Αχαϊκής Συμπολιτείας.

Η αντίδραση της Αχαϊκής Συμπολιτείας

Οι στρατιωτικές επιτυχίες του Κλεομένη ανησύχησαν τον Άρατο και την άλλη ηγεσία της Αχαϊκής Συμπολιτείας. Περισσότερο όμως τους ανησύχησε το γεγονός ότι τα συνθήματα του αναδασμού της γης και της παραγραφής των χρεών ξεσήκωναν τις μάζες των φτωχών σε πολλές πελοποννησιακές πόλεις. Κι επειδή δεν μπορούσαν να αντιμετωπίσουν μόνοι τους τον Κλεομένη, οι ηγέτες της Αχαϊκής Συμπολιτείας αναγκάστηκαν να ζητήσουν τη βοήθεια της Μακεδονίας, με την οποία οι σχέσεις τους δεν ήταν ως τότε φιλικές. Ως αντάλλαγμα ο Άρατος πρόσφερε την εγκατάσταση μακεδονικής φρουράς στον Ακροκόρινθο.

Το τέλος της μεταρρύθμισης

Ο βασιλιάς της Μακεδονίας Αντίγονος ο Δώσων δέχτηκε την πρόσκληση. Με ισχυρό στρατό κατέβηκε στην Πελοπόννησο και νίκησε τους Σπαρτιάτες σε μια αποφασιστική μάχη που έγινε στη Σελλασία, το 222 π.Χ. Ο Κλεομένης αναγκάστηκε να καταφύγει στην Αίγυπτο, όπου αυτοκτόνησε το 220 π.Χ.

Μετά τη νίκη του ο Αντίγονος κατέλαβε στρατιωτικά τη Σπάρτη, πράγμα που συνέβαινε για πρώτη φορά στην ιστορία της πόλης, και εγκατέστησε μακεδονική φρουρά. Οι μεταρρυθμίσεις του Κλεομένη καταργήθηκαν. Οι ταραχές όμως στην πόλη συνεχίζονταν και, κατά διαστήματα, την κυβέρνησαν τύραννοι. Το 192 π.Χ. η Σπάρτη αναγκάστηκε να προσχωρήσει στην Αχαϊκή Συμπολιτεία, όπου παρέμεινε τυπικά ως το 149 π.Χ. Οι σχέσεις της όμως με τους Αχαιούς δεν ήταν ποτέ καλές.

Η Ρόδος

Οι λόγοι της ακμής

Η θέση της Ρόδου στο χώρο της Ανατολικής Μεσογείου είχε ευνοήσει από παλιά την ανάπτυξη του εμπορίου της. Τον 3ο αιώνα π.Χ., μετά την παρακμή των φοινικικών πόλεων και, ιδιαίτερα, μετά την καταστροφή της Τύρου από το Μ. Αλέξανδρο, η θέση αυτή αξιοποιήθηκε ακόμη περισσότερο. Έτσι η Ρόδος εξελίχτηκε σ' ένα από τα μεγαλύτερα εμπορικά και οικονομικά κέντρα των ελληνιστικών χρόνων και γνώρισε μια περίοδο μεγάλης ακμής.

Το πολίτευμα

Το κράτος της Ρόδου περιλάμβανε και άλλα νησιά καθώς και τμήματα των απέναντι μικρασιατικών ακτών. Το πολίτευμά του ήταν ολιγαρχικό, αλλά λειτουργούσαν και δημοκρατικοί θεσμοί, όπως η λαϊκή συνέλευση και η βουλή. Την ανώτατη εξουσία είχαν οι 6 πρυτάνεις, που εκλέγονταν κάθε χρόνο.

Η παρακμή

Στην άσκηση της εξωτερικής του πολιτικής το ροδιακό κράτος στηριζόταν στη Ρώμη, με την οποία διατηρούσε φιλικές και συμμαχικές σχέσεις. Από τα μέσα όμως του 2ου αιώνα π.Χ. οι Ρωμαίοι έπαψαν να υποστηρίζουν τη Ρόδο και βοήθησαν αντίστοιχα να αναπτυχθεί το λιμάνι της Δήλου. Από τότε το ροδιακό κράτος άρχισε να παρακμάζει.

III. Οι Έλληνες της Δύσης

Όπως αναφέραμε σε προηγούμενο κεφάλαιο, ο Κορίνθιος στρατηγός Τιμολέων είχε κατορθώσει να απομακρύνει τον κίνδυνο των Καρχηδονίων από τη Σικελία (341 π.Χ.) και να αποκαταστήσει την ηρεμία στο νησί. Μετά το θάνατό του όμως (335 περίπου π.Χ.) ξέσπασαν ταραχές μεταξύ ολιγαρχικών και δημοκρατικών στις ελληνικές πόλεις και εμφανίστηκαν νέοι τύραννοι.

Ο Αγαθοκλής

Το 316 π.Χ. έγινε τύραννος στις Συρακούσες ο Αγαθοκλής και επιχείρησε να επεκτείνει την κυριαρχία του σ' ολόκληρη τη Σικελία.

Εναντίον του συνασπίστηκαν οι πόλεις Μεσσήνη, Ακράγας και Γέλα αλλά τελικά αναγκάστηκαν να αναγνωρίσουν την ηγεμονία των Συρακουσών.

Το 311 π.Χ. ο Αγαθοκλής ήρθε σε σύγκρουση με τους Καρχηδόνιους, γιατί πίστευε ότι όσο αυτοί κρατούσαν το δυτικό άκρο της Σικελίας ήταν αδύνατη η κυριαρχία των Συρακουσών στο νησί. Αναγκάστηκε όμως να υποχωρήσει και οι Καρχηδόνιοι πολιόρκησαν τις Συρακούσες. Τότε ο Αγαθοκλής επιχείρησε έναν τολμηρό αντιπερισπασμό· αποβιβάστηκε μ' ένα εκστρατευτικό σώμα στην Αφρική και πολιόρκησε την ίδια την Καρχηδόνα. Αν και η προσπάθεια αυτή δε σημείωσε επιτυχία, οδήγησε τελικά στη σύναψη ειρήνης ανάμεσα στην Καρχηδόνα και τις Συρακούσες, το 306 π.Χ.

Στη συνέχεια ο Αγαθοκλής κατόρθωσε να κυριαρχήσει σ' ολόκληρο το ελληνικό τμήμα της Σικελίας καθώς και σε ορισμένες περιοχές της Νότιας Ιταλίας. Δημιούργησε έτσι ένα εκτεταμένο και ισχυρό κράτος και το 304 π.Χ. πήρε τον τίτλο του βασιλιά. Το κράτος του όμως ήταν ένα προσωπικό δημιούργημα χωρίς στερεές βάσεις γι' αυτό, αμέσως μετά το θάνατό του (289 π.Χ.), διαλύθηκε.

Η ρωμαϊκή απειλή

Οι ελληνικές πόλεις της Κάτω Ιταλίας βρέθηκαν, καθώς άρχιζε ο 3ος αιώνας π.Χ., εξασθενημένες από τους πολέμους που έκαναν μεταξύ τους και εναντίον των ιταλικών φύλων του εσωτερικού. Την ίδια εποχή το ρωμαϊκό κράτος, που είχε ήδη κυριαρχήσει στην Κεντρική Ιταλία, έστρεφε τις επεκτατικές του βλέψεις προς το νότο, απειλώντας

Στη μαρμάρινη αυτή προτομή της ρωμαϊκής εποχής εικονίζεται ο Πύρρος, ο βασιλιάς της Ηπείρου, άνδρας με μεγάλες στρατιωτικές ικανότητες. Με το θάνατό του στο Άργος, το 272 π.Χ., τερματίστηκαν τα φιλόδοξα σχέδιά του.

Διάλογος ανάμεσα στο βασιλιά Πύρρο και στο σύμβουλό του ρήτορα Κινέα: Τα φιλόδοξα σχέδια του Πύρρου και η ματαιότητά τους

Ο Κινέας, βλέποντας τότε τον Πύρρο να ετοιμάζεται να εκστρατεύσει στην Ιταλία, άνοιξε μαζί του, κάποια στιγμή που ο βασιλιάς δεν ήταν απασχολημένος, την ακόλουθη συζήτηση: «Πύρρε, λένε ότι οι Ρωμαίοι είναι ικανοί πολεμιστές και ότι εξουσιάζουν πολλά πολεμικά έθνη· αν λοιπόν δώσει ο θεός και τους νικήσουμε, σε τι θα χρησιμοποιήσουμε τη νίκη μας;». Και ο Πύρ-

Στις μάχες του Αλέξανδρου στην Ανατολή αλλά και αργότερα, όπως π.χ. στην εκστρατεία του Πύρρου στην Ιταλία, χρησιμοποιήθηκαν πολεμικοί ελέφαντες. Ένας τέτοιος ελέφαντας εικονίζεται εδώ, πάνω στον οποίο είναι ανεβασμένοι Έλληνες πολεμιστές.

ρος είπε: «Κινέα, ρωτάς κάτι που είναι φανερό· αν νικηθούν οι Ρωμαίοι, δεν υπάρχει εκεί καμιά άλλη πόλη, είτε ελληνική είτε βαρβαρική, που να μπορεί να μας αντιμετωπίσει. Έτσι θα κατακτήσουμε αμέσως ολόκληρη την Ιταλία, που το μέγεθος, τον πλούτο και τη δύναμή της μπορεί να τα αγνοούν οι άλλοι, αλλά δεν μπορεί να μην τα ξέρεις εσύ». Ο Κινέας σκέφτηκε λίγο και μετά είπε: «Κι αφού κατακτήσουμε την Ιταλία, βασιλιά, τι θα κάνουμε;». Και ο Πύρρος, που δεν είχε καταλάβει πού ήθελε να φέρει τη συζήτηση ο Κινέας, είπε: «Εκεί κοντά μάς απλώνει τα χέρια η Σικελία, νησί πλούσιο και πολυάνθρωπο. Και είναι εύκολο να την κατακτήσουμε γιατί, από τότε που πέθανε ο Αγαθοκλής, οι πόλεις υποφέρουν από στάσεις, από αναρχία και από την ένταση που δημιουργούν οι δημαγωγοί». «Σωστά πράγματα λες», είπε ο Κινέας, «αλλά η κατάκτηση της Σικελίας θα είναι και το τέλος της εκστρατείας μας;». Και ο Πύρρος απάντησε: «Ο θεός να δώσει να νικήσουμε και να επιτύχουμε το σκοπό μας. Κι όταν τα επιτύχουμε αυτά, θα είναι η αρχή για μεγάλα κατορθώματα. Γιατί ποιος θα αδιαφορούσε για τη Λιβύη και την Καρχηδό-

έτσι και τις ελληνικές πόλεις. Η ισχυρότερη απ' αυτές, ο Τάραντας ζήτησε τότε βοήθεια από τον Πύρρο, το βασιλιά των Μολοσσών της Ηπείρου, που είχε τη φήμη πολύ ικανού στρατηγού.*

Η εκστρατεία του Πύρρου

Σύντομη αναδρομή στην Ιστορία της Ηπείρου. (βλέπε πρώτα σελ. 107).

— Κατά τα μέσα του 4ου π.Χ. αιώνα το κράτος των Μολοσσών ήταν ένα «κοινό» στο οποίο συμμετείχαν 11 φύλα. Το κυβερνούσαν οι Μολοσσοί βασιλιάδες με ένα «προστάτη», ένα «γραμματιστή» και τους εκπροσώπους των ομόσπονδων φύλων (συνάρχοντες, συνέδρους, δημιουργούς). Τα χρόνια του Φιλίππου της Μακεδονίας, ο οποίος είχε νυμφευθεί την κόρη του βασιλιά των Μολοσσών Νεοπτολέμου Ολυμπιάδα, η κυριαρχία τους επεκτάθηκε. Την ίδια χρονιά που ο Μ. Αλέξανδρος άρχιζε τη γνωστή εκστρατεία του για την κατάκτηση της Ανατο-

Ο Πύρρος, δραστήριος και φιλόδοξος, δέχτηκε αμέσως την πρόσκληση, πιστεύοντας ότι θα μπορούσε να δημιουργήσει ένα μεγάλο κράτος στη Δύση. Το 280 π.Χ. έφτασε με 25.000 περίπου στρατό στην Κάτω Ιταλία και νίκησε τους Ρωμαίους στην Ηράκλεια (280 π.Χ.) και στο Άσκλο (279 π.Χ.). Τις στρατιωτικές επιτυχίες του όμως τις πλήρωσε με μεγάλες απώλειες. Κάποιες προσπάθειες που έκανε μετά τις νίκες του για διαπραγματεύσεις με τους Ρωμαίους, δε σημείωσαν επιτυχία.

Στο μεταξύ, στη Σικελία οι Καρχηδόνιοι πίεζαν τις ελληνικές πόλεις, που ζήτησαν βοήθεια από τον Πύρρο. Αυτός πέρασε το 278 στο νησί και κατόρθωσε πολύ γρήγορα να περιορίσει τους Καρχηδόνιους στο δυτικό του άκρο. Οι ηγεμονικές τάσεις του όμως δημιούργησαν και εδώ δυσαρέσκειες και ορισμένες ελληνικές πόλεις έφτασαν στο σημείο να συμμαχήσουν με τους Καρχηδόνιους. Οι επιτυχίες του Πύρρου εκμηδενίστηκαν και ο ίδιος έβλεπε το όνειρό του για τη δημιουργία ισχυρού κράτους στη Δύση να καταρρέει. Αλλά και οι Έλληνες της Δύσης έχαναν την ευκαιρία να απαλλαγούν από τους εξωτερικούς εχθρούς τους.

Στη διάρκεια της απουσίας του Πύρρου από τη Νότια Ιταλία οι Ρωμαίοι είχαν περάσει στην επίθεση. Για να τους αντιμετωπίσει ο βασιλιάς της Ηπείρου ξαναγύρισε από τη Σικελία αλλά νικήθηκε σε μια μάχη που έγινε το 275 π.Χ. στο Βενεβέντο και αναγκάστηκε να επιστρέψει στην Ελλάδα. Μετά την αποχώρησή του οι Ρωμαίοι πολιόρκησαν και κατέλαβαν τον Τάραντα (272 π.Χ.) και έγιναν κύριοι της Κάτω Ιταλίας.

να, τη στιγμή που θα ήταν εύκολο να τις κατακτήσει; Μήπως και ο Αγαθοκλής, όταν έφυγε κρυφά από τις Συρακούσες με λίγα πλοία, δε θα τις κατακτούσε παρά λίγο; Και χρειάζεται τάχα να πούμε ότι, αν υποτάξουμε κι αυτές τις χώρες, κανένας από τους εχθρούς, που τώρα μας αντιμετωπίζουν με περιφρόνηση, δε θα μας αντισταθεί;». «Δε χρειάζεται καθόλου,» είπε ο Κινέας, «γιατί είναι φανερό ότι με τέτοια δύναμη και τη Μακεδονία μπορούμε να καταλάβουμε και την Ελλάδα να εξουσιάζουμε σταθερά. Κι όταν τα κατορθώσουμε όλα αυτά τι θα κάνουμε;». Και ο Πύρρος γέλασε και είπε: «Θα έχουμε πολύ χρόνο στη διάθεσή μας, φίλε μου, για ανάπαυση και το ποτήρι μας θα είναι γεμάτο κάθε μέρα και θα διασκεδάζουμε συζητώντας ευχάριστα πράγματα». Τότε ο Κινέας, που είχε φέρει τη συζήτηση με τον Πύρρο εκεί όπου ήθελε, είπε: «Και τι μας εμποδίζει τώρα να γεμίζουμε, αν θέλουμε, το ποτήρι μας και ξεκούραστοι να κάνουμε συντροφιά, αφού έχουμε χωρίς κόπους όλα εκείνα που θα επιδιώξουμε να αποκτήσουμε με αίμα και μεγάλους κόπους και κινδύνους κι αφού προξενήσουμε στους άλλους και πάθουμε κι εμείς πολλά κακά;».

(Πλούταρχου, *Πύρρος, 14.* Μετάφραση)

Η εκστρατεία του Πύρρου στην Κάτω Ιταλία – Σικελία

λής ο συνωνόματός του βασιλιάς των Μολοσσών εξεστράτευε στην Ιταλία με σκοπό την κατάκτηση της Δύσης. Μετά το 331 π.Χ. το «κοινό» των Μολοσσών εντάχθηκε σε ένα οργανισμό, τη «συμμαχία των Ηπειρωτών», που ήταν μια συνομοσπονδία με επικεφαλής, πάλι, το βασιλιά των Μολοσσών και ένα ***συμβούλιο*** *από αντιπροσώπους των κρατών που την αποτελούσαν.*
Το 312 π.Χ. ο βασιλιάς ***Αλκέτας*** *αναμείχθηκε στους ανταγωνισμούς των διαδόχων του Μ. Αλεξάνδρου. Ο Κάσσανδρος κατάφερε να τον ανατρέψει και οι ίδιοι οι Ηπειρώτες τον δολοφόνησαν. Έξι χρόνια μετά ο γιός του* ***Πύρρος****, σε ηλικία 12 χρόνων, στέφθηκε βασιλιάς. Σ' αυτό βοήθησε μάλλον και ο Δημήτριος ο Πολιορκητής, που λίγο αργότερα νυμφεύθηκε την αδελφή του Πύρρου Δηιδάμεια. Στις αρχές του 3ου π.Χ. αιώνα τα μόνα ανεξάρτητα κράτη, εκτός της Μακεδονίας, ήταν η Ήπειρος, η Αιτωλία και η Σπάρτη.*
Το 288 π.Χ. ο Πύρρος, σε συνεργασία με το βασιλιά της Θράκης Λυσίμαχο, εισβάλλουν στη Μακεδονία, νικούν το Δημήτριο και μοιράζονται τα εδάφη του. Το 280 π.Χ. εκστρατεύει στην Ιταλία, νικά τους Ρωμαίους στην Ηράκλεια και φθάνει λίγα χιλιόμετρα έξω από τη Ρώμη. Παρά το γεγονός ότι νίκησε και στο

γ. ΤΟ ΡΩΜΑΪΚΟ ΚΡΑΤΟΣ

Οι αρχές και η οργάνωσή του

Οι αρχές του ρωμαϊκού κράτους

Η αρχή και το κέντρο του ρωμαϊκού κράτους ήταν η πόλη της Ρώμης, στο Λάτιο της Κεντρικής Ιταλίας, που φαίνεται ότι σχηματίστηκε γύρω στα τέλη του 7ου αιώνα π.Χ. από τη συνένωση μικρότερων οικισμών της περιοχής*. Το αρχαιότερο πολίτευμά της ήταν η βασιλεία. Για ένα διάστημα, στο β΄ μισό του 6ου αιώνα π.Χ., είναι πιθανό ότι η Ρώμη είχε περάσει στην κυριαρχία των γειτόνων της Ετρούσκων.

Το 509 π.Χ. διώχτηκε από τη Ρώμη ο τελευταίος βασιλιάς της. Τότε ίσως η πόλη απαλλάχτηκε και από την ετρουσκική κυριαρχία. Από τότε και για τέσσερις αιώνες το πολίτευμα του ρωμαϊκού κράτους ήταν η δημοκρατία.

* Οι πληροφορίες για την ίδρυση της Ρώμης είναι ελάχιστες και βασίζονται σε λίγα ανασκαφικά ευρήματα. Σύμφωνα με μεταγενέστερη παράδοση, χτίστηκε το 753 π.Χ.

Οι τάξεις στην αρχαία Ρώμη

Οι τάξεις των πολιτών στην αρχαία Ρώμη ήταν δύο· οι ***πατρίκιοι,*** πλούσιοι γαιοκτήμονες που κατάγονταν από παλιές αριστοκρατικές οικογένειες, και οι ***πληβείοι,*** οι φτωχότεροι Ρωμαίοι. Αρχικά, μετά την κατάργηση της βασιλείας, η εξουσία πέρασε στα χέρια των πατρικίων, που εκλέγονταν στα ανώτατα αξιώματα της πολιτείας και συγκροτούσαν το κύριο όργανο διακυβέρνησης, τη Σύγκλητο. Οι αγώνες όμως των πληβείων για απόκτηση δικαιωμάτων είχαν ως αποτέλεσμα να εξαλειφθούν σταδιακά οι διαφορές. Ως το α΄ τέταρτο του 3ου αιώνα π.Χ. οι δύο τάξεις είχαν συμβιβαστεί και η Ρώμη γνώρισε μια περίοδο εσωτερικής κοινωνικής ηρεμίας.

Τα όργανα εξουσίας

Τα κυριότερα όργανα εξουσίας στη Ρώμη, κατά την περίοδο της δημοκρατίας, ήταν τα ακόλουθα:

- **Η Σύγκλητος:** Ήταν ουσιαστικά το ανώτατο όργανο διακυβέρνησης της ρωμαϊκής δημοκρατίας και διαχειριζόταν τις σπουδαιότερες εσωτερικές και εξωτερικές υποθέσεις του κράτους. Τα μέλη της ήταν ισόβια και ο αριθμός τους άλλαζε κατά περιόδους. Ως τα μέσα του 4ου αιώνα π.Χ. οι αποφάσεις των λαϊκών συνελεύσεων έπρεπε να εγκριθούν από τη Σύγκλητο, για να

Ένα επεισόδιο από τη διαμάχη πατρικίων–πληβείων στην αρχαία Ρώμη

Επειδή η βουλή (Σύγκλητος) μέσα σε λίγο καιρό έκανε πολλές συνεδριάσεις χωρίς να πάρει καμιά απόφαση, γι' αυτό οι φτωχοί συγκεντρώθηκαν ξαφνικά και, παίρνοντας θάρρος ο ένας από τον άλλο, εγκαταλείψανε την πόλη και πήγανε στο όρος που το λένε Ιερό, κοντά στον ποταμό Ανίωνα, κι εγκαταστάθηκαν εκεί. Δεν έκαναν βέβαια καμιά στασιαστική ή βίαιη πράξη, αλλά φώναζαν ότι από τη Ρώμη τους διώξανε από καιρό οι πλούσιοι και ότι σε όποιο μέρος της Ιταλίας να πάνε, θα βρουν αέρα και νερό και τόπο να θαφτούν, ενώ μένοντας στη Ρώμη δεν κερδίζουν άλλο τίποτε, παρά μόνο να πληγώνονται και να σκοτώνονται στους πολέμους που κάνουν χάρη των πλουσίων. Τότε πια η βουλή φοβήθηκε κι έστειλε σ' αυτούς τους πιο μετριοπαθείς και πιο αγαπητούς στο λαό γέρους. Απ' αυτούς ανέλαβε να τους μιλήσει ο Μενήνιος Αγρίππας· πολλές παρακλήσεις έκανε στο λαό αλλά και πολλά είπε με θάρρος υπέρ της βουλής και τελειώνοντας το λόγο του είπε το μύθο αυτό, που από τότε έγινε περίφημος: «Κάποτε επαναστατήσανε εναντίον της κοιλιάς τα άλλα μέλη του σώματος και την κατηγορούσαν ότι μονάχα αυτή καθόταν στο σώμα χωρίς να κάνει καμιά δουλειά και χωρίς να προσφέρει τίποτε, ενώ όλα τα άλλα μέλη, για να της κάνουν τις ορέξεις, υποφέρανε πολλούς κόπους κι έκαναν πολλές υπηρεσίες. Η κοιλιά όμως γελούσε με την ανοησία τους, γιατί δεν ήξεραν ότι ναι, βέβαια, εκείνη παίρνει όλη την τροφή, αλλά αυτή η ίδια πάλι τη διώχνει από τον εαυτό της και τη μοιράζει σε όλα τα άλλα μέλη. Τέτοια, τους είπε, είναι η σχέση της Συγκλήτου μ' εσάς, πολίτες. Γιατί όσα αποφασίζει και κάνει εκείνη για την οικονομία που αρμόζει στην πόλη, αυτά φέρνουν και μοιράζουν σε σας καθετί το χρήσιμο και το ωφέλιμο».

Από τότε συμφιλιώθηκαν, αφού οι πληβείοι ζήτησαν και πέτυχαν από τη βουλή να εκλέγουν πέντε άνδρες, αυτούς που σήμερα ονομάζονται δήμαρχοι, για προστάτες εκείνων που έχουν ανάγκη βοήθειας.

(Πλούταρχου, *Κοριολανός*, 6–7. Μετάφρ. Α. Πουρνάρα)

ισχύσουν. Ο θεσμός υπήρχε από την περίοδο της βασιλείας, αλλά τότε είχε μόνο συμβουλευτικό χαρακτήρα.

- **Οι λαϊκές συνελεύσεις:** Σ' αυτές έπαιρναν μέρος όλοι οι Ρωμαίοι πολίτες που ήταν μάχιμοι. Δέχονταν ή απέρριπταν τα νομοσχέδια, εξέλεγαν τα ανώτατα κρατικά όργανα, αποφάσιζαν για πόλεμο ή ειρήνη και για άλλα σοβαρά θέματα. Και οι λαϊκές συνελεύσεις ήταν παλιός θεσμός, που υπήρχε και κατά την εποχή της βασιλείας.
- **Οι 2 ύπατοι:** Οι δύο ύπατοι ήταν αιρετοί άρχοντες και η θητεία τους διαρκούσε ένα χρόνο. Είχαν την αρχηγία του στρατού και αρχικά στο σπουδαίο αυτό αξίωμα εκλέγονταν μόνο οι πατρίκιοι. Ο θεσμός των υπάτων καθιερώθηκε μετά την κατάργηση της βασιλείας.
- **Οι δήμαρχοι:** Οι δήμαρχοι ήταν αιρετοί άρχοντες και η τους διαρκούσε ένα χρόνο. Αν κάποια απόφαση της Συγκλήτου ή των άλλων αρχόντων έβλαπτε, κατά τη γνώμη τους, τα συμφέροντα των πληβείων, είχαν το δικαίωμα να την απορρίψουν και να εμποδίσουν την εφαρμογή της (δικαίωμα του VETO). Οι δήμαρχοι ήταν ακόμη πρόεδροι των λαϊκών συνελεύσεων και μπορούσαν να εισηγηθούν σ' αυτές νόμους για ψήφιση. Ο θεσμός των δημάρχων ήταν μια κατάκτηση των πληβείων.

Άσκλο (279) οι απώλειές του ήταν μεγάλες. Την επόμενη χρονιά έρχεται στη Σικελία που κινδύνευε από τους Καρχηδονίους. Γίνεται ενθουσιωδώς δεκτός από τους Έλληνες που τον αναγνωρίζουν βασιλιά τους. Μετά από ορισμένες επιτυχίες που έχει εκεί, θέλει να μεταφέρει τον πόλεμο στη Λιβύη. Διαφωνούν οι Σικελιώτες και αυτός αποχωρεί. Σε μια δεύτερη εκστρατεία του στην Ιταλία (276-5) ηττάται από τους Ρωμαίους στο Βενεβέντο και τα όνειρα του για κατάκτηση της Δύσης σβήνουν οριστικά. Όταν επιστρέφει στην Ήπειρο, ασχολείται αποκλειστικά με την επέκταση της συμμαχίας και δε διστάζει να εκστρατεύσει μέχρι την Πελοπόννησο. Την εποχή του και για ορισμένα τουλάχιστον διαστήματα η Ήπειρος ήταν το ισχυρότερο κράτος της Ελλάδας.

Το ρωμαϊκό κράτος γίνεται μεγάλη δύναμη

Η Ρώμη κυριαρχεί στην Ιταλία

Το μικρό αρχικά κράτος της Ρώμης άρχισε σιγά σιγά, με νικηφόρους πολέμους εναντίον των γειτονικών λαών, να επεκτείνεται εδαφικά και να ισχυροποιείται. Στις αρχές του 4ου αιώνα π.Χ. (390) εισέβαλαν στην Ιταλία οι Γαλάτες, κατέλαβαν τη Ρώμη και τη λεηλάτησαν. Γρήγορα όμως, μετά την αποχώρηση των Γαλατών, οι Ρωμαίοι συνήλθαν από το πλήγμα, συνέχισαν τους αγώνες εναντίον των γειτόνων τους και στις αρχές του 3ου αιώνα π.Χ. είχαν κατορθώσει να κυριαρχήσουν στην Κεντρική Ιταλία.

Στη συνέχεια οι Ρωμαίοι στράφηκαν προς τη Νότια Ιταλία. Όπως είδαμε, οι προσπάθειες του Πύρρου να τους αναχαιτίσει δεν είχαν αποτέλεσμα. Έτσι έγιναν κύριοι της Νότιας Ιταλίας, υποτάσσοντας και τις ελληνικές πόλεις που υπήρχαν εκεί.

Σύγκρουση με την Καρχηδόνα

Από τα μέσα του 3ου αιώνα π.Χ. οι Ρωμαίοι ήρθαν σε σύγκρουση με την Καρχηδόνα, που την εποχή εκείνη κυριαρχούσε στη Δυτική Μεσόγειο με τον ισχυρό της στόλο. Τη σύγκρουση έκανε αναπόφευκτη η επεκτατική πολιτική των δύο κρατών και, στην αρχή τουλάχιστο, η επιθυμία τους να κυριαρχήσουν στην πλούσια Σικελία.

Α΄ καρχηδονιακός πόλεμος (264–241 π.Χ.)

Στην πρώτη φάση των συγκρούσεων (Α΄ καρχηδονιακός πόλεμος, 264–241 π.Χ.) οι αντίπαλοι πολέμησαν κυρίως στη Σικελία και στη θάλασσα. Οι Ρωμαίοι, με σύμμαχο τον τύραννο των Συρακουσών Ιέρωνα, κατόρθωσαν τελικά να νικήσουν τους Καρχηδόνιους και το 241 π.Χ. υπογράφτηκε ειρήνη. Η Καρχηδόνα αναγκάστηκε να πληρώσει πολεμική αποζημίωση και να αναγνωρίσει την κυριαρχία της Ρώμης στη Σικελία. Έτσι οι Ρωμαίοι έγιναν κύριοι ολόκληρου του νησιού εκτός από τις Συρακούσες, που έμειναν στον Ιέρωνα.

Β΄ καρχηδονιακός πόλεμος (218–201 π.Χ.)

Ο ανταγωνισμός όμως μεταξύ των δύο δυνάμεων δε σταμάτησε και σε λίγα χρόνια ξέσπασε ο Β΄ καρχηδονιακός πόλεμος (218–201 π.Χ.). Ο ικανότατος Καρχηδόνιος στρατηγός Αννίβας, ξεκινώντας από την Ισπανία,που την είχαν κατακτήσει στο μεταξύ οι Καρχηδόνιοι, προχώρησε οδηγώντας μεγάλο στρατό και εισέβαλε στη Βόρεια Ιταλία, αφού πέρασε τις Άλπεις. Οι Ρωμαίοι προσπάθησαν να τον σταματήσουν αλλά ο Αννίβας τους νίκησε επανειλημμένα. Ιδιαίτερα οδυνηρές για τους Ρωμαίους ήταν οι ήττες τους στη λίμνη Τρανσιμένη (217 π.Χ.) και στις Κάννες (216 π.Χ.), όπου εξοντώθηκαν ολόκληρες ρωμαϊκές στρατιές.

Μετά τη νίκη του στις Κάννες ο Αννίβας έγινε κύριος της Νότιας Ιταλίας. Τότε συμμάχησαν μαζί του ο βασιλιάς της Μακεδονίας Φίλιππος Ε΄ και οι Συρακούσιοι. Ωστόσο η θέση του Καρχηδόνιου στρατηγού δεν ήταν τόσο ευχάριστη. Η Ρώμη κρατούσε σταθερά την Κεντρική Ιταλία και οι δυνάμεις της φαινόταν να είναι ανεξάντλητες. Αντίθετα η Καρχηδόνα δε βοηθούσε τον Αννίβα όσο έπρεπε.

Σιγά σιγά οι Ρωμαίοι πήραν την πρωτοβουλία των επιχειρήσεων. Υπέταξαν ολόκληρη τη Σικελία, αφού κατέλαβαν μετά από πολιορκία και τις Συρακούσες (212 π.Χ.), κατέλαβαν σημαντικές θέσεις των Καρχηδονίων στην Ισπανία και πίεζαν στην Ιταλία τον Αννίβα. Ο τελευταίος επιχείρησε, για αντιπερισπασμό, να επιτεθεί εναντίον της Ρώμης, χωρίς όμως επιτυχία.

Και ενώ η θέση του Αννίβα στην Ιταλία γινόταν όλο και πιο δύσκολη, οι Ρωμαίοι με το στρατηγό Κορνήλιο Σκιπίωνα αποβιβάστηκαν το

Αναγνώριση της στρατηγικής ικανότητας του Αννίβα από Ρωμαίο συγγραφέα

Θα πήγαινε πολύ ν' αναφέρει κανείς μία μία όλες τις μάχες. Όμως, για να γίνει κατανοητό πόσο σπουδαίος ήταν εκείνος (ο Αννίβας), φτάνει να πούμε τούτο μόνο: όσο καιρό βρισκόταν στην ιταλια, κανείς δεν μπόρεσε να τον νικήσει σε σύγκρουση κατά μέτωπο· κι ακόμη, μετά τη μάχη στις Κάννες, κανείς δεν τόλμησε να παραταχθεί σε ανοιχτό χώρο, για να τον αντιμετωπίσει.

(Κ. Νέποτα, *Αννίβας*, *5.4*. Ελεύθερη απόδοση)

Ο β΄ καρχηδονιακός πόλεμος

205 π.Χ. στην Αφρική και απείλησαν την ίδια την Καρχηδόνα. Μπροστά στον κίνδυνο οι Καρχηδόνιοι αναγκάστηκαν να ανακαλέσουν τον Αννίβα από την Ιταλία κι αυτός έσπευσε να υπερασπιστεί την πατρίδα του. Σε μια μεγάλη μάχη που έγινε στη Ζάμα το 202 π.Χ. οι Καρχηδόνιοι νικήθηκαν και αναγκάστηκαν να υπογράψουν ταπεινωτική ειρήνη. Σύμφωνα με τους όρους της, έχασαν όλες τις κτήσεις που είχαν έξω από την Αφρική, παρέδωσαν τον πολεμικό τους στόλο στη Ρώμη και πλήρωσαν πολύ μεγάλη πολεμική αποζημίωση*.

Η Ρώμη μεγάλη δύναμη

Μετά το Β΄ καρχηδονιακό πόλεμο η Καρχηδόνα έπαψε να είναι μεγάλη δύναμη στη Δύση και περιορίστηκε στο αφρικανικό της έδαφος, ώσπου καταστράφηκε ολότελα από τους Ρωμαίους το 146 π.Χ. Αντίθετα η Ρώμη έγινε πολύ ισχυρή και κυριάρχησε στη Δυτική Μεσόγειο, χωρίς αντίπαλο πια.

---

* Για τη νίκη του κατά των Καρχηδονίων στη Ζάμα, ο Σκιπίων πήρε την επωνυμία «Αφρικανός».

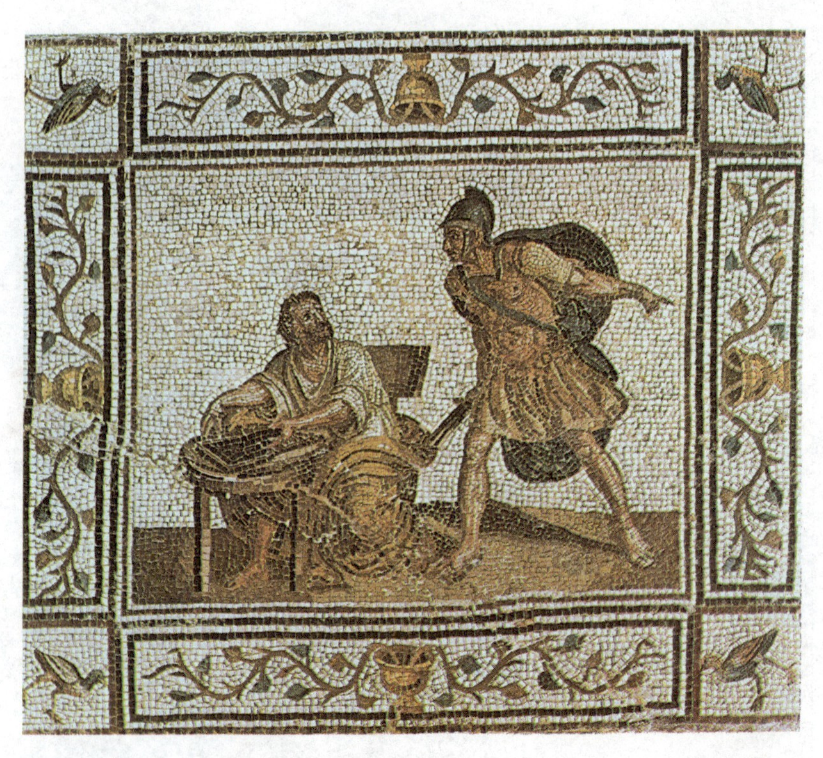

Στο ψηφιδωτό της εικόνας έχει παρασταθεί η στιγμή του φόνου του Αρχιμήδη από ένα Ρωμαίο στρατιώτη όταν, το 212 π.Χ., ο ρωμαϊκός στρατός κατέλαβε, μετά από πολιορκία, τις Συρακούσες. Τη στιγμή εκείνη ο περίφημος μαθηματικός μελετούσε.

Πριν ακόμη τελειώσει ο Β΄ καρχηδονιακός πόλεμος, οι Ρωμαίοι είχαν αρχίσει να στρέφονται προς την ελληνιστική Ανατολή και είχαν αναμειχθεί στα ελληνικά πράγματα. Τη ρωμαϊκή διείσδυση στην Ανατολή, που κατέληξε τελικά στην υποταγή της από τους Ρωμαίους, διευκόλυνε και ο ανταγωνισμός ανάμεσα στα ελληνικά κράτη και η εσωτερική κρίση που περνούσαν.

δ. Η ΥΠΟΤΑΓΗ ΤΗΣ ΕΛΛΑΔΑΣ ΚΑΙ ΤΩΝ ΕΛΛΗΝΙΣΤΙΚΩΝ ΜΟΝΑΡΧΙΩΝ ΣΤΗ ΡΩΜΗ

Η Ανατολή στα τέλη του 3ου αιώνα π.Χ.

Ενώ στη Δύση η Ρώμη είχε ήδη εξελιχθεί σε ισχυρή δύναμη, στην Ανατολή εξακολουθούσε ο ανταγωνισμός και οι διαρκείς συγκρούσεις ανάμεσα στα ελληνιστικά κράτη. Προς τα τέλη του 3ου αιώνα π.Χ. η κατάσταση είχε διαμορφωθεί ως εξής:

Εσωτερικές εξεγέρσεις των ντόπιων αλλά και δυναστικές έριδες είχαν αποδυναμώσει την πολύ ισχυρή άλλοτε Αίγυπτο. Αντίθετα τα βασίλεια των Σελευκιδών, με τον Αντίοχο Γ΄ (223–187 π.Χ.), και της Μακεδονίας, με το Φίλιππο Ε΄ (221-179 π.Χ.), ήταν ισχυρά και, επωφελούμενα από την παρακμή της Αιγύπτου, επιδίωκαν να αποσπάσουν τις εξωτερικές της κτήσεις· ο Αντίοχος Γ΄ το νότιο τμήμα της Συρίας και τις αιγυπτιακές κτήσεις στη Νοτιοδυτική Μ. Ασία, ο Φίλιππος Ε΄ τις αιγυπτιακές κτήσεις στη Βορειοδυτική Μ. Ασία και τη Θράκη. Οι επιδιώξεις αυτές ανησυχούσαν το βασίλειο του Περγάμου και το κράτος της Ρόδου, γιατί απειλούσαν τα συμφέροντά τους στο Αιγαίο και στο μικρασιατικό χώρο.

Στον κυρίως ελληνικό χώρο συνεχιζόταν η προσπάθεια της Μακεδονίας να επιβληθεί στα νοτιότερα ελληνικά κράτη, που κι αυτά δεν ομονοούσαν μεταξύ τους. Την αντιμακεδονική κίνηση στη Νότια Ελλάδα εκπροσωπούσε κυρίως η ισχυρή Αιτωλική Συμπολιτεία.

Στο μεταξύ οι Ρωμαίοι είχαν κάνει κιόλας το πρώτο βήμα προς την Ανατολή. Για να εξουδετερώσουν τις επιδρομές των Ιλλυριών πειρατών στην Αδριατική, είχαν καταλάβει τμήματα των ακτών της Ιλλυρίας και την Κέρκυρα (228 π.Χ.). Το γεγονός αυτό ανησύχησε τότε μόνο τη Μακεδονία, με την οποία γειτόνευαν οι ρωμαϊκές κτήσεις στην Ιλλυρία.

Ο Α΄ μακεδονικός πόλεμος (215–205 π.Χ.)

Εμφύλιες διαμάχες στην Ελλάδα

Το 220 π.Χ. άρχισε στην Ελλάδα ένας ακόμη εμφύλιος πόλεμος, με κύριους αντίπαλους την Αιτωλική Συμπολιτεία και τη Μακεδονία*. Ο Φίλιππος Ε΄ είχε σημαντικές στρατιωτικές επιτυχίες, αλλά φρόντισε να σταματήσει τον πόλεμο το 217 π.Χ. Είχε μάθει τις μεγάλες νίκες του Αννίβα στην Ιταλία και πίστεψε πως του δινόταν μια ευκαιρία για να διώξει τους Ρωμαίους από τις ιλλυρικές ακτές. Θα πρέπει να σημειωθεί ότι τότε, στο συνέδριο της ειρήνης που έγινε το 217 π.Χ., επισημάνθηκε για πρώτη φορά από τον Αιτωλό πολιτικό Αγέλαο ο κίνδυνος που απειλούσε την Ελλάδα από τη δύση και η ανάγκη για ομόνοια μεταξύ των Ελλήνων.

Α΄ μακεδονικός πόλεμος (215–205 π.Χ.)

Το 215 π.Χ. ο Φίλιππος Ε΄, αφού, όπως έχουμε αναφέρει, έκλεισε συμμαχία με τον Αννίβα, επιτέθηκε εναντίον των ρωμαϊκών κτήσεων στην Ιλλυρία. Έτσι άρχισε ο λεγόμενος Α΄ μακεδονικός πόλεμος. Η Ρώμη ήταν τότε σοβαρά απασχολημένη με το Β΄ καρχηδονιακό πόλεμο. Μαζί της όμως, από αντίδραση στη Μακεδονία, συμμάχησαν οι Αιτωλοί, οι Σπαρτιάτες, το Πέργαμο και άλλοι Έλληνες. Ο πόλεμος απλώθηκε σ' ένα μεγάλο μέρος του ελληνικού χώρου, ήταν αμφίρροπος και προκάλεσε πολλές καταστροφές. Τέλος, το 205 π.Χ., έγινε ει-

---

* Με την Αιτωλική Συμπολιτεία είχαν ταχθεί οι Σπαρτιάτες και οι Ηλείοι, ενώ με τη Μακεδονία η Αχαϊκή Συμπολιτεία, οι Βοιωτοί, οι Φωκείς, οι Ηπειρώτες και οι Ακαρνάνες.

ρήνη. Οι Ρωμαίοι κράτησαν τις κτήσεις τους στην Ιλλυρία, ενώ το Φίλιππο απασχολούσε τώρα περισσότερο η τύχη των αιγυπτιακών κτήσεων στη Μ. Ασία και το Αιγαίο.

Ο Β΄ μακεδονικός πόλεμος (200–197 π.Χ.)

Σύμφωνο Φιλίππου Ε΄ Αντίόχου Γ΄

Το 203 π.Χ. ο Φίλιππος Ε΄ της Μακεδονίας και ο Σελευκίδης Αντίοχος Γ΄ έκαναν μυστική συμφωνία για τη διανομή των εξωτερικών κτήσεων της Αιγύπτου. Ο Φίλιππος άρχισε μάλιστα επιχειρήσεις στις περιοχές των παραλίων της Μ. Ασίας και στα νησιά του Αιγαίου. Οι ενέργειές του όμως αυτές προκάλεσαν την αντίδραση του Περγάμου και της Ρόδου που, μαζί με την Αίγυπτο, ζήτησαν τη βοήθεια της Ρώμης.

Β΄ μακεδονικός πόλεμος (200–197 π.Χ.)

Η Ρώμη, μετά το νικηφόρο γι' αυτήν τέλος του Β΄ καρχηδονιακού πολέμου, είχε στρέψει τις επεκτατικές βλέψεις της προς την Ανατολή. Στην πραγματοποίηση των σχεδίων της σπουδαιότερο εμπόδιο ήταν το ισχυρό κράτος της Μακεδονίας, που ο βασιλιάς του δεν είχε διστάσει να συμμαχήσει, όπως είδαμε, με τον Αννίβα. Δέχτηκε λοιπόν πρόθυμα την πρόσκληση για βοήθεια, που ήταν μια ευκαιρία να αναμειχθεί στα ελληνικά πράγματα. Έτσι άρχισε ο Β΄ μακεδονικός πόλεμος (200–197 π.Χ.).

Για να πάρουν με το μέρος τους τα ελληνικά κράτη της Νότιας Ελλάδας, οι Ρωμαίοι παρουσιάστηκαν σαν υπερασπιστές της ελευθερίας των Ελλήνων. Το προπαγανδιστικό αυτό σύνθημα αλλά και οι φιλορωμαϊκές τάσεις των εύπορων τάξεων και των ολιγαρχικών στην Ελλάδα, είχαν ως αποτέλεσμα να συμμαχήσουν με τους Ρωμαίους πολλές ελλη-

Νόμισμα που εικονίζει το Φίλιππο Ε΄, τον τελευταίο σημαντικό Μακεδόνα βασιλιά.

Οι Ρωμαίοι παραχωρούν στους Έλληνες «ελευθερία»

Τότε λοιπόν γίνονταν οι γιορτές των Ισθμίων. Πλήθος θεατές κάθονταν στο στάδιο, παρακολουθώντας τα αθλητικά αγωνίσματα...Σε μια στιγμή ήχησε η σάλπιγγα, επιβάλλοντας στα πλήθη τη σιγή· στη μέση του στίβου προχώρησε ο κήρυκας και διακήρυξε ότι η σύγκλητος των Ρωμαίων και ο στρατηγός–ύπατος Τίτος Κοΐντιος, αφού καταπολέμησαν το βασιλιά Φίλιπ-

νικές πόλεις, καθώς και οι δύο μεγάλες συμπολιτείες· πρώτα η Αιτωλική και στη συνέχεια η Αχαϊκή.

Οι πολεμικές επιχειρήσεις ήταν στην αρχή αμφίρροπες. Τον τρίτο όμως χρόνο του πολέμου ο Ρωμαίος ύπατος Φλαμινίνος, με ρωμαϊκό και ελληνικό συμμαχικό στρατό, πέτυχε αποφασιστική νίκη εναντίον των Μακεδόνων στη θέση Κυνός Κεφαλές της Θεσσαλίας (Ιούνιος του 197 π.Χ.). Ο Φίλιππος Ε΄ αναγκάστηκε να ζητήσει ειρήνη. Σύμφωνα με τους όρους της, έχανε όλες τις κτήσεις του στη Μ. Ασία και τη Νότια Ελλάδα και υποχρεώθηκε να περιοριστεί στα μακεδονικά εδάφη. Παρέδωσε ακόμη τον πολεμικό του στόλο και πλήρωσε στη Ρώμη πολεμική αποζημίωση.

Η ρωμαϊκή «ελευθερία»

Το καλοκαίρι του 196 π.Χ. ο ύπατος Φλαμινίνος διακήρυξε στην Κόρινθο την «ελευθερία» των πόλεων της Νότιας Ελλάδας από τη μακεδονική κυριαρχία. Οι Έλληνες βιάστηκαν να πανηγυρίσουν· στην πραγματικότητα τότε άρχιζε η υποδούλωσή τους.

Οι Ρωμαίοι έμειναν στον ελληνικό χώρο ακόμη δύο χρόνια. Στο διάστημα αυτό ταχτοποίησαν την κατάσταση όπως συνέφερε στους ίδιους και εγκατέστησαν παντού ολιγαρχικούς φιλορωμαίους άρχοντες. Τέλος, αφού κράτησαν ορισμένες καίριες θέσεις, όπως τη Χαλκίδα και τη Δημητριάδα, έφυγαν παίρνοντας μαζί τους μεγάλες ποσότητες λαφύρων, που είχαν αρπάξει από τις ελληνικές πόλεις.

Ο αντιοχικός ή συριακός πόλεμος (192–188 π.Χ.)

Η προώθηση του Αντίοχου Γ΄ στη Μ. Ασία

Ο Αντίοχος Γ΄ επωφελήθηκε από το Β΄ μακεδονικό πόλεμο για να ισχυροποιήσει το κράτος του και να το επεκτείνει, κατακτώντας τις εξωτερικές αιγυπτιακές κτήσεις. Έτσι, αφού κατέλαβε τη Νότια Συρία, εισέβαλε το 197 π.Χ. με μεγάλες δυνάμεις στη Μ. Ασία, κατέλαβε πολλές πόλεις που ανήκαν στους Πτολεμαίους και έφτασε ως τις ευ-

πο* και τους Μακεδόνες, αφήνουν αφρούρητους και ελεύθερους και αφορολόγητους, με το δικαίωμα να ακολουθούν τους πάτριους νόμους των, τους Κορίνθιους, Λοκρούς, Φωκείς, Ευβοείς, Αχαιούς, Φθιώτες, Μάγνητες, Θεσσαλούς και Περραιβούς. Στην αρχή δεν ακούστηκε το κήρυγμα πολύ καθαρά κι ήταν πολλοί που δεν τ' άκουσαν καθόλου· δημιουργήθηκε λοιπόν στο στάδιο μια κίνηση του πλήθους, γεμάτη ανησυχία και θόρυβο· απορούσαν, ρωτούσαν τι ειπώθηκε και ζητούσαν ν' απαγγελθεί πάλι το κήρυγμα. Όταν λοιπόν έγινε ξανά ησυχία και ο κήρυκας υψώνοντας τη φωνή σε ζωηρότερο τόνο έκανε ώστε ν' ακουστεί απ' όλους το κήρυγμα, μια χαρούμενη κραυγή, απίστευτα δυνατή, απλώθηκε ως τη θάλασσα, ενώ το θέατρο είχε σηκωθεί όρθιο και κανείς δεν έδινε προσοχή στους αγωνιζόμενους αθλητές. Όλοι αναπηδούσαν κι έτρεχαν να χαιρετήσουν και να προσφωνήσουν το σωτήρα και υπερασπιστή της Ελλάδας...

(Πλούταρχου, *Τίτος Φλαμινίνος, 10.* Μετάφρ. Α. Λαζάρου)

* Το Φίλιππο Ε΄

ρωπαϊκές ακτές του Ελλήσποντου. Το 195 π.Χ. κατέφυγε σ' αυτόν και ο Αννίβας.

Ο αντιοχικός πόλεμος (192–188 π.Χ.)

Στον κυρίως ελληνικό χώρο οι Έλληνες συνειδητοποιούσαν όλο και περισσότερο τι σήμαινε γι' αυτούς η ελευθερία που τους είχαν παραχωρήσει οι Ρωμαίοι και άρχισαν να αντιδρούν. Πρώτοι κινήθηκαν οι Αιτωλοί και κάλεσαν για βοήθεια τον Αντίοχο. Ο τελευταίος πέρασε με στρατό στην Ελλάδα και, για να πάρει με το μέρος του τις ελληνικές πόλεις, διακήρυξε ότι ερχόταν σαν ελευθερωτής των Ελλήνων από τη ρωμαϊκή κυριαρχία. Παρά τη γενική δυσαρέσκεια όμως που υπήρχε κατά των Ρωμαίων, οι διακηρύξεις αυτές δεν είχαν μεγάλη απήχηση. Εκτός από τους Αιτωλούς και του Βοιωτούς, που συμμάχησαν μαζί του, η Μακεδονία, η Αθήνα, η Αχαϊκή Συμπολιτεία, το Πέργαμο και η Ρόδος τάχθηκαν με τους Ρωμαίους. Ο πόλεμος που ακολούθησε είναι γνωστός με την ονομασία αντιοχικός ή συριακός πόλεμος (192–188 π.Χ.).

Οι πρώτες συγκρούσεις έγιναν σε ελληνικό έδαφος. Οι Ρωμαίοι και οι σύμμαχοί τους νίκησαν τον Αντίοχο στις Θερμοπύλες και τον ανάγκασαν να φύγει για τη Μ. Ασία, όπου συνεχίστηκαν οι επιχειρήσεις. Τέλος, ο Αντίοχος νικήθηκε το 190 π.Χ. και ζήτησε ανακωχή.

Η ειρήνη και οι ρωμαϊκές ρυθμίσεις

Σύμφωνα με τους όρους της ειρήνης, που υπογράφτηκε το 188 π.Χ., ο Αντίοχος παραιτήθηκε από τις διεκδικήσεις του σε μικρασιατικά εδάφη δυτικά της οροσειράς του Ταύρου, παρέδωσε στους Ρωμαίους τον πολεμικό του στόλο και τους πολεμικούς του ελέφαντες και υποχρεώθηκε να πληρώσει πολύ μεγάλη πολεμική αποζημίωση. Θα έπρεπε ακόμη να παραδώσει στους Ρωμαίους και τον Αννίβα. Ο τελευταίος όμως προτίμησε να αυτοκτονήσει, για να μην πέσει στα χέρια των άσπονδων εχθρών του.

Από τις μικρασιατικές πόλεις που είχε καταλάβει ο Αντίοχος, οι Ρωμαίοι άλλες παραχώρησαν στα συμμαχικά τους κράτη του Περγάμου και της Ρόδου κι άλλες άφησαν ανεξάρτητες. Μετά τον πόλεμο αυτό και την ήττα του Αντίοχου, που πέθανε το 187 π.Χ., άρχισε η οριστική παρακμή του κράτους των Σελευκιδών.

Στην Ελλάδα, οι Αιτωλοί υποχρεώθηκαν να είναι σύμμαχοι των Ρωμαίων και να έχουν τους ίδιους εχθρούς και φίλους. Έτσι η Αιτωλική Συμπολιτεία πέρασε στην επικυριαρχία των Ρωμαίων και έχασε την πολιτική σημασία της.

Ο Γ΄ μακεδονικός πόλεμος (171–168 π.Χ.). Η υποταγή της Μακεδονίας στους Ρωμαίους

Ετοιμασίες για τον πόλεμο

Στον πόλεμο εναντίον του Αντίοχου Γ΄ ο Φίλιππος Ε΄ είχε συμμαχήσει, όπως είδαμε, με τους Ρωμαίους. Αυτό το έκανε και γιατί είχε προ-

Στο νόμισμα αυτό εικονίζεται ο Περσέας, ο γιος του Φιλίππου Ε΄, τελευταίος Μακεδόνας βασιλιάς. Η ήττα του στην Πύδνα το 168 π.Χ. σήμανε το τέλος του μακεδονικού κράτους.

Αριστερά:

Ο βασιλιάς της Συρίας Αντίοχος Γ΄. Οι μεγάλες φιλοδοξίες του εξανεμίστηκαν μετά την ήττα του από τους Ρωμαίους στον «αντιοχικό» πόλεμο (192–188 π.Χ.).

βλέψει την ήττα του Σελευκίδη βασιλιά αλλά, κυρίως, γιατί, ήθελε να κερδίσει χρόνο και να ανορθώσει το κράτος του από τον κλονισμό που είχε προκαλέσει ο Β΄ μακεδονικός πόλεμος.

Πραγματικά η Μακεδονία γρήγορα ισχυροποιήθηκε και πάλι και ο Φίλιππος Ε΄ άρχισε να ετοιμάζεται για να αντιμετωπίσει ένα νέο πόλεμο κατά των Ρωμαίων. Τις ετοιμασίες συνέχισε ο γιος του Φιλίππου Περσέας, που διαδέχτηκε τον πατέρα του στο θρόνο της Μακεδονίας το 179 π.Χ.

Παράλληλα όμως ετοιμάζονταν και οι Ρωμαίοι για μια τελική αναμέτρηση με τη Μακεδονία. Κατόρθωσαν μάλιστα να απομονώσουν διπλωματικά τον Περσέα, που δεν μπόρεσε να βρει συμμάχους στη Νότια Ελλάδα. Με το μέρος του τάχθηκαν, στη διάρκεια του πολέμου που ακολούθησε, οι Ιλλυριοί και οι Ηπειρώτες.

Ο Γ΄ μακεδονικός πόλεμος (171–168 π.Χ.)

Ο Γ΄ μακεδονικός πόλεμος άρχισε το 171 π.Χ. Τα δύο πρώτα χρόνια του ο Περσέας σημείωσε αρκετές στρατιωτικές επιτυχίες. Η μάχη όμως που έκρινε τον πόλεμο, και την τύχη του βασιλείου της Μακεδονίας έγινε τον Ιούνιο του 168 π.Χ. στην Πύδνα. Οι Ρωμαίοι με τον ύπατο Αιμίλιο Παύλο νίκησαν το στρατό του Περσέα. Ο τελευταίος βασιλιάς της Μακεδονίας αναγκάστηκε να παραδοθεί στους αντιπάλους του και πέθανε αργότερα στην αιχμαλωσία.

Το τέλος του βασιλείου της Μακεδονίας

Η νίκη των Ρωμαίων στην Πύδνα σήμανε και το τέλος του ανεξάρτητου βασιλείου της Μακεδονίας. Η χώρα διαιρέθηκε σε τέσσερα αυτόνομα τμήματα («μερίδες»), που ήταν υποχρεωμένα να πληρώνουν φόρο στους Ρωμαίους, και στους Μακεδόνες επιβλήθηκαν πολλοί περιορισμοί. Το ίδιο καθεστώς επιβλήθηκε και στην Ιλλυρία, που διαιρέθηκε σε τρία τμήματα.

Ιδιαίτερα σκληρή ήταν η τιμωρία της Ηπείρου, που είχε συμμαχήσει με τον Περσέα. Οι πόλεις της λεηλατήθηκαν και καταστράφηκαν από το ρωμαϊκό στρατό και χιλιάδες Ηπειρώτες πουλήθηκαν ως δούλοι.

Αναπαράσταση του αναθήματος του Αιμίλιου Παύλου στο ιερό του Απόλλωνα στους Δελφούς, που ιδρύθηκε για τη νίκη του στην Πύδνα, το 168 π.Χ., εναντίον του Περσέα. Ο Αιμίλιος Παύλος χρησιμοποίησε για το ανάθημα το βάθρο που είχε στήσει ο ίδιος ο Περσέας, με σκοπό να ιδρύσει πάνω σ' αυτό ένα δικό του χρυσό ανδριάντα. Στην ανάγλυφη διακόσμηση του βάθρου εικονίζονται μάχες μεταξύ Μακεδόνων και Ρωμαίων.

Λάφυρα αρπαγμένα από την Ελλάδα και ο νικημένος βασιλιάς της Μακεδονίας Περσέας κοσμούν το «θρίαμβο»* που έκανε ο στρατηγός Αιμίλιος Παύλος στη Ρώμη, μετά τη νίκη του στην Πύδνα

Η όλη πομπή του «θριάμβου» μοιράστηκε σε τρεις μέρες. Η πρώτη μόλις έφτασε για τη θεαματική επίδειξη των λαφυραγωγημένων αγαλμά-

* Θρίαμβος: Ένα είδος παρέλασης που συνηθιζόταν να κάνουν οι νικητές Ρωμαίοι στρατηγοί, για να επιδείξουν στο λαό της Ρώμης τα λάφυρα που είχαν κερδίσει στον πόλεμο και τους εχθρούς που είχαν υποτάξει.

Στην υπόλοιπη Ελλάδα οι Ρωμαίοι πήραν αυστηρά μέτρα, για να προλάβουν κάθε αντίδραση που θα μπορούσε να δημιουργήσει το γεγονός ότι υπήρχε γενική δυσαρέσκεια εναντίον τους, ιδιαίτερα στα λαϊκά στρώματα. Ενισχύθηκαν τα φιλορωμαϊκά ολιγαρχικά καθεστώτα των πόλεων και έγιναν διωγμοί των αντιρωμαϊκών στοιχείων. Η Αχαϊκή Συμπολιτεία υποχρεώθηκε να παραδώσει στους Ρωμαίους 1000 από τους πιο επιφανείς πολίτες της ως ομήρους.

Μέτρα των Ρωμαίων στην υπόλοιπη Ελλάδα

Αλλά και το καθεστώς που είχε επιβληθεί στη Μακεδονία δε διατηρήθηκε πολύ. Ο λαός βρισκόταν σε κατάσταση εξέγερσης και όταν, το 150 π.Χ., εμφανίστηκε κάποιος Ανδρίσκος, που ισχυρίστηκε ότι ήταν γιος του Περσέα, και κάλεσε τους Μακεδόνες σε αγώνα κατά των Ρωμαίων, όλη η χώρα επαναστάτησε. Η εξέγερση όμως αυτή καταπνίγηκε εύκολα από τους Ρωμαίους το 148 π.Χ. και το επιφανειακά ανεξάρτητο καθεστώς καταργήθηκε· η Μακεδονία, η Νότια Ιλλυρία, η Ήπειρος και η Θεσσαλία αποτέλεσαν μαζί μια ρωμαϊκή επαρχία, την πρώτη στην Ανατολή, που τη διοικούσε Ρωμαίος διοικητής με έδρα του τη Θεσσαλονίκη.

Η Μακεδονία γίνεται ρωμαϊκή επαρχία

Η υποταγή της Νότιας Ελλάδας στους Ρωμαίους

Την εποχή που οι Ρωμαίοι υπέταξαν τη Μακεδονία, η κατάσταση στη Νότια Ελλάδα ήταν εξαιρετικά ταραγμένη. Ο λαός έτρεφε έντονα αντιρωμαϊκά αισθήματα και αντιμετώπιζε τους άρχοντες που είχαν επιβάλει οι Ρωμαίοι σαν εχθρούς. Ιδιαίτερα έντονη αντίδραση κατά των Ρωμαίων εκδηλωνόταν στην Αχαϊκή Συμπολιτεία, τη μόνη αξιόλογη δύναμη που είχε απομείνει στη Νότια Ελλάδα. Η αντίδραση αυτή μεγάλωσε όταν, το 150 π.Χ., επέστρεψαν όσοι από τους 1000

Η αντίδραση κατά των Ρωμαίων

των, εικόνων και κολοσσών, που τα περιφέρανε πάνω σε διακόσια πενήντα αμάξια. Την επόμενη πέρασαν σε πομπή μέσα σε πολλά αμάξια τα ωραιότερα και πολυτελέστερα μακεδονικά όπλα, που αστραφτοκοπούσαν όλα από φρεσκοχυμένο χαλκό και σίδερο....Ξοπίσω από τις άμαξες με τα όπλα ακολουθούσαν τρεις χιλιάδες άνδρες κουβαλώντας ασημένια νομίσματα μέσα σε εφτακόσια πενήντα δοχεία...Ξοπίσω πήγαιναν αυτοί που κρατούσαν το χρυσό νόμισμα, μοιρασμένο σε δοχεία όπως και το ασημένιο. Τα δοχεία ήταν εβδομήντα επτά συνολικά...Ακολουθούσε το άρμα του Περσέα, τα όπλα του και το στέμμα του ακουμπισμένο πάνω στα όπλα. Έπειτα, σε μικρή απόσταση, τα παιδιά του βασιλιά που τα έσερναν αιχμάλωτα και μαζί τους ένα πλήθος από τροφείς και δασκάλους και παιδαγωγούς που δακρυσμένοι άπλωναν τα χέρια τους προς τους θεατές και συνάμα δασκαλεύανε τα παιδιά να παρακαλούν κι αυτά εκλιπαρώντας χάρη...Πίσω από τα παιδιά και την ακολουθία τους βάδιζε ο ίδιος ο Περσέας, ντυμένος μ' ένα φόρεμα σταχτί και με ποδήματα του τόπου του· και φαινόταν σάμπως από τη μεγάλη συμφορά να του είχε θολώσει ο νους, να του είχαν σαλέψει ολωσδιόλου τα λογικά.

(Πλούταρχου, *Αιμίλιος Παύλος, 32–34, αποσπάσματα.* Μετάφρ. Α. Λαζάρου)

Η μητροπολιτική Ελλάδα στα χρόνια της ρωμαϊκής κατάκτησης.

όμηρους που είχαν πάρει οι Ρωμαίοι ζούσαν ακόμη (περίπου 300).

Αδυναμία των Ελλήνων να ενωθούν

Αλλά ακόμη και στις τόσο κρίσιμες αυτές στιγμές οι Έλληνες, αδιαφορώντας για τον κίνδυνο της ολοκληρωτικής υποταγής τους, διατηρούσαν τον υπερβολικό τοπικισμό τους και φιλονικούσαν μεταξύ τους. Στις διενέξεις τους αυτές, που ως ένα σημείο τις υποκινούσαν οι ίδιοι οι Ρωμαίοι με τους δικούς τους ανθρώπους, οι ελληνικές πόλεις ζητούσαν τη διαιτησία της Ρώμης, που είχε γίνει πια ρυθμιστής της πολιτικής κατάστασης. Η απόσταση ως την πλήρη υποταγή ήταν μικρή. Οι Ρωμαίοι περίμεναν να τους δοθεί η κατάλληλη ευκαιρία για να καταλύσουν και το υπόλοιπο της ελευθερίας που είχε απομείνει στους Έλληνες.

Ο τελευταίος πόλεμος

Η ευκαιρία δόθηκε αμέσως μετά την καταστολή της επανάστασης του Ανδρίσκου στη Μακεδονία. Μια διένεξη της Αχαϊκής Συμπολιτείας με τη Σπάρτη εξελίχτηκε σε ανοιχτή σύγκρουση. Οι Ρωμαίοι έσπευσαν σε βοήθεια της Σπάρτης και νίκησαν το στρατό της Αχαϊκής Συμπολιτείας σε μια πρώτη σύγκρουση στη Σκάρφεια της Φθιώτιδας. Οι Αχαιοί, με στρατηγό το Δίαιο, έκαναν μια τελευταία προσπάθεια να συγκεντρώσουν στρατό. Έφτασαν στο σημείο να απελευθερώσουν ένα μεγάλο αριθμό δούλων (περίπου 12.000) και να τους στρατολογήσουν. Ήταν όμως πολύ αργά. Στην τελική σύγκρουση, που έγινε το 146 π.Χ. στη Λευκόπετρα του Ισθμού και είναι η τελευταία μάχη των ελεύθερων Ελλήνων, ο ύπατος Λεύκιος Μόμμιος συνέτριψε το στρατό της Αχαϊκής Συμπολιτείας. Στη συνέχεια κατέλαβε και λεηλάτησε την Κόρινθο και πούλησε τους κατοίκους της ως δούλους.

Μετά τη μάχη στη Λευκόπετρα, μια επιτροπή της Συγκλήτου μαζί με τον ύπατο Μόμμιο ρύθμισαν προσωρινά το καθεστώς της Νότιας Ελλάδας. Οι Έλληνες είχαν πάψει πια να είναι και τυπικά ελεύθεροι.

Η υποταγή των ελληνιστικών βασιλείων της Ανατολής

Μετά την υποταγή της Νότιας Ελλάδας οι Ρωμαίοι υπέταξαν σταδιακά και τα ελληνιστικά κράτη της Ανατολής. Ολοκλήρωσαν έτσι την κατάκτηση των χωρών γύρω από τη Μεσόγειο, που έγινε ρωμαϊκή θάλασσα.

Το Πέργαμο

Ο τελευταίος βασιλιάς του Περγάμου Άτταλος Γ΄ (139–133 π.Χ.) αντιμετώπιζε πολλά εσωτερικά προβλήματα και την απειλή γενικής εξέγερσης. Όπως αναφέραμε και σε προηγούμενο κεφάλαιο, κληροδότησε με τη διαθήκη του το κράτος του στη Ρώμη, εκτός από την ίδια την πόλη του Περγάμου, που θα έπρεπε να μείνει ελεύθερη και αυτόνομη. Οι Ρωμαίοι, όμως, αφού κατέστειλαν μια εξέγερση, προσάρτησαν ολόκληρο το κράτος του Περγάμου και το μετέτρεψαν σε ρωμαϊκή επαρχία, που ονομάστηκε Ασία.

Οι μιθριδατικοί πόλεμοι

Μετά την προσάρτηση οι Ρωμαίοι εκμεταλλεύτηκαν οικονομικά την επαρχία της Ασίας με τον πιο σκληρό τρόπο και δημιούργησαν βαθιά δυσαρέσκεια στους πληθυσμούς. Τη δυσαρέσκεια αυτή εκμεταλλεύτηκε ο βασιλιάς του Πόντου Μιθριδάτης ΣΤ΄ που κήρυξε τον πόλεμο κατά των Ρωμαίων το 88 π.Χ., εισέβαλε στη Μ. Ασία και διέταξε γενική σφαγή όλων των Ιταλών που είχαν εγκατασταθεί εκεί. Ο πόλεμος έφτασε και στην Ελλάδα, όπου η Αθήνα, η Βοιωτία και άλλες πόλεις και περιοχές επαναστάτησαν, υπολογίζοντας στη βοήθεια του Μιθριδάτη. Οι Ρωμαίοι όμως με το στρατηγό Σύλλα νίκησαν το στρατό του Μιθριδάτη και κατέστειλαν την εξέγερση στην Ελλάδα, ενώ αργότερα ο στρατηγός Πομπήιος συνέτριψε στην Ασία το Μιθριδάτη και το σύμμαχό του Τιγράνη, βασιλιά της Αρμενίας.

Το τέλος του κράτους των Σελευκιδών

Μέσα στη θύελλα των πολέμων αυτών, που είναι γνωστοί ως μιθριδατικοί πόλεμοι, χάθηκε και το κράτος των Σελευκιδών. Ο Πομπήιος προσάρτησε στη Ρώμη το 63 π.Χ. ό,τι είχε απομείνει απ' αυτό.

Η υποταγή της Αιγύπτου

Το μόνο ελληνιστικό βασίλειο που εξακολουθούσε ακόμη να υπάρχει ήταν το βασίλειο των Πτολεμαίων. Όπως όμως αναφέραμε και σε προηγούμενο κεφάλαιο, είχε πέσει σε παρακμή, εξαιτίας των εσωτερικών εξεγέρσεων και των δυναστικών κρίσεων που το μάστιζαν, και βρισκόταν κάτω από την κηδεμονία της Ρώμης. Οι εξωτερικές του κτήσεις χάνονταν σιγά σιγά. Το 96 π.Χ. οι Ρωμαίοι είχαν προσαρτήσει την Κυρηναϊκή και το 58 π.Χ. την Κύπρο. Από την εποχή αυτή στην Αίγυπτο στάθμευε μόνιμα ρωμαϊκός στρατός. Τέλος, το 30 π.Χ. οι Ρωμαίοι κατέλαβαν στρατιωτικά την Αλεξάνδρεια, κατάργησαν τη δυναστεία των Πτολεμαίων και μετέτρεψαν την Αίγυπτο σε ρωμαϊκή επαρχία.

Η Ελλάδα κάτω από το ρωμαϊκό ζυγό

Οι Έλληνες είχαν αρχίσει να χάνουν ουσιαστικά την ελευθερία τους από τις αρχές του 2ου αιώνα π.Χ., από τότε δηλαδή που οι Ρωμαίοι αναμείχθηκαν στα εσωτερικά τους και έγιναν ρυθμιστές των διαφορών τους. Το 146 π.Χ., μετά τη μάχη στη Λευκόπετρα, η υποταγή τους ολοκληρώθηκε και τυπικά.

Οι πρώτες ρυθμίσεις

Η συγκλητική επιτροπή και ο ύπατος Μόμμιος ρύθμισαν, όπως είδαμε, προσωρινά τα πράγματα στη Νότια Ελλάδα, που δε μετατράπηκε αμέσως σε ρωμαϊκή επαρχία. Η ρύθμιση έγινε με βάση τη στάση που κράτησε κάθε πόλη απέναντι στη Ρώμη κατά τον τελευταίο πόλεμο. Η Κόρινθος καταστράφηκε. Βαριές φορολογίες επιβλήθηκαν στους Βοιωτούς, στους Ευβοείς και στους Φωκείς, ενώ η Αχαϊκή Συ-

---

Ο Ρωμαίος στρατηγός Σύλλας λεηλατεί τα ελληνικά ιερά στη διάρκεια του μιθριδατικού πολέμου

Κι επειδή (ο Σύλλας) χρειαζόταν πολλά χρήματα για τον πόλεμο, παραβίασε τα δικαιώματα των ιερών της Ελλάδας, στέλνοντας ανθρώπους του που έπαιρναν, πότε από την Επίδαυρο και πότε από την Ολυμπία, τα πιο ωραία και τα πιο πολύτιμα αφιερώματα. Και έγραψε και στους Αμφικτίονες των Δελφών ότι θα ήταν καλύτερο να δώσουν σ' αυτόν τους θησαυρούς του θεού, γιατί, ή θα τους φύλαγε με περισσότερη ασφάλεια, ή, αν τους χρησιμοποιούσε, θα τους επέστρεφε με το παραπάνω. Κι έστειλε έναν από τους φίλους του, τον Κάφη από τη Φωκίδα, με την εντολή να τους παραλάβει, αφού ζυγίσει το καθετί. Ο Κάφης ήρθε στους Δελφούς, αλλά δίσταζε να θίξει τους ιερούς θησαυρούς κι έκλαψε πολύ μπροστά στους Αμφικτίονες, γιατί βρέθηκε στην ανάγκη να κάνει κάτι τέτοιο. Κι όταν κάποιοι είπαν ότι άκουσαν να αντηχεί μέσα στο ναό η λύρα του θεού, ο Κάφης, είτε γιατί το πίστεψε είτε γιατί ήθελε να κινήσει τη δεισιδαιμονία του Σύλλα, του το έγραψε. Κι εκείνος, κοροϊδεύοντας, απάντησε ότι απορεί που ο Κάφης δεν κατάλαβε ότι το τραγούδι σημαίνει χαρά κι όχι οργή. Και τον πρόσταξε να πάρει τους θησαυρούς χωρίς δισταγμό, γιατί ο θεός τους έδινε με ευχαρίστηση...

(Πλούταρχου, *Σύλλας, 12,3–5.* Μετάφραση)

Το πορτρέτο αυτό εικονίζει το Ρωμαίο στρατηγό Πομπήιο, που αποκατέστησε την κυριαρχία των Ρωμαίων στο Αιγαίο και στη Μ. Ασία. Ο Πομπήιος κατόρθωσε να καταστείλει την πειρατεία και να εξοντώσει το βασιλιά τού Πόντου Μιθριδάτη ΣΤ΄.

Το κεφάλι αυτό εικονίζει την Κλεοπάτρα, την τελευταία βασίλισσα του κράτους των Πτολεμαίων.

μπολιτεία διαλύθηκε. Ορισμένες πόλεις που είχαν κρατήσει ευνοϊκή στάση, όπως η Αθήνα, η Σπάρτη και η Σικυώνα, ανακηρύχτηκαν «ελεύθερες». Η ελευθερία όμως αυτή ήταν μόνο μια σχετική εσωτερική αυτονομία. Γενικά ολόκληρη η Ελλάδα βρέθηκε κάτω από τον πολιτικό έλεγχο της Ρώμης. Για τα θέματα της Νότιας Ελλάδας αρμόδιος ήταν ο Ρωμαίος διοικητής της Μακεδονίας. Έτσι, «οι Έλληνες είχαν τόση ελευθερία, όση τους παραχωρούσε ο Ρωμαίος διοικητής»*.

Οι Ρωμαίοι ελέγχουν τις ελληνικές πόλεις

Σ' όλες τις ελληνικές πόλεις που δεν υπάγονταν άμεσα στην επαρχία της Μακεδονίας επιβλήθηκαν ολιγαρχικά–τιμοκρατικά πολιτεύματα. Την εξουσία πήραν στα χέρια τους οι πλούσιοι ολιγαρχικοί, που συνεργάστηκαν με τους Ρωμαίους, έχοντας σαν αντάλλαγμα ορισμένα, οικονομικά κυρίως, προνόμια. Οι βουλές διατηρήθηκαν, όπου υπήρχαν, αλλά έχασαν το δημοκρατικό τους χαρακτήρα, γιατί δεν είχαν δικαίωμα να συμμετέχουν σ' αυτές οι πολίτες που ανήκαν σε κατώτερες οικονομικά τάξεις. Περιορίστηκαν, ακόμη, πολύ οι αρμοδιότητες της εκκλησίας του δήμου, που ήταν άλλοτε κυρίαρχο όργανο στις πόλεις.

---

* Πλούταρχου, *Πολιτικά Παραγγέλματα, 824* C

Στηριγμένοι λοιπόν στις φιλορωμαϊκές παρατάξεις οι Ρωμαίοι μπορούσαν να ελέγχουν εύκολα όλες τις ελληνικές πόλεις.

Πολιτική και οικονομική καταπίεση

Εκτός όμως από τις μερίδες των πλουσίων φιλορωμαίων, η πλειοψηφία του πληθυσμού των πόλεων κρατούσε σταθερά εχθρική στάση απέναντι στους Ρωμαίους. Αυτό οφειλόταν κυρίως στο ότι οι Έλληνες είχαν στερηθεί την πολιτική τους ελευθερία και το δικαίωμά τους να συμμετέχουν στη διακυβέρνηση των πόλεών τους. Ένας άλλος λόγος, που έκανε πιο έντονη τη δυσαρέσκεια, ήταν ο οικονομικός μαρασμός που ακολούθησε την κατάκτηση. Οι Ρωμαίοι έβλεπαν τις ελληνικές πόλεις, όπως και κάθε κατακτημένη περιοχή, σαν πεδίο οικονομικής εκμετάλλευσης και εύκολου πλουτισμού, γι' αυτό επέβαλαν παντού βαριές φορολογίες και ασκούσαν κάθε λογής οικονομική καταπίεση. Λίγες μόνο πόλεις, που θεωρήθηκαν από τους Ρωμαίους «συμμαχικές» και στις οποίες παραχωρήθηκαν ορισμένα προνόμια, παρουσίασαν κάποια οικονομική δραστηριότητα. Ανάμεσά τους ξεχώρισαν η Αθήνα και, ιδιαίτερα, η Δήλος, που έγινε το σημαντικότερο κέντρο δουλεμπορίου του ρωμαϊκού κράτους και σταθμός για το εμπόριο ανάμεσα στην Ανατολή και τη Ρώμη.

Τα ερείπια μιας πλούσιας ιδιωτικής κατοικίας στη Δήλο. Στα χρόνια της ρωμαιοκρατίας το λιμάνι της Δήλου είχε εξελιχθεί σε σημαντικό εμπορικό κέντρο.

Ο μαρασμός των ελληνικών πόλεων

Οι συνέπειες από την πολιτική νέκρωση και την οικονομική καταπίεση που ασκούσαν οι Ρωμαίοι φάνηκαν γρήγορα στις εξαντλημένες από τους συνεχείς πολέμους ελληνικές πόλεις. Η βασική προϋπόθεση για την ανάπτυξή τους ήταν η ελευθερία και, από τη στιγμή που αυτή χάθηκε, παρατηρήθηκε γενική παρακμή στον οικονομικό και πολιτιστικό ιδιαίτερα τομέα.

Απόπειρες αντίδρασης

Οι δυναμικές αντιδράσεις στη ρωμαϊκή κυριαρχία δεν έλειψαν. Ήταν όμως αυθόρμητες και ανοργάνωτες, γι' αυτό οι Ρωμαίοι μπορούσαν να τις καταστέλλουν εύκολα. Τα στοιχεία που υπάρχουν για την περίοδο αυτή είναι λίγα και οι πληροφορίες περιορισμένες. Αναφέρονται, ανάμεσα στις άλλες, διάφορες εξεγέρσεις δούλων, όπως στη Μακεδονία, στη Δήλο και στα μεταλλεία του Λαυρίου.

Αξιοσημείωτη είναι μια επανάσταση που ξέσπασε στην πόλη Δύμη της Αχαΐας. Η εξέγερση αυτή είχε περισσότερο κοινωνικό χαρακτήρα και στρεφόταν κυρίως εναντίον των πλούσιων φιλορωμαίων, που είχαν την εξουσία στην πόλη. Μετά την καταστολή της, την τιμωρία των αρχηγών της εξέγερσης ανέλαβε ο ίδιος ο Ρωμαίος διοικητής της Μακεδονίας.

Όταν ο βασιλιάς του Πόντου Μιθριδάτης ΣΤ΄ κήρυξε, το 88 π.Χ., τον πόλεμο κατά της Ρώμης, επιχείρησε να πάρει με το μέρος του τις ελληνικές πόλεις. Για να το επιτύχει αυτό παρουσιάστηκε σαν ελευθερωτής και προστάτης των κατώτερων κοινωνικών τάξεων. Τότε επαναστάτησαν, όπως αναφέραμε, η Αθήνα, η Βοιωτία, η Αχαΐα, η Λακωνία και άλλες περιοχές. Μετά την καταστολή της επανάστασης αυτής, που ήταν και η τελευταία προσπάθεια των Ελλήνων να επανακτήσουν την ελευθερία τους, η ρωμαϊκή κυριαρχία έγινε ακόμη πιο βαριά.

Τα χρόνια των ρωμαϊκών εμφύλιων πολέμων

Ακολούθησε, το 1ο αιώνα π.Χ., η περίοδος των ρωμαϊκών εμφύλιων πολέμων, των πολέμων δηλαδή ανάμεσα σε φιλόδοξους Ρωμαίους στρατηγούς που διεκδικούσαν την εξουσία. Η Ελλάδα είχε την ατυχία να γίνει το πεδίο των μεγάλων πολεμικών συγκρούσεων*. Αυτό έγινε αιτία να βυθιστούν οι ελληνικές πόλεις σε μεγαλύτερη ακόμη εξαθλίωση, γιατί οι αντίπαλοι Ρωμαίοι στρατηγοί έκαναν φοβερές λεηλασίες και αρπαγές ιδιωτικών και δημόσιων περιουσιών, για να συντηρήσουν και να ενισχύσουν τα στρατεύματά τους.

Τέλος, η Κεντρική και η Νότια Ελλάδα, τμήματα της Νότιας Ηπείρου, τα Ιόνια νησιά και οι Κυκλάδες αποτέλεσαν, το 27 π.Χ., μια ρωμαϊκή επαρχία με το όνομα «Αχαΐα». Έδρα του Ρωμαίου διοικητή της ήταν η Κόρινθος.

---

* Οι σημαντικότερες συγκρούσεις που έγιναν τότε στον ελληνικό χώρο ήταν: Η μάχη στα Φάρσαλα (Ιούλιος Καίσαρας εναντίον Πομπήιου, 48 π.Χ.), η μάχη στους Φιλίππους (Αντώνιος και Οκταβιανός εναντίον Βρούτου και Κάσσιου, 42 π.Χ.) και η ναυμαχία στο Άκτιο (Οκταβιανός εναντίον Αντωνίου, 31 π.Χ.).

ε. Ο ΠΟΛΙΤΙΣΜΟΣ

Γενικά χαρακτηριστικά του ελληνιστικού πολιτισμού

Ο ελληνιστικός πολιτισμός

Οι κατακτήσεις του Μ. Αλέξανδρου και η ίδρυση των ελληνιστικών κρατών στην Ανατολή είχαν σημαντικές συνέπειες και στον πολιτιστικό τομέα. Ο ελληνικός πολιτισμός ξεπέρασε τα τοπικά πλαίσια της μητροπολιτικής Ελλάδας και διαδόθηκε σ' ολόκληρο σχεδόν το γνωστό τότε κόσμο της Ανατολής.

Όπως ήταν φυσικό, με τη διάδοσή του αυτή ο ελληνικός πολιτισμός δέχτηκε και ορισμένες επιδράσεις από τους πολιτισμούς των χωρών της Ανατολής, που υπήρχαν ήδη από αιώνες. Με τη νέα του μορφή ο ελληνικός πολιτισμός είναι γνωστός με την ονομασία ***ελληνιστικός***.

Παράγοντες της διάδοσης του ελληνικού πολιτισμού στην Ανατολή

Η διάδοση του ελληνικού πολιτισμού στην Ανατολή ήταν ιδιαίτερα έντονη το 3ο αιώνα π.Χ., όταν τα ελληνιστικά κράτη ήταν ισχυρά και περνούσαν μια περίοδο πολιτιστικής ακμής. Από τους παράγοντες που συντέλεσαν στη διάδοση του ελληνικού πολιτισμού σημαντικότεροι ήταν οι ακόλουθοι:

Οι πόλεις

- Οι ελληνικές πόλεις που ιδρύθηκαν στην Ανατολή από το Μ. Αλέξανδρο και, κυρίως, από τους διαδόχους. Καθεμιά τους αποτέλεσε έναν πολιτιστικό πυρήνα κι ένα κέντρο ακτινοβολίας και διάδοσης του ελληνικού πολιτισμού.

  Στις νέες αυτές πόλεις μετανάστευσαν ελληνικοί πληθυσμοί από όλες τις περιοχές της μητροπολιτικής Ελλάδας. Οι Έλληνες έφεραν εδώ τους δικούς τους κανόνες ζωής, τα έθιμα, τη γλώσσα και γενικά τον πολιτισμό τους. Ακόμη, όλες οι πόλεις είχαν γυμνάσια, θέατρα, ελληνική οργάνωση της παιδείας, βιβλιοθήκες. Οι ντόπιοι πληθυσμοί, ιδιαίτερα οι ντόπιοι κάτοικοι των πόλεων, μιμήθηκαν τον ελληνικό τρόπο ζωής και εξελληνίστηκαν.

  Μια ακόμη συνέπεια της ίδρυσης και της ανάπτυξης των ελληνικών πόλεων της Ανατολής ήταν ότι το πνευματικό κέντρο του ελληνισμού έπαψε να είναι αποκλειστικά η μητροπολιτική Ελλάδα και, ειδικότερα, η Αθήνα. Τα πρωτεία και στον τομέα αυτό διεκδικούσαν τώρα και άλλες μεγάλες ελληνιστικές πόλεις, όπως η Αλεξάνδρεια της Αιγύπτου, η Αντιόχεια της Συρίας και το Πέργαμο.

Η «κοινή» γλώσσα

- Με την έξοδο των Ελλήνων στην Ανατολή διαμορφώθηκε και ένα ενιαίο γλωσσικό όργανο, πέρα από τις διάφορες ελληνικές διαλέκτους. Η νέα αυτή μορφή της ελληνικής γλώσσας προήλθε βασικά από την αττική διάλεκτο που, με ορισμένες προσαρμογές, έγινε γλώσσα πανελλήνια και, με την εξάπλωσή της, παγκόσμια. Γνωστή με την ονομασία «κοινή», επικράτησε σ' ολόκληρη την

Ανατολή, έγινε η επίσημη κρατική γλώσσα των ελληνιστικών κρατών, η γλώσσα της επιστήμης και της λογοτεχνίας αλλά και η γλώσσα της καθημερινής ζωής. Η χρήση της δεν περιορίστηκε μόνο στους Έλληνες που ζούσαν στην Ανατολή αλλά χρησιμοποιήθηκε πλατιά και από τους ντόπιους πληθυσμούς και έγινε όργανο διάδοσης του ελληνικού πολιτισμού.

Οι φιλοδοξίες των ηγεμόνων

Οι Έλληνες ηγεμόνες των ελληνιστικών μοναρχιών φιλοδόξησαν να κάνουν τις πόλεις των βασιλείων τους, και ιδιαίτερα τις πρωτεύουσές τους, κέντρα πνευματικά και πολιτιστικά του ελληνικού πολιτισμού. Καλούσαν στις αυλές τους, προστάτευαν και ενίσχυαν τους πιο διακεκριμένους σοφούς και καλλιτέχνες της εποχής.

Ιδιαίτερη φροντίδα έδειξαν στον τομέα αυτό οι Πτολεμαίοι της Αιγύπτου. Ίδρυσαν στην Αλεξάνδρεια το περίφημο «Μουσείο», που ήταν ένα είδος Ακαδημίας των Επιστημών. Στο Μουσείο εργάζονταν και έκαναν τις έρευνές τους σπουδαίοι σοφοί, που συντηρούνταν από το κράτος. Είχαν ακόμη στη διάθεσή τους όλα τα μέσα της εποχής. Μπορούσαν έτσι να ασχολούνται απερίσπαστοι με την επιστήμη τους.

Περίφημη ήταν και η βιβλιοθήκη της Αλεξάνδρειας, η μεγαλύτερη της αρχαιότητας. Σπουδαίες βιβλιοθήκες είχαν ακόμη το Πέργαμο, η Αντιόχεια και άλλες μεγάλες ελληνικές πόλεις της Ανατολής.

Η ανακοπή του εξελληνισμού της Ανατολής

Ο εξελληνισμός της Ανατολής είχε προχωρήσει πολύ, ιδιαίτερα τον 3ο αιώνα π.Χ. Στη συνέχεια όμως, με την παρακμή των ελληνιστικών βασιλείων και την εκδήλωση τοπικών εθνικιστικών κινημάτων, άρχισε η αντίδραση των λαών της Ανατολής εναντίον της ελληνικής ηγεσίας και γενικά των Ελλήνων που ζούσαν στις χώρες αυτές. Η αντίδραση απλώθηκε και στον πολιτιστικό τομέα και ο εξελληνισμός της Ανατολής σταμάτησε. Ήδη όμως ο ελληνικός πολιτισμός την είχε επηρεάσει σε μεγάλο βαθμό.

Η επίδραση του ελληνικού πολιτισμού στους Ρωμαίους

Ιδιαίτερη σημασία για την παγκόσμια πολιτιστική εξέλιξη έχει η επίδραση του ελληνικού πολιτισμού στους Ρωμαίους. Η επίδραση αυτή, που είχε αρχίσει από τις ελληνικές αποικίες της Κάτω Ιταλίας, έγινε περισσότερο έντονη και άμεση, όταν οι Ρωμαίοι υπέταξαν την Ελλάδα. Στην αρχή εντυπωσιάστηκαν από τον υψηλό ελληνικό πολιτισμό και τον μιμήθηκαν. Σιγά σιγά όμως, με την προσθήκη και την ανάμειξη δικών τους πολιτιστικών στοιχείων, δημιούργησαν μια νέα μορφή πολιτισμού, που είναι γνωστός με την ονομασία «ελληνορωμαϊκός». Ο ελληνορωμαϊκός πολιτισμός διαδόθηκε με τις ρωμαϊκές κατακτήσεις στη Δυτική Ευρώπη και αποτέλεσε τη βάση και την αφετηρία του σημερινού πολιτισμού.

Τα γράμματα – οι επιστήμες

Ένα από τα ιδιαίτερα χαρακτηριστικά των ελληνιστικών χρόνων στον πολιτιστικό τομέα ήταν η ανάπτυξη των θετικών επιστημών, που για πρώτη φορά διαχωρίστηκαν από τη φιλοσοφία και αποτέλεσαν ιδιαίτερους κλάδους μελέτης και έρευνας. Το έδαφος για την ανάπτυξή τους, που κορυφώνεται τον 3ο αιώνα π.Χ., είχε προετοιμάσει από τον προηγούμενο αιώνα το έργο του φιλόσοφου Αριστοτέλη.

Κέντρο καλλιέργειας και ανάπτυξης της φιλοσοφίας εξακολούθησε να είναι και στα ελληνιστικά χρόνια η Αθήνα, με τη μεγάλη φιλοσοφική της παράδοση. Οι θετικές επιστήμες όμως άνθησαν ιδιαίτερα στα περιφερειακά πολιτιστικά κέντρα του ελληνισμού, δηλαδή στις μεγάλες πόλεις των ελληνιστικών βασιλείων.

Ο ατομικισμός

Η φιλοσοφία: Η παρακμή της πόλης–κράτους, η δημιουργία των μεγάλων ελληνιστικών μοναρχιών, η επαφή με τους λαούς της Ανατολής και το κοσμοπολιτικό πνεύμα που επικράτησε τα χρόνια αυτά οδήγησαν σε νέους δρόμους τη φιλοσοφική σκέψη. Παλιότερα το άτομο ήταν στενά συνδεμένο με το σύνολο που αποτελούσε την κοινωνία της πόλης–κράτους. Τώρα ήταν χαμένο στις απέραντες μοναρχίες της Ανατολής και έπρεπε να βρει το δρόμο του σαν μονωμένο άτομο. Ο ***ατομικισμός*** λοιπόν είναι ένα κύριο χαρακτηριστικό της ελληνιστικής φιλοσοφίας. Οι φιλόσοφοι της ελληνιστικής εποχής ασχολούνται κυρίως με τα ηθικά προβλήματα του ατόμου και πολύ λιγότερο με τα κοινωνικά και πολιτικά.

Επικούρειοι – στωικοί φιλόσοφοι

Όπως αναφέραμε, κέντρο της ελληνιστικής φιλοσοφίας εξακολουθούσε να είναι η Αθήνα. Κοντά στις παλιότερες φιλοσοφικές σχολές που υπήρχαν (Ακαδημία Πλάτωνα, Περίπατος Αριστοτέλη) δημιουργούνται και νέες. Σημαντικότερες ήταν η σχολή που ίδρυσε ο Επίκουρος από τη Σάμο και η σχολή των στωικών φιλοσόφων, που ίδρυσε ο Ζήνων από το Κίτιο της Κύπρου. Κοινό χαρακτηριστικό και των δύο είναι ότι πρόβαλαν ως αρετές της ζωής τον περιορισμό των αναγκών του ανθρώπου και το μετριασμό των παθών του (απάθεια) καθώς και τη γαλήνη της ψυχής μπροστά στις δυσκολίες και τους φόβους (αταραξία).

Κυνικοί φιλόσοφοι

Μια άλλη τάση εκπροσωπούσαν οι κυνικοί φιλόσοφοι, που περιφρονούσαν τον πολιτισμό γενικά και την κοινωνική οργάνωση και συμβούλευαν την άρνηση και την περιφρόνησή τους. Από τους πιο γνωστούς κυνικούς φιλόσοφους, μετά το Διογένη, ήταν ο Μένιππος.

Η ιστορία: Ο πιο σημαντικός ιστορικός συγγραφέας των ελληνιστικών χρόνων ήταν ο Πολύβιος, από τη Μεγαλόπολη της Αρκαδίας (200–120 περ. π.Χ.). Από το μεγάλο έργο του, που πραγματευόταν κυ-

Στη χάλκινη αυτή προτομή της ρωμαϊκής εποχής, που βρίσκεται στη Νεάπολη, εικονίζεται ο φιλόσοφος Επίκουρος.

Χάλκινη προτομή των ρωμαϊκών χρόνων στη Νεάπολη, που εικονίζει το στωικό φιλόσοφο Ζήνωνα.

ρίως την ιστορία της Ρώμης από την αρχή του Α΄ καρχηδονιακού πολέμου ως τα χρόνια της υποταγής της Ελλάδας και το αποτελούσαν 40 βιβλία, σώθηκε μόνο ένα μικρό μέρος.

Η ποίηση: Στα ελληνιστικά χρόνια εξακολούθησε να ακμάζει η Νέα Κωμωδία, όπως είχε διαμορφωθεί στα τέλη του 4ου αιώνα, με σπουδαιότερους εκπρόσωπους το Φιλήμονα και το Μένανδρο. Από τους λυρικούς ποιητές της εποχής πιο γνωστοί είναι ο Καλλίμαχος και, κυρίως, ο Θεόκριτος, που έγραψε βουκολικά ειδύλλια.

Οι θετικές επιστήμες: Όπως αναφέραμε, οι θετικές επιστήμες αναπτύχθηκαν κυρίως στα μεγάλα κέντρα του περιφερειακού ελληνισμού. Σ' αυτά εργάστηκαν και έδωσαν το έργο τους πολλοί μελετητές, που ήταν για την εποχή τους πρωτοπόροι, ο καθένας στον τομέα του.

- Ο Ευκλείδης από την Αλεξάνδρεια (3ος αι. π.Χ.) ήταν ένας από τους πιο μεγάλους μαθηματικούς της αρχαιότητας. Στο μεγάλο έργο του για τη γεωμετρία, που είναι γνωστό με την ονομασία «Στοιχεία», είναι συγκεντρωμένες όλες οι μαθηματικές γνώσεις της εποχής του.

- Ο Αρχιμήδης από τις Συρακούσες (3ος αι. π.Χ.) ήταν κι αυτός σπουδαίος μαθηματικός. Παράλληλα ασχολήθηκε με τη μηχανική και επινόησε πολλές μηχανές. Γνωστός είναι ο νόμος του για την υδροστατική.

- Ο Ερατοσθένης από την Κυρήνη (3ος αι. π.Χ.) ήταν μαθηματικός, αστρονόμος και γεωγράφος. Υπολόγισε με μεγάλη προσέγγιση την περιφέρεια της γης και έγραψε τα «Γεωγραφικά».

- Ο Αρίσταρχος από τη Σάμο (3ος αι. π.Χ.) ήταν μεγάλος αστρονόμος. Πρώτος αυτός διατύπωσε την άποψη ότι το κέντρο του ηλιακού μας συστήματος είναι ο ήλιος και ότι η γη στρέφεται γύρω απ' αυτόν. Η θεωρία του όμως δεν έγινε τότε δεκτή και εξακολούθησαν να πιστεύουν ότι η γη είναι ακίνητη και ο ήλιος στρέφεται γύρω απ' αυτήν. Άλλος σπουδαίος αστρονόμος ήταν ο Ίππαρχος από τη Νίκαια (2ος αι. π.Χ.).
- Μεγάλη πρόοδος, τέλος, συντελέστηκε στην ιατρική, ιδιαίτερα

Κατά τη διάρκεια της ελληνιστικής, κυρίως, εποχής δημιουργήθηκε στην Κω μια από τις περιφημότερες ιατρικές σχολές της αρχαιότητας. Το Ασκληπιείο της Κω έχει χτιστεί σύμφωνα με τις αντιλήψεις της ελληνιστικής αρχιτεκτονικής σε κλιμακωτά επίπεδα.

στην Αλεξάνδρεια. Ο Ηρόφιλος έκανε εκεί σπουδαίες ανατομικές έρευνες.

Η τέχνη

Με τη διάσπαση του κράτους του Μ. Αλέξανδρου και τη δημιουργία των βασιλείων των διαδόχων, εμφανίστηκαν και πολλά νέα σημαντικά καλλιτεχνικά κέντρα έξω από τον κυρίως ελληνικό χώρο, όπως η Αλεξάνδρεια, η Ρόδος, η Αντιόχεια και, κυρίως, το Πέργαμο. Η πρόοδος στους διάφορους τομείς της επιστήμης και η αναζήτηση της σωστής γνώσης επηρέασε έντονα και τους καλλιτέχνες, που θέλησαν να παρουσιάσουν στα έργα τους τη φύση όσο πιο πειστικά (ρεαλιστικά) μπορούσαν, να απεικονίσουν τον άνθρωπο όλων των τάξεων, και των πιο χαμηλών ακόμη, να απ θανατίσουν όχι μόνο την ομορφιά αλλά και τα γηρατειά και την ασχήμια. Μπορεί συχνά η ελληνιστική τέχνη να γίνεται πομπώδης ή διακοσμητική αλλά δεν πρέπει να μας διαφεύγει ότι τώρα, όλο και περισσότερο, η τέχνη ερχόταν να παίξει μεγαλύτερο ρόλο στην καθημερινή ζωή. Γιατί πέρα από την έκφραση της θρησκευτικής ανάγκης ή την εξυπηρέτηση πολιτικών προγραμμάτων, σκοπός της τέχνης είναι να τέρψει, να ευχαριστήσει τον ιδιώτη.

Η αρχιτεκτονική: Η προσφορά της ελληνιστικής εποχής στην εξέλιξη της δημόσιας αλλά και της ιδιωτικής αρχιτεκτονικής ήταν ιδιαίτερα σημαντική. Από τους κύριους αρχιτεκτονικούς ρυθμούς πολύ αγαπητός ήταν ο ιωνικός και, κατά δεύτερο λόγο, ο κορινθιακός. Αξιόλογος αρχιτέκτονας της ελληνιστικής εποχής ήταν ο Ερμογένης από την Πριήνη, που έχτισε τον ιωνικό ναό της Άρτεμης στη Μαγνησία της Μ. Ασίας. Ένας άλλος σημαντικός ναός της εποχής αυτής είναι ο νεότερος ναός του Απόλλωνα στα Δίδυμα, κοντά στη Μίλητο.

Οι μακεδονικοί τάφοι

Χαρακτηριστικές κατασκευές της ελληνιστικής αρχιτεκτονικής, που έχουν την αρχή τους στον 4ο αιώνα π.Χ., είναι και οι τάφοι που ονομάζονται μακεδονικοί. Πρόκειται για υπόγεια κτίσματα που καλύπτονται με τύμβο (φερτό χώμα). Αποτελούνται από ένα ή δύο δωμάτια που σκεπάζονται με καμάρα, ενώ η πρόσοψή τους είναι ναόσχημη, ιωνικού ή δωρικού ρυθμού. Στην ελληνιστική αρχιτεκτονική κατακτούν έδαφος το τόξο και η καμάρα, που η χρησιμοποίησή τους γενικεύεται στα χρόνια που ακολουθούν.

Η πολεοδομία

Όπως ξέρουμε, ο Μ. Αλέξανδρος και οι διάδοχοί του ίδρυσαν στα μέρη που κατέλαβαν πολλές καινούριες πόλεις. Όλες τους χτίστηκαν με ένα πολεοδομικό σύστημα από παράλληλους και κάθετους δρόμους και μέσα σ' αυτό εντάχθηκαν τα δημόσια και τα ιδιωτικά κτίρια, που έχουν κανονικό σχέδιο. Στα ιδιωτικά σπίτια τα δωμάτια οργανώνονται γύρω από μια υπαίθρια αυλή, που περιβάλλεται από κίονες. Οι δρα-

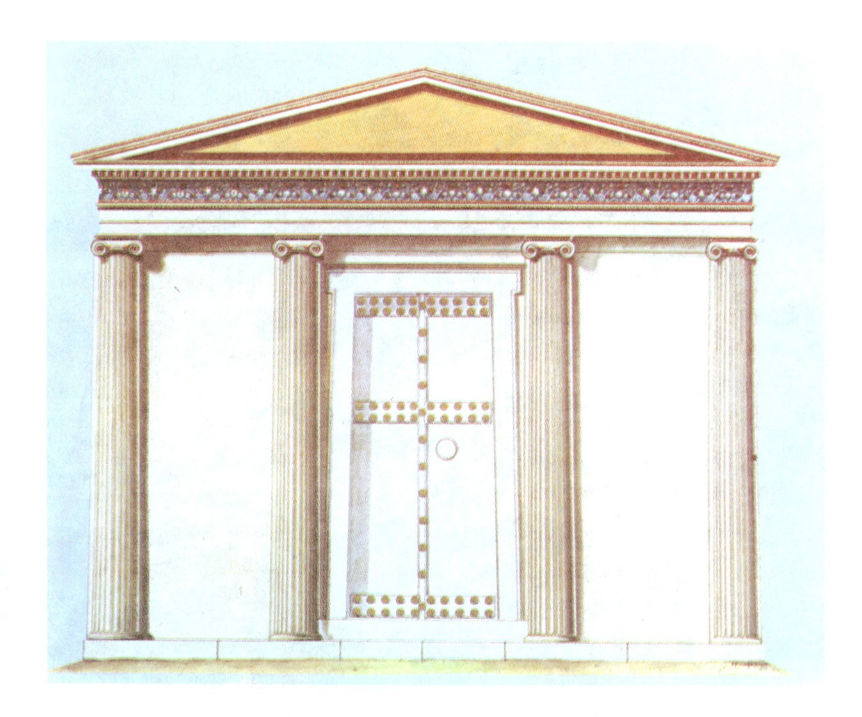

Αναπαράσταση της πρόσοψης ενός μακεδονικού τάφου της ελληνιστικής εποχής, που βρέθηκε εδώ και πολλά χρόνια στο σημερινό χωριό Βεργίνα της Ημαθίας. Είναι ιωνικού ρυθμού και η ζωφόρος είναι διακοσμημένη με ζωγραφιστά φυτικά μοτίβα.

Στην απέναντι σελίδα, επάνω:

Μια γενική άποψη του νεότερου ναού του Απόλλωνα στα Δίδυμα της Μιλήτου, όπως σώζεται σήμερα.

Στην απέναντι σελίδα, κάτω:

Σχεδιαστική αναπαράσταση του μεγάλου βασιλικού τάφου της Βεργίνας, όπου είχαν γίνει δύο ταφές. Ο μακεδονικός αυτός τάφος αποτελείται από δύο χώρους, που σκεπάζονται με καμάρα. Σε καθέναν από τους χώρους αυτούς υπάρχει μια μικρή πέτρινη σαρκοφάγος, μέσα στην οποία τοποθετήθηκε η χρυσή λάρνακα με τα οστά. Τα πλούσια κτερίσματα (μεταλλικά σκεύη, όπλα, κοσμήματα κτλ.) δείχνουν την υψηλή επίδοση της μεταλλοτεχνίας και χρυσοχοΐας στον 4ο αιώνα π.Χ. Η πρόσοψη του τάφου είναι δωρικού ρυθμού. Οι δύο μεγάλες δίφυλλες πόρτες είναι μαρμάρινες. Μετά την ταφή όλη αυτή η κατασκευή σκεπαζόταν με φερτό χώμα, σχηματίζοντας έτσι από πάνω ένα τεχνητό λοφίσκο.

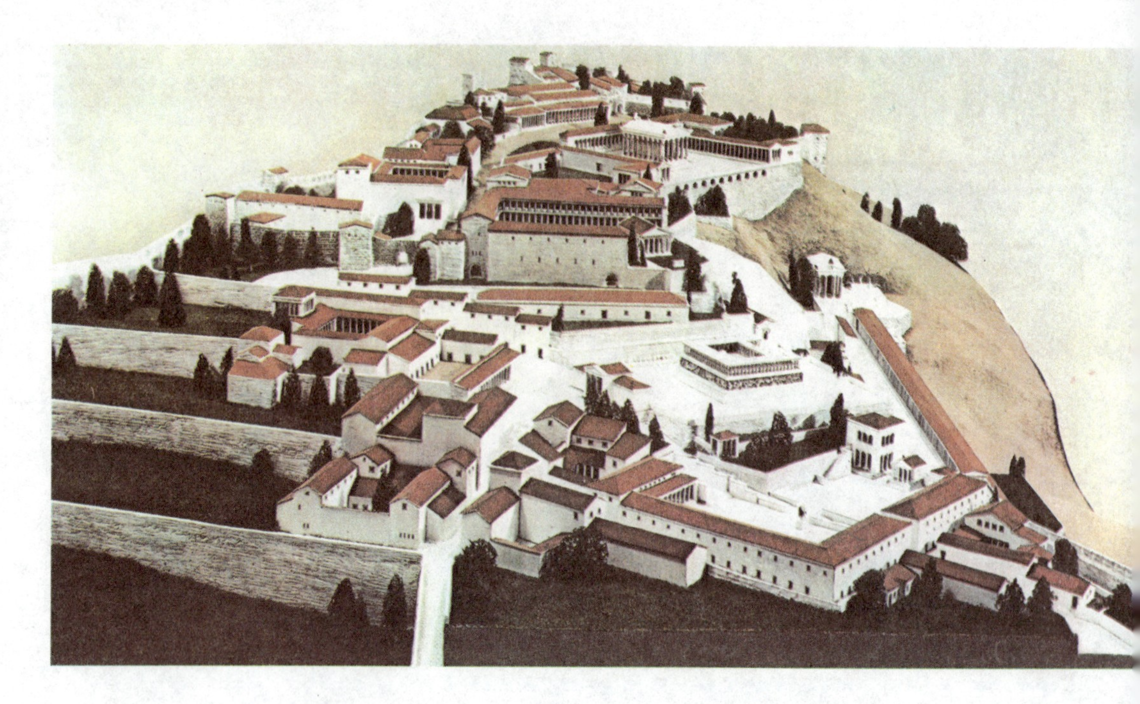

Το Πέργαμο υπήρξε η καλλιτεχνική πρωτεύουσα του ελληνιστικού κόσμου. Οι Περγαμηνοί βασιλιάδες φρόντισαν να στολίσουν την πρωτεύουσα του κράτους τους με μεγαλόπρεπα κτίρια. Στην αναπαράσταση αυτή της Ακρόπολης του Πέργαμου μπορεί να δει κανείς τον τρόπο με τον οποίο τα οικοδομήματα διατάσσονται σε κλιμακωτά επίπεδα, κάτι που συναντούμε συχνά στην ελληνιστική αρχιτεκτονική.

στηριότητες της δημόσιας ζωής εξυπηρετούνται τώρα από κτίρια μεγάλων διαστάσεων, που συχνά είναι χτισμένα ολόκληρα από πέτρα, όπως βουλευτήρια, στοές, παλαίστρες, γυμνάσια, στάδια, θέατρα κτλ. Κάτι που πρέπει να σημειωθεί είναι ότι η ελληνιστική αρχιτεκτονική συχνά αρέσκεται να τοποθετεί απλόχωρα τα κτίσματά της μέσα στο χώρο και μάλιστα κλιμακωτά, δηλαδή σε διάφορα επίπεδα που έχουν υψομετρική διαφορά. Ένα σημαντικό σύνολο δημόσιων και ιδιωτικών κτιρίων της ελληνιστικής εποχής έχει ανασκαφεί στη Δήλο.

Η πλαστική: Ο Λύσιππος και οι μαθητές του σημάδεψαν την αρχή της ελληνιστικής πλαστικής. Στους καλλιτέχνες αυτούς οφείλονται οι κατακτήσεις σε ό,τι αφορά την απόδοση του βάθους, που χαρακτηρίζει σημαντικές δημιουργίες της εποχής. Οι γλύπτες συλλαμβάνουν τώρα τις μορφές τους σε πρωτόφαντες στάσεις και επιχειρούν να αποδώσουν δύσκολες και τολμηρές κινήσεις με πειστικό τρόπο.

Τα μεγάλα έργα

Ένα από τα μεγαλόπνοα έργα της ελληνιστικής πλαστικής είναι η Νίκη της Σαμοθράκης, που βρίσκεται σήμερα στο Παρίσι, στο Μου-

Στην προηγούμενη σελίδα:

Το άγαλμα της Νίκης, που βρέθηκε στη Σαμοθράκη και εκτίθεται σήμερα στο Μουσείο του Λούβρου, στο Παρίσι, είναι ένα από τα αριστουργήματα της ελληνιστικής πλαστικής. Η απόδοση της κίνησης αλλά και των φτερών της μορφής, καθώς και των πτυχώσεων του ενδύματος, φανερώνουν ένα μεγάλο καλλιτέχνη. Δυστυχώς δε μας έχουν σωθεί το κεφάλι και τα χέρια. Χρονολογείται στις αρχές του 2ου αιώνα π.Χ.

Εδώ πλάι:

Το άγαλμα της Αφροδίτης, που βρέθηκε τον περασμένο αιώνα στη Μήλο, αποτελεί μια από τις χαρακτηριστικές δημιουργίες της ελληνιστικής πλαστικής. Χρονολογείται γύρω στα 140 π.Χ. και είναι ένα από τα γνωστότερα εκθέματα του Μουσείου του Λούβρου, στο Παρίσι.

Στην απέναντι σελίδα:

Στο μαρμάρινο αυτό σύμπλεγμα, που βρίσκεται στο Μουσείο Θερμών, στη Ρώμη, εικονίζεται ένας Γαλάτης πολεμιστής τη στιγμή που αυτοκτονεί, αφού προηγουμένως έχει σκοτώσει τη γυναίκα του, για να μην πέσουν και οι δύο στα χέρια των εχθρών. Το έργο αυτό έγινε στη ρωμαϊκή εποχή· αντιγράφει όμως μια περίφημη δημιουργία της ελληνιστικής τέχνης του Πέργαμου. Το πρωτότυπο σχετίζεται με τα αναθήματα του βασιλιά Άτταλου Α΄, τα οποία αφιέρωσε στο ναό της Αθηνάς στο Πέργαμο μετά την εξουδετέρωση του γαλατικού κινδύνου.

σείο του Λούβρου. Η θεά εικονίζεται πάνω σε πρώρα πλοίου με ανοιγμένα τα φτερά της καθώς κινείται ορμητικά προς τα εμπρός. Εντελώς διαφορετικό χαρακτήρα έχει το γνωστό άγαλμα της Αφροδίτης από τη Μήλο, επίσης στο Μουσείο του Λούβρου, που εικονίζει τη θεά ημίγυμνη σε μια πολύ πιο ήρεμη στάση. Χαρακτηριστικές δημιουργίες της ελληνιστικής πλαστικής είναι και τα συμπλέγματα, δηλαδή ολόγλυφα έργα που εικονίζουν περισσότερες συμπλεκόμενες μεταξύ τους μορφές. Ένα τέτοιο σύμπλεγμα εικονίζει ένα Γαλάτη πολεμιστή που αυ-

Στις αρχές του 16ου αιώνα βρέθηκε στη Ρώμη το σύμπλεγμα του ιερέα Λαοκόοντα και των δύο γιων του, που προσπαθούν να ξεφύγουν από το σφίξιμο δύο τεράστιων φιδιών. Τους δράκοντες αυτούς τους έστειλε ο Απόλλωνας, για να τιμωρήσει τον ασεβή ιερέα του. Οι έντονα πλαστικοί όγκοι στα σώματα των μορφών, ιδιαίτερα του Λαοκόοντα, και οι συσπάσεις των προσώπων τους, είναι από τα κύρια γνωρίσματα της ελληνιστικής πλαστικής. Το έργο βρίσκεται σήμερα στο Μουσείο του Βατικανού.

τοκτονεί, αφού προηγουμένως έχει σκοτώσει τη γυναίκα του, για να μην πέσει στα χέρια των εχθρών. Ένα άλλο σύμπλεγμα, που θαυμάστηκε ιδιαίτερα στην Αναγέννηση,* και μάλιστα από τον ίδιο το μεγάλο καλλιτέχνη Μιχαήλ Άγγελο, παριστάνει το Λαοκόοντα, τον ιερέα του Απόλλωνα, και τα παιδιά του τη στιγμή που τους πνίγουν τα φίδια.

Ανάγλυφα

Από τα ανάγλυφα έργα της εποχής τα πιο σημαντικά είναι αυτά που διακοσμούσαν το μεγάλο βωμό του Δία και της Αθηνάς στο Πέργαμο. Ο βωμός χτίστηκε γύρω στα 180 π.Χ. σε ανάμνηση της νίκης των Περγαμηνών βασιλιάδων εναντίον των Γαλατών. Τα ανάγλυφα, που βρίσκονται σήμερα στο Ανατολικό Βερολίνο, εικονίζουν τη μάχη των θεών εναντίον των γιγάντων. Τη σύνθεση αποτελούν ένα πλήθος από συμπλεκόμενες μορφές με έντονες κινήσεις, που επιβάλλονται με τα υπερβολικά τονισμένα σώματά τους.

Το πορτρέτο

Τέλος, σημαντική είναι η προσφορά της ελληνιστικής πλαστικής και στον τομέα του πορτρέτου. Στην κλασική εποχή έδιναν μικρή προ-

* Αναγέννηση: Η περίοδος της άνθησης των γραμμάτων και των τεχνών κατά το 15ο και 16ο αιώνα π.Χ.

Τμήμα από το γλυπτό διάκοσμο του μεγάλου βωμού του Δία και της Αθηνάς στο Πέργαμο. Εικονίζεται η θεά Αθηνά που καταβάλλει τον αντίπαλό της, τον Αλκυονέα, ενώ τη στεφανώνει μια Νίκη. Κάτω δεξιά η Γη, η μάνα των Γιγάντων, ικετεύει την Αθηνά για την τύχη του γιου της. Όλα τα ανάγλυφα του περγαμηνού βωμού, που εικόνιζαν τη Γιγαντομαχία, χρονολογούνται γύρω στα 180 π.Χ. και βρίσκονται σήμερα στο Ανατολικό Βερολίνο.

Στην απέναντι σελίδα, επάνω:
Ο βωμός του Δία και της Αθηνάς στο Πέργαμο αποτελεί το πιο αντιπροσωπευτικό δημιούργημα της περγαμηνής τέχνης. Εδώ εικονίζεται ο βωμός όπως έχει αναστηλωθεί σε μια αίθουσα του Αρχαιολογικού Μουσείου στο Ανατολικό Βερολίνο. Δεξιά και αριστερά από τη μνημειακή του κλίμακα διακρίνονται τα ανάγλυφα που εικονίζουν τη Γιγαντομαχία.

Στην απέναντι σελίδα, κάτω:
Στην ελληνιστική ζωγραφική είναι φανερή η προσπάθεια να υποδηλωθεί το βάθος. Έτσι και στην τοιχογραφία αυτή, από ένα σπίτι του 2ου αιώνα π.Χ. στη Ρώμη, οι μορφές που βρίσκονται στο πρώτο επίπεδο αποδίδονται σε μεγαλύτερο μέγεθος και με πιο έντονα χρώματα. Αντίθετα, αυτές που βρίσκονται πίσω είναι μικρότερες και αποδίδονται με λιγότερο έντονα χρώματα.

Ένα από τα πιο γνωστά ελληνιστικά ψηφιδωτά που βρέθηκαν στη Δήλο είναι αυτό που εικονίζει το θεό Διόνυσο καβάλα πάνω σ' έναν πάνθηρα. Ιδιαίτερα εντυπωσιακή είναι η πολυχρωμία της σύνθεσης.

Στις ανασκαφές της Πομπηίας βρέθηκε το περίφημο αυτό ψηφιδωτό, με παράσταση μιας μάχης ανάμεσα σε Μακεδόνες και Πέρσες. Αριστερά εικονίζεται ο Μ. Αλέξανδρος και στο κέντρο ο Πέρσης βασιλιάς. Οι ειδικοί πιστεύουν ότι το ψηφιδωτό αυτό αποδίδει μια σύνθεση της μεγάλης ζωγραφικής.

σοχή στην απεικόνιση των ατομικών χαρακτηριστικών, που παρουσιάζονταν εξιδανικευμένα. Τώρα τα εικονιζόμενα πρόσωπα αποκτούν πιο ρεαλιστικά χαρακτηριστικά, πλησιάζουν δηλαδή περισσότερο στην πραγματικότητα.

Ζωγραφική - Ψηφιδωτά: Στην ελληνιστική εποχή τους ζωγράφους απασχόλησε όσο ποτέ άλλοτε το πρόβλημα του χώρου. Τους προβλημάτισε επίσης η υποδήλωση του βάθους και προσπάθησαν να γίνουν γνώστες των κανόνων της προοπτικής.

Η ζωγραφική

Για να κερδίσουμε μια σαφή εικόνα της χαμένης κατά το μεγαλύτερο μέρος σήμερα ζωγραφικής της περιόδου αυτής, είναι πολύ χρήσιμες ορισμένες τοιχογραφίες από μακεδονικούς τάφους αλλά και μερικές τοιχογραφίες που βρέθηκαν στην Πομπηία. Οι τελευταίες είναι μεταγενέστερα έργα αλλά αντιγράφουν συνθέσεις της ελληνιστικής εποχής.

Θέματα της ελληνιστικής ζωγραφικής αποτελούν σκηνές της καθημερινής ζωής, ιστορικές και μυθολογικές παραστάσεις, τοπία, προσωπογραφίες κ.ά.

Τα ψηφιδωτά

Από τη μεγάλη ζωγραφική της εποχής αυτής είναι επηρεασμένα και ορισμένα μεταγενέστερα ψηφιδωτά, όπως αυτό που βρέθηκε στην Πομπηία και απεικονίζει το Μ. Αλέξανδρο και το Δαρείο αντιμέτωπους σε μια μάχη. Το ψηφιδωτό είναι μια κατηγορία τέχνης που καλλιεργήθηκε με ιδιαίτερη επιτυχία στην ελληνιστική εποχή. Για την κατασκευή του χρησιμοποιούνται διάφορα υλικά (πέτρα, γυαλί, κεραμίδι),

Ένα από τα ωραιότερα και πιο γνωστά ψηφιδωτά που βρέθηκαν στην Πέλλα. Είναι έργο του Γνώση και εικονίζει κυνήγι ελαφιού. Το ψηφιδωτό αυτό, που χρονολογείται στις αρχές της ελληνιστικής εποχής, χαρακτηρίζεται από τους σαφείς πλαστικούς όγκους των μορφών.

κομμένα σε κανονικά σχήματα και με ποικιλία χρωμάτων. Πολύ σημαντικά ψηφιδωτά από την ελληνιστική εποχή, συχνά με πλούσιες χρωματικές αποχρώσεις, έχουν βρεθεί στην Πέλλα και στη Δήλο.

ΕΡΩΤΗΣΕΙΣ – ΘΕΜΑΤΑ ΓΙΑ ΣΥΖΗΤΗΣΗ

- *Τα κράτη των διαδόχων μετά τη μάχη στην Ιψό. Πού οφείλεται, κατά τη γνώμη σας, η διάσπαση του κράτους του Μ. Αλέξανδρου;*
- *Το καθεστώς που καθιερώθηκε στο κράτος των Πτολεμαίων.*
- *Τι γνωρίζετε για τις ελληνικές πόλεις του κράτους των Σελευκιδών;*
- *Το πολίτευμα και η οικονομία του μακεδονικού κράτους.*
- *Η διαφορά των Συμπολιτειών από τις παλιότερες συμμαχίες των ελληνικών πόλεων.*
- *Οι σημαντικότερες μεταρρυθμίσεις του Κλεομένη. Πώς τις κρίνετε;*
- *Οι φιλοδοξίες του Πύρρου. Ποιοι οι λόγοι της αποτυχίας της εκστρατείας του στην Ιταλία;*
- *Ο θεσμός των δημάρχων στην αρχαία Ρώμη. Ξέρετε αν σήμερα ισχύει πουθενά το δικαίωμα του* VETO*;*
- *Ποιες οι συνέπειες του Β΄ καρχηδονιακού πολέμου;*
- *Η στάση των πόλεων της Νότιας Ελλάδας στο Β΄ μακεδονικό πόλεμο. Πώς την κρίνετε;*
- *Τι γνώμη έχετε για την «ελευθερία» που παραχώρησαν οι Ρωμαίοι στους Έλληνες το 196 π.Χ.; Τι φανερώνουν οι πανηγυρισμοί των Ελλήνων;*
- *Τα μέτρα που πήραν στην Ελλάδα οι Ρωμαίοι μετά τη νίκη τους στην Πύδνα το 168 π.Χ. Τι σκοπούς φανερώνουν;*
- *Τι διευκόλυνε την υποταγή των Ελλήνων στους Ρωμαίους;*
- *Πώς στήριξαν οι Ρωμαίοι την κυριαρχία τους στην Ελλάδα;*
- *Η κατάσταση των ελληνικών πόλεων μετά τη ρωμαϊκή κατάκτηση.*
- *Η «κοινή» ελληνική γλώσσα και η συμβολή της στον εξελληνισμό της Ανατολής.*
- *Η επίδραση του ελληνικού πολιτισμού στους Ρωμαίους.*
- *Πώς επικράτησε ο «ατομικισμός» στην ελληνιστική φιλοσοφία;*
- *Να αναφέρετε τους σημαντικότερους εκπρόσωπους των θετικών επιστημών στα ελληνιστικά χρόνια. Να πείτε ό,τι άλλο γνωρίζετε γι' αυτούς.*
- *Τι επιδίωκαν στα έργα τους οι καλλιτέχνες της ελληνιστικής εποχής;*
- *Η πολεοδομία των ελληνικών πόλεων.*
- *Από τις εικόνες των έργων πλαστικής που έχει το βιβλίο, ξεχωρίστε εκείνη που σας αρέσει πιο πολύ και αιτιολογήστε την εκλογή σας.*

ΠΕΡΙΕΧΟΜΕΝΑ

ΕΚΔΟΣΗ ΚΑ' 2000 - ΑΝΤΙΤΥΠΑ 168.000 - ΑΡ. ΣΥΜΒΑΣΗΣ 8352/20 -11- 2000

ΕΚΤΥΠΩΣΗ: Ι. ΔΙΚΑΙΟΣ ΑΕ - ΒΙΒΛΙΟΔΕΣΙΑ: Κ. ΚΟΥΚΙΑΣ & ΥΙΟΙ ΟΕ